König/Volmer
Systemische Organisationsberatung

System und Organisation · Band 1

Herausgegeben von Eckard König

Eckard König/Gerda Volmer

Systemische Organisationsberatung

Grundlagen und Methoden

7. Auflage 2000

Deutscher Studien Verlag · Weinheim

Über die Autorin und den Autor:

Eckard König, Dr. phil. habil., Jg. 44, hat einen Lehrstuhl im Fachbereich Erziehungswissenschaft an der Universität Paderborn mit den Arbeitsschwerpunkten Erwachsenenbildung/Weiterbildung, Organisationsberatung und Grundlagenforschung der Sozialwissenschaften. Langjährige Beratungstätigkeit in unterschiedlichen Organisationen.
Anschrift: Universität Paderborn, Fachbereich 2, 33095 Paderborn

Dr. Gerda Volmer, Jg. 56, ist nach mehrjähriger Forschungs- und Projekttätigkeit Leiterin des Wissenschaftlichen Instituts für Beratung und Kommunikation in Paderborn. Arbeitsschwerpunkte sind Begleitung von Organisationsentwicklungsprozessen, Projektmanagement, Teamentwicklung, Coaching, Durchführung von Ausbildungen in Systemischer Organisationsberatung.
Anschrift: Neuhäuser Str. 108, 33102 Paderborn

1. Auflage 1993
4., überarbeitete Auflage 1996
7. Auflage 2000

Druck nach Typoscript (DTP)

Druck und buchbinderische Verarbeitung: Druckhaus »Thomas Müntzer«, 99947 Bad Langensalza/Thüringen
Seriengestaltung des Umschlags: Atelier Warminski, 63654 Büdingen
Printed in Germany

ISBN 3 89271 616 1

Inhaltsverzeichnis

Vorwort 9

Kapitel 1: Grundlagen Systemischer Organisationsberatung 11

1.1 Klassische Erklärungsmodelle: Eigenschaftsmodell, Maschinenmodell und Handlungsmodell 12
1.1.1 Das Eigenschaftsmodell 12
1.1.2 Das Maschinenmodell 14
1.1.3 Das Handlungsmodell 17
1.2 Das Systemmodell 23
1.2.1 Technische Systeme 25
1.2.2 Biologische und ökologische Systeme 28
1.2.3 Der Systembegriff Luhmanns 29
1.2.4 Das Systemmodell in der Tradition von Bateson: Soziale Systeme als Systeme handelnder Personen 31
1.3 Der Systembegriff systemischer Organisationsberatung 35
1.3.1 Merkmale sozialer Systeme 35
1.3.2 Problemlösung aus systemischer Sicht 43
1.4 Systemische Organisationsberatung als Prozeß- und Expertenberatung 45
1.4.1 Intervention und Beratung 45
1.4.2 Experten- und Prozeßberatung 46
1.5 Beratung von Organisationen 50

Kapitel 2: Phasen Systemischer Organisationsberatung 55

2.1 Die Orientierungsphase im Beratungsprozeß 56
2.1.1 Theoretische Grundlagen: Die Definition der Situation als Beratung 56
2.1.2 Orientierung auf der Beziehungsebene 61
2.1.3 Orientierung auf der Inhaltsebene 67
2.1.4 Kontrakte als Abschluß der Orientierungsphase 68
2.1.5 Die Systemgrenze zwischen Berater- und Klientensystem 70
2.2 Die Klärungsphase im Beratungsprozeß 72
2.2.1 Freie Darstellung der Problemsituation 73
2.2.2 Klärung der Problemsituation 74
2.3 Die Veränderungsphase im Beratungsprozeß 82
2.4 Die Abschlußphase im Beratungsprozeß 84

Kapitel 3: Referenztransformation 86

3.1 Theoretische Grundlagen 86
3.2 Arten von Referenztransformation 90
3.3 Initiierung von Referenztransformation 93
3.3.1 Einführung eines neuen Referenzrahmens durch den Berater 94
3.3.2 Referenztransformation im Rahmen von Prozeßberatung 96
3.3.3 Referenztransformation durch Interaktion zwischen verschiedenen Gesprächspartnern 101

Kapitel 4: Analoge Verfahren im Rahmen der Prozeßberatung 102

4.1 Theoretische Grundlagen 102
4.2 Analoge Prozeßberatung mit Symbolen und Metaphern 104
4.2.1 Gegenstände als Symbole 105
4.2.2 Metaphern 107
4.2.3 Identifikation mit Gegenständen 108
4.2.4 Symbole für abwesende Personen 109
4.3 Analoge Prozeßarbeit mit Hilfe der Körpersprache 110
4.4 Bearbeitung von Entscheidungsproblemen mit Hilfe analoger Verfahren 111
4.4.1 Symbole für zukünftige Situationen 111
4.4.2 Der Entscheidungsstuhl 112
4.4.3 Die „Kristallkugel-Technik“ nach De Shazer 113
4.5 Visualisierung sozialer Systeme 113
4.5.1 Orientierungsphase 114
4.5.2 Klärungsphase 114
4.5.3 Veränderungsphase 117
4.5.4 Abschlußphase 119
4.6 Die Systemskulptur 119
4.6.1 Orientierungsphase 120
4.6.2 Klärungsphase 120
4.6.3 Veränderungsphase 123
4.7 Systemskulpturen mit den realen Personen des Systems 125

Kapitel 5: Organisationsberatung mit größeren Systemen 127

5.1 Organisationsberatung mit mehreren Personen 127
5.1.1 Orientierungsphase 128
5.1.2 Klärungsphase 129
5.1.3 Veränderungsphase 130
5.1.4 Abschlußphase 131
5.2 Systemische Organisationsentwicklung 132
5.2.1 Theoretische Grundlagen 132
5.2.2 Phasen Systemischer Organisationsentwicklung 136

Kapitel 6: Diagnoseverfahren im Rahmen Systemischer Organisationsberatung 140

6.1 Das Konstrukt-Interview 141
6.1.1 Theoretische Grundlagen 141
6.1.2 Praktisches Vorgehen: Die Vorbereitungsphase des Interviews ... 145
6.1.3 Praktisches Vorgehen: Die Durchführungsphase des Interviews .. 154
6.1.4 Inhaltsanalytische Auswertung 161
6.2 Gruppendiskussion und offene schriftliche Befragung 165
6.3 Der Fragebogen im Rahmen Systemischer Organisationsberatung 167
6.4 Beobachtungsverfahren im Rahmen Systemischer Organisationsberatung 170
6.5 Die Selbstaufschreibung 176
6.6 Rückspiegelung der Ergebnisse an das soziale System 177

Kapitel 7: Regeln sozialer Systeme 180

7.1 Theoretischer Hintergrund: Der Regelbegriff 180
7.2 Merkmale sozialer Regeln 183
7.3 Diagnose sozialer Regeln 186
7.4 Beurteilung von Regeln 191
7.5 Veränderung von Regeln 193
7.6 Organisationskultur 198

Kapitel 8: Interaktionsstrukturen in sozialen Systemen 201

8.1 Merkmale von Interaktionsstrukturen 201
8.2 „Maschen" und „Spiele" in der Transaktionsanalyse 205
8.3 Diagnose dysfunktionaler Interaktionsstrukturen 206
8.4 Visualisierung von Interaktionsstrukturen 207
8.5 Abänderung dysfunktionaler Interaktionsstrukturen 210
8.5.1 Veränderung der Interaktionsstruktur auf der Ebene subjektiver Deutungen 210
8.5.2 Veränderung von Interaktionsstrukturen auf der Verhaltensebene . 212
8.5.3 Veränderung von dysfunktionalen Interaktionsstrukturen durch Abänderung von Regeln 216
8.6 Dysfunktionale Interaktionsstrukturen innerhalb des Beratungssystems .. 217
8.6.1 Interaktionsstrukturen innerhalb des Klientensystems in der Beratung 217
8.6.2 Interaktionsstrukturen zwischen Berater- und Klientensystem 220

Kapitel 9: Evolution sozialer Systeme 222

9.1 Theoretische Grundlagen 222
9.1.1 Veränderung sozialer Systeme als Evolution 224
9.1.2 Lernende Organisation 229
9.1.3 Konsequenzen für die Veränderung sozialer Systeme 231

9.2 Diagnose des Entwicklungsprofils sozialer Systeme 233
9.2.1 Leitfragen zur Diagnose des Entwicklungsprofils 233
9.2.2 Festlegung des Erhebungsverfahrens 236
9.3 Beeinflussung der Evolution sozialer Systeme 240
9.3.1 Steigerung der Variation in sozialen Systemen 240
9.3.2 Selektion und Tradierung in sozialen Systemen 242
9.4 Teamentwicklung als Entwicklung sozialer Systeme 243
9.4.1 Orientierungsphase des Teams 244
9.4.2 Arbeitsphase des Teams 248
9.4.3 Abschlußphase des Teams 249
9.5 Organisationsstrukturen zur Förderung von Entwicklungsprozessen 250

Kapitel 10: Das Menschenbild Systemischer Organisationsberatung 256

10.1 Autonomie 257
10.2 Konsens 260
10.3 Beratung und Professionalisierung 262
10.4 Verantwortlichkeit in der Beratung 265

Literaturverzeichnis 267

Sachregister 280

Vorwort

Die „Systemische Organisationsberatung“ ist ein Lehrbuch, das die theoretischen Grundlagen, das Vorgehen und die einzelnen Schritte Systemischer Organisationsberatung ausführlich darstellt. Zielstellung ist es, Beraterinnen und Beratern das Handwerkzeug zu liefern, das sie benötigen, um Beratung in Organisationen erfolgreich planen und durchführen zu können.

Dieses Buch basiert auf zwei Ansätzen:

Zum einen auf eigenen praktischen Erfahrungen mit Organisationsberatung, mit Organisationsentwicklungs-Projekten und den von uns seit mehr als 10 Jahren durchgeführten Ausbildungen in Systemischer Organisationsberatung. Anhand zahlreicher Beispiele aus unserer Arbeit werden die einzelnen Schritte Systemischer Organsationsberatung einschließlich der dabei auftretenden Probleme und deren Lösungsmöglichkeiten dargestellt. Alle erläuterten Methoden wurden in der Praxis erprobt und haben sich dort bewährt.

Zum anderen basiert die „Systemische Organisationsberatung“ auf langjähriger Forschungstätigkeit zu Fragen einer systemtheoretischen Grundlegung von Beratung. Grundlage ist der ursprünglich in der Tradition von Gregory Bateson und Paul Watzlawick entstandene Systembegriff, der im 1. Kapitel ausführlich dargestellt wird. Auf dieser Basis wurde ein Konzept entwickelt, das ein theoretisch abgesichertes Vorgehen in der Praxis gewährleistet.

Die große Resonanz auf die „Systemische Organisationsberatung“ hat innerhalb von drei Jahren vier Auflagen erforderlich gemacht. Für die hier vorliegende 4. Auflage wurden insbesondere die Teile über die Beratung größerer Systeme beträchtlich erweitert: Neu aufgenommen wurde das 5. Kapitel über Beratung mit ganzen Systemen und Systemische Organisationsentwicklung. Beträchtlich erweitert wurden die Kapitel über Diagnoseverfahren im Rahmen Systemischer Organisationsberatung (Kap. 6) und die Evolution sozialer Systeme (Kap. 9). Darüberhinaus wurden auch in den übrigen Teilen neuere Erfahrungen aus der praktischen Arbeit und neue theoretische Ansätze eingearbeitet.

Wir danken unseren Gesprächspartnerinnen und Gesprächspartnern in den von uns beratenen Organisationen, in unseren Ausbildungsgruppen und in den verschiedenen

Hochschulen. Sie haben uns immer wieder Anstöße gegeben, unsere Überlegungen theoretisch zu reflektieren, praktisch umzusetzen und neue Lösungen zu entwickeln.

Paderborn, im Juli 1996

Eckard König
Gerda Volmer

Kapitel 1: Grundlagen Systemischer Organisationsberatung

Stellen Sie sich folgende alltägliche Situation vor: Ein Mitarbeiter ist nicht motiviert. Er engagiert sich nicht, zeigt wenig Interesse, erledigt seine Aufgaben schlecht und stellt damit für den Vorgesetzten und auch für Kolleginnen und Kollegen ein Problem dar.

Als Führungskraft, als Personalverantwortlicher oder auch als Beraterin oder Berater machen wir uns „ganz natürlich" über eine solche Situation Gedanken:

- Wir überlegen, was die Ursache für das Verhalten des Mitarbeiters ist, d.h. wir versuchen, die Situation zu erklären.
- Wir versuchen, auf der Basis dieser Erklärung Maßnahmen für die Lösung des Problems zu entwickeln.

Es ist eine der wichtigsten Entdeckungen der neueren Sozialforschung, daß wir bei solchen Erklärungen stets bestimmte „Modelle" zugrundelegen, d.h. allgemeine Annahmen darüber, wodurch menschliches Handeln bestimmt ist (vgl. z.B. Herzog 1984; Petersen/Reinert 1992; Witt 1995). Diese Modelle helfen uns, die Welt zu erklären und bestimmen zugleich die Richtung, in der wir Möglichkeiten zur Lösung von Problemen suchen. Dabei lassen sich im groben vier grundlegende Modelle unterscheiden:

- ein Eigenschaftsmodell, in dem menschliches Tun aus relativ stabilen Eigenschaften erklärt wird,
- ein Maschinenmodell, das von der Vorstellung ausgeht, Menschen „funktionieren" ähnlich wie Maschinen,
- ein Handlungsmodell, das von der Vorstellung ausgeht, daß Menschen bewußt handeln und entscheiden,
- und ein Systemmodell, bei dem die Aufmerksamkeit nicht auf den einzelnen, sondern auf das gesamte soziale System (Team, Arbeitsgruppe, Abteilung, Unternehmen usw.) gelegt wird.

1.1 Klassische Erklärungsmodelle: Eigenschaftsmodell, Maschinenmodell und Handlungsmodell

1.1.1 Das Eigenschaftsmodell

Die Hauptthese des sog. Eigenschaftsmodells lautet: Menschliches Handeln ist durch relativ stabile Eigenschaften geprägt.

Dieses Modell hat in der Psychologie eine lange Tradition: Bereits in den 20er Jahren gab es eine relativ weit verbreitete „Charakterkunde“, in der man versuchte, Menschen nach bestimmten Eigenschaften zu unterscheiden und daraus bestimmte Persönlichkeitstypen abzuleiten (vgl. z.B. Herrmann/Lantermann 1985, 48ff.): z.B. Choleriker, Melancholiker und Sanguiniker (Lersch), oder introvertiert und extravertiert (Jung).

Solche pauschalen Typologien sind mittlerweile überholt. Aber das Eigenschaftsmodell wird heute noch als Grundlage der sog. Trait-Psychologie weiter verwendet (vgl. Pervin 1993, 301ff.; Zimbardo 1995, 477ff.). Die Vertreter dieses Modells gehen davon aus, daß Menschen durch relativ stabile „Persönlichkeitswesenszüge“ (Traits) bestimmt sind, die sich etwa mit Hilfe von Fragebogen erfassen lassen. So unterscheidet Cattell (z.B. 1978, 54ff.; vgl. Pervin 1993, 317ff.) insgesamt sechzehn Persönlichkeitsfaktoren wie

reserviert – aus sich herausgehend
stabil, Ich-Stärke – Emotionalität/Neurotizismus
unterwürfig – dominierend
gutgläubig – mißtrauisch

Mit solchen Eigenschaftskonzeptionen sind im wesentlichen drei Vorstellungen verbunden (vgl. Weidenmann/Krapp 1986, 576; Herrmann 1973):

- Konsistenz: Das Vorhandensein einer Eigenschaft führt dazu, daß man sich in vergleichbaren Situationen gleich verhält.
- Generalisierbarkeit: Eine Person mit einer bestimmten Eigenschaft verhält sich in unterschiedlichen Situationen bei ähnlichen Anforderungen gleich.
- Konstanz: Persönlichkeitseigenschaften bleiben über längere Zeit hin erhalten.

Auf der Basis des Eigenschaftsmodells kann man (um auf das eingangs genannte Beispiel zurückzukommen) das Verhalten des unmotivierten Mitarbeiters dadurch erklären, daß fehlende Motivation eine relativ stabile Eigenschaft dieser Person ist: „er ist eben wenig motiviert“, d.h. er wird sich wenig verändern und auch bei noch so „motivierenden Situationen“ unmotiviert bleiben.

Das hat aber folgende Konsequenz:

Wenn fehlende Motivation als relativ stabile Eigenschaft gesehen wird, kann man nicht darauf vertrauen, daß der betreffende Mitarbeiter motiviertes Handeln lernen

Das Eigenschaftsmodell

"Er ist eben von Natur aus unmotiviert!"

wird. Entscheidend sind Eigenschaften. Aus den Eigenschaften lassen sich Vorhersagen treffen, wie sich der Mitarbeiter bei konkreten Aufgaben verhalten wird.

Ein Bereich, in dem das Eigenschaftsmodell in der Praxis immer wieder angewandt wird, ist die Personalauswahl auf der Basis von Soll-Ist-Profilen (vgl. z.B. Schuler 1996, 59ff.; Schuler/Funke 1991): Es werden Anforderungen an die Stelle definiert (der Mitarbeiter muß...), und es wird dann (etwa auf der Basis von Testverfahren, Fragebogen, Einschätzungen durch Vorgesetzte usw.) das Ist-Profil bestimmt, d.h. die Eigenschaften, die den Mitarbeiter auszeichnen: Der Mitarbeiter ist wenig einsatzfreudig, aber sehr gründlich usw. Ausgewählt wird dann derjenige Bewerber, bei dem Soll- und Ist-Profil am besten übereinstimmen.

Nun hat das Eigenschaftsmodell durchaus seinen praktischen Nutzen: Wir erleben in der Tat immer wieder, daß sich bestimmte Eigenschaften relativ stabil halten, daß z.B. ein Mitarbeiter in der Tat unmotiviert bleibt. Oder wir erleben, daß in unterschiedlichen Situationen eine bestimmte Kollegin analytisch an ein Problem herangeht, eine andere eher emotional.

Aber wir machen auch die Erfahrung, daß dieselbe Person sich in unterschiedlichen Situationen sehr wohl unterschiedlich verhalten kann: Jemand kann bei bestimmten Aufgaben sehr gewissenhaft sein, während es ihm in anderen Situationen nicht darauf ankommt. Oder es stellt sich heraus, daß der Bewerber mit dem besten Ist-Profil nicht erfolgreich ist, während möglicherweise Mitarbeiter mit „schlechteren" Eigenschaftsprofilen ihre Aufgaben besser bewältigen.

Bereits in den 60er Jahren hat Mischel (z.B. 1968; vgl. Kleiter 1987) nachgewiesen, daß Verhalten in unterschiedlichen Situationen keineswegs gleich bleibt, sondern sich nach den spezifischen Anforderungen richtet. Es besteht die Möglichkeit, daß Menschen ihr Verhalten und damit auch bestimmte Persönlichkeitsmerkmale verändern (vgl. z.B. Christensen 1981; Wicker 1981): Eine bislang zurückgezogene Mitarbeiterin kann lernen, mehr aus sich herauszugehen. Oder ein bislang unmotivierter

Mitarbeiter, der in eine andere Abteilung und zu einem anderen Vorgesetzten kommt, fängt an, sich stärker zu engagieren, setzt sich voll ein und entwickelt damit letztlich andere Persönlichkeitseigenschaften.

1.1.2 Das Maschinenmodell

Das Maschinenmodell stellt den extremen Gegensatz zum Eigenschaftsmodell dar: Geht letzteres von der Annahme stabiler Eigenschaften aus, so liegt dem Maschinenmodell die Auffassung von einer gleichsam unbegrenzten Veränderbarkeit des Menschen zugrunde: Menschen, so die Hauptthese, funktionieren wie Maschinen, und sie sind entsprechend Maschinen auch steuer- und veränderbar, man muß nur die entsprechenden Verhaltensgesetze kennen:

„Der Mensch ist ein Apparat, der von Kräften aktiviert und gesteuert wird, die außerhalb seiner Kontrolle liegen“ (Herzog 1984, 98; vgl. 97ff.; Meinberg 1988, 105ff.).

Heute stehen wir einer solchen Denkweise sehr kritisch gegenüber. Zu Beginn dieses Jahrhunderts war es jedoch eine der großen Leistungen der Sozialforschung, die im Umgang mit der Technik bewährte Modellvorstellung auf den Menschen zu übertragen. Vor dem Hintergrund der Erfolge der Newtonschen Technik (vgl. Capra 1988, 107ff.; Schmidt 1991) wird zu Beginn dieses Jahrhunderts im sog. Behaviorismus dieses Maschinenmodell zur Grundlage für die Sozialwissenschaft.

Für John B. Watson, einen der bekanntesten Vertreter des Behaviorismus, ist der Mensch nichts anderes als eine „zusammengesetzte organische Maschine“ (Watson 1968, 266) und damit entsprechend den Maschinen veränderbar.

Grundlage für solche Veränderbarkeit ist das klassische Reiz-Reaktions-Schema: Ein externer Reiz führt zu einem bestimmten Verhalten.

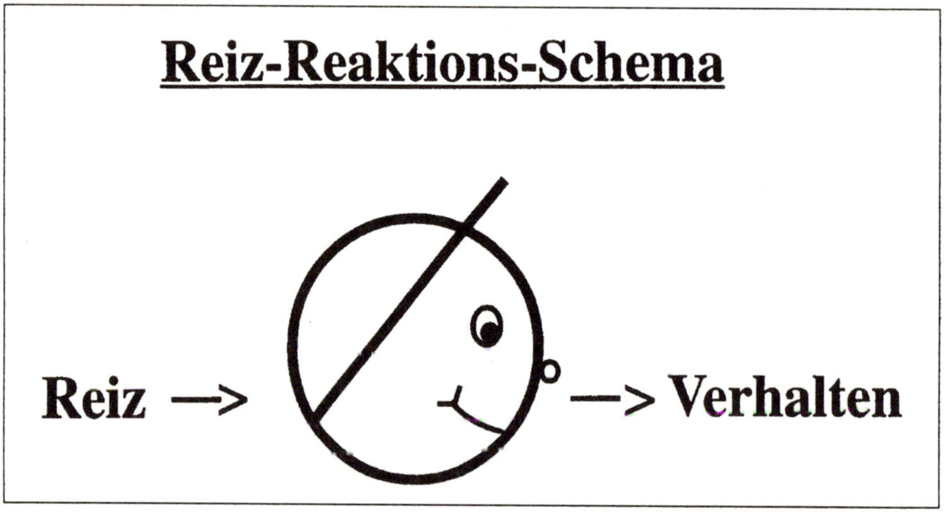

Auf dieser Basis führte Watson das berühmte (und aus ethischen Gründen schon damals umstrittene) Experiment mit dem „kleinen Albert“ (Watson 1968, 170ff.) durch, bei dem mit Hilfe lauter Geräusche bei einem Kleinkind Angst vor Ratten bzw. Kaninchen konditioniert wurde: Nachdem in einer ersten Phase ein Kaninchen und ein lautes Geräusch dem Kind gleichzeitig als Reiz dargeboten werden, löst später der Anblick des Kaninchens allein (Reiz) eine bestimmte Reaktion (Angst) aus.

Die Konzeption von der Veränderbarkeit des Menschen auf der Basis des Reiz-Reaktions-Schemas gipfelt dann in der Vorstellung des beliebig veränderbaren Menschen:

„Gebt mir ein Dutzend gesunder, wohlgebildeter Kinder und meine eigene Umwelt, in der ich sie erziehe, und ich garantiere, daß ich jedes nach dem Zufall auswähle und es zu einem Spezialisten in irgendeinem Beruf erziehe, zum Arzt, Richter, Künstler, Kaufmann oder zum Bettler, Dieb, ohne Rücksicht auf seine Begabungen, Neigungen, Fähigkeiten, Anlagen und die Herkunft seiner Vorfahren“ (Watson 1968, 123).

Nicht viel anders – und ebenfalls auf der Basis des Maschinenmodells – stellt auch Skinner seit Mitte der 30er Jahre die These auf, daß „das Verhalten eines Organismus fast beliebig zu formen“ ist (Skinner 1973, 247).

Durch unterschiedliche äußere Reize (die Palette reicht von Elektroschocks über Bestrafung oder Nichtbeachtung bis zur Vergabe von Verstärkern wie Lob, Anerkennung usw.: vgl. z.B. Fliegel u.a. 1993, 34ff.; Zimbardo 1995, 263ff.) kann vorhandenes Verhalten gelöscht oder gesichert bzw. neues Verhalten aufgebaut werden.

Auch im Alltag ist dieses Modell keineswegs unbekannt. Allerdings sind wir uns häufig über das zugrundeliegende Menschenbild nicht im klaren. Das Maschinenmodell ist das Modell, das klassischen Verhaltenstrainings zugrundeliegt. So basiert z.B. ein klassisches Verkaufstraining (in der Regel auch unbewußt) in doppelter Hinsicht auf dem Maschinenmodell:

- Zum einen auf der Annahme, daß das Verhalten des Trainers (Reiz) das Verhalten des Verkäufers (Reaktion) beeinflußt: Der Trainer konditioniert den Verkäufer, indem er z.B. richtiges Verhalten verstärkt.
- Zum anderen auf der Annahme, daß das Verhalten eines Verkäufers seinerseits den Kunden konditionieren kann: Bestimmte Verhaltensweisen des Verkäufers sind als Reize zu verstehen, die bestimmte Reaktionen beim Kunden (v.a. die Reaktion, das Produkt zu kaufen) auslösen sollen.

Auf der Basis dieses Maschinenmodells läßt sich ebenso das Verhalten des nichtmotivierten Mitarbeiters erklären: Fehlende Motivation ist dann zu verstehen als Reaktion auf bestimmte Reize – etwa auf das Verhalten des Vorgesetzten, der den Mitarbeiter nicht genügend motiviert.

Sicherlich gibt es zahlreiche Situationen, in denen sich dieses Maschinenmodell im Alltag bestätigt. In der Tat kann ein verändertes Verhalten der Führungskraft das Verhalten des Mitarbeiters verändern. Aber andererseits gibt es ebenso Situationen, in

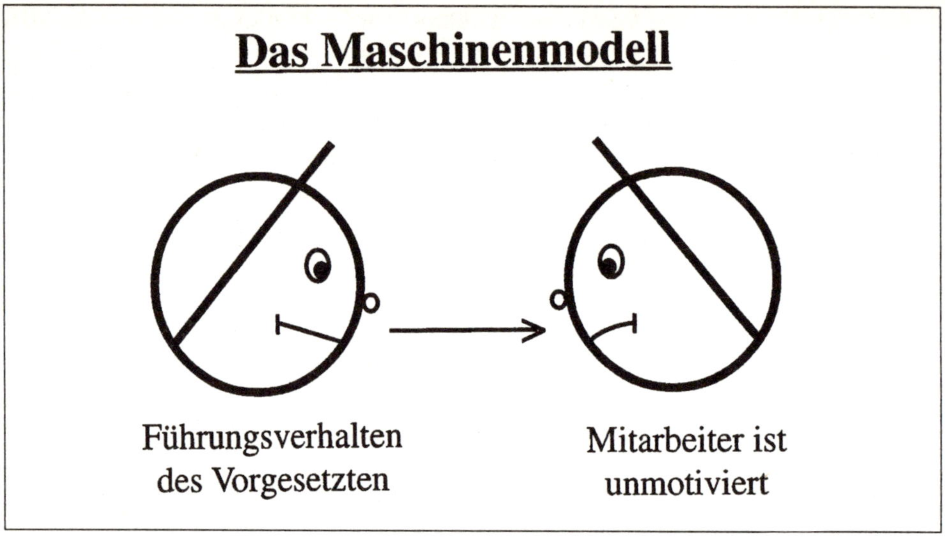

denen sich das Maschinenmodell nicht bestätigt, in denen sich z.B. Mitarbeiter nicht so verändern, wie man es aufgrund bestimmter äußerer Verstärker (eines bestimmten Führungsverhaltens oder eines Verhaltenstrainings) erwarten würde.

Vor allem in zwei Bereichen werden die Grenzen des Maschinenmodells deutlich:

Zunächst einmal zeigt sich in vielen Situationen, daß Menschen nicht bloß reagieren, sondern daß ihr Verhalten von den Gedanken abhängt, die sie sich machen.

An einem Beispiel verdeutlicht: Wenn ein Mitarbeiter gelobt wird, so führt das keineswegs „automatisch" zu höherer Leistung. Der Mitarbeiter macht sich zunächst Gedanken über die Situation (Meyer/Plöger 1979). Und seine Reaktion hängt davon ab, wie er selbst die Aufgabe, für die er gelobt wird, einschätzt:

- Wenn er die Aufgabe als schwer einschätzt, wird er das Lob als Anerkennung ansehen, das Lob wird ihn vermutlich bestätigen und zu weiteren Leistungen anspornen.
- Wenn er selbst die Aufgabe als sehr leicht und selbstverständlich ansieht, wird er sich Gedanken machen, warum er trotzdem gelobt wurde: „Wieso lobt er mich für diese Aufgabe? Heißt das, daß er mir so wenig zutraut, daß er mich dafür loben muß?" – Und das Ergebnis kann dann durchaus sein, daß er gerade dadurch entmotiviert wird.

Die Reaktion des Mitarbeiters hängt also davon ab, ob er das Lob des Vorgesetzten als ehrlich akzeptiert oder als methodischen Trick deutet oder für unberechtigt hält.

Eine zweite Grenze des Maschinenmodells liegt in der Komplexität sozialer Situationen (vgl. z.B. Capra 1988, 203ff.): Veränderungen sozialer Systeme wie etwa Veränderungen in einem Unternehmen finden in einem hochkomplexen Umfeld statt, bei dem sich die Wirkungen bestimmter Handlungen überhaupt nicht auf der Basis irgendwelcher Gesetzmäßigkeiten voraussagen lassen.

Deutliches Beispiel dafür sind Umstrukturierungen in Unternehmen. Häufig werden solche Entscheidungen auf der Basis eines Maschinenmodells getroffen: Man geht von der Annahme aus, daß eine ganz bestimmte Maßnahme ganz bestimmte Wirkungen (z.B. Kostenreduzierung) nach sich zieht. Doch die Erfahrung zeigt, daß solche Umstrukturierungsmaßnahmen oft Konsequenzen haben, die zuvor nicht vorhergesehen wurden und auch nicht voraussehbar waren: Es werden Teams neu zusammengesetzt, in denen einzelne nicht miteinander arbeiten können, es besteht Unklarheit über neue Aufgaben oder Widerstand gegenüber Veränderungen. Es können neue Kosten entstehen, weil nunmehr der Informationsfluß nicht mehr klappt, es fehlen klare Regeln der Kompetenz in der neuen Organisationsform, es breitet sich Resignation aus („es lohnt nicht, sich anzustrengen, wir werden ja doch wieder umstrukturiert!"). Es kann sein, daß letztlich die gesamte Umstrukturierung keinen Gewinn mit sich bringt, sondern nur Kosten verursacht. Damit werden die Grenzen des linearen Denkens, wie sie im Maschinenmodell vorliegen, deutlich.

1.1.3 Das Handlungsmodell

Hauptthese des Handlungsmodells ist, daß Menschen nicht auf äußere Reize reagieren, sondern daß sie handelnde Subjekte sind. Dies bedeutet, daß ihr Verhalten von Gedanken, persönlichen Zielen und Absichten sowie von ihren Einstellungen und Empfindungen abhängt. Ein Mitarbeiter reagiert nicht als gleichsam willenlose Maschine, sondern er handelt aktiv aufgrund der Gedanken und Annahmen, die er sich über die Welt macht:

- Er macht sich z.B. Gedanken darüber, was sein Vorgesetzter von ihm erwartet, wie dessen Einstellung ihm gegenüber ist.
- Er macht sich ein Bild von sich selbst: wo seine Stärken und Schwächen liegen, was ihm wichtig ist.

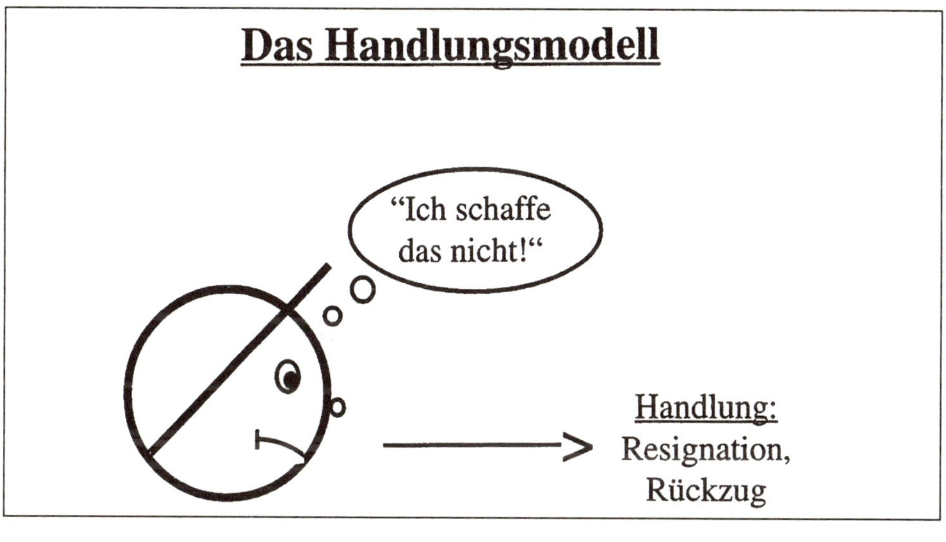

- Er macht sich ein Bild von seinem sozialen System, z.B. von den Stärken, Schwächen und Zukunftschancen „seines“ Unternehmens.
- Und er handelt auf der Grundlage dieses Bildes, das er sich von seiner Welt macht.

Bereits zu Beginn dieses Jahrhunderts versuchte Wilhelm Dilthey, das Handlungsmodell zur Grundlage der Sozialwissenschaften zu machen. Dilthey geht davon aus, daß das Maschinenmodell ungeeignet ist, menschliches Tun zu erfassen: „Nur seine Handlungen... belehren den Menschen über sich selbst“ (Dilthey 1973, 87; vgl. Betzler 1994, 13ff.). Seit den 20er Jahren des 20. Jahrhunderts wird das Handlungsmodell in Pädagogik (z.B. Uhle 1989; Wagner 1989), Psychologie (z.B. Dierstein 1995; Fuchs 1995; Groeben 1986) oder Soziologie (z.B. Hollis 1995; Miebach 1991) weiter entwickelt.

Das Handlungsmodell ist durch zwei zentrale Thesen gekennzeichnet:

(1) Menschen machen sich ein Bild von ihrer Wirklichkeit.
D.h. sie geben Gegenständen, die sie wahrnehmen, eine bestimmte Bedeutung, und sie machen sich Gedanken über sich und über andere Personen.

Es gibt aus der Tradition der sog. Gestaltpsychologie ein bekanntes Bild, das diesen Sachverhalt gut verdeutlicht (Boring 1930; entsprechend z.B. Antons 1992, 50):

Dieses Bild kann vom Betrachter unterschiedlich gedeutet werden: Man kann eine alte Frau oder eine junge Frau darin erkennen. Dabei ist dieser Prozeß offenbar kein bloßes Reagieren auf von außen vorgegebene Reize. Das Bild bleibt dasselbe, aber

unterschiedliche Personen sehen etwas anderes, geben diesem Bild eine unterschiedliche Bedeutung: Jemand „erkennt" dabei eine alte Frau (wobei bestimmte Linien des Bildes eine wichtige Bedeutung erhalten, andere eher in den Hintergrund treten), oder jemand sieht das Bild einer jungen Frau.

Ein anderes Beispiel dafür, daß die Bilder, die wir uns von unserer Welt machen, unterschiedlich sein können, gibt der Existenzphilosoph Martin Heidegger in seinem Hauptwerk „Sein und Zeit" aus dem Jahr 1927: Die Pflanze des Botanikers ist etwas anderes als die Blume, die der Spaziergänger am Feldrain sieht (Heidegger 1976, 70): Jeder nimmt sie anders wahr, gibt demselben Gegenstand eine andere Bedeutung. Oder man stelle sich den Wald vor: Derselbe Wald kann für unterschiedliche Personen unterschiedliche Bedeutung besitzen: Für einen Spaziergänger hat er eine andere als für einen Autofahrer, für einen Straßenplaner, einen Förster oder für ein Liebespaar.

In der Wissenschaftstheorie wird die These, daß Menschen sich ein Bild von der Wirklichkeit machen, in letzter Zeit verstärkt unter dem Begriff „Konstruktivismus" diskutiert:

- Bereits Kant hat in der „Kritik der reinen Vernunft" die These aufgestellt, daß wir „Dinge an sich" überhaupt nicht erkennen können. Die Gegenstände unserer Erfahrung können immer nur „Erscheinungen" sein, die von unseren „Anschauungsformen" wie Raum und Zeit geprägt sind. Raum und Zeit sind für Kant gleichsam grundlegende Kategorien, auf deren Basis wir z.B. räumliche und zeitliche Beziehungen zwischen verschiedenen Gegenständen überhaupt erst herstellen können (Kant Werke Bd. 3, 16ff.: KrV B XXVI ff.).

- Explizit als Konstruktivismus versteht sich dann der im Anschluß an Wilhelm Kamlah und Paul Lorenzen in den siebziger Jahren begründete „Erlanger Konstruktivismus". Grundlegende These ist hier, daß die Wissenschaften keine Beschreibung der Wirklichkeit bieten, sondern daß in unterschiedlichen Wissenschaften zunächst jeweils ein grundlegendes Begriffssystem (etwa das der Physik) konstruiert wird, auf dessen Basis überhaupt erst wissenschaftliche Erkenntnis möglich ist (vgl. z.B. Schwemmer 1981).
  Entsprechend gilt diese These aber auch für die Alltagssprache: Auch hier erkennen wir nicht die Wirklichkeit an sich, sondern legen unserer Erkenntnis bestimmte (sprachliche) Unterscheidungen wie etwa die Unterscheidung zwischen „Busch", „Strauch" und „Baum" zugrunde (vgl. Kamlah/Lorenzen 1972, 45ff.).

- Die Annahme, daß Menschen sich ein Bild von der Wirklichkeit machen, ist auch eine zentrale These in der „Psychologie der persönlichen Konstrukte" im Anschluß an George A. Kelly (1986, 59ff.). Konstrukte sind für Kelly grundlegende Unterscheidungen: Wenn wir z.B. das Mittagessen von gestern mit dem von heute vergleichen und es vom Abendessen unterscheiden, setzen wir damit eine von uns getroffene Unterscheidung zwischen verschiedenen Konstrukten „Mittagessen" und „Abendessen" voraus:

„Das Mittagessen, das wir gestern zu uns nahmen, ist nicht dasselbe wie das Mittagessen, das wir heute zu uns genommen haben, aber unser Konstrukt ‚Mittagessen' ist ein expliziter Ausdruck des Wiedererkennens einer gewissen Gleichheit, gewissen Wiederholung, die wir uns und anderen bestätigen möchten. Folglich liegt den Sinngebungen, mit denen wir unsere Welt und unser Leben zu erfassen suchen, das immerwährende, sich stets wiederholende Entdecken wiederkehrender Themen, das Kategorisieren dieser Themen und das dementsprechende Einteilen unserer Welt in Abschnitte zugrunde" (Bannister/Fransella 1981, 10).
Dabei sind diese Konstrukte für Kelly zunächst einmal „persönliche Konstrukte", so daß sich Menschen „in ihrer Konstruktion der Ereignisse" voneinander unterscheiden (Individualitäts-Korollarium von Kelly: 1986, 67f.):
„Jeder von uns sieht seine Situation mit den ‚Augen' seines Systems persönlicher Konstrukte. Wir unterscheiden uns von anderen darin, wie wir eine Situation wahrnehmen und interpretieren, was wir für wichtig an ihr halten, welche Implikationen wir in ihr vermuten, zu welchem Grad sie uns klar oder undurchschaubar erscheint, ob und inwieweit sie bedrohlich oder verheißungsvoll ist, von uns begehrt oder uns aufgezwungen wurde" (Bannister/Fransella 1981, 12).

– Schließlich ist die These, daß Menschen ihre Wirklichkeit konstruieren, gerade in der Gegenwart im Zusammenhang mit dem sog. Radikalen Konstruktivismus in der Tradition von Maturana diskutiert worden (z.B. Glasersfeld 1987; 1996; Maturana 1985; Watzlawick 1994; Watzlawick/Krieg 1991; zur Diskussion und Rezeption vgl. Arnold/Siebert 1995; z.B. Fischer 1995; Nüse u.a. 1991).
Der Radikale Konstruktivismus wendet sich gegen die sog. „Korrespondenztheorie der Wahrheit", derzufolge Wahrheit als Übereinstimmung „mit einer als absolut unabhängig konzipierten objektiven Wirklichkeit" (Glasersfeld 1987, 199) beschrieben wird.
Im Radikalen Konstruktivismus wird die These vertreten, daß jede Beschreibung und Erkenntnis abhängig von dem jeweiligen Beobachter ist: „Alles, was gesagt wird, wird von einem Beobachter gesagt" (Maturana 1985, 34). D.h. jede Beobachtung bzw. jede Beschreibung setzt begriffliche Unterscheidungen voraus, und diese Begriffe ergeben sich nicht aus der Wirklichkeit, sondern sind Konstruktionen des jeweiligen Beobachters.
Glasersfeld verdeutlicht dies an den Begriffen „gleich" und „verschieden":
„Zwei Eier sind etwa gleich in Form und Farbe und weil sie von derselben Henne stammen, sind aber nur zu deutlich verschieden, wenn das eine gestern gelegt wurde, das andere vor sechs Wochen.
Eine Feldmaus und ein Elefant sind in vielen Beziehungen verschieden, sind aber gleich als Lebewesen und wenn wir die Säugetiere von anderen Tieren unterscheiden wollen... In diesen Fällen, wie in allen erdenklichen, ist es wohl klar, daß die Kriterien, anhand derer Gleichheit oder Verschiedenheit festgestellt werden, von dem erlebenden, urteilenden Subjekt geschaffen und gewählt werden und nicht einer unabhängigen Welt zugeschrieben werden können" (Glasersfeld 1987, 210).

Gemeinsam ist (trotz einer Reihe von Unterschieden) all diesen Konzepten die These, daß wir bereits dadurch, daß wir begriffliche Unterscheidungen treffen, die Wirklichkeit nicht einfach abbilden, sondern Gegenständen, Sachverhalten und Erfahrungen eine bestimmte Bedeutung geben und damit unser Bild von der Wirklichkeit erschaffen.

(2) Menschen handeln in einer Situation aufgrund der Bedeutung, die sie dieser Situation geben.

In der Tradition der Sozialwissenschaft gibt es eine Reihe von Belegen, die den Zusammenhang zwischen dem Bild, das wir uns von der Welt machen, und unserem praktischen Handeln verdeutlichen:

Einer der bekanntesten ist das sog. Thomas-Theorem „Wenn die Menschen Situationen als real definieren, sind sie in ihren Konsequenzen real" (Merton 1968, 144), das Merton an folgendem Beispiel verdeutlicht:

„Es ist 1932. Die Last National Bank ist ein blühendes Unternehmen. Ein Großteil ihrer Mittel ist liquide, ohne verwässert zu sein. Cartwright Millingville hat guten Grund, stolz auf die Bank zu sein, welcher er präsidiert. Bis zum Schwarzen Mittwoch. Als er seine Bank betritt, bemerkt er, daß das Geschäft ungewöhnlich lebhaft ist... Noch keine zwanzig Schriftstücke sind mit seiner markanten Unterschrift versehen, als ihn die Abwesenheit von etwas Vertrautem und das Auftauchen von Fremdartigem beunruhigt. Das leise, diskrete Summen des Geschäftsbetriebes einer Bank hat sich in ein seltsames und störendes Schrillen vieler Stimmen verwandelt. Eine Situation ist als real definiert worden. Und das ist der Anfang dessen, was als Schwarzer Mittwoch endet – übrigens der letzte Mittwoch der Last National Bank. Cartwright Millingville hatte noch nie etwas vom Thomasschen Theorem gehört. Aber es fiel ihm nicht schwer zu erkennen, wie es arbeitet. Er wußte, daß trotz der verhältnismäßig großen Liquidität der Aktiva der Bank das bloße Gerücht der Insolvenz tatsächlich zur Insolvenz der Bank führen würde, wenn es erst einmal von genügend Kunden geglaubt würde. Und am Ende des Schwarzen Mittwochs – und des noch schwärzeren Donnerstags –, als die Schlangen vor den Kassenschaltern immer länger und die Kunden, die alle verzweifelt ihre Schäfchen ins trockene zu bringen suchten, immer ängstlicher geworden waren, stellte sich heraus, daß Millingville recht hatte" (Merton 1968, 145).

Ein anderer aus der Pädagogik bekannter Beleg ist der sog. „Pygmalion-Effekt" (Rosenthal/Jacobsen 1971; vgl. Weidenmann/Krapp 1986, 332ff.):

Lehrern wurde mitgeteilt, daß auf der Basis eines besonderen Intelligenz-Testes bei bestimmten Schülern in Kürze deutliche Leistungssteigerungen zu erwarten seien. Tatsächlich war jedoch die Auswahl der betreffenden Schüler rein zufällig erfolgt. Und trotzdem änderten sich die Leistungen der Schüler deutlich. Ursache dafür war nicht die „Realität" (die Schüler waren nicht tatsächlich intelligenter als andere), sondern das Bild, das sich der Lehrer von den Schülern machte: Wenn ich davon überzeugt bin, daß der betreffende Schüler in Zukunft Leistungsverbesserungen zeigen wird, dann gehe ich als Lehrer mit diesem Schüler anders um, werde seinen Beiträgen vermutlich mehr Aufmerksamkeit schenken, werde eher die positiven Ansätze in seinen Äußerungen wahrnehmen.

Auch das Handlungsmodell ist uns aus dem Alltag geläufig: Ein Botaniker geht anders mit der Pflanze um als ein Spaziergänger. Ein Spaziergänger verhält sich anders im Wald als ein Straßenplaner, ein Förster oder ein Liebespaar. Und entsprechend gilt: Wenn eine Vorgesetzte geringe Motivation ihres Mitarbeiters damit erklärt, daß jener sich zu wenig zutraue, dann setzt sie implizit ein Handlungsmodell voraus. Und wenn sie mit dem Mitarbeiter spricht und ihn zu überzeugen sucht, setzt sie ebenso voraus, daß der Mitarbeiter sein Verhalten ändern wird, wenn er die Situation anders oder klarer sieht.

Das Handlungsmodell liegt auch zahlreichen Konzepten der Gesprächsführung zugrunde. So geht z.B. die klientzentrierte Gesprächsführung im Anschluß an Rogers von der These aus, daß Probleme daraus resultieren, daß der betreffenden Person die Bedeutung bestimmter Ereignisse nicht klar ist (Rogers beschreibt dies als die „Inkongruenz zwischen Selbst und Erfahrung“: 1991, 29). Und das Aktive Zuhören, das Gordon im Anschluß an Rogers für den Alltag vorgeschlagen hat (z.B. Gordon 1979, 64ff.; Gordon 1993, 252ff.), ist nichts anderes als ein Verfahren, das dem Gesprächspartner hilft, die Bedeutung bestimmter Situationen zu klären und damit neue Handlungsmöglichkeiten zu finden.

Das Handlungsmodell ist in vielen Situationen plausibel. Aber es gibt auch Situationen, die sich damit nicht erklären lassen. Typische Beispiele dafür sind Konfliktsituationen: Von außen erscheinen Lösungen oft sehr einfach. Aber wir machen die Erfahrung, daß sich Personen in Konflikten verfangen und nicht mehr in der Lage sind, miteinander zu reden. Der Konflikt entwickelt gleichsam eine Eigendynamik, aus der guter Wille und beste Absicht nicht mehr herausführen. Ähnliche Probleme zeigen sich auch bei der Umsetzung mancher Kommunikationsseminare im Alltag: So plausibel während des Seminarverlaufs Aktives Zuhören, Ich-Botschaften und Niederlagelose Methode sein mögen, so macht man doch häufig die Erfahrung, daß sich dieses Verhalten im Alltag nicht durchsetzen läßt. Das soziale System (die Abteilung, der Vorgesetzte) behindern offenbar die Umsetzung.

In solchen Situationen wird eine Schwäche des Handlungsmodells deutlich: Es ist ein individuelles Modell, bei dem die Aufmerksamkeit auf eine einzelne Person gerichtet ist. Dabei bleibt unberücksichtigt, daß das Handeln einzelner Menschen aber auch von anderen Personen, von Organisationsstrukturen, dem Umfeld, von der Unternehmenskultur usw. beeinflußt ist.

Diese Überlegungen haben schließlich zu der Entwicklung eines weiteren Erklärungsmodells geführt: des Systemmodells.

1.2 Das Systemmodell

Eigenschaftsmodell, Maschinenmodell und Handlungsmodell haben eine Gemeinsamkeit: Sie sind gleichsam lineare Modelle, die versuchen, Situationen aus einem einzelnen Faktor (bestimmten Eigenschaften, bestimmten Umweltreizen oder den jeweiligen Gedanken und Empfindungen der handelnden Person) zu erklären. Aber offenbar reichen solche einfachen Modelle zur Erklärung komplexer Sachverhalte nicht aus. Und das hat seit den 40er Jahren zur Entwicklung eines neuen Erklärungsmodells geführt, des Systemmodells:

„Immer mehr aber tritt uns auf allen Gebieten, von subatomaren zu organischen und soziologischen, das Problem der organisierten Kompliziertheit gegenüber, das anscheinend neue Denkmittel erfordert – anders ausgedrückt – verglichen mit linearen Kausalketten von Ursache und Wirkung, das Problem von Wechselwirkungen in Systemen. Damit gelangen wir aber zur Systemtheorie“ (Bertalanffy 1972, 20).

Als anschauliches Beispiel für das Zusammenwirken verschiedener Elemente in einem System führt Vester (1983, 97ff.) das Ökosystem der Negev-Wüste auf: Was hier auf den ersten Blick als eine tote Wüstenlandschaft erscheint, erweist sich bei genauerer Betrachtung als ein komplexes System:

- In dieser Wüstenlandschaft leben zunächst Wüstenschnecken, die sich von einer auf dem Sand wachsenden Algenschicht ernähren. Diese Wüstenschnecken „melken“ sozusagen den Sand beim Durchgang durch den Körper, wodurch eine ständige Lockerung der Sandoberfläche zustande kommt.
- Die toten Wüstenschnecken werden durch Zersetzungsorganismen in Humus und Mineralien verwandelt, wovon sich Büsche ernähren.
- Die verholzten Büsche wiederum dienen kleinen Wüstenasseln als Nahrung, die ihrerseits tiefe Löcher in den Boden bohren, was zu einer guten Durchlüftung des Bodens und auch zu einer Struktur- und Nährstoffverbesserung führt.
- Dieser aufgelockerte Boden ist wiederum Nährstoffbasis für die Pflanzen, von denen die Wüstenschnecken leben.

D.h. in diesem System wirken zahlreiche Faktoren aufeinander, die das System wechselseitig stabilisieren, während Eingriffe (z.B. umfangreiche Bewässerung) letztlich zum Zusammenbruch des gesamten Systems führen können.

Ein Beispiel für Systemisches Denken im sozialen Bereich ist das sog. Sündenbock-Phänomen, das aus der Familientherapie bekannt ist, wo es einer der wichtigsten Anstöße zur Entwicklung des Systemmodells wurde (z.B. Watzlawick u.a. 1969, 81):

In einer Familie ist ein Kind auffällig: Es hat schlechte Leistungen, schwänzt die Schule, ist aggressiv. Die Eltern kommen mit ihm nicht mehr zurecht.

Auf der Basis des Eigenschaftsmodells würde man die Ursache für dieses Verhalten in dem betreffenden Kind selbst suchen, auf der Basis des Maschinenmodells das Verhalten als Reaktion z.B. auf die Erziehung der Mutter deuten. Und auf der Basis des

Handlungsmodells würde man mit dem Kind reden, um z.B. sein Selbstwertgefühl zu steigern.

Doch alle linearen Erklärungsansätze sind in der Praxis in vielen Fällen nicht ausreichend. Sondern es stellt sich häufig heraus, daß dann, wenn man einen Faktor verändert, das Problem sich lediglich verlagert: Wenn z.B. das Kind in eine Therapie kommt, „beweist" die Familie dem Therapeuten, daß diese Therapie nichts bringt. Wenn die Mutter versucht, ihr Verhalten zu ändern, führt dies möglicherweise dazu, daß das Problemverhalten des Kindes noch stärker auftritt oder daß Probleme zwischen den Ehepartnern entstehen. Wenn dagegen das Kind aus der Familie genommen wird, treten plötzlich an ganz anderer Stelle in der Familie (z.B. bei einem anderen Kind, das bislang nicht auffällig war) dieselben Verhaltensweisen auf.

Diese Erfahrungen deuten darauf hin, daß das Problemverhalten des „Sündenbocks" in einen komplexen Zusammenhang des Systems Familie eingebettet ist: Es kann z.B. von Problemen zwischen den Eltern beeinflußt sein, die bislang nicht ausgesprochen und ausgetragen wurden.

Entsprechend läßt sich das Verhalten des unmotivierten Mitarbeiters erklären: Auf der Basis des Systemmodells gibt es dafür nicht eine spezielle Ursache, sondern das Verhalten des Mitarbeiters resultiert aus dem sozialen System, in dem der Mitarbeiter arbeitet. Zur Lösung des Problems hat man demzufolge die Aufmerksamkeit auf dieses System zu richten, etwa auf die zu diesem System gehörenden Personen (Vorgesetzter, übrige Mitarbeiter), auf die Beziehungen zwischen diesen Personen und auf die Systemumwelt (etwa die Abgrenzung zu anderen Bereichen oder auch die räumliche Umwelt, die Beschaffenheit des Arbeitsplatzes usw.).

Ludwig von Bertalanffy, einer der Hauptbegründer der modernen Systemtheorie, hat versucht, den Systembegriff zur Grundlage einer „Allgemeinen Systemtheorie" zu machen, d.h. einer Disziplin, die sich „beschäftigt mit allgemeinen Eigenschaften und Prinzipien von Ganzheiten oder Systemen, unabhängig von deren spezieller Natur und der Natur ihrer Komponenten" (Bertalanffy 1970, 75; vgl. auch 1968; 1970a; Krieger 1996).

Im Anschluß an dieses Programm einer allgemeinen Systemtheorie wird der Systembegriff als gemeinsamer Oberbegriff in sehr unterschiedlichen Disziplinen wie Physik, Ökologie, Soziologie, Familientherapie und Organisationstheorie (vgl. Saldern 1991, 67ff.; Willke 1991; 1994) benutzt.

Das Problem, das bei einer solchen Ausweitung der Systemtheorie entsteht, ist, daß damit der Systembegriff zwangsläufig unscharf wird und mögliche Unterschiede etwa zwischen physikalischen und sozialen Systemen verwischt werden. In der Tat dürfte gerade im Bereich der Organisationsberatung die Berufung auf systemische Ansätze daran leiden, daß hier häufig eine „mehr vernebelnde als erklärende Begrifflichkeit" verwendet wird (Wimmer 1992, 62), so daß im Grunde sich jeder auf systemische Überlegungen berufen kann, ohne daß dabei eine klare Begrifflichkeit oder eine klare Konzeption erkennbar werden.

Angesichts dieser Unklarheit ist es sinnvoll, nicht pauschal von dem Systembegriff oder der Systemtheorie zu reden, sondern je nach dem Gegenstandsbereich zwischen verschiedenen Arten von Systemen zu unterscheiden (vgl. auch Häfele 1993, 86ff.; Jensen 1983, 26ff.): Sicher haben Maschinen als technische Systeme, Pflanzen als biologische Systeme oder Arbeitsteams als soziale Systeme Gemeinsamkeiten, andererseits aber auch wichtige Unterschiede, so daß im folgenden die Unterscheidung zwischen technischen, biologischen und soziale Systemen zugrundegelegt wird.

1.2.1 Technische Systeme

Der technische Systembegriff geht auf die Informationstheorie von Weaver zurück und ist im Zusammenhang mit Kybernetik, Automatentheorie, Regelungstechnik usw. als Grundlage komplizierter Steuerungstechniken weiterentwickelt worden (vgl. z.B. Ashby 1974; Händle/Jensen 1974; Ropohl 1979).

Die grundlegende Definition dieses Systembegriffs wurde 1956 von Hall/Fagen entwickelt. Danach sind Systeme definiert durch ihre Elemente, durch die Wechselwirkungen zwischen den Elementen und durch die Systemumwelt (Hall/Fagen 1956).

Klassisches Beispiel zur Verdeutlichung des technischen Systembegriffs ist das System Thermostat – Heizung (vgl. Bertalanffy 1970a, 117ff.):

- Dieses System ist gekennzeichnet durch die Elemente Heizung und Thermostat (wobei dann z.B. das Element Heizung seinerseits noch in weitere Elemente zergliedert werden könnte).
- Zwischen den Elementen bestehen Wechselwirkungen (häufig spricht man auch von Regelkreisen oder Rückkopplungsprozessen) dergestalt, daß das Element A auf B wirkt und umgekehrt B wiederum auf A: Der Thermostat wirkt auf die Heizung ein, indem er die Heizung ein- und ausschaltet. Und andererseits beeinflußt die Heizung wiederum den Thermostat, indem sie die Temperatur verändert.

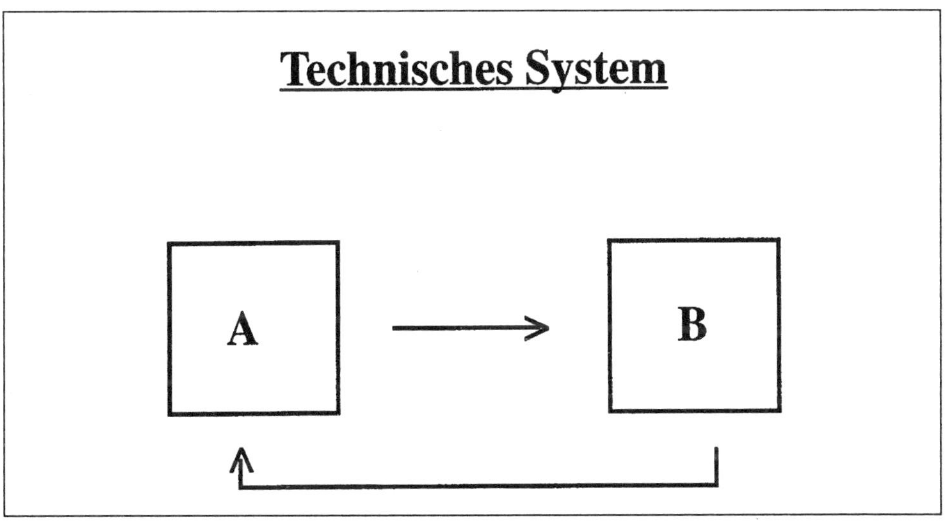

- Schließlich ist das System Thermostat – Heizung abgegrenzt von einer Systemumwelt (z.B. der allgemeinen Temperatur außerhalb des Systems), wobei die Grenze zur Umwelt je nachdem, wieweit das System „offen“ oder „geschlossen“ ist, mehr oder weniger durchlässig sein kann.

Der technische Systembegriff ist später auch auf andere Systeme wie biologische Systeme (z.B. Keidel 1972), auf Computersimulationen von Problemlösungsprozessen (z.B. Funke 1992) u.a. angewandt worden.

Für Organisationsprobleme ist der technische Systembegriff seit den 50er Jahren zunächst im Rahmen des sog. soziotechnischen Ansatzes im englischen Tavistock-Institut herangezogen worden (z.B. Emery/Trist 1981). Dabei ging es darum, mit Hilfe des Systemansatzes die Arbeitsorganisation im Bergwerksbereich zu verbessern.

Im deutschsprachigen Bereich wird der technische Systembegriff in der Unternehmenstheorie der 70er Jahre u.a. von Bleicher und Grochla (vgl. Bleicher 1972; Grochla 1978, 203ff.) sowie bei Hans Ulrich (dem Begründer der sog. St. Gallener Schule) vertreten.

Unter ausdrücklicher Berufung auf die Kybernetik wird bei Ulrich der Systembegriff für die Betriebswirtschaftslehre in Abhebung von kausalen Betrachtungen als Analyse von Rückkopplungsprozessen bestimmt:

„Der Systemansatz ist auf das Erkennen von Zusammenhängen und von vielgliedrigen Ursache-Wirkungsbeziehungen ausgerichtet und deshalb für das Erfassen der komplexen Vorgänge in Unternehmungen besonders geeignet. Er wirkt unzweckmäßigen isolierenden Betrachtungsweisen entgegen und führt zur Aufdeckung bisher unbekannter Zusammenhänge“ (Ulrich 1970, 135f.).

Weitere Vorgänge innerhalb des Systems bleiben dabei unberücksichtigt:

„Wir... begnügen uns mit dem, was wir von außen beobachten können: Inputs und Outputs. Das System selbst betrachten wir als etwas Unzugängliches, Dunkles, eben als schwarzen Kasten. Wir beobachten nun aber nicht nur die Ein- und Ausgänge, sondern wir manipulieren den Input und registrieren, was dabei als Output herauskommt“ (Ulrich 1970, 132).

Obwohl in der Tradition der St. Gallener Schule im Anschluß an Ulrich versucht wurde, den theoretischen Rahmen etwa durch Rückgriff auf die Evolutionstheorie oder den Logischen Konstruktivismus beträchtlich zu erweitern (vgl. z.B. Malik 1989; Probst 1987; Ulrich/Probst 1988), liegt einer Reihe von konkreten Verfahren noch weiterhin der technische Systembegriff zugrunde.

Deutliches Beispiel ist die in der St. Gallener Schule vorgeschlagene Analyse von Wirkungsverläufen, wobei ein Verfahren aufgegriffen wird, das in den 60er Jahren von Maruyama (1963; vgl. auch Weick 1985, 106 ff.) im Zusammenhang mit kybernetischen Überlegungen entwickelt wurde. Ziel der Analyse von Wirkungsverläufen ist es, Regelkreise und die dabei auftretenden Wirkungen einzelner Elemente auf andere zu erfassen. Dabei wird zwischen gleichgerichteten Wirkungen (Steigerung des Faktors A führt zur Steigerung von B, bzw. Reduzierung von A führt zur Reduzierung von B) und entgegengerichteten Wirkungen (Steigerung von A führt zur Reduzierung von B und umgekehrt) unterschieden.

Für ein komplexes System ergibt sich dann etwa folgendes Bild, wobei gleichgerichtete Wirkungen mit „+“ entgegengerichtete Wirkungen mit „–“ gekennzeichnet sind (Ulrich/Probst 1988, 39):

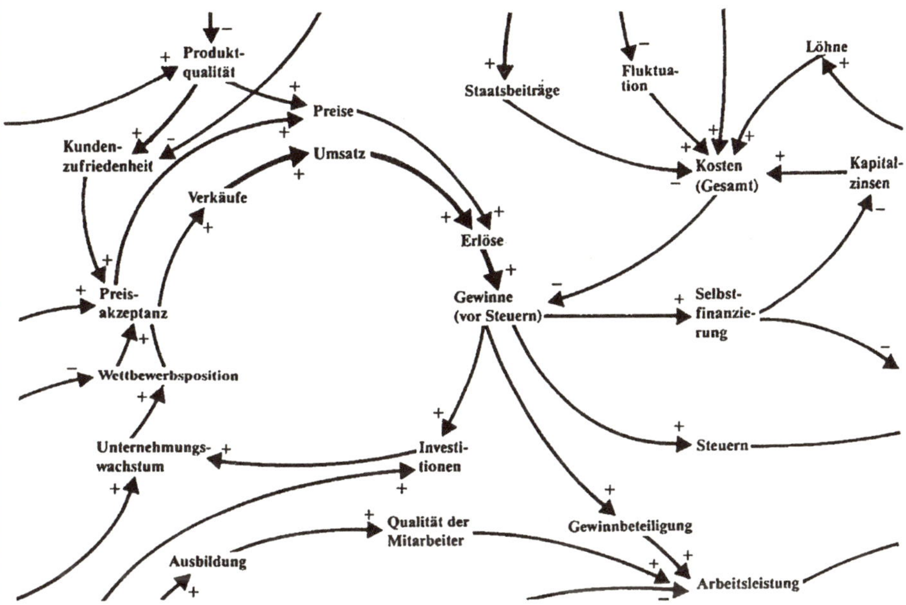

Ausschnitt aus einem Netzwerk mit mehreren Unternehmungszielen

1.2.2 Biologische und ökologische Systeme

Ein zweiter Ansatz der Systemtheorie greift auf die Biologie zurück. Bertalanffy, der Begründer der „Allgemeinen Systemtheorie“ ist von Haus aus Biologe. Er entwickelt seinen Systembegriff insbesondere an Beispielen aus der Biologie wie z.B. der Zelle oder dem Organismus (vgl. z.B. Bertalanffy 1972, 128; Capra 1988, 293ff.; Marx 1991).

Biologische Systeme sind auch durch die bereits bei technischen Systemen geläufigen Merkmale definiert (z.B. Bertalanffy 1972, 118ff.):

- Elemente des Systems Organismus sind z.B. einzelne Organe.
- Zwischen den Elementen bestehen Rückkopplungsprozesse: z.B. die Rückkopplung zwischen Bluttemperatur und bestimmten Hirnzentren, die für die Konstanthaltung der Körpertemperatur sorgen.
- Und schließlich sind auch biologische Systeme von der Systemumwelt mehr oder weniger stark abgegrenzt.

Darüber hinaus sind biologische Systeme durch ein weiteres Merkmal definiert, nämlich das Merkmal der Evolution: Das System Heizung und Thermostat entwickelt sich nicht, aber das biologische System eines Organismus kann sich entsprechend den Umweltbedingungen weiterentwickeln.

Dabei bedeutet Evolution biologischer Systeme:

(1) Biologische Systeme entstehen aus biologischen Ursachen. D.h. ein Organismus wird geboren, er entsteht aus vorausgegangenen Systemen, die bestimmte Informationen an das neue System weitergeben.

(2) Biologische Systeme verändern sich: Sie wachsen und passen sich fortwährend an veränderte Umweltbedingungen an. Capra (1985, 302ff.) unterscheidet dabei drei Arten solcher Anpassungen:

- kurzfristige Anpassungen (etwa die kurzfristige Anpassung des Organismus an verändertes Klima, wenn man für einen Tag aus der Ebene ins Gebirge kommt)
- längerfristige Anpassungen (wenn sich etwa bei längerem Aufenthalt im Gebirge mit der Zeit Herz und Kreislauf normalisieren)
- die auf der Basis von Selektion erfolgte Anpassung im Prozeß der Evolution über den einzelnen Organismus hinaus.

(3) Biologische Systeme zerfallen schließlich zu einem bestimmten Zeitpunkt: „Werden und Vergehen erscheinen daher als ein zentraler Aspekt der Selbstorganisation, als das eigentliche Wesen des Lebens... Der Tod ist also nicht das Gegenteil vom Leben, sondern ein wesentlicher Aspekt vom Leben“ (Capra 1988, 313).

Der biologische Systembegriff ist insbesondere durch Vester (1983; 1984; 1988) auf ökologische Systeme übertragen worden:

Ausgehend von der These, daß die Erde selbst „ein lebendes Wesen aus eigener Kraft“ zu sein scheint (Capra 1988, 315), untersucht Vester ökologische Abläufe auf dem Hintergrund des biologischen Systembegriffs:

- Ökologische Abläufe sind von Rückkopplungsprozessen bestimmt (wie etwa der Wasserkreislauf zwischen Verdunstung, Regen, Abfluß).
- Ökologische Prozesse sind aber zugleich Entwicklungsprozesse, die auch zum Zusammenbruch eines ökologischen Systems (etwa zum Umkippen eines Gewässers oder zum Austrocknen von Landschaften) führen können (z.B. Vester 1984, 279ff.).

Vesters Hauptthese lautet, daß sich ökologische Prozesse nicht linear-kausal steuern lassen, sondern daß Ökologie als komplexes System zu verstehen ist. Dabei kann die Veränderung einzelner Faktoren letztlich zu dem Zusammenbruch des Systems führen. Die Einführung von Monokulturen (wieder ein Beispiel für die Anwendung linear-kausalen Denkens) führt, so Vester, dazu, daß natürliche Regelkreise unterbrochen werden. Daraus folgt letztlich höhere Anfälligkeit von Pflanzen und Tieren, höherer Bedarf an künstlichen Mineraldüngern und Pflanzenschutzmitteln, Auslaugung der Böden bis zur Erosion, Gewässerverschmutzung und Schadstoffanstieg in den Nahrungsmitteln, drastische Erhöhung des Energiebedarfs usw. (Vester 1983, 111ff.).

Mittlerweile gibt es zahlreiche Versuche, den biologischen Systembegriff auf Organisationen zu übertragen. Am bekanntesten sind verschiedene Ansätze evolutionären Managements, wie sie etwa von Kirsch (1992), Königswieser/Lutz (1992), Servatius (1991) oder im Anschluß an Probst (z.B. Malik 1989) entwickelt wurden.

Dabei wird z.B. von Servatius statt mechanistischer Beherrschung sozialer Systeme eine „ganzheitlich evolutionäre Führung“ gefordert, die von einer „Grundhaltung einer evolutionären Anpassung“ ausgeht (Servatius 1991, 24): Um zu überleben, so die These, muß sich ein Unternehmen fortwährend mit ausreichender Lerngeschwindigkeit verändern. Dabei sind z.B. (analog zu biologischen Systemen) bestimmte Wachstumszyklen zu berücksichtigen: Ein neues Produkt durchläuft eine Wachstumsphase, verliert dann an Bedeutung und kommt zu einem bestimmten Zeitpunkt auf dem Markt nicht mehr an, was zum Zusammenbruch des Unternehmens führen kann – es sei denn, dieser Zusammenbruch wird durch ein neues in der Wachstumsphase befindliches Produkt aufgefangen (Servatius 1991, 32ff.; vgl. Turnheim 1991, 37ff.).

1.2.3 Der Systembegriff Luhmanns

Einen anderen, insbesondere im deutschsprachigen Raum bekannten Ansatz stellt die Systemtheorie von Luhmann dar. Luhmann greift das Anliegen der Systemtheorie auf, soziale Prozesse mithilfe systemtheoretischer Terminologie umfassender zu erklären als es mit anderen Erklärungsmodellen (z.B. einer soziologischen Handlungstheorie) möglich ist. Zugleich führt er in die Systemtheorie eine spezifisch soziologische Perspektive ein, was zu deutlichen Veränderungen gegenüber der allgemeinen Systemtheorie von Bertalanffy führt.

Soziale Systeme sind nach Luhmann durch folgende Merkmale definiert (Luhmann 1984, 34ff.; vgl. auch Kneer/Nassehi 1993; Krieger 1996):

(1) Im Unterschied zu anderen Ansätzen werden Systeme bei Luhmann durch die „Differenz von System und Umwelt“ (1984, 35) definiert: Die Definition des Systems „Familie“ ergibt sich somit nicht aus der Zahl der Personen der Familie, sondern durch die Abgrenzung gegenüber der Umwelt: Bestimmte Kommunikationsprozesse innerhalb der Familie werden an der Systemgrenze unterbrochen (z.B. bestimmte Themen „bleiben in der Familie“).

(2) Wenn bei der Definition von Systemen die Aufmerksamkeit auf die Abgrenzung zur Systemumwelt gelegt wird, dann verändert sich auch die Unterscheidung zwischen Element und System. In Abgrenzung von klassischen Ansätzen, bei denen Personen Elemente des Systems sind, ist für Luhmann die kleinste Einheit in einem sozialen System die Kommunikation. D.h. eine Familie z.B. konstituiert sich aus einzelnen (sprachlichen oder nicht-sprachlichen) Kommunikationsereignissen, die meist nur von kurzer Dauer sind und von anderen Kommunikationsereignissen abgelöst werden (z.B. Luhmann 1984, 240; vgl. Kneer/Nassehi 1993, 91ff.).

(3) Soziale Systeme sind selbstreferentiell. D.h. die Elemente, aus denen das System besteht, werden durch das System selbst erzeugt (Luhmann 1984, 57ff.). Das einzelne Kommunikationsereignis führt jeweils zu neuen Kommunikationsereignissen; die Äußerung des Vaters führt zur Antwort der Mutter, deren Äußerung dann wiederum neue Antworten (neue Kommunikation) nach sich zieht.

(4) Die Erhaltung des sozialen Systems erfordert Reduzierung von Komplexität (Luhmann 1984, 45ff.; vgl. auch Kneer/Nassehi 1993, 40ff.). Dabei meint Komplexität zunächst die Gesamtheit der möglichen Ereignisse und Zustände. Theoretisch wäre die Zahl der Kommunikationsereignisse in jeder Situation unbegrenzt: Auf eine Äußerung „das Essen ist fertig“ könnte der Gesprächspartner zum Essen kommen, könnte sich abwenden, theoretisch könnte er aber auch ins Auto steigen und losfahren, anfangen, sich etwas zu essen zu holen, schlafen gehen, einen Stuhl zum Fenster herauswerfen usw. Eine solche Komplexität aber führt zu Selektionszwang. D.h. es sind nur bestimmte Verbindungen von Kommunikationsereignissen in einem sozialen System zugelassen: Es ist z.B. in einem Familiensystem unwahrscheinlich, daß auf die Äußerung „das Essen ist fertig“ der Gesprächspartner einen Stuhl aus dem Fenster wirft, es ist wahrscheinlicher, daß er diese Äußerung als Aufforderung versteht, der er nachkommt oder die er ablehnt.

Der Ansatz von Luhmann wurde in Pädagogik (z.B. Luhmann/Schorr 1982; 1986; 1990; Oelkers/Tenorth 1987), Soziologie (z.B. Metzner 1993) und Betriebswirtschaftslehre (z.B. Kasper 1990) relativ umfangreich diskutiert. Zweifelsohne lassen sich eine Reihe von Überlegungen aus der Systemtheorie von Luhmann auch auf Organisationen übertragen: Auch hier stehen Fragen der Abgrenzung zur Systemumwelt oder zur Reduzierung von Komplexität an. Aber eine Grenze der Übertragbarkeit liegt darin, daß Luhmanns Theorie sozialer Systeme eine soziologische Perspektive bietet, bei der der handelnde Mensch als Subjekt nicht in den Blick kommt. Beratung aber muß zwangsläufig zunächst einmal auf die Personen des sozialen System ausgerichtet sein. Und das erfordert eine andere systemtheoretische Grundlegung.

1.2.4 Das Systemmodell in der Tradition von Bateson: Soziale Systeme als Systeme handelnder Personen

Wenn man versucht, auf der Basis systemtheoretischer Ansätze ein Beratungskonzept zu entwickeln, ergeben sich zwei zentrale Voraussetzungen:

- Zum einen ist (in der Tradition aller systemtheoretischen Ansätze) bei der Erklärung und Veränderung die Aufmerksamkeit nicht auf einen einzelnen Faktor zu richten, sondern auf das jeweilige soziale System (die Arbeitsgruppe, das Team, die Abteilung oder auch die Familie).
- Zum anderen aber gilt, daß Beratung sozialer Systeme zunächst einmal Beratung der dort handelnden Personen ist. Das bedeutet, daß aus der Perspektive von Beratung, Therapie, aber auch von Erwachsenen- und Weiterbildung die entscheidenden „Elemente" sozialer Systeme eben nicht einzelne Kommunikationsereignisse oder sonstige Faktoren sein können, sondern die in diesem System handelnden Personen.

Ein solcher Ansatz, der auch die Grundlage dieses Buches bildet, findet sich erstmals in der Tradition von Gregory Bateson.

Bateson (vgl. Marc/Picard 1991; Nachmanovicz 1983) war zunächst Anthropologe, der Untersuchungen auf Neuguinea und Bali durchführte. In den 40er Jahren kam er in Kontakt mit systemtheoretischen Ansätzen in der Tradition von Weaver. Aber Bateson führt diese Ansätze nicht einfach weiter, sondern sein Anliegen ist es, systemtheoretische Ansätze auf die Erforschung von Kommunikation zu übertragen. 1951 erschien mit dem Buch „Kommunikation" (Ruesch/Bateson 1995) die erste systemtheoretische Darstellung von Kommunikation. Und in den 50er Jahren wurde dieser Ansatz in Zusammenarbeit mit dem Psychiater Don D. Jackson in Palo Alto, Kalifornien, weiterentwickelt.

Bateson greift zunächst auf den technischen Systembegriff in der Tradition von Wiener, Shannon und Weaver zurück (Ruesch/Bateson 1995, 10ff.) und verdeutlicht Systeme z.B. an einer technischen Maschine (Bateson 1995, 129ff.). Ein technisches System ist gekennzeichnet durch:

- einzelne „Teile" (Elemente) wie Schwungrad, Regler, Treibstoff, Zylinder
- die Verbindung mit der „äußeren Welt"
- eine „zirkuläre" Struktur, d.h. durch Regelkreise:
  „Die Maschine ist in dem Sinne zirkulär, daß das Schwungrad den Regler antreibt, der die Treibstoffzufuhr verändert, welche den Zylinder versorgt, der seinerseits das Schwungrad antreibt" (Bateson 1995, 130).

Wenn sich Bateson jedoch mit sozialen Systemen wie politischen Parteien (Ruesch/Bateson 1995, 174ff.), mit Familien oder Arzt-Patienten-Systemen (Bateson u.a. 1969) befaßt, hat er diesen Systembegriff unter der Hand verändert und erweitert (vgl. auch Bolbrügge 1997):

- Die Personen der jeweiligen Systeme werden als Elemente des Systems definiert: Elternteile und Kinder, Geschäftsführer, Mitglieder des Komitees und technische Ratgeber einer amerikanischen Partei.
- Personen aber reagieren nicht einfachhin, sondern machen sich ein Bild von der Wirklichkeit. Bateson spricht in diesem Zusammenhang davon, daß sie die Wirklichkeit „interpunktieren" (z.B. Bateson 1981, 386), d.h. ihr eine Bedeutung geben. Dabei ist dieses Bild, das man sich von der Wirklichkeit macht, nicht dasselbe, wie die Wirklichkeit selbst.
  Bateson verdeutlicht das anhand des von dem Mathematiker Korzybski stammenden Satzes: „die Karte ist nicht das Territorium, und ihr Name ist nicht die bekannte Sache". Dieses Prinzip, so Bateson (1995, 40f.), „erinnert uns ganz allgemein daran, daß wir, wenn wir an Kokosnüsse oder Schweine denken, keine Kokosnüsse oder Schweine im Gehirn haben. Etwas abstrakter betrachtet, besagt Korzybskis's Behauptung, daß in allem Nachdenken, der Wahrnehmung oder in der Kommunikation über Wahrnehmung eine Umwandlung stattfindet, eine Codierung, die zwischen dem Bericht und der berichteten Sache, dem Ding an sich, vermittelt."
- Soziale Systeme sind von sozialen Regeln bestimmt, d.h. von Vorschriften darüber, was einzelne Personen in einem sozialen System tun dürfen und was nicht:
  „Jede soziale Situation ist bestimmt von expliziten oder impliziten Regeln... im Kontext der Kommunikation können Regeln als Anweisungen, die den Fluß der Botschaften von einem zum anderen bestimmen, gesehen werden. Insoweit Regeln gewöhnlich einschränkend sind, schränken sie die Möglichkeiten der Kommunikation zwischen Menschen ein, und, vor allem, sie begrenzen die Handlungen der beteiligten Personen" (Ruesch/Bateson 1995, 39f.).
- Erst auf der Basis von den wechselseitigen Interpunktionen (den wechselseitigen Deutungen) und auf der Basis sozialer Regeln entstehen dann Regelkreise.
  Bateson war auf diese „zirkuläre Struktur" sozialer Systeme bereits Anfang der 30er Jahre gestoßen:
  „Bei meiner eigenen Arbeit... in Neu Guinea habe ich herausgefunden, daß verschiedenartige Relationen zwischen Gruppen und zwischen verschiedenen Typen von Sippen durch einen Verhaltensaustausch charakterisiert waren, so daß, je mehr A ein gegebenes Verhalten an den Tag legte, die Wahrscheinlichkeit desto höher war, daß B dasselbe Verhalten zeigte" (Bateson 1995, 131).

Eines der bekanntesten Beispiele für die systemtheoretische Erklärung von Problemen bietet Batesons Forschungsprojekt über die Entstehung von Schizophrenie. Batesons These lautet, daß Schizophrenie keine organische Krankheit darstellt, sondern aus der Kommunikation im sozialen System entsteht. Schizophrenie, so Bateson, resultiert :

- aus einer bestimmten Familien-Konstellation: Ein Kind hat z.B. engen Kontakt zur Mutter, aber keine so engen Beziehungen zu anderen Personen, die das Kind unterstützen könnten
- aus den Bedeutungen, die verschiedene Personen dieser Situation geben: Die Mutter hat z.B. Angst vor engem Kontakt mit dem Kind, leugnet aber zugleich ihre Ablehnung und versucht, besonders liebevoll zu sein
- aus bestimmten sozialen Regeln, die in der Familie gelten: z.B. der Regel, daß das Kind nicht über die widersprüchliche Situation sprechen darf (Bateson 1981, 15ff., 321ff.).

Bateson's Ansatz wurde zunächst von den Mitarbeiterinnen und Mitarbeitern in dem damaligen Forschungsprojekt weiterentwickelt (vgl. Marc/Picard 1991). Daraus sind eine Reihe unterschiedlicher Anwendungsgebiete dieses Ansatzes entstanden:

(1) Systemische Kommunikationstheorie

Die früheren und wenig systematisierten Ansätze von Bateson (z.B. Bateson 1981; Ruesch/Bateson 1995) wurden erstmals in dem von Watzlawick zusammen mit Jackson und Beavin verfaßten Buch „Menschliche Kommunikation" systematisch dargestellt (Watzlawick u.a. 1969). Die fünf „Axiome menschlicher Kommunikation" (Watzlawick u.a. 1969) sind im Grunde nichts anderes als eine Explikation des Systembegriffs in der Tradition von Bateson – obwohl auch Watzlawick (das hat bereits Ramsenthaler 1982 aufgezeigt) dabei stellenweise noch in einer „technischen" Terminologie befangen bleibt. Die „Menschliche Kommunikation" hat den Ansatz von Bateson überhaupt erst einer weiteren Öffentlichkeit bekannt gemacht und ist bis heute eine der grundlegenden Darstellungen dieses Ansatzes (vgl. auch Girgensohn-Marchand 1992; Jaschko-Hrabar 1993; Jones 1995; Marc/Picard 1991; Ramsenthaler 1982).

Im deutschsprachigen Raum ist das Systemmodell in der Tradition von Bateson (meist vermittelt über Watzlawick) als Grundlage einer „pragmatischen Kommunikationstheorie" (Ramsenthaler 1982), einer „Pädagogik der Kommunikation" (Schaller 1987) oder einer „systemisch-konstruktivistischen Pädagogik" (Reich 1996) rezipiert worden. Bekannt geworden ist aber insbesondere dieser Ansatz durch Schulz von Thun (1981), der Watzlawicks „Menschliche Kommunikation" praktisch umzusetzen versucht – der von ihm entwickelte Ansatz zählt bis heute zu den Standardverfahren in Kommunikationsseminaren u.dgl. (z.B. Gehm 1994; Neuberger 1987).

(2) Systemische Familientherapie

In der Bateson-Gruppe wurde der systemische Ansatz zunächst im Bereich der Familientherapie angewandt, wobei sich unterschiedliche Schwerpunkte herauskristallisierten (vgl. die Übersichten bei Hoffmann 1984; Revenstorf 1993, 77ff.; Schlippe/Schweitzer 1996):

- Jay Haley (1952 bis 1967 Mitarbeiter von Bateson in Palo Alto) greift insbesondere auf Batesons Unterscheidung zwischen symmetrischer und komplementärer Interaktion sowie auf den Ansatz von Milton Erickson zurück und entwickelt auf dieser Basis ein Konzept einer „strategischen Familientherapie", bei der „der Psychotherapeut die Verantwortung für die direkte Einflußnahme auf den Patienten übernimmt" (Haley 1973, 8; vgl. 1978; 1979; Nardone/Watzlawick 1994, 45ff.; Volmer 1990, 6ff.).

- Virginia Satir (von 1958 bis 1968 am Mental-Research-Institute in Palo Alto) integriert Ansätze der humanistischen Psychologie in das Systemkonzept von Bateson und entwickelt daraus eine sog. „Entwicklungsorientierte Familientherapie" (Satir 1978; 1992; Satir/Englander-Golden 1994; Satir u.a. 1995; vgl. auch Bosch/Ullrich 1989; Jürgens/Salm 1994).
- Watzlawick, Weakland und Fisch führen Batesons Ansatz zur sog. „Kurzzeittherapie" weiter (vgl. z.B. Watzlawick u.a. 1974; vgl. auch De Shazer 1989; 1992; Walter/Peller 1995).

Daneben gibt es im Bereich der Familientherapie noch eine Reihe weiterer Ansätze, die nicht direkt aus der Tradition von Bateson stammen, aber in Anlehnung an Bateson entwickelt wurden. Exemplarisch seien hier genannt:

- die sog. Mailänder Schule (z.B. Selvini Palazzoli u.a. 1991; vgl. Boscolo 1988 u.a.; Boscolo/Bertrando 1994; Tomm 1994, 38ff.), in der die Familie als ein „sich selbst regulierendes System" definiert wird, „das von eigenen Gesetzen regiert wird, die es sich im Laufe der Zeit durch Versuch und Irrtum erarbeitet hat" (Selvini Palazzoli u.a. 1991, 13)
- die sog. Strukturelle Familientherapie im Anschluß an Minuchin, bei der die Aufmerksamkeit insbesondere auf verschiedene Subsysteme innerhalb der Familie gerichtet ist (z.B. Minuchin 1977; Minuchin/Fishman 1983)
- die Arbeiten des familientherapeutischen Instituts in Rom (z.B. Andolfi 1982; Andolfi u.a. 1986), in denen das Schwergewicht auf die Arbeit mit starren und sehr problematischen Familiensystemen gelegt wird
- der Ansatz von Burnham (1995), der für den Bereich der Sozialarbeit auf das Konzept der systemischen Familientherapie zurückgreift
- und schließlich wird auf die Bateson-Tradition auch in der ursprünglich stärker psychoanalytisch ausgerichteten Heidelberger Schule im Anschluß an Stierlin zurückgegriffen (z.B. Simon 1993; 1995; Simon/Stierlin 1984).

(3) Übertragung auf Organisationen

Die erste Übertragung des Systembegriffs der Bateson-Tradition auf Organisationen findet sich in dem 1981 erschienenen Buch „Hinter den Kulissen der Organisation" von Mara Selvini Palazzoli und Mitarbeitern (1984). Selvini-Palazzoli versucht hier, die in der Tradition von Bateson entwickelten und von ihr im Rahmen familientherapeutischer Arbeiten weiter entwickelten Interventionsmethoden auf Organisationen anzuwenden. „Hinter den Kulissen der Organisation" beschreibt Organisationsentwicklungsprozesse in verschiedenen Organisationen, wobei Ansatzpunkte für eine schrittweise Veränderung, aber zugleich auch die Schwierigkeiten der Initiierung organisatorischen Wandels deutlich werden.

Daneben wird bei mehreren Autoren auf die Bateson-Tradition zurückgegriffen, ohne daß jedoch eine systematische Rezeption dieses Ansatzes erfolgt. So greift z.B. Probst (1987) bei Selbstorganisation auf Bateson, aber auch auf technische, biologische und ökologische Systembegriffe zurück. Königswieser führt Bateson und Watzlawick als einen Einflußfaktor auf Systemtheorie neben Kybernetik (wozu sie Bertalanffy, Beer und Förster zählt), Ökologie und Physik (Capra, Prigogine), Soziologie (Luhmann, Hajek) und anderen auf (Königswieser 1991, 182).

Systemische Organisationsberatung greift explizit auf den Systembegriff in der Tradition von Bateson zurück, indem soziale Systeme als Systeme handelnder Personen definiert werden, wobei das Verhalten eines sozialen Systems von den Personen, dem Bild, das sie sich von der Wirklichkeit machen, aber auch von den Regeln und den auf dieser Basis entstehenden Regelkreisen abhängig ist (vgl. auch Bolbrügge 1997; König 1992; König/König 1995; König/Volmer 1997; Zink 1994).

1.3 Der Systembegriff Systemischer Organisationsberatung

Auf der Basis des Systemsbegriffs in der Tradition von Bateson lassen sich die Merkmale sozialer Systeme genauer bestimmen, wobei zur Verdeutlichung wieder auf das Beispiel des nicht-motivierten Mitarbeiters zurückgegriffen wird:

1.3.1 Merkmale sozialer Systeme

(1) Personen als Elemente sozialer Systeme
Im Rahmen von Beratung ist die Aufmerksamkeit zwangsläufig zunächst auf die Personen des jeweiligen sozialen Systems gerichtet: Wer gehört dem System einer Familie, eines Teams, eines Unternehmens an?

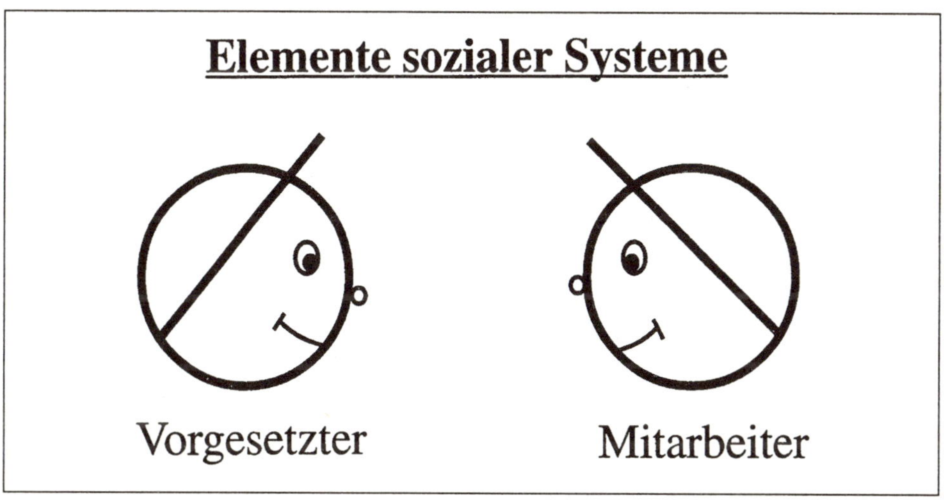

Daraus ergibt sich, daß die Personen als „Elemente" eines sozialen Systems definiert werden: Vorgesetzter und Mitarbeiter, die Mitarbeiter eines Teams, einer Arbeitsgruppe, einer Familie sind die Elemente des jeweiligen sozialen Systems.

Bereits bei diesen Beispielen wird deutlich, daß sich soziale Systeme nicht scharf abgrenzen lassen, sondern daß die Grenzen fließend sind: Betrachtet man den Mitarbeiter und seinen Vorgesetzten als soziales System, oder die Arbeitsgruppe, die Abteilung, das Unternehmen als Ganzes?

Um auf das Beispiel des nicht-motivierten Mitarbeiters zurückzugreifen: Es kann sein, daß dieses Problem nur vom Mitarbeiter und dem Vorgesetzten abhängt. Dann wäre das zu betrachtende System auf den Vorgesetzten und den Mitarbeiter beschränkt. Es kann aber ebenso sein, daß dabei andere Kollegen der Arbeitsgruppe eine Rolle spielen, dann bildet die Arbeitsgruppe insgesamt das relevante System. Oder es kann sein, daß ein übergeordneter Vorgesetzter, ein Mitarbeiter einer benachbarten Abteilung oder vielleicht auch jemand aus dem Familiensystem des Mitarbeiters hier eine Rolle spielen und deshalb mit zu berücksichtigen sind.

Soziale Systeme bestehen somit nicht „an sich", sondern die Definition des Systems ergibt sich aus der Perspektive des Beobachters. D.h. wer zu einem sozialen System gehört, das ist jeweils in Bezug auf das anstehende Thema oder ein in der Beratung zu bearbeitendes Problem neu festzulegen.

(2) Subjektive Deutungen

Wenn man die Personen als Elemente sozialer Systeme definiert, ergibt sich daraus ein zentraler Unterschied zwischen sozialen und technischen bzw. biologischen Systemen: Soziale Systeme unterscheiden sich von anderen Systemen dadurch, daß die „Elemente" dieses Systems Personen sind, die sich ein Bild von ihrer Situation machen und auf der Basis dieses Bildes handeln.

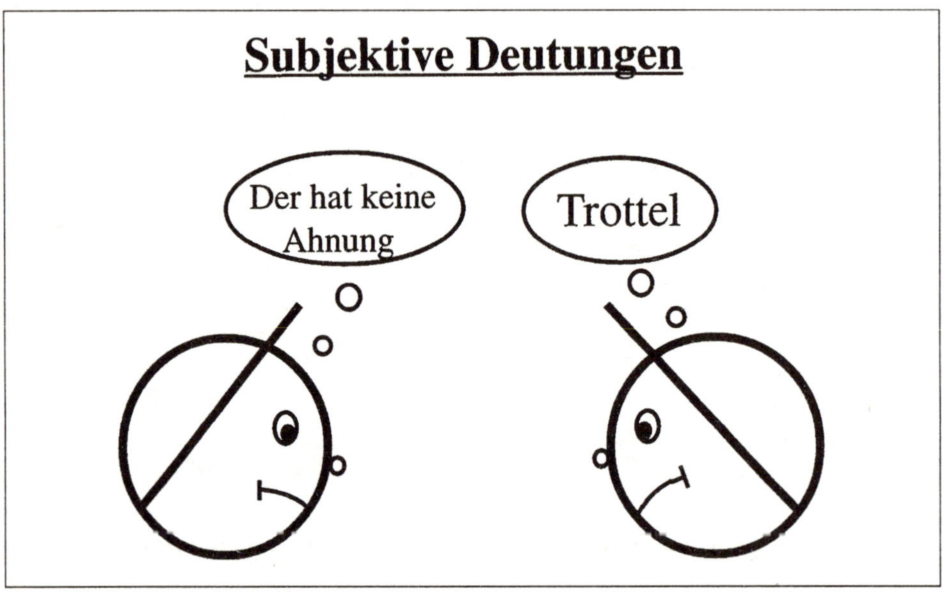

Damit wird (im Unterschied zu anderen systemtheoretischen Ansätzen) in der Tradition von Bateson die Handlungstheorie in die Systemtheorie integriert (vgl. auch Walkemeyer/Bäumer 1990). D.h. die Personen des sozialen Systems machen sich Gedanken über sich und ihre Umwelt, sie verfolgen persönliche Ziele und bewerten Situationen.

Auf das Beispiel des nicht-motivierten Mitarbeiters bezogen:
Der Mitarbeiter macht sich ein Bild von seinen Fähigkeiten, verfolgt bestimmte Ziele und macht sich ein Bild vom Vorgesetzten: „dieser Trottel". Und entsprechend macht sich der Vorgesetzte ein Bild von der Situation, z.B.: „der hat keine Ahnung!".

Watzlawick expliziert dieses – entscheidende – Merkmal sozialer Systeme im ersten Axion seiner Kommunikationstheorie: „Man kann nicht nicht kommunizieren" (Watzlawick u.a. 1969, 53). D.h. jedes Verhalten im sozialen System wird als Mitteilung gedeutet.

Die Axiome 2 und 4 von Watzlawick erläutern dieses erste Axiom weiter:

- „Jede Kommunikation hat einen Inhalts- und einen Beziehungsaspekt" (2. Axiom: Watzlawick u.a. 1969, 56).
  D.h. jedes Verhalten wird im Blick auf den Inhalt, aber auch im Blick auf die Beziehung zwischen den Gesprächspartnern gedeutet.
- Menschliche Kommunikation bedient sich digitaler und analoger Modalitäten (4. Axiom: Watzlawick u.a. 1969, 68).
  D.h. sowohl sprachliches (digitales) als auch nichtsprachliches (analoges) Verhalten (z.B. Gesichtsausdruck, Bewegung) wird von anderen Personen des Systems gedeutet.

Wenn der Systemzustand eines sozialen Systems von den Gedanken der einzelnen Personen bestimmt ist, dann bedeutet das, daß in sozialen Systemen Menschen „Subjekte" sind, die sich entscheiden können und damit die Entwicklung des Systems beeinflussen. Der Mitarbeiter kann sich entscheiden, sich noch weiter zurückzuziehen, und wird damit auf den Zustand des Systems insgesamt einwirken. Oder der Vorgesetzte kann sich entscheiden, ein persönliches Gespräch mit dem Mitarbeiter zu führen. Es wird dadurch das System verändert – sei es, daß sich die Beziehung zwischen Vorgesetztem und Mitarbeiter verbessert, sei es, daß sich beide noch stärker voneinander abgrenzen usw. Oder eine andere Mitarbeiterin kann neue Ideen in das System einbringen und damit eine Veränderung anstoßen.

Die subjektiven Deutungen der verschiedenen Personen in einem sozialen System können unterschiedlich oder übereinstimmend sein. In einer Konfliktsituation zwischen Vorgesetztem und Mitarbeiter werden die subjektiven Deutungen vermutlich sehr unterschiedlich sein: Jeder sieht die Situation völlig anders. In anderen Situationen dagegen können aber auch die subjektiven Deutungen der Personen in einem System weithin übereinstimmend sein: So kann es sein, daß alle Mitglieder des Projektteams ihre Arbeit als „erfolgreich" einschätzen oder alle Gruppenleiter in ihrem Unternehmen (also einem bestimmten Subsystem innerhalb des Gesamtsystems) sich von den Abteilungsleitern eingeengt fühlen. Auch hier ist das soziale System insgesamt wieder von den subjektiven Deutungen der einzelnen Personen bestimmt.

(3) Regeln sozialer Systeme

Im Unterschied zu technischen Systemen ist jedes soziale System durch soziale Regeln bestimmt, d.h. durch Vorschriften darüber, was die einzelnen Personen in dem sozialen System zu tun haben, tun dürfen oder nicht tun dürfen:

So sind z.B. Abläufe in einem Familiensystem durch Regeln festgelegt (wobei z.B. geregelt ist, welche Entscheidung ein Ehepartner ohne Rücksprache mit dem anderen treffen darf). Entsprechend gibt es in einem Unternehmen Regeln darüber, wie die Arbeit verteilt wird, wie Produkte entwickelt und hergestellt werden oder wie Mitarbeiterinnen und Mitarbeiter miteinander umzugehen haben.

Diese Regeln können schriftlich (in Organisationsplänen, Aufgabenbeschreibungen, Konstruktionsplänen usw.) fixiert sein. Oder sie können unter der Oberfläche als „inoffizielle" Regeln wirken. So kann es z.B. sein, daß im sozialen System des unmotivierten Mitarbeiters die inoffizielle Regel gilt „immer freundlich sein!". Solche inoffiziellen Regeln bilden sich im Laufe der Zeit heran, ohne daß sie jemals explizit eingeführt wurden. Aber sie sind häufig zumindest ebenso wirksam wie offizielle Regeln: Diese Regel verhindert z.B., daß Mitarbeiter mögliche Konflikte offen ansprechen.

Die sozialen Regeln eines Systems beeinflussen das Verhalten der einzelnen Personen. Sie können damit für die Entwicklung des Systems insgesamt funktional oder dysfunktional sein: Sie können Problemlösungen fördern – sie können aber auch unzweckmäßig sein und Problemlösungen behindern. So ist z.B. zu vermuten, daß die Regel „immer freundlich sein" eher eine dysfunktionale Regel ist, weil sie verhindert, daß mögliche Spannungen und Probleme unter den Mitarbeitern eines sozialen Systems überhaupt angesprochen und bearbeitet werden können.

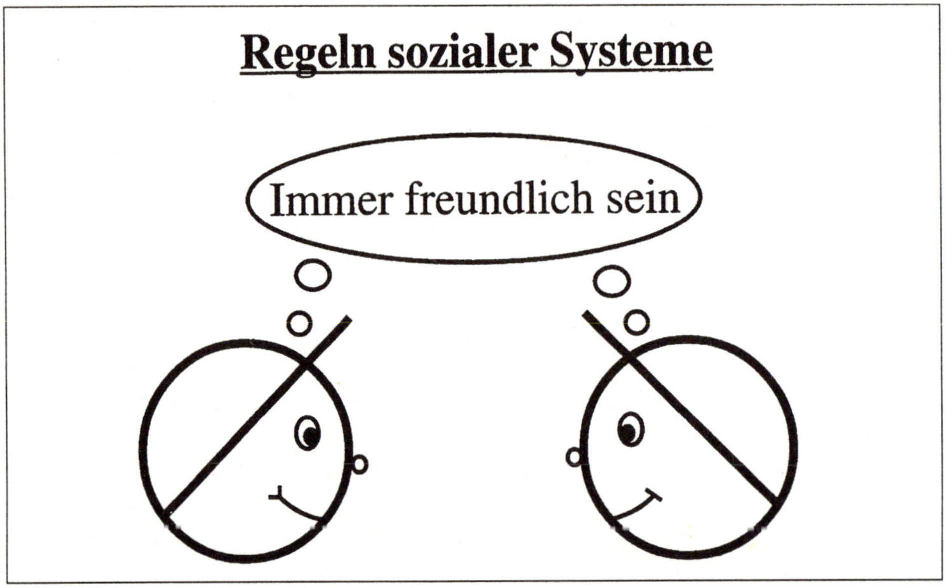

Ebenso können aber auch Unklarheiten oder unterschiedliche Auffassungen hinsichtlich geltender Regeln in einem System zu Problemen führen. Watzlawick führt dafür folgendes Beispiel aus einer Ehetherapie auf:

„Als der Mann am Vortag allein daheim war, erhielt er den Anruf eines guten Freundes, der mitteilte, daß er (der Freund) demnächst geschäftlich in jener Gegend zu tun habe. Der Ehemann bot ihm sofort das Gästezimmer in seinem Haus an... Als seine Frau jedoch bei Rückkehr von dieser Einladung erfuhr, kam es zu einem heftigen Ehestreit" (Watzlawick u.a. 1969, 79).

In der Therapiesitzung stellt sich heraus, daß die Ehepartner hinsichtlich der Einladung als solcher gleicher Meinung sind, daß aber bestimmte Regeln strittig sind: „nämlich die Frage, ob einer von ihnen das Recht hat, eine Initiative ohne Befragung des anderen zu ergreifen" (Watzlawick u.a. 1969, 79).

(4) Interaktionsstrukturen in sozialen Systemen
Die Personen in einem sozialen System beeinflussen sich wechselseitig. Daraus entstehen immer wiederkehrende Verhaltensmuster oder Interaktionsstrukturen, die den Regelkreisen oder Rückkopplungsprozessen in anderen Systemen entsprechen.

Watzlawick formuliert dies im 3. Axiom: „die Natur einer Beziehung ist durch die Interpunktion der Kommunikationsabläufe seitens der Partner bedingt" (Watzlawick u.a. 1969, 61) und gibt dazu das mittlerweile klassische Beispiel von einem Ehepaar: Der Mann verhält sich sehr passiv zurückgezogen, während die Frau nörgelt (Watzlawick u.a. 1969, 57ff.; vgl. auch 92ff.).

Die Interaktionsstruktur zwischen Mann und Frau entsteht daraus, daß beide Personen sich in ihrem Verhalten wechselseitig beeinflussen: Das Verhalten des Mannes beeinflußt das der Frau (sie nörgelt, weil ihr Mann sich zurückzieht), während umge-

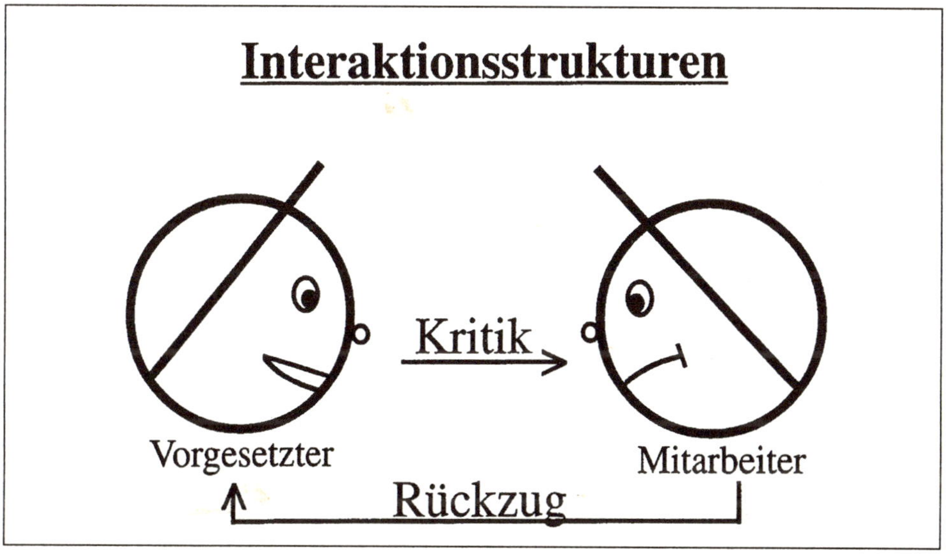

kehrt das Verhalten der Frau das des Mannes beeinflußt (er zieht sich zurück, weil die Frau nörgelt).

Im Unterschied zu technischen oder biologischen Systemen sind jedoch die Interaktionsstrukturen in sozialen Systemen Ergebnis unterschiedlicher wechselseitiger Deutungen: Der Mann deutet sein Verhalten als Reaktion auf das Nörgeln der Frau, die Frau entsprechend ihr Verhalten als Reaktion auf das Sich-zurückziehen des Mannes (Watzlawick u.a. 1969, 58f.).

Entsprechend können in anderen sozialen Systemen Interaktionsstrukturen entstehen. Auf das Beispiel des nicht-motivierten Mitarbeiters bezogen: Auch hier entsteht mit der Zeit eine stabile Interaktionsstruktur, d.h. ein Regelkreis, in dem sich das Verhalten des Vorgesetzten und das des Mitarbeiters gegenseitig beeinflussen: Der Vorgesetzte kritisiert zunehmend, daß der Mitarbeiter nicht engagiert ist. Und der Mitarbeiter ist aus seiner Sicht gerade deshalb nicht motiviert, weil er immer nur kritisiert wird.

(5) Systemumwelt
Das Verhalten eines sozialen Systems ist außerdem durch die Systemumwelt bestimmt:

- durch die materielle Umwelt: den Arbeitsplatz, die vorhandenen Geräte, bestimmte technische Systeme, durch den Arbeitsraum, die Gebäude, die räumliche Anlage des Unternehmens usw.
- durch die Personen und Sozialsysteme außerhalb des betreffenden Systems. Dazu gehören möglicherweise andere Bereiche des Unternehmens wie etwa die Geschäftsführung, aber auch bestimmte Kunden oder möglicherweise externe Berater, die für die Abteilung Teil der Systemumwelt sind.

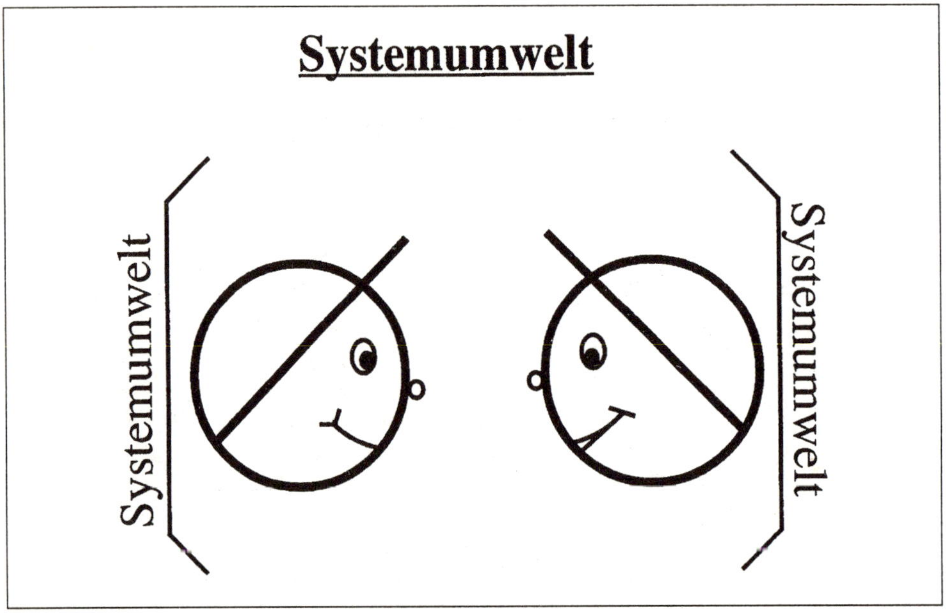

– durch die Werte, Normen und Regeln, die das soziale System von außen beeinflussen wie z.B. gesetzliche Regelungen zum Umweltschutz.

So wird das Verhalten des unmotivierten Mitarbeiters z.B. von räumlichen Gegebenheiten beeinflußt sein (z.B. davon, daß sein Arbeitsplatz an einem anderen Ort in einem anderen Gebäude ist als der des Vorgesetzten), von bestimmten Forderungen, die von außen an die Abteilung getragen werden (z.B. von der Entscheidung der Geschäftsführung, ein bestimmtes Projekt dieses Mitarbeiters nicht weiter zu verfolgen) usw.

Dabei gilt auch für die Systemumwelt, daß sie das Verhalten in einem sozialen System nicht eindeutig determiniert, sondern daß die Einflüsse der Systemumwelt erst durch das System selbst eine bestimmte Bedeutung erhalten. So kann etwa die Geschäftsleitung (als Systemumwelt) den Arbeitsplatz des Mitarbeiters in ein anderes Gebäude verlegen. Aber welche Bedeutung diese Änderung für das System tatsächlich hat, wird erst im System selbst festgelegt: Je nach den subjektiven Deutungen, den Regeln innerhalb des Systems oder den vorhandenen Interaktionsstrukturen kann eine solche Veränderung positiv oder negativ bewertet werden und damit zu durchaus unterschiedlichen Ergebnissen führen.

(6) Entwicklung sozialer Systeme

Analog zu biologischen Systemen entwickeln sich soziale Systeme: Personen eines sozialen Systems, ihre subjektiven Deutungen, aber auch die Regeln und Interaktionsstrukturen eines Systems verändern sich im Laufe der Zeit.

Auf das Beispiel des nicht-motivierten Mitarbeiters bezogen: Das soziale System Vorgesetzter – Mitarbeiter ist zu irgendeinem Zeitpunkt entstanden (z.B. als ein neuer

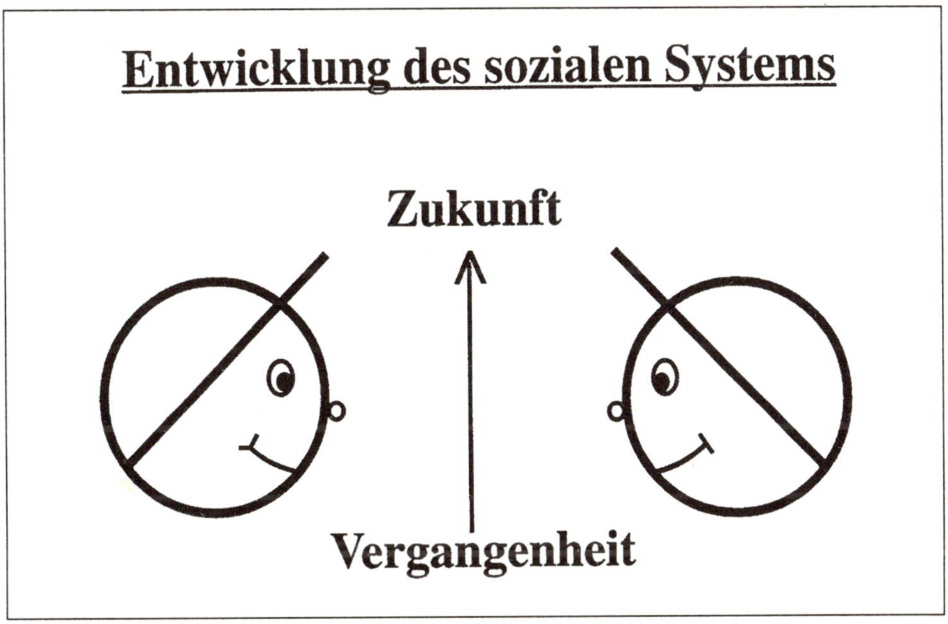

Vorgesetzter in die Abteilung kam). Und es hat sich im Laufe der Zeit verändert: Möglicherweise war die wechselseitige Einschätzung zunächst durchaus positiv (der Mitarbeiter fand den Vorgesetzten recht sympathisch, und der Vorgesetzte war überzeugt, einen qualifizierten Mitarbeiter zu gewinnen) und hat sich erst im Laufe der Zeit (vielleicht ohne erkennbare Ursachen) verschlechtert. Möglicherweise hat sich dann aus kleineren Ansätzen die gegenwärtige stabile Interaktionsstruktur (Kritik – Rückzug) herangebildet.

Für die Zukunft ist damit zu rechnen, daß sich das System weiterentwickelt: Möglicherweise eskaliert die Interaktionsstruktur, oder es gelingt, neue Umgangsweisen zwischen Vorgesetztem und Mitarbeiter zu entwickeln. Oder das System löst sich auf, etwa indem der Mitarbeiter kündigt oder der Vorgesetzte wechselt.

Insgesamt ergibt sich damit ein komplexes Bild sozialer Systeme, die von den Personen als den Elementen, von ihren subjektiven Deutungen, von gemeinsamen Regeln, Interaktionsstrukturen, von der Systemumwelt und der jeweiligen Entwicklung bestimmt sind:

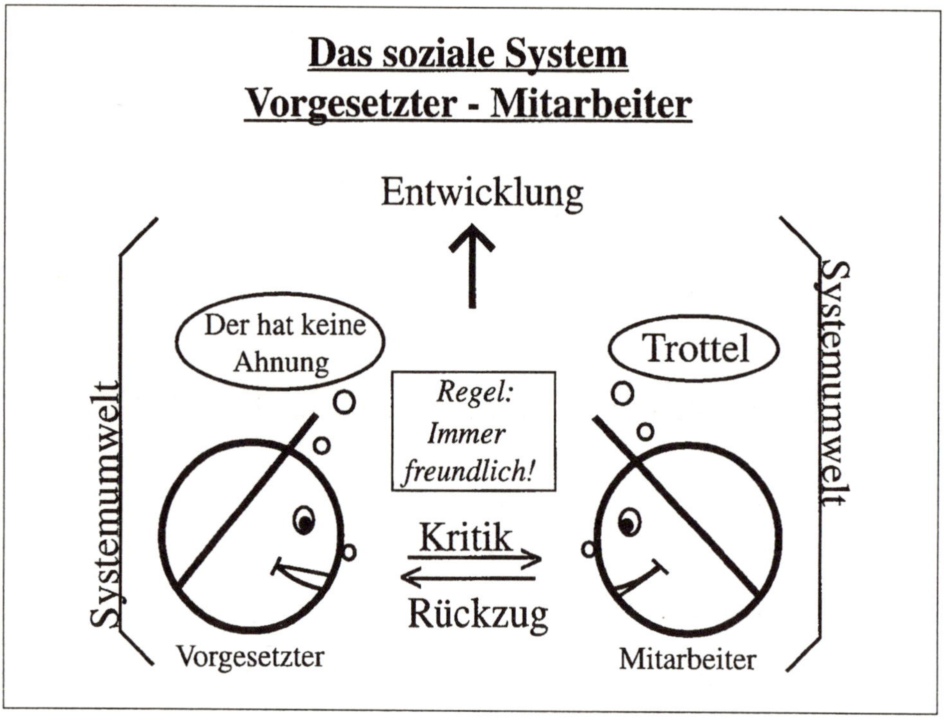

1.3.2 Problemlösung aus systemischer Sicht

Systemisches Denken basiert auf zwei zentralen Grundannahmen:

- Das Verhalten des einzelnen ist beeinflußt von dem jeweiligen sozialen System.
- Der einzelne hat aber auch die Möglichkeit, die Entwicklung des sozialen Systems zu beeinflussen.

Beide Thesen besitzen für das praktische Vorgehen, z.B. bei der Lösung konkreter Probleme, zentrale Bedeutung:

Wenn man davon ausgeht, daß das Verhalten des einzelnen grundsätzlich vom sozialen System beeinflußt ist, dann ergibt sich daraus, daß sich Probleme (z.B. das Problem des nicht-motivierten Mitarbeiters) grundsätzlich nicht isoliert lösen lassen, sondern im Zusammenhang des jeweiligen sozialen Systems zu sehen sind. D.h. bei Problemen geht es nicht darum, einen Schuldigen zu suchen oder die Ursache herauszufinden (wie man es beim Eigenschafts- oder Maschinen-Modell versucht), sondern es geht darum, das gesamte System im Blick daraufhin zu analysieren, welche Faktoren das Problem hervorbringen oder verstärken.

Solche Faktoren können auf den in Kapitel 1.3.1 genannten sechs Ebenen sozialer Systeme liegen:

* in den Personen als den Elementen des sozialen Systems
* in ihren individuellen oder gemeinsamen subjektiven Deutungen
* in den sozialen Regeln des Systems
* in den Interaktionsstrukturen
* in der Systemumwelt
* in der bisherigen Entwicklung des sozialen Systems.

Entsprechend ergeben sich daraus sechs zentrale Ansatzpunkte für eine Lösung von Problemen aus systemischer Sicht:

* Veränderung in bezug auf die Personen des sozialen Systems
* Veränderung der subjektiven Deutungen
* Veränderung der sozialen Regeln
* Veränderung von Interaktionsstrukturen
* Veränderung der materiellen Systemumwelt oder der Systemgrenze zu anderen Systemen in der Umwelt
* Veränderung hinsichtlich der zukünftigen Entwicklungsrichtung oder Entwicklungsgeschwindigkeit.

Zur Verdeutlichung sei nochmals auf das Beispiel des unmotivierten Mitarbeiters zurückgegriffen. Auf der Basis des Systemmodells wird hier die Aufmerksamkeit nicht nur auf einen Faktor, sondern auf das soziale System insgesamt gelenkt. Dabei werden verschiedene Ansatzpunkte zur Lösung des Problems deutlich:

(1) Veränderung in Bezug auf die Personen
bedeutet, daß z.B. der Mitarbeiter in eine andere Abteilung, in eine andere Arbeitsgruppe wechselt. Im Grunde ist das ja bereits eine Alltagserfahrung: Jemand, der in einem bestimmten sozialen System erfolglos war, kann in einem anderen sozialen System (einer anderen Abteilung) sehr wohl plötzlich erfolgreich sein, anerkannt werden und sich wohlfühlen.

(2) Veränderung der subjektiven Deutungen einzelner Personen
bedeutet, daß der betreffende Mitarbeiter oder andere Personen des sozialen Systems (Vorgesetzte oder Kollegen) lernen, die Situation anders zu deuten. Das kann heißen, daß der Mitarbeiter, der sich bisher selbst als erfolglos oder als Versager gesehen hat, seine Stärken und Fähigkeiten entdeckt oder daß er seinen Vorgesetzten in einem anderen Licht sieht. Oder es kann heißen, daß der Vorgesetzte den Mitarbeiter anders sieht (z.B. nicht nur die Aufmerksamkeit auf das negative Verhalten richtet), daß Kollegen einander anders sehen usw.

(3) Veränderung von Verhaltensregeln des sozialen Systems
bedeutet Veränderung offizieller, z.B. in Ablaufstrukturen schriftlich fixierter Regeln oder auch Veränderung inoffizieller Regeln. So kann z.B. die Abteilung umstrukturiert werden (Veränderung offizieller Regeln). Oder es können die inoffiziellen Regeln „immer freundlich sein!“ und „Konflikte dürfen nicht angesprochen werden!“ abgeändert werden.

(4) Veränderung von Interaktionsstrukturen
bedeutet, daß Personen des Systems neue Verhaltensmöglichkeiten entdecken, daß sie lernen, anders mit der Situation umzugehen. Das kann darin bestehen, daß der Vorgesetzte, der bisher den Mitarbeiter immer kritisiert hatte, stärker die Sachkompetenz des Mitarbeiters nutzt – oder daß der Mitarbeiter, der sich bisher immer zurückgezogen hatte, deutlicher seine eigene Meinung vertritt usw.

(5) Veränderung in Bezug auf die Systemumwelt
kann zum einen Veränderung der materiellen Systemumwelt bedeuten: Wechsel in ein anderes Büro, Umstellung der Büromöbel, Veränderung der Ausstattung usw. Möglicherweise verändert sich der Status des Mitarbeiters dadurch, daß er einen eigenen PC erhält und nicht mehr andere um Erlaubnis bitten muß. Veränderung in Bezug auf die Systemumwelt kann aber auch Veränderung der Systemgrenze bedeuten: daß z.B. die Abteilung mehr (oder weniger) Selbständigkeit im Gesamtunternehmen erhält, daß Kontakte zu anderen Systemen (anderen Arbeitsgruppen) intensiviert werden.

(6) Veränderung hinsichtlich der Entwicklungsrichtung und Entwicklungsgeschwindigkeit
kann bedeuten, daß man in dem betreffenden sozialen System Veränderungen vorantreibt und z.B. verstärkt Alternativen für die Gestaltung der Arbeitsabläufe entwickelt. Das kann für das Beispiel des unmotivierten Mitarbeiters bedeuten, daß im Rahmen von Workshops zunächst einmal mögliche zukünftige Aufgaben der Abteilung disku-

tiert werden, woraus sich dann veränderte Aufgabenverteilungen und möglicherweise veränderte Einstellungen bei den Mitarbeitern ergeben.

Veränderung hinsichtlich der Entwicklung kann aber auch bedeuten, daß ein System zunächst einmal zur Ruhe kommt und für eine bestimmte Zeit keine weiteren Umstrukturierungen durchgeführt werden.

Problemlösungen auf der Basis traditioneller Konzepte wie dem Eigenschaftsmodell oder dem Maschinen-Modell sind stets in Gefahr, den Blick einzuschränken und damit nur einen bestimmten Bereich möglicher Lösungen ins Auge zu fassen. Systemische Organisationsberatung versucht, den Blick auszuweiten auf Faktoren, die normalerweise nicht in den Blick kommen und bietet damit die Chance, neue und divergente Lösungen zu finden.

1.4 Systemische Organisationsberatung als Prozeß- und Expertenberatung

1.4.1 Intervention und Beratung

Veränderung sozialer Systeme setzt Interventionen von außerhalb oder innerhalb des Systems voraus.

Interventionen sind Maßnahmen, „mit denen wir das Verhalten eines anderen Menschen (bzw. einer Gruppe oder Organisation) nach einem bestimmten Konzept beeinflussen oder leiten" (Eck 1990, 36). Direkte Interventionen werden hier als direkte Eingriffe in ein soziales System verstanden.

Solche direkten Interventionen können z.B. die Veränderung der Organisationsstruktur aufgrund eines Beschlusses der Geschäftsführung, die Entwicklung eines neuen Produktes, das Mitarbeiter-Gespräch einer Vorgesetzten, die Errichtung eines neuen Bürogebäudes oder ein Wechsel des EDV-Systems sein, aber auch die Durchführung eines Trainings oder die Veränderung gesetzlicher Rahmenvorschriften, die das System betreffen usw.

Diese Beispiele machen deutlich, daß Interventionen von außen oder innerhalb des Systems erfolgen können. Die Installation eines neuen Großrechners durch eine entsprechende Firma ist sicher eine unmittelbare Intervention für das System, die jedoch vorwiegend von außen erfolgt, wobei sich also jemand von außen in das System einmischt: „Man überschreitet Grenzen, da man in ein System eindringt, man tritt zwischen übliche, tradierte Handlungszusammenhänge" (Titscher 1991, 313). Das Gespräch, das ein Vorgesetzter mit seiner Arbeitsgruppe führt, ist auch eine Intervention (sie verändert das soziale System), aber sie erfolgt aus dem sozialen System heraus, ebenso etwa die von der Geschäftsführung beschlossene Zusammenlegung von zwei Abteilungen.

Auch Beratung stellt eine Intervention in einem sozialen System dar: Wenn eine Beraterin in eine Abteilung kommt, dann verändert sie durch ihre bloße Anwesenheit das soziale System bereits dadurch, daß sich subjektive Deutungen der Personen des Systems verändern: Die Mitarbeiter der Abteilung machen sich z.B. Gedanken darüber, was die „wirklichen" Zwecke der Beraterin sind.

Andererseits sind Berater etwas anderes als Entscheider oder Ausführende: Ein Berater entscheidet nicht, daß die Abteilung umstrukturiert wird, er übernimmt auch nicht den Bau eines neuen Bürogebäudes. Sondern ein Berater „berät" andere Personen des Systems, d.h. er gibt den Klienten Unterstützung, Hinweise, Anregungen (wie auch immer) zur Lösung ihrer Probleme: „Ein zentrales Beratungsziel ist, dem Ratsuchenden zu helfen, mit seinen Problemen selbst fertig zu werden" (Bachmaier u.a. 1994, 21).

Diese Auffassung deckt sich mit dem klassischen Beratungsverständnis in der Tradition von Pädagogik und Psychologie: Ausgehend von der im Rahmen der Sozialarbeit 1958 von Bang vorgeschlagenen klassischen Definition von Beratung als „Hilfe zur Selbsthilfe" (Bang 1958; vgl. Hackney/Cormier 1993) wird Beratung definiert im Blick auf das Ziel der „Steigerung von Handlungs-, Gestaltungs- und Entscheidungsrationalität... der beratenen Individuen", wobei „Nicht-Bevormundung" als das „wichtigste Prinzip eines derartigen Beratungsverständnisses" gilt (Scheller/Heil 1986, 96). Der Berater, so faßt Zygowski (1989, 173) diese Auffassung zusammen, „stellt... dem Ratsuchenden Hilfen zur eigenständigen Problembewältigung zur Verfügung, nimmt ihm trotz kritischer Urteile weder die Entscheidung über Handlungsalternativen oder ihre Umsetzung aus der Hand, noch versucht er, den Ratsuchenden auf seine persönliche Überzeugung zu verpflichten".

Im einzelnen ergeben sich daraus folgende Merkmale von Beratung (vgl. auch Bachmair u.a. 1994; König/Volmer 1996):

- Berater- und Klientensystem sind deutlich voneinander unterschieden.
- Das Klientensystem hat Probleme, die es alleine nicht oder schlechter lösen kann. Dabei ist „Problem" nicht in dem alltäglich negativen Sinn zu sehen, sondern im Sinn der Problemlösungspsychologie: Problem in diesem Sinn kann auch sein, daß ein Team sich „coachen" läßt unter der Fragestellung, ob es noch Möglichkeiten der Verbesserung der Teamarbeit gibt.
- Der bzw. die Klienten erwarten, bei der Problemlösung vom Berater unterstützt zu werden.
- Im Unterschied zu sonstigen Interventionen sind Berater keine Entscheider, sondern sie geben (je nach der Situation) Anregungen, Hilfestellung, Unterstützung, damit das Klientensystem das Problem selbst lösen kann.

1.4.2 Experten- und Prozeßberatung

Die unterschiedlichen Umschreibungen von Beratung als „Hinweise", „Anregungen", „Hilfestellung" und „Unterstützung", machen deutlich, daß die Unterstützung von Klienten in der Beratung sehr unterschiedliche Formen annehmen kann.

Zur Strukturierung dieser unterschiedlichen Vorgehensweisen in der Beratung ist eine Unterscheidung hilfreich, die Ed. H. Schein (der in der Tradition von Lewin und Mc Gregor am MIT, dem Massachusetts Institute of Technology, tätig war) Ende der 60er Jahre eingeführt und Ende der 80er Jahre nochmals aufgegriffen und weitergeführt hat: die Unterscheidung zwischen Experten- und Prozeßberatung (Schein 1969, 4ff.; 1987; 1993; vgl. auch Fatzer 1990, 62ff.):

(1) Expertenberatung

Expertenberatung ist dadurch gekennzeichnet, daß das Klientensystem ein Problem gleichsam an einen Berater (oder ein Berater-Team) delegiert und dann einen Lösungsvorschlag erwartet. Dabei kann es sich um Vorschläge zur Lösung bestimmter EDV-Probleme handeln – wobei es dann Aufgabe des Beraters wäre, eine EDV-Konzeption zu entwickeln. Oder Anlaß für Beratung können Probleme der Organisationsstruktur oder des Organisationsklimas bilden, wobei dann von einem Experten konkrete Lösungen erwartet werden. Schließlich ist auch das sog. „Mentoring" (vgl. z.B. Looss 1991, 153ff.) eine Form der Expertenberatung, in der ein älterer „Mentor" z.B. einem jungen Bereichsleiter den Ratschlag gibt, sich mehr durchzusetzen.

Expertenberatung ist das, was Klienten in vielen Fällen erwarten. Das gilt für den privaten Bereich (wenn jemand z.B. wegen Problemen mit seinen Kindern um Rat sucht, erwartet er in der Regel Lösungsvorschläge). Es gilt aber ebenso für Beratung in Organisationen: Erwartet wird ein Lösungsvorschlag für Probleme in einer Abteilung, in einem Projektteam usw. Expertenberatung ist auch – gerade in Organisationen – das, was die meisten Berater versprechen: Sie bieten eine Lösung für bestimmte Probleme an.

Die Erfahrungen mit solcher Expertenberatung zeigen jedoch, daß dieses Vorgehen keineswegs unproblematisch ist:

Auf ein erstes Problem hat bereits Schein (1969, 5) hingewiesen: Dieses Modell funktioniert nur, wenn der Klient das Problem konkret diagnostiziert und korrekt an den Berater kommuniziert hat und wenn schließlich durch die Beratung keine zusätzlichen Nebenwirkungen auftreten. Doch gerade diese Voraussetzungen sind häufig nicht gegeben. Die Erfahrung zeigt, daß in vielen Fällen der Lösungsvorschlag keineswegs zu den intendierten Zielen führt. Da werden von Berater-Firmen große Analysen durchgeführt, die dann lediglich zu selbstverständlichen (und unabhängig von dem tatsächlichen Zustand des Systems „passenden") Vorschlägen führen. Es werden Ordner mit einer verwirrenden Zahl (vielleicht noch widersprüchlicher) Empfehlungen vorgelegt, die dann mehr oder weniger ungelesen in einer Ecke lagern. Oder es werden komplizierte Abänderungen vorgeschlagen, die mehr Verwirrung schaffen als Probleme zu lösen.

Ein zweites Problem entsteht dadurch, daß komplexe Probleme überhaupt nicht von außen adäquat beschreibbar und lösbar sind. Bereits im technischen Bereich deutet die relativ hohe Zahl von Katastrophen bzw. Beinahe-Katastrophen darauf hin, daß die Komplexität technischer Systeme Experten grundsätzlich überfordert (vgl. Perrow 1988) – ebenso scheinen bei zunehmender Komplexität in sozialen Systemen die innerhalb des Systems entwickelten Lösungen häufig besser und verläßlicher zu sein als von außen durch Experten herangetragene Lösungsvorschläge. Dies deutet darauf hin, daß bei steigender Komplexität die Rationalität des sozialen Systems die Rationalität von externen Expertensystemen grundsätzlich übersteigt.

(2) Prozeßberatung

Ausgangspunkt für Prozeßberatung sind ebenfalls Probleme innerhalb eines Klientensystems, zu deren Lösung ein Berater (oder Beratersystem) herangezogen wird. Hier liefert der Berater jedoch keinen Lösungsvorschlag. Vielmehr wird ein Lösungsvorschlag innerhalb des Klientensystems erarbeitet. Damit ergibt sich als Kriterium von Prozeßberatung, „daß der Klient das Problem besitzt... und auch während des gesamten Beratungsprozesses behält" (Fatzer 1990, 65).

Beispiele für Prozeßberatung sind:

- Innerhalb eines internen Projektes wird eine EDV-Konzeption entwickelt, wobei dieser Prozeß von einer Beraterin begleitet und unterstützt wird.
- Ein Mitarbeiter erhält Beratung in Bezug auf seine eigene Karriereplanung, wobei er Unterstützung bekommt, seine Situation und seine Chancen klarer zu sehen. Aber er trifft selbst die Entscheidung.
- Ein Team wird durch einen Berater dabei unterstützt, Reibungspunkte herauszufinden, dysfunktionale Regeln zu erkennen und dafür selbst Abänderungen zu entwickeln.

Schein's Unterscheidung von Experten- und Prozeßberatung ist insbesondere in der betriebswirtschaftlich ausgerichteten Beratung kaum aufgegriffen worden. Häufig werden hier beide Formen von Beratungsprozessen (Experten- und Prozeßberatung) zusammengenommen. So definieren Elfgen/Klaile (1987, 29) Unternehmensberatung als „Identifizierung und Lösung bzw. Anleitung zur Lösung betriebswirtschaftlicher Probleme des Auftraggebers". Oder Lippit/Lippit unterscheiden verschiedene Beraterrollen nach ihrem „Grad an Direktivität":

- die Beraterrolle des „Advokaten": Der Berater bemüht sich, „den Klienten zu beeinflussen"
- die Rolle des „technischen Spezialisten", der „aufgrund seines Fachwissens, Könnens und seiner beruflichen Erfahrung... gewonnen wird, um... eine spezielle Aufgabe für eine Organisation zu übernehmen"
- oder die Rolle des „Reflektors", der „die Entscheidungsbasis des Klienten durch reflektierende Fragen" erweitert: (Lippitt/Lippitt 1977, 105ff.; grundsätzlich ähnlich auch Hafner/Reineke 1992, 37ff.).

Bei einer solchen Zusammenfassung unterschiedlicher Beraterrollen wird jedoch nicht deutlich, daß Experten- und Prozeßberatung ein grundsätzlich unterschiedliches Vorgehen bedingen. Das läßt sich gut an der Beratung bei Konflikten verdeutlichen:

- Expertenberatung bedeutet für den Berater eine „inhaltliche Stellungnahme" (Hafner/Reineke 1992, 40), indem er z.B. einen konkreten Vorschlag zur Konfliktlö-

sung unterbreitet. Als Beratung darf allerdings auch ein solcher Vorschlag nicht übergestülpt werden oder zu einer Bevormundung führen: Eine Beraterin oder ein Berater können hier immer nur Anregungen geben, bei denen dann erst das Klientensystem entscheidet, wieweit es diese Anregungen annimmt.
- Prozeßberatung bedeutet demgegenüber, daß kein Vorschlag von außen gegeben wird. Sondern Ziel ist, daß die Beteiligten selbst Lösungen finden. Aufgabe des Beraters ist es dabei, den Prozeß zu begleiten, also z.B. abzuklären, wie weit Übereinstimmungen und Unterschiede bestehen, nach Lösungsmöglichkeiten aus dem System zu fragen usw.

Systemische Organisationsberatung geht von der These aus, daß die Kompetenz des Klientensystems grundsätzlich die Kompetenz externer Experten übersteigt, weil erst im System selbst über die Wirkungen bestimmter Maßnahmen entschieden wird. Wie Interventionen sich auswirken, hängt also (so Willke 1992, 36f.) „in erster Linie nicht von der Absicht der Intervention, sondern von der Organisationsweise und den Regeln der Selbststeuerung des Systems ab". Die Kündigung eines Mitarbeiters als eine direkte Intervention etwa kann ganz unterschiedliche Konsequenzen haben: Sie kann zu einer deutlichen Verbesserung innerhalb des sozialen Systems führen (alle sind froh, daß der Betreffende nicht mehr in der Abteilung ist), sie kann aber auch zu einer deutlichen Verschlechterung (z.B. aufgrund der Befürchtung, daß damit nur der Anfang einer Kündigungswelle markiert ist) oder zum Aufbrechen neuer Probleme (Sündenbock-Phänomen) führen.

Systemische Organisationsberatung kann demzufolge nie reine Expertenberatung sein, sondern ist zunächst einmal Prozeßberatung: Der Klient bzw. das Klientensystem ist dabei zu unterstützen, aus seiner Sicht seine Situation zu klären, für sich Ziele zu setzen und für sich passende Lösungswege zu finden.

Dabei können je nach der Thematik in einem Beratungsprozeß die Anteile von Prozeß- und Expertenberatung unterschiedlich sein:

- Wenn es darum geht, einen einzelnen Klienten zu unterstützen, sich über seine persönlichen Ziele klar zu werden, wird Prozeßberatung im Vordergrund stehen: Der Klient muß seine Situation und seine Ziele für sich klären.
- Wenn es darum geht, ein Projektteam darin zu unterstützen, Reibungspunkte und Probleme der Zusammenarbeit genauer herauszufinden und z.B. neue Abläufe der Teamarbeit einzuführen, so liegt es nahe, zunächst die Sicht des Teams zu erfassen. Damit ist hier Prozeßberatung angesagt. Wenn es anschließend darum geht, Veränderungen zu überlegen, können sowohl das Team als auch der Berater Handlungsmöglichkeiten nennen, insofern finden sich hier ggf. auch Vorschläge im Rahmen einer Expertenberatung. Die Entscheidung für ein bestimmtes Vorgehen wiederum kann dann nur vom System selbst getroffen werden, das dabei wiederum nur durch Prozeßberatung unterstützt werden kann.
- Wenn es darum geht, eine Organisation darin zu unterstützen, sich selbst über ihre Stärken und Schwächen klar zu werden, kann ein Berater als Experte gefordert sein, Interviews, Gruppendiskussionen oder standardisierte Befragungen mithilfe

von Fragebogen zu konzipieren und durchzuführen. Diese Ergebnisse können dann dem System zurückgespiegelt werden – aber die Interpretation und Umsetzung der Ergebnisse ist dann wieder nur durch das System, nicht vom Experten durchzuführen.

- Beratung kann schließlich auch darin bestehen, daß ein Experte verschiedene Möglichkeiten der Problemlösung (z.B. verschiedene Formen der Organisationsgestaltung) und deren aus anderen Situationen bekannte mögliche Vor- und Nachteile darstellt. In dieser Form kann Beratung durchaus relativ umfangreiche Phasen der Expertenberatung, also Information über Handlungsmöglichkeiten einschließen. Sie hat dann aber nicht die Zielsetzung, einen fertigen Lösungsvorschlag zu unterbreiten, sondern dient dazu, dem Gesprächspartner zusätzliche Informationen für seine eigene Entscheidung zur Verfügung zu stellen.

Beratung bedeutet, daß die Verantwortung für die Lösung des Problems grundsätzlich nicht beim Berater liegt, sondern beim Klientensystem bleibt. Die Antwort auf die Frage „was sollen wir in dieser Situation tun?“ kann nur das System selbst finden.

Aber der Berater bzw. die Beraterin tragen die Verantwortung für den Prozeß insofern, als es ihre Aufgabe ist, das soziale System darin zu unterstützen, die zur Verfügung stehenden Ressourcen zu nutzen, nicht vorschnell mögliche Informationen und Lösungsmöglichkeiten auszublenden und eine Lösung zu finden, die der Klient oder das Klientensystem als seine eigene akzeptiert.

1.5 Beratung von Organisationen

Beratung insbesondere in der Tradition von Psychologie und Pädagogik ist lange Zeit vor allem Einzelberatung gewesen: Es ging darum, einen Klienten mit persönlichen Schwierigkeiten zu beraten, einen Schüler im Rahmen der Bildungsberatung über verschiedene Bildungsmöglichkeiten zu informieren usw. Seit den 60er Jahren ist Beratung in stärkerem Maße (beeinflußt von der Familientherapie in der Tradition der Bateson-Schule) als Familienberatung auf soziale Systeme ausgeweitet worden. Schließlich hat sich parallel zu Einzel- und Familienberatung Organisationsberatung mittlerweile als drittes umfangreiches Feld von Beratung etabliert.

Nach einigen frühen Ansätzen unter der Bezeichnung „Betriebsberatung“, „Industrieberatung“, „Wirtschaftsberatung“ (vgl. Schleip 1966, 107ff.) wurde dann (insbesondere seit der Gründung des Bundesverbandes deutscher Unternehmensberater 1954) Beratung von Organisationen zunächst und vor allem unter dem Begriff „Unternehmensberatung“ geläufig (vgl. z.B. Krebs 1980; Steyrer 1991).

Dabei ist Unternehmensberatung bis heute im Schwerpunkt deutlich auf Expertenberatung ausgerichtet. Das ergibt sich zum einen aus der Herkunft der Berater (an erster Stelle stehen Absolventen ingenieurwissenschaftlicher Studiengänge, gefolgt von Betriebswirten: Steyrer 1991, 37f.), darüber hinaus aber auch aus ihrem Rollenverständnis: Gemäß einer Untersuchung von Hoffmann (1991, 91) sehen sich 63%

der Unternehmensberater als Problemlöser und 19% als Informationslieferanten – und nur 4% als Katalysatoren/Moderatoren im Sinne einer Prozeßberatung.

Unternehmensberatung verfügt ursprünglich über keine eigene „Beratungstheorie", die eine theoretische Grundlegung und Absicherung des Beratungsprozesses leisten könnte. Viele Unternehmensberater sind aufgrund ihrer Herkunft Spezialisten für technische oder betriebswirtschaftliche Probleme, aber nicht Spezialisten für Beratungsprozesse – und sind als solche in Gefahr, Probleme beim Ablauf des Beratungsprozesses zu unterschätzen und auf Grund fehlender Beratungskompetenz Beratungsprozesse nicht adäquat steuern zu können. Bis heute ist das Beratungswissen vieler Berater „nicht-professionelles", d.h. nicht auf gesicherte Wissensbestände gestütztes Wissen:

„Das diesbezügliche Know-how entsteht entweder durch die Mitarbeit in den diversen Beratungsunternehmen, durch das Hineinwachsen in die dort zur Verfügung gestellten Fachlaufbahnen, letztlich durch die Identifikation mit den für jedes dieser Unternehmen charakteristischen Standards und beraterischen Grundüberzeugungen... die vielen Tausenden freiberuflich tätigen Berater und kleinen Beraterteams verfügen in erster Linie über einen... höchst persönlich zugeschnittenen Erfahrungsschatz, in dem ihr beraterisches Tun fundiert ist. Ihr Beratungswissen ist im wesentlichen über viele Jahre durch ‚handwerkliche Selbsterfahrung' entstanden" (Wimmer 1992, 61).

Seit Ende der 80er Jahre finden sich neben dem klassischen Begriff „Unternehmensberatung" zunehmend auch Begriffe wie „Organisationsberatung" oder „Beratung von Organisationen" (z.B. Gotthardt-Lorenz 1992; Nevis 1988; Wagner/Reineke 1992; Weigand 1990; Wimmer 1992; Wimmer/Oswald 1987).

Hinter dieser von einigen Autoren vollzogenen Abwendung vom Begriff „Unternehmensberatung" dürften mehrere Gründe stehen:

(1) Zum einen deutet sich damit eine Ausweitung gegenüber herkömmlicher Unternehmensberatung an (so deutlich z.B. Bartling 1985, 9): Organisationsberatung hat eben nicht nur Unternehmen, sondern auch andere Organisationen wie Schulen (z.B. Wimmer/Oswald 1987), Heime, Jugendämter, Kliniken, Projekte der Stadtteilarbeit oder Wohngruppen (Gotthardt-Lorenz 1992; Schreyögg 1991) zum Gegenstand.

(2) Daneben scheint der Wechsel zum Begriff „Organisationsberatung" auch eine Abwendung von (technisch oder betriebswirtschaftlich orientierter) Expertenberatung anzudeuten: Bei den unter dem Begriff „Organisationsberatung" angesiedelten Ansätzen steht Prozeßberatung im Vordergrund: Das Schwergewicht liegt darauf, einen Klienten bei der eigenständigen Problemlösung zu unterstützen.

(3) Schließlich dokumentiert die Abwendung vom Begriff Unternehmensberatung eine stärkere Hinwendung zu theoretisch geleiteten Beratungskonzepten in der Tradition von Soziologie, Psychologie und Pädagogik.

Der Rückgriff auf die Soziologie, genauer: auf die soziologische Rollentheorie in der Tradition von Parsons und Dahrendorf ist kennzeichnend für die von Sievers entwickelte Rollenberatung (z.B. Sievers/Weigand 1986; Weigand 1985). Ziel der Rollenberatung ist es, Angehörige von Organisationen dabei zu unterstützen, ihre „Rolle angesichts der Aufgabe der anderen Personen und anderen Rollen sowie der gegebenen Grenzen selber zu gestalten" (Weigand 1985, 50).

Verfahren einer solchen Rollenberatung bzw. eines Rollencoaching sind (Eck 1990):

- Rollenanalyse:
  wie ist die Rolle konzipiert?
  wie weit ist die Rolle klar und konkret definiert?
  wie stark ist die Rollenidentifikation?
- Rollenverhandeln:
  mit der Zielsetzung, unterschiedliche Rollenerwartungen auszugleichen.
- Rollenkonfliktlösung:
  mit der Bearbeitung von Veränderungswünschen und Widerständen in Bezug auf die Rolle.

In der Beratungstradition im Kontext von Pädagogik und Psychologie greift man demgegenüber stärker auf therapeutische Konzepte zurück. Beratung wird hier definiert als Anwendung therapeutischer Verfahren in eher alltäglichen Situationen – ohne daß eine genaue Abgrenzung zwischen Beratung und Therapie überhaupt zu treffen ist.

In der Folge unterschiedlicher therapeutischer Richtungen entstanden damit unterschiedliche Beratungskonzepte wie z.B.:

- die klientzentrierte Beratung in der Tradition der von Rogers begründeten klientzentrierten oder nichtdirektiven Gesprächstherapie (z.B. Nickel u.a. 1976; Rogers 1972)
- Gestaltberatung in der Tradition der von Perls begründeten Gestalttherapie (z.B. Rahm 1983)
- Transaktionsanalytische Beratung auf der Grundlage der von Berne entwickelten Transaktionsanalyse (z.B. Stewart 1991)
- die (weniger auf einzelne, sondern auf Familien ausgerichtete) Familienberatung oder systemische Beratung in der Tradition der Systemischen Familientherapie (z.B. Brunner 1990; Burnham 1995; Oswald/Müllensiefen 1985).

Seit Ende der 80er Jahre finden sich Organisationsberatungskonzepte, in denen auf unterschiedliche therapeutische Konzepte zurückgegriffen wird:

- auf die klientzentrierte Therapie und Beratung (Huse/Cummings 1985)
- auf die Transaktionsanalyse (Rüttinger 1992)
- auf die Psychoanalyse (z.B. Fürstenau 1992; Hofmann 1991)
- auf die Gestalttherapie (z.B. Nevis 1988)
- auf die themenzentrierte Interaktion (z.B. Freudenreich/Meyer 1992).

Gleichzeitig finden sich im deutschsprachigen Bereich eine Reihe von Versuchen, systemtheoretische Ansätze auf Organisationsberatung und Organisationsentwicklung zu übertragen (z.B. Borwick 1990; Christ/Wedekind 1988; Elfgen 1991; Schober 1991). Gegenwärtig gibt es eine Reihe von Autoren, die sich bei Fragen von Organisationsberatung und Organisationsentwicklung auf systemtheoretische Konzepte beziehen (vgl. z.B. Häfele 1993; Vogel u.a. 1994; Wagner 1995; Walger 1995; Wehrmann 1995; Wimmer 1992).

Dabei ist der Diskussionsstand gegenwärtig von einem Nebeneinander durchaus unterschiedlicher Positionen geprägt:

(1) Auf theoretischer Ebene finden sich unterschiedliche systemtheoretische Bezugspunkte. Es werden unterschiedliche Systembegriffe wie etwa der von Parsons, Luhmann oder Bateson zugrundegelegt, und es werden darüber hinaus Anleihen bei anderen theoretischen oder therapeutischen Konzepten gemacht. Deutliches Beispiel dafür ist der 1992 herausgegebene Sammelband „Organisationsberatung" von Wimmer, in dem gleichsam nebeneinander die Psychoanalyse als „elaborierte wissenschaftliche Theorie personaler Systeme" propagiert (Fürstenau 1992, 48) und von anderer Seite in Frage gestellt wird („der Rückgriff auf psychoanalytische Beschreibungskategorien... hat bislang... seine theoretische Fruchtbarkeit vermissen lassen": Wimmer 1992, 76).

(2) Auf methodologischer Ebene zeichnen sich eine Reihe von Ansätzen durch ein enges Spektrum methodischer Vorgehensweisen aus, wobei häufig recht spezielle Verfahren genannt werden, wie z.B.:

- sog. zirkuläre Fragen, wobei verschiedene Personen des sozialen Systems über ihre Meinung nach der Meinung anderer Personen gefragt werden, z.B.: „was denken Sie, erwarten andere von der Beratung?" (z.B. Exner u.a. 1987; Titscher 1991, 336ff.)
- sog. „Meta-Dialoge" (z.B. Hargens/Grau 1992, 236ff.), wo ein oder mehrere Berater das System öffentlich (d.h. in Anwesenheit des sozialen Systems selbst) reflektieren
- sog. „positive Konnotationen" (Borwick 1990, 379ff.), wobei jede Aktion des sozialen Systems bestätigt und unterstützt wird.

Oder es finden sich unter dem Begriff „systemisch" die bekannten Vorgehensweisen technisch ausgerichteter Expertenberatung wie z.B.:

- inhaltliche Inputs, um Information über Entscheidungsmöglichkeiten zu geben (Titscher 1991, 339f.)
- Informationsbeschaffung, Generierung von Lösungsalternativen, Bewertung von Lösungsalternativen, Ergebnis, Präsentation und Empfehlung (Elfgen 1991, 286).

Zweifelsohne können die jeweils dargestellten Verfahren hilfreich sein. Andererseits besteht bei einer solchen Vorgehensweise die Gefahr, daß Organisationsberatung sich in ein Nebeneinander recht zufälliger Vorgehensweisen und Übungen auflöst.

Fließend sind die Übergänge zwischen Organisationsberatung, Coaching, Supervision und Organisationsentwicklung:

Coaching wird zunächst verstanden als „Einzelberatung von Menschen in der Arbeitswelt“ (Looss 1991, 13; vgl. Klein 1991; Rückle 1992; Schmidt 1995), wird aber ggf. auch auf Beratung von Kleingruppen ausgeweitet (z.B. Schreyögg 1995, 240ff.).

Innerhalb des Coaching finden sich zum einen Formen vorwiegender Prozeßberatung – so spricht Looss (1991, 13ff.) ausdrücklich von „personenbezogener“ bzw. „personenzentrierter“ Einzelberatung. Zum anderen wird Coaching aber auch im Sinne von Expertenberatung als sog. Mentoring (vgl. Looss 1991, 153f.) durchgeführt, bei dem ein Mentor z.B. einer jüngeren Führungskraft Vorschläge macht.

Der Begriff „Supervision“ stammt ursprünglich aus dem Bereich der Sozialarbeit und bedeutet die „fachliche Beratung und Begleitung eines Supervisanden durch einen Supervisor“ (Pallasch 1991, 31), wobei das Schwergewicht auf Prozeßberatung liegt (vgl. Belardi 1994; Pallasch 1991; Schreyögg 1991).

Unter Organisationsentwicklung versteht man entsprechend dem Leitbild der Deutschen Gesellschaft für Organisationsentwicklung einen „längerfristig angelegten organisationsumfassenden Entwicklungs- und Veränderungsprozeß von Organisationen und der in ihr tätigen Menschen“ (Becker/Langosch 1995, 5). Damit ist Organisationsentwicklung letztlich eine auf größere Systeme bezogene Form der Organisationsberatung (vgl. Kap. 5).

Kapitel 2:
Phasen Systemischer Organisationsberatung

Beratungsprozesse werden in der Literatur in unterschiedliche Phasen eingeteilt:

Im Anschluß an Lewin wird als Basis für die Einteilung in Phasen die These genommen, daß im Beratungsprozeß zunächst festgefahrene Einstellungen aufgetaut und verändert werden müssen, bis neue Orientierung entsteht. Daraus ergeben sich drei Phasen (z.B. Sattelberger 1991, 300ff.; Schley 1992, 161ff.):

(1) Auftauen (unfreezing)
(2) Ändern (moving)
(3) Wiederherstellen der Stabilität (refreezing)

Lippit/Lippit (1984, 18ff.) unterscheiden sechs Phasen im Beratungsprozeß:

(1) Kontakt und Einstieg
(2) Formulierung des Kontrakts und Aufbau einer Arbeitsbeziehung
(3) Definition des Problems und diagnostische Analyse
(4) Zielsetzung und Vorgehenspläne
(5) Durchführung und Erfolgskontrolle
(6) Sicherung der Kontinuität

Und schließlich gibt es die Möglichkeit, den Beratungsprozeß nach Schritten des Problemlösungsprozesses zu gliedern (Quekelberghe 1979, 17f.; Schwarzer/Posse 1986, 636ff.):

(1) Allgemeine Orientierung
(2) Problemanalyse
(3) Erzeugung und Bewertung von Alternativen
(4) Entscheidung: Planung und Durchführung
(5) Durchführung der konkreten Lösungsstrategie
(6) Evaluierung

Nun sind solche Phaseneinteilungen sicher immer ein Stück willkürlich, andererseits erleichtern sie die Orientierung und können deutlich machen, welche Aufgaben im Verlauf der einzelnen Phasen anstehen.

Für das praktische Vorgehen hat sich eine Einteilung in vier Phasen bewährt:

Phase 1: Orientierungsphase,
in der es darum geht, Orientierung darüber zu geben, was Beratung überhaupt heißt. Außerdem sind Themen, eventuelle Randbedingungen (Zeitrahmen usw.) festzulegen.

Phase 2: Klärungsphase,
in der es um die Klärung der Problemsituation geht.

Phase 3: Veränderungsphase,
in der das Schwergewicht auf der Erarbeitung neuer Lösungsmöglichkeiten liegt.

Phase 4: Abschlußphase,
in der das Ergebnis des Beratungsgespräches festgemacht und mittels Kontrakten abgesichert wird.

Im folgenden werden die in den einzelnen Phasen anstehenden Aufgaben, dabei auftretende Schwierigkeiten und Hinweise zum Vorgehen dargestellt.

2.1 Die Orientierungsphase im Beratungsprozeß

2.1.1 Theoretische Grundlagen: Die Definition der Situation als Beratung

Ein Klient wird sich in der Regel unter zwei Voraussetzungen auf eine Beratung einlassen:

- unter der Voraussetzung, daß er ein Problem hat, das er aus seiner Sicht nicht oder nicht so gut lösen kann,
- unter der Voraussetzung, daß er für die Lösung des Problems von der Beraterin (bzw. allgemein von Beratung) Unterstützung oder Hilfestellung erwartet.

Dabei ist die Erwartung eines solchen „Kunden“ von Beratung zumeist nicht auf Prozeßberatung gerichtet (es sei denn, er hat damit schon gute Erfahrungen gemacht): Er erwartet einen Experten, der ihm sagt, wie er sein Problem lösen kann. Oder ein Klient sucht in einer Beraterin eine Verbündete, die vielleicht ihre Position gegenüber dem Vorgesetzten unterstützt. Oder er erhofft sich jemanden, der ihm bestätigt, daß nicht er an den Problemen schuld ist, sondern die Gesamtsituation des Unternehmens.

Dies ist eine Situation, die z.B. auch aus der Therapie bekannt ist. Kanfer u.a. beschreiben dies folgendermaßen (Kanfer u.a. 1991, 171):

„Besonders häufig kommen Klienten mit dem ... Schema einer Arzt-Patient-Rollenverteilung (im herkömmlich-medizinischen Sinn) zu uns. Sie erwarten vom Therapeuten, daß er – in Analogie zum Arzt – als Autorität und Experte auftritt, der aktiv die Initiative ergreift, um ihre Probleme für sie zu lösen. Sich selbst messen Klienten in diesem Verständnis nur eine passive Rolle ohne große Eigeninitiative bei; sie möchten allenfalls Ratschläge oder Rezepte entgegennehmen und Weisungen des Experten ausführen. Andere Klienten übertragen das Muster einer guten alltäglichen Freundschaftsbeziehung auf Therapie: Sie hoffen auf eine reziproke Beziehung, in der ihnen der Therapeut jederzeit (möglichst auch außerhalb des zeitlichen und räumlich-institutionellen Rahmens) mit Rat und Tat zur Seite steht, persönliche Ratschläge und Tips vermittelt und dadurch seine ‚echte' persönlich-freundschaftliche Besorgtheit zum Ausdruck bringt. In diesem Zusammenhang gehen manche Klienten von der (vielleicht impliziten) Hoffnung aus, daß die Therapiesituation für sie einen Ersatz für fehlende oder unbefriedigende soziale Alltagsbeziehungen darstellen könnte."

Konsequenz daraus ist, daß zunächst einmal geklärt werden muß, was Beratung überhaupt heißt. Es muß, wie man im Anschluß an Goffman (1977) formulieren kann, eine gemeinsame Definition der Situation als Beratung erzielt werden.

Goffman geht von der These aus, daß wir im Alltag Situationen „als etwas" definieren, d.h. einen Rahmen festlegen und unter bestimmten „Regeln" definieren, der dem Gesprächspartner zugleich die Interpretation der Situation ermöglicht (Goffman 1977, 18ff., 31ff.).

Für alltägliche Situationen ist dies gut nachvollziehbar: Eine Vorlesung in einer Hochschule ist durch einen „sozialen Rahmen" definiert, d.h. durch bestimmte Verhaltensregeln, die festlegen, was die Interaktionspartner tun dürfen und was nicht: Es gilt die Regel, daß ein Dozent oder eine Dozentin etwas vorträgt, daß die anderen Teilnehmer in erster Linie zuhören (und nicht gleichzeitig in Arbeitsgruppen andere Probleme diskutieren), daß Anfangs- und Endpunkt festgelegt sind usw.

Entsprechend gibt es Regeln, die eine Situation als Problemlösungsbesprechung, als Kritikgespräch, als Verkaufsgespräch, als Plaudern beim Bier usw. definieren – und jeder kennt die Unsicherheit (und möglicherweise auch Verärgerung), die dadurch entsteht, daß eine Situation eben nicht eindeutig definiert wird, daß sich z.B. eine Plauderei plötzlich in ein Kritikgespräch verwandelt.

Im Grunde alle Beratungskonzepte weisen auf die Wichtigkeit der Definition der Beratungssituation als Voraussetzung für den Beratungserfolg hin (z.B. Kanfer u.a. 1991, 168ff.; Wohlgemuth 1984, 178ff.). D.h. es ist die Situation als Beratung zu definieren und damit festzulegen,

- daß ein bestimmtes Problem des Klienten als Ausgangspunkt der Beratung genommen wird,
- daß nicht der Berater, sondern der Klient für die Lösung des Problems verantwortlich ist,
- daß der Berater den Klienten bei der Problemlösung unterstützt,
- daß der Klient die Wahl hat, Vorschläge des Beraters anzunehmen oder abzulehnen, aber nicht zu etwas gezwungen wird.

Definition der Situation als Beratung heißt darüber hinaus, daß die Art der Beratung festgelegt wird:

- Wird die Situation als Prozeßberatung definiert, in der ein Berater oder eine Beraterin Klienten dabei unterstützt, ihre Situation klarer zu sehen und selbst eine Lösung zu finden?
- Wird die Situation als Expertenberatung definiert, in der z.B. eine Beraterin aufgrund ihres Expertenwissens mögliche Lösungswege und möglicherweise dabei auftretende Schwierigkeiten und Probleme darstellt?

Aufgabe der Orientierungsphase eines Beratungsprozesses ist es somit, eine gemeinsame Definition der Situation als Beratung zu erzielen. Dabei sind unterschiedliche Vorgehensweisen denkbar:

(1) Definition der Situation im Rahmen eines Orientierungsgespräches

In vielen Situationen wird sich eine Beraterin zu Beginn des Beratungsprozesses mit einem möglichen Klienten treffen, um das Vorgehen in dieser Situation zunächst einmal zu klären. Eine solche Abklärung ist noch nicht als Beratungssituation definiert, sondern ist ein Orientierungsgespräch, das Ähnlichkeit mit einem Verkaufsgespräch oder einem Akquisegespräch hat (vgl. Niedereichholz 1994): Ein „Kunde" hat ein bestimmtes Anliegen, die Beraterin hat ein bestimmtes Angebot (eben Beratung) – und es geht nun darum, ob man hierbei zu einer Einigung gelangt oder nicht.

Üblicherweise verläuft ein solches Orientierungsgespräch in bestimmten Phasen:

- Zunächst geht es darum, daß man sich gegenseitig etwas kennenlernt und „miteinander warm wird": Die Beraterin erzählt von sich und ihren bisherigen Erfahrungen, der Kunde von seinem Arbeitsbereich.

- Üblicherweise beginnt der „Kunde" dann damit, daß er sein Anliegen darstellt:
  „Ich habe das Problem, daß..."
  Die Beraterin hat dabei das Recht, nachzufragen:
  „Was möchten Sie von mir haben?"
  „Worin genau liegen die Schwierigkeiten?"
  Oder sie kann den Abteilungsleiter bitten, eine konkrete Situation zu schildern, bei der Probleme in der Abteilung besonders deutlich wurden.

- Im Anschluß daran erwartet der Kunde ein Angebot: einen Vorschlag darüber, ob die Beraterin bereit ist, ihn bei der Lösung seines Problems zu unterstützen, wie sie dabei vorgehen will, und ggf. Informationen über mögliche Randbedingungen wie Zeitdauer und Kosten.
  Diese Angebotsphase ist häufig die schwierigste Phase eines Orientierungsgespräches: Denn was soll die Beraterin tun? Wenn sie als Expertin vorgeht und z.B. der Klientin Vorschläge unterbreitet, kann sie relativ sicher sein, daß dieses Vorgehen nicht zum Erfolg führt, weil nur die Klientin selbst über die richtige Vorgehensweise entscheiden kann. Wenn die Beraterin andererseits Prozeßberatung anregt, d.h. der Klientin vorschlägt, selbst nach einer Lösung ihres Problems zu suchen, dann besteht eine große Chance, daß die Klientin dieses Angebot zurück-

weist: Sie wollte einen Lösungsvorschlag und nicht den Hinweis, daß sie selbst das Problem zu lösen habe.
Bewährt hat sich in dieser Situation häufig folgende Vorgehensweise: als Expertin bzw. Experte Prozeßberatung vorzuschlagen. Im Grund ist das eine „paradoxe Intervention“ (Böse/Schiepek 1994, 127ff.; Selvini Palazzoli 1991; Watzlawick u.a. 1969, 174ff.): Die Beraterin greift die Erwartungen des Kunden auf und übernimmt die Rolle der Expertin. Aber das, was sie vorschlägt, ist keine fertige Lösung, sondern ein bestimmtes Vorgehen, nämlich Prozeßberatung. Und sie kann diesen Vorschlag durch ihr Expertenwissen (durch theoretische Begründung oder durch Erfahrungen aus früheren Beratungsprojekten) unterstützen.

- Normalerweise schließt sich an ein solches Angebot eine Phase des Aushandelns, wobei es darum geht, die Erwartungen des Kunden und das Angebot der Beraterin aufeinander abzustimmen – möglicherweise dadurch, daß die Beraterin ihr Angebot noch etwas präzisiert oder daß der Kunde seine Erwartungen modifiziert.

- Am Schluß dieses Orientierungsgespräches muß ein Kontrakt über das weitere Vorgehen stehen:
  Möglicherweise vereinbart man, daß die Beraterin die nächsten Schritte des Beratungsprozesses als Angebot ausformuliert und daß dann darüber entschieden wird. Oder es wird noch ein weiteres Orientierungsgespräch durchgeführt, um die Erwartungen des Kunden noch genauer zu klären.
  Es kann sein, daß Einzelberatung oder Beratung mit dem gesamten Team vereinbart wird. Das bedeutet, es wird ein Kontrakt darüber geschlossen, die weiteren Gespräche als Beratungssituation zu definieren. Es kann aber ebenso sein, daß ein solcher Kontrakt nicht zustande kommt, weil die Erwartungen zu weit auseinanderliegen.

(2) Definition der Situation zu Beginn des Beratungsgesprächs
Wenn ein Kunde bereits mit Beratung Erfahrungen gemacht hat, kann ein Beratungsgespräch telefonisch vereinbart werden. Oder im Rahmen eines längeren Beratungsprozesses war die Situation bereits in dem vorangegangenen Gespräch als Beratung definiert worden.

Trotzdem ist auch hier zu Beginn des jeweiligen neuen Gespräches die Definition der Situation als Beratung nochmals abzusichern.

(3) Definition von Beratungssituationen im Rahmen anderer Beziehungen
Die Beziehung zwischen Mitarbeiter und Vorgesetztem, zwischen Kollegen oder private Situationen wird üblicherweise nicht als Beratung definiert:

- Wenn ich mit einem Kollegen zusammenarbeite, dann ist das keine Beratungssituation: in der Regel wird sich der Kollege strikt weigern, hier „beraten“ zu werden.
- Beratung ist problematisch gegenüber dem eigenen Vorgesetzten: Ich kann meinem Vorgesetzten zustimmen, ich kann mich vielleicht auch über ihn ärgern oder versuchen, ihm gegenüber meine Meinung zu vertreten. Oder ich bin als Vorgesetzter

Problemen meiner Mitarbeiter gegenüber nicht neutral, sondern bin davon betroffen. D.h. auch solche Situationen sind nicht als Beratung definiert.
- Schließlich sind auch private Situationen keine Beratungssituationen: Wenn ich mit meinem Kollegen ein Bier trinke oder mit meinem Partner in einer persönlichen Beziehung stehe, wäre es problematisch, daraus „unter der Hand" Beratung zu machen. Partnerschaft ist auf Gleichberechtigung angelegt, aber Beratung verändert die Situation und hebt den Berater sozusagen aus der Situation heraus.

Trotzdem gibt es auch Situationen, wo unter Kollegen, Partnern, Vorgesetzten und Mitarbeitern Beratung möglich ist – etwa dann, wenn ein Kollege zu mir kommt mit der Bitte: „Kannst Du mich nicht mal beraten, ich habe da ein Problem..." Es gibt sogar Situationen, wo ein Partner den anderen beraten kann. Und es gibt die Forderung, daß Vorgesetzte als Personalverantwortliche auch Beratungsaufgaben für Mitarbeiter übernehmen.

Das aber setzt voraus, daß eine andere Beziehung für einen bestimmten Zeitraum als Beratungssituation definiert wird:
- Z.B. kann eine Führungskraft sehr wohl ein Beratungsgespräch mit einem Mitarbeiter führen, wenn diese Situation für einen begrenzten Zeitraum explizit als Beratung definiert ist und die Beteiligten sich darauf einlassen. Das bedeutet, daß z.B. eine Abteilungsleiterin für diese Situation ihre Wertungen und persönlichen Einstellungen „zurückhält" – und das bedeutet, daß der Mitarbeiter die Beratung „akzeptieren" muß, z.B. nicht aus jeder Äußerung seines Vorgesetzten einen Vorwurf deutet. Mit Abschluß des Beratungsgespräches ist dann auch die Definition der Situation beendet – es gelten wieder die üblichen Regeln, nach denen die Situation zwischen Abteilungsleiterin und Mitarbeiter definiert ist.
- Auch innerhalb einer Arbeitsbeziehung unter Kollegen oder in einer persönlichen Beziehung unter Freunden ist in Ausnahmefällen Beratung denkbar: dann nämlich, wenn für einen bestimmten, eng begrenzten Zeitraum die Situation als Beratung definiert wird und alle Beteiligten dieser Definition explizit zustimmen: „Ist es Ihnen recht, daß ich jetzt nicht meine inhaltliche Meinung sage, sondern die Rolle der Beraterin übernehme?". Aber gerade hier ist es wichtig, diese Definition explizit zu vereinbaren und auch Anfang und Ende dieser Situation genau zu kennzeichnen. Dabei gilt: Je enger die persönliche Beziehung ist oder je mehr die Beraterin selbst von angesprochenen Themen betroffen ist, desto schwieriger ist es, neutral zu bleiben bzw. eine gemeinsame Definition der Situation als Beratung zu erreichen.

(4) Definition der Situation als Prozeß- oder Expertenberatung

Innerhalb eines Beratungsprozesses können Situationen unterschiedlich als Prozeß- und Expertenberatung definiert sein:

- Innerhalb von Prozeßberatung können kürzere Phasen von Expertenberatung auftreten, in denen die Beraterin selbst Anregungen zu Problemlösungen vorschlägt.
- Im Anschluß an Expertenberatung ist grundsätzlich Wechsel zu Prozeßberatung erforderlich: Was macht der Klient mit dem Vorschlag? Ist der Vorschlag aus seiner Sicht passend?

Wichtig ist dabei, daß für Beraterin und Klientin jeweils die Situation eindeutig definiert ist: Es muß vereinbart sein, daß die Beraterin Vorschläge einbringen darf. Und es muß ebenso eindeutig der Punkt markiert sein, in dem die Beraterin aus der Rolle der Expertin wieder in die Rolle der Prozeßberaterin wechselt.

Die Aufgabe der Orientierungsphase ist es, eine gemeinsame Definition der Situation als Beratung herzustellen und damit dem Klienten Orientierung zu geben.

Wenn man im Anschluß an Watzlawick u.a. (1969, 53ff.) bei einem Gesprächsverlauf zwischen der Inhaltsebene und der Beziehungsebene unterscheidet, dann muß die Orientierungsphase Orientierung auf beiden Ebenen leisten:

- Orientierung auf der Beziehungsebene:
  Wer ist mein Gesprächspartner?
  Wie steht mein Gesprächspartner zu mir?
  Muß ich als Klient befürchten, daß mir Vorwürfe gemacht werden?

- Orientierung auf der Inhaltsebene:
  Um was für eine Art von Gespräch handelt es sich hier?
  Welches Thema soll besprochen werden?
  Was heißt eigentlich Beratung?

Beide Ebenen der Orientierungsphase (Orientierung auf der Beziehungs- und Orientierung auf der Inhaltsebene) werden im folgenden dargestellt.

2.1.2 Orientierung auf der Beziehungsebene

Man stelle sich vor, in einer Beratung fällt der Satz des Beraters „nun sagen Sie doch endlich klar, was Sie wollen!". Auf der Inhaltsebene wird hier eine Aufforderung gegeben. Auf der Beziehungsebene dagegen handelt es sich um eine negative „Du-Botschaft" (Gordon 1979, 101ff.), die aller Voraussicht nach beim Gesprächspartner als Kritik ankommen wird:

> „Sie haben bislang die Situation nicht klar dargestellt"
> „Sie sind nicht in der Lage, die Situation klar zu schildern"
> „Sie reden viel zu lange um die Sache herum".

Welche Du-Botschaft der Gesprächspartner genau aus der Äußerung heraushören wird, hängt sicherlich vom Tonfall, aber auch von der subjektiven Deutung des Angesprochenen ab. Aber mit hoher Wahrscheinlichkeit wird hier eine negative Beziehung, die durch Kritik („Sie machen das nicht richtig!") und implizite Ablehnung gekennzeichnet ist, definiert. Der Gesprächspartner kann diese Definition akzeptieren und wird dann versuchen, sich zu verteidigen, um es dem Berater möglichst recht zu machen (womit dann aber die eigentliche Intention, die eigenen subjektiven Theorien zu klären, aus dem Blick gerät). Oder er wird die Definition ablehnen und dann möglicherweise mit Abwehr gegenüber Fragen des Beraters reagieren.

In der Regel wird in den ersten ein bis zwei Minuten eines Gespräches die Beziehung definiert und damit entschieden, ob es gelingt, Kontakt zu dem Gesprächspartner aufzubauen und Vertrauen herzustellen: Je nachdem, ob der Gesprächspartner dabei zu dem Ergebnis kommt „ich kann hier von meinen Problemen erzählen, ich kann dem Berater vertrauen“ oder nicht, wird sich der weitere Verlauf des Beratungsgespräches gestalten: Im ersten Fall wird der Klient bereit sein, seine subjektive Sicht darzustellen und ggf. weiter zu entwickeln; im anderen Fall wird er sich selbst die Anweisung geben, möglichst wenig zu erzählen, und im Allgemeinen bleiben oder das Gespräch abbrechen.

Für das Beratungsgespräch heißt das, daß Beraterin oder Berater zu Beginn des Beratungsgesprächs zunächst einmal vor der Aufgabe stehen, eine positive Beziehung aufzubauen. Dafür gibt es mehrere Möglichkeiten (vgl. z.B. auch Hackney/Cormier 1993, 23ff.):

(1) Die Einstellung zum Gesprächspartner
Eine positive Beziehung herzustellen, ist keine Verhaltenstechnik, sondern ist vor allem eine Frage der Einstellung. Sicher kann man bestimmte Verhaltensweisen wie z.B. Nicken gleichsam einüben – aber wenn dahinter keine positive Einstellung zum Gesprächspartner steht, dann wirkt ein solches Verhalten technisch und unecht und führt beim Klienten zur Abwehr.

Rogers (1977, 23ff.) spricht in diesem Zusammenhang von der Grundeinstellung des „bedingungsfreien Akzeptierens“ des Klienten als Voraussetzung für Beratung und Therapie, wobei „bedingungsfrei“ bedeutet, daß das Akzeptieren des Gesprächspartners „frei ist von Beurteilung und Bewertungen der Gedanken, Gefühle und Verhaltensweisen des Klienten“:

„Dies... ist die Haltung, die mit größter Wahrscheinlichkeit dazu führt, daß der Klient Vertrauen faßt, sein Selbst weiter erkundet und unrichtige Äußerungen korrigiert, sobald sich sein Vertrauen gefestigt hat. Offenbar ist der Therapeut zu einer solchen emotionalen Zuwendung dann im Stande, wenn er den Klienten im Innersten ganz als das akzeptieren kann, was dieser ist – oftmals eine defensive, verletzliche, innerlich zerrissene Person, die aber ungeheuere Wachstumsmöglichkeiten in sich trägt“ (Rogers 1977, 24).

Eine solche Grundeinstellung der Akzeptanz als Grundlage der Beratung zu entwickeln, ist sicher nicht einfach und setzt für den Berater letztlich die Klärung des eigenen Selbstverständnisses voraus.

Was jedoch in der konkreten Situation hilfreich sein kann, ist, sich dieser Grundeinstellung der Akzeptanz jeweils neu zu vergewissern.

In der Tradition der sog. kognitiven Verhaltenstherapie gibt es dafür als Hilfsmittel die „Selbst-Instruktion“, sich selbst Anweisungen zu geben, die die Aufmerksamkeit in eine bestimmte Richtung lenken (z.B. Meichenbaum 1979; Lückert/Lückert 1994, 198ff.).

So könnte sich ein Berater selbst Anweisungen geben wie etwa
„Der Klient steht im Mittelpunkt"
„Beratung heißt: die Sicht des Klienten erfassen"
„Der Klient hat das Recht auf seine subjektive Sicht".
Wie man genau sich eine solche Anweisung formuliert und in welcher Form man sie festhält (ob z.B. als Satz, den man sich selber sagt, oder als Leitspruch auf einem Zettel oder auf einer Karte), wird von Fall zu Fall unterschiedlich sein. Wichtig ist, daß durch solche Selbstinstruktionen die Aufmerksamkeit des Beraters in eine bestimmte Richtung – also weg von der Sache auf den Klienten – gelenkt wird.

(2) Äußeres Umfeld

Die Beziehung zwischen Berater und Klient wird auch durch das äußere Umfeld definiert, in dem das Beratungsgespräch stattfindet. Ein Büroraum, in dem andauernd das Telefon klingelt oder in dem man häufig unterbrochen wird, signalisiert dem Gesprächspartner negative Beziehungsbotschaften: Sie sind mir nicht so wichtig, anderes hat Vorrang.

Positiv gewendet bedeutet dies: Die Auswahl des Umfeldes ist unter dem Gesichtspunkt zu treffen, welche Beziehungsbotschaften der Gesprächspartner daraus herauslesen könnte. Wichtig können dabei u.a. sein:
- Art des Raumes (Besprechungsraum)
- Vermeiden von Störungen
- Atmosphäre des Raumes (Besprechungstisch, Sitzecke, ggf. Kaffee usw.).

(3) Warming-up-Phase

Hilfreich zum Aufbau einer positiven Beziehung ist es, am Anfang des Gesprächs etwas Zeit zu lassen, um sich aufeinander einzustellen. Hier können auch oberflächliche Themen wie Urlaub, Wetter, Kinder usw. ihren Platz haben, denn sie signalisieren:
„Ich lasse Ihnen Zeit, sich auf die Situation einzustellen"
„Das Gespräch ist mir so wichtig, daß wir nicht hetzen müssen".

(4) Verbales Verhalten

Jede Äußerung, so Watzlawick (1969, 53ff.), enthält sowohl eine Inhalts- als auch eine Beziehungsbotschaft. Eine Aufforderung, weiterzuerzählen, kann (je nach der Formulierung) völlig unterschiedliche Beziehungen definieren wie z.B.:
„Sagen Sie doch endlich, wo Ihr Problem liegt!"
„Möchten Sie mir von Ihrem Problem erzählen?"
Im ersten Fall ist die Beziehungsbotschaft abwertend, im zweiten eher ermutigend und unterstützend.

Es gibt unterschiedliche Möglichkeiten, auf verbaler Ebene eine positive Beziehung aufzubauen.

Gordon führt als Möglichkeiten zum Aufbau einer positiven Beziehung sog. „Türöffner", „Aufmerksamkeitsreaktionen" und das „aktive Zuhören" auf (Gordon 1979, 58ff.):

- Türöffner sind Einladungen an den Klienten, über ein Thema zu sprechen, und signalisieren dabei zugleich Zuwendung und Aufmerksamkeit:
  „Möchten Sie darüber sprechen?"
  „Kann ich Ihnen dabei helfen?"
  „Würde es Ihnen helfen, wenn Sie darüber sprechen?"
- Aufmerksamkeitsreaktionen sind ins Gespräch eingestreute Anzeichen dafür, daß der Zuhörer die Botschaft wahrnimmt: „mh", „wirklich?", „ich verstehe".
- Aktives Zuhören ist das im Anschluß an Rogers entwickelte „Widerspiegeln", wobei der Berater dem Gesprächspartner „rückmeldet", wie er die Äußerung verstanden hat – und damit Interesse und Aufmerksamkeit signalisiert.

Eine andere Möglichkeit, durch verbales Verhalten in Kontakt mit dem Klienten zu kommen, ist die Angleichung an die Wahrnehmung des Gesprächspartners. Grinder und Bandler sprechen hier in Anlehnung an Satir von „Repräsentationssystemen" (Grinder/Bandler 1989, 14ff.; Cameron-Bandler 1992, 33ff.).

Grundlage dafür ist die These, daß Menschen auf unterschiedliche Art ihre Erfahrungen der Welt „repräsentieren", d.h. sich Situationen auf unterschiedliche Weise vergegenwärtigen. Man kann sich das leicht verdeutlichen, wenn man sich z.B. an eine konkrete Situation am Strand erinnert:

- Möglicherweise „sieht" man in der Erinnerung Bilder: den Sonnenuntergang am Strand, den Blick auf die Palmen, die sich im Wind bewegen, die Kette der Lichter an der Küste.
- Oder man erinnert sich zunächst an Geräusche: Das Rauschen der Wellen und des Windes, das Schreien der Möwen, Stimmen am Strand.
- Oder man erinnert sich an Gefühle: das Spüren des Sandes unter den Füßen, rauhe Muscheln oder die Empfindung von Ruhe und Ausgeglichenheit.
- Schließlich gibt es die Möglichkeiten, Erfahrungen über Gerüche und Geschmack zu repräsentieren: der Geruch des Meeres, der Geschmack salzigen Wassers, der Geschmack des Rotweins, den man am Strand getrunken hat.

Damit ergeben sich fünf unterschiedliche Repräsentationssysteme:

- ein visuelles Repräsentationssystem, bei dem Erfahrungen durch Bilder repräsentiert werden,
- ein auditives Repräsentationssystem (Töne, Geräusche, Wörter) – ein kinästhetisches Repräsentationssystem (Empfindungen)
- ein olfaktorisches Repräsentationssystem, bei dem man Gerüche wahrnimmt
- und ein gustatives (Geschmack), wobei man sich z.B. an den Geschmack eines Getränkes erinnert.

Grinder/Bandler zufolge werden die jeweiligen Repräsentationssysteme in der Sprache in sog. „Prozeßwörtern" deutlich (Cameron-Bandler 1992, 34ff.; Grinder/ Bandler 1989, 18ff.):

In einer schwierigen Situation

- mag jemand nicht klarsehen, nicht durchblicken oder keinen Weg finden (visuelles Repräsentationssystem),
- kann jemand sich selbst sagen „das schaffst du nie“, oder hört (in Gedanken) negative Botschaften (auditiv),
- fühlt sich jemand nicht wohl (kinästhetisch),
- stinkt es ihm oder schmeckt ihm nicht (olfaktorisch, gustativ).

Cameron-Bandler (1992, 37) gibt folgende Auflistung unterschiedlicher Prozeßwörter:

Visuelle	*Auditive*	*Kinästhetische*	*Geruch, Geschmack*
sich vorstellen	schreiben	fühlen	bitter
verschwommen	hören	warm	salzig
hell	kreischen	berühren	duftend
leuchten	rufen	behandeln	scharf
blau	laut	begreifen	riechen
sehen	verstärken	weich	schal
abzielen	abstimmen	fest	frisch
Perspektive	tönen	glatt	Geschmack
klar	harmonisieren	rauh	süß, sauer

Verständigung, so Bandler/Grinder, hängt nicht zuletzt von der Übereinstimmung in den Repräsentationssystemen ab: Wenn jemand mit einem anderen „auf gleicher Welle“ oder „im Gleichklang“ ist (man achte auf die Prozeßwörter), dann deutet das auf Übereinstimmung in den Repräsentationssystemen hin. Wenn jemand einen anderen nicht versteht und keinen Zugang zu ihm hat, dann deutet das auf Unterschiede hin (Cameron-Bandler 1992, 35ff.).

Eine positive Beziehung herstellen, so die Folge, bedeutet Angleichung des Repräsentationssystems: zu versuchen, das Repräsentationssystem des Gesprächspartners zu erkennen und sich (soweit als möglich) ihm anzugleichen.

(5) Nonverbales Verhalten

Die Beziehungsebene ist nicht nur verbal, sondern auch nonverbal gesteuert (vgl. Rosenbusch 1995): Nicken, Blickrichtung zum Gesprächspartner usw. signalisieren: „Was du sagst, interessiert mich, ist mir wichtig.“

Im Zusammenhang mit Beratungsgesprächen sind hier noch weitere Faktoren besonders hilfreich:

Als Sitzposition wird üblicherweise die klassische Beratungsposition etwa im Winkel von 90 Grad empfohlen. Dadurch wird vermieden, daß Gesprächspartner aufeinander fixiert sind (was als Anstarren und damit oft als Kontrolle erlebt wird): Der Ratsuchende hat die Möglichkeit, Blickkontakt aufzunehmen oder den Blick abzuwenden, je nachdem, wie es für ihn passend ist.

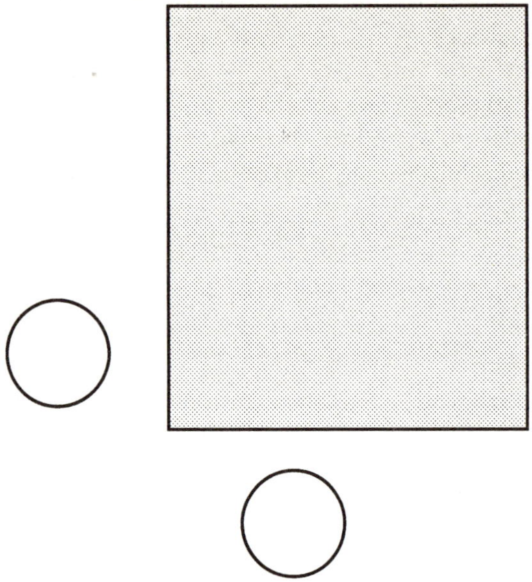

90 Grad – Sitzposition

Eine andere Möglichkeit bietet das in der Tradition des Neurolinguistischen Programmierens geläufige Spiegeln (Pacing: Bandler/Grinder 1975; 1984, 54ff.; Dilts u.a. 1987, 121ff.). Hintergrund dafür sind Ergebnisse aus der Erforschung nonverbaler Kommunikation: Gesprächspartner, die sich gut verstehen oder Kontakt aufbauen wollen, gleichen (unbewußt) ihre Körperhaltung teilweise einander an: Alle sind eher vorgebeugt, legen (teilweise) die Hand auf den Tisch usw.

Im Neurolinguistischen Programmieren wird dieses Verhalten als bewußte Möglichkeit eingesetzt, Kontakt („Rapport") zum Klienten bzw. zum Gesprächspartner herzustellen: Wortwahl und Körperhaltung werden (zumindest teilweise) der des Klienten angeglichen: Beide haben z.B. die Beine übereinandergeschlagen, sind zurückgelehnt usw. (z.B. Bierach 1991, 69ff.).

Spiegeln ist eine Möglichkeit, Kontakt im Beratungsgespräch herzustellen. Aber es ist zugleich den Gefahren aller solcher Techniken ausgesetzt: Als bloße Technik wirkt es unnatürlich und möglicherweise abwertend. Spiegeln ist sicher immer nur partiell sinnvoll (niemand hat es gern, wenn er kopiert wird) und muß der tatsächlichen Einstellung, Kontakt herzustellen, entsprechen. Entsprechend gilt: Wenn Kontakt von der Einstellung her besteht, spiegeln sich Berater und Klient oft gleichsam von selbst.

Dies gilt generell für alle hier aufgeführten Verhaltensweisen, die eine positive Beziehung aufbauen können. Sie werden nur dann tatsächlich Kontakt herstellen, wenn sie der tatsächlichen Einstellung entsprechen. Rogers spricht hier von „Kongruenz" als der „grundlegendsten unter den Einstellungen des Therapeuten" (Rogers 1977, 26): Das

(Conen 1991, 191)

Verhalten des Beraters (z.B. aktives Zuhören) muß seiner tatsächlichen Einstellung („der Klient ist mir wichtig“) entsprechen. Fehlende Kongruenz wird der Gesprächspartner unbewußt wahrnehmen, er wird mißtrauisch werden und möglicherweise Beratung abwehren.

2.1.3 Orientierung auf der Inhaltsebene

Orientierung auf der Inhaltsebene heißt zunächst, festzulegen, was Thema und Ziel in diesem Beratungsprozeß ist: Welches Problem soll bearbeitet werden? Was soll Ergebnis des Beratungsprozesses sein? Was will der Klient durch Beratung erreichen?

Dabei gibt es unterschiedliche Möglichkeiten:

- In vielen Fällen sind Thema und Ziel von außen vorgegeben: Es geht um das Verhältnis zu einem Mitarbeiter, um die zukünftigen Aufgaben der Abteilung, die eigene Karriereplanung usw.

- Der Gesprächspartner wählt frei ein Thema, das für ihn in dieser Situation wichtig ist. Dies ist ein Vorgehen, das für die klientzentrierte Gesprächsführung in der Tradition von Rogers (z.B. 1977, 142) typisch ist: Nicht der Berater legt von sich aus ein Thema fest, sondern der Klient wählt das Thema, über das er jetzt sprechen möchte. Aufgabe des Beraters ist es dabei nicht, ein neues Thema einzuführen, sondern den Klienten dabei zu unterstützen und ihm alle Gefühle zu gestatten, „die im

Augenblick in ihm vorhanden sind: Feindseligkeit und Zärtlichkeit, Auflehnung und Fügsamkeit, Selbstvertrauen und Selbstentwertung" (Rogers 1977, 186).
Diese Möglichkeit besteht auch im Rahmen Systemischer Prozeßberatung: Es wird (z.B. im Rahmen eines Coachingprozesses mit einer Abteilungsleiterin) vom Berater kein Thema vorgegeben. Sondern es kann sein, daß die Klientin zunächst allgemein die gegenwärtige Situation darstellt, bis sich daraus das Thema für die Beratung herauskristallisiert und sie einen für sich wichtigen Punkt herausgreift. Oder das Gespräch bewegt sich zunächst bei Nebensächlichkeiten – wobei dann häufig die Erfahrung zu machen ist, daß auch solche anscheinend nebensächlichen Themen nicht ohne Bedeutung für den Beratungsprozeß sind: Die Gesprächspartnerin hat unbewußt ein Thema gewählt, das für sie eine Bedeutung hat.

- Schließlich kann der Berater von sich aus ein Thema ansprechen. Das ist häufig in späteren Phasen des Beratungsgespräches zweckmäßig: Wenn z.B. in einem ersten Gespräch eine Vereinbarung hinsichtlich der Ziele, die erreicht werden sollen, getroffen wurde, liegt es nahe, daß der Berater diese Vereinbarung im folgenden Beratungsgespräch zunächst wieder aufgreift.

2.1.4 Kontrakte als Abschluß der Orientierungsphase

Ergebnis der Orientierungsphase müssen explizite Kontrakte zwischen Klienten- und Beratersystem sein:

- Kontrakte über eine gemeinsame Definition der Situation als Beratung. Dabei können auch Kontrakte darüber geschlossen werden, wo das Schwergewicht beim Beratungsprozeß liegt: auf Prozeß- oder Expertenberatung,
- Kontrakte über Thema und Ziel des Beratungsprozesses,
- Kontrakte über zusätzliche Randbedingungen wie z.B. die zur Verfügung stehende Zeit oder darüber, daß keine Informationen aus diesem Beratungsgespräch an andere Personen weitergegeben werden.

Die Eindeutigkeit dieser Kontrakte zum Abschluß der Orientierungsphase ist erfahrungsgemäß eine der entscheidenden Voraussetzungen für den Erfolg des Beratungsgesprächs (vgl. auch Schreyögg 1995, 308ff.). Dabei müssen, um für den weiteren Prozeß eine tragfähige Basis zu liefern, solche Kontrakte grundsätzlich drei Bedingungen genügen:

(1) Eindeutigkeit des Kontraktes
Es muß z.B. den Beteiligten klar sein, was es heißt, die anschließende Situation als Beratung zu definieren.

Die Klarheit darüber ist zum einen notwendig, weil ansonsten der Klient möglicherweise mit ganz anderen Erwartungen in das Gespräch geht und dann Widerstand zeigen wird, wenn diese Erwartungen nicht erfüllt werden.

Andererseits aber ist solche Klarheit nicht unbedingt leicht zu erreichen, weil vielen Gesprächspartnern (zunächst) nicht bewußt ist, was Beratung überhaupt bedeutet. Hier ist es Aufgabe der Beraterin, diese Orientierung zu geben, wobei nicht unbedingt der Begriff „Beratung" fallen muß:

„Was ich Ihnen anbieten kann, ist, daß wir uns zusammensetzen und ich Sie dabei unterstütze, die Situation und mögliche Schwierigkeiten zu klären und Verbesserungsmöglichkeiten für die Arbeit zu finden. D.h. ich werde Ihnen keine Lösung vorgeben, aber ich kann Sie dabei unterstützen, selbst die für Sie richtige Lösung zu finden. Wäre das für Sie eine akzeptable Vorgehensweise?"

Damit wird die Situation auch ohne Verwendung des Begriffs als „Prozeßberatung" definiert.

(2) Die Zustimmung des Klienten

Wichtig ist die explizite (verbale oder körpersprachliche) Zustimmung des Klienten. Falls die Zustimmung nicht eindeutig erfolgt, ist es zweckmäßig, nachzufragen – möglicherweise bestehen noch irgendwelche Bedenken, die zunächst bearbeitet werden müssen.

Generell gilt, daß mögliche Klienten ihre Zustimmung um so eher geben werden, je mehr sie die Hoffnung haben, durch Beratung ihre Probleme (besser) zu lösen, was sicher von der Kompetenz der Beraterin und möglicherweise auch von Vorerfahrungen abhängt.

Aber es kann natürlich auch sein, daß der Gesprächspartner nicht zustimmt: „Aus meiner Sicht wäre es sinnvoller, wenn Sie den Mitarbeitern deutlich sagen würden, worauf sie bei Teamarbeit zu achten haben."

Damit gibt der Gesprächspartner einen Vorschlag für eine andere Definition der Situation. Es liegt dann an der Beraterin zu entscheiden, ob sie sich auf eine solche Definition der Situation einläßt (möglicherweise entsteht ja daraus ein Teamtraining) oder ob das Orientierungsgespräch hier ohne weitere Kontrakte beendet wird.

Auch eine solche Entscheidung (daß keine Beratung zustandekommt) ist zu akzeptieren – Beratung ist keine missionarische Tätigkeit, mit der andere Gesprächspartner zu „beglücken" wären.

(3) Die Zustimmung der Beraterin

Eine gemeinsame Definition der Situation als Beratung bedeutet, daß auch die Beraterin explizit zustimmen muß. Die Definition der Situation ist ein gemeinsam auszuhandelnder Kontrakt. Es ist wichtig, sich als Beraterin oder als Berater an dieser Stelle zu fragen, ob ich mich wirklich auf die Klienten, auf das Thema und auf das Vorgehen einlassen kann.

Im Rahmen der Kontrakte am Schluß der Orientierungsphase ist auch Einigung über die Art der Beratung und über mögliche Randbedingungen zu erzielen:

- Wird Prozeßberatung vereinbart, in der ein Berater oder eine Beraterin die Klienten dabei unterstützt, ihre Situation klarer zu sehen und selbst eine Lösung zu finden?
- Wird Expertenberatung vereinbart, in der z.B. eine Beraterin aufgrund ihres eigenen Expertenwissens mögliche Lösungswege und möglicherweise dabei auftretende Schwierigkeiten und Probleme darstellt?
- Wie lange ist der Beratungsprozeß angesetzt? Gibt es möglicherweise erst eine Vorphase, in der Klientensystem und Beraterin entscheiden können, ob sie weiterhin zusammenarbeiten wollen?

Daß es Situationen geben kann, in denen solche gemeinsamen Kontrakte nicht zustandekommen, liegt auf der Hand. Dann ist die Definition der Situation neu auszuhandeln. Möglicherweise einigt man sich auf ein anderes Vorgehen oder ein anderes Thema. Möglicherweise werden noch irgendwelche zusätzlichen Randbedingungen vereinbart, oder es kann auch sein, daß das Beratungsgespräch nicht zustande kommt.

2.1.5 Die Systemgrenze zwischen Berater- und Klientensystem

Ein Beratungssystem ist grundsätzlich in zwei Subsysteme gegliedert: das Berater- und das Klienten-System. Beratung ist nur dann erfolgreich, wenn die „Grenze" zwischen beiden Subsystemen gewahrt ist, d.h. wenn der Berater „neutral" gegenüber den Klienten bleibt (z.B. Titscher 1991, 315; Tomm 1988, 153ff.) und nicht „ins System" fällt.

Als Beraterin oder Berater ins System fallen, kann dreierlei bedeuten:

(1) Ins System fallen kann bedeuten, daß ich als Berater selbst von dem Problem betroffen bin.

Gordon führt in diesem Zusammenhang eine Unterscheidung hinsichtlich des „Problembesitzes" ein, die zunächst am Beispiel der Familie verdeutlicht wird (Gordon 1972, 68ff.; vgl. 1979, 109):

- Es gibt Situationen, in denen ein Kind ein Problem hat, wovon die Eltern nicht betroffen sind (etwa wenn ein Kind traurig ist, weil es nicht in die Tennismannschaft aufgenommen wurde).
- Es gibt andererseits Situationen, in denen ein Elternteil das Problem besitzt, z.B. dann, wenn es sich durch das Verhalten des Kindes gestört fühlt.

Diese Unterscheidung im Blick auf den Problembesitz hat Konsequenzen für den Beratungsprozeß:

Beratung ist nur dann möglich, wenn der Klient, nicht aber der Berater das Problem besitzt. Hierfür einige Beispiele:

- Ein Vorgesetzter kann z.B. einen Mitarbeiter beraten hinsichtlich seines Problems, sich selbst bei der Arbeit unter Streß zu setzen, solange er davon nicht persönlich betroffen ist. Aber der Vorgesetzte wird ihn schwerlich beraten können, wenn ihn der unaufgeräumte Schreibtisch des Mitarbeiters zur Weißglut bringt oder er sich immer wieder über nicht eingehaltene Termine ärgert.

- Eine Personalreferentin kann einen Abteilungsleiter einer anderen Abteilung beraten hinsichtlich der Frage, wie er mit seinen Mitarbeitern umgehen soll. Aber sie kann diese Beratung schwerlich bei ihrem eigenen Abteilungsleiter durchführen, insbesondere dann nicht, wenn sie von verschiedenen Lösungsmöglichkeiten persönlich betroffen ist. Spätestens dann, wenn Ergebnis eines solchen Gespräches wäre, daß der Abteilungsleiter sich darüber klar wird, „härter" mit seinen Mitarbeitern (und damit auch mit der Personalreferentin) umzugehen, ist sie nicht mehr Beraterin, sondern Teil des Systems, d.h. Betroffene. – Als Berater ist es unproblematisch, jemanden zu beraten, zu dem keine engere Beziehung besteht, aber schwierig jemanden, demgegenüber Konflikte und Abneigungen bestehen.
- Ein Berater kann dann nicht mehr beraten, wenn für ihn das Verhalten der Klienten „zum Problem wird": etwa, wenn ihn das zögernde Verhalten eines Gesprächspartners zur Verzweiflung bringt.
- Ein Berater kann „ins System fallen", wenn im Beratungsprozeß Themen angesprochen werden, die für ihn als Person ein (noch nicht genügend bearbeitetes) Problem darstellen. Wenn z.B. der Berater hört, welche Schwierigkeiten der Klient hat, sich gegenüber einem Vorgesetzten durchzusetzen, und wenn er in seiner eigenen Biographie eine ähnliche, für ihn sehr belastende Situation erlebt hat, dann besteht eine hohe Wahrscheinlichkeit, daß er nicht mehr „neutral" berät, sondern den Klienten zu drängen versucht, sich doch gegen seinen Vorgesetzten zu wehren. Er fällt damit ins System.

(2) Ins System fallen kann bedeuten, unbefragt die „Konstruktion der Wirklichkeit" des Klientensystems oder eines Teiles desselben zu übernehmen.

D.h. man akzeptiert dieselben Begriffe und die darauf basierenden Erklärungen wie Teile des Klientensystems: z.B. die Deutung, daß es an der gesamten Struktur des Untenehmens liegt, daß sich nichts verändert, oder die Deutung, daß der Vorstand zu wenig Verständnis für die Mitarbeiter hat, oder die Deutung, daß die Situation ausweglos ist, daß die Ursache für Probleme fortwährende Umstrukturierung ist usw. Wenn man als Berater die Konstruktion der Wirklichkeit des Klienten übernimmt, kommen einem andere Möglichkeiten der Problemlösung überhaupt nicht mehr in den Blick.

Dies kann Beratern, die das Klientensystem gut kennen, relativ leicht geschehen: Wenn man z.B. längere Zeit in einem Unternehmen arbeitet, macht man sich zwangsläufig ein Bild von der Wirklichkeit dieses Unternehmens. Man ist dann leicht in Gefahr, dieses Bild in der Auseinandersetzung innerhalb einer Abteilung zu übernehmen und selbst inhaltliche Lösungen vorzuschlagen.

(3) Ins System fallen kann bedeuten, eine Koalition mit einem Teil des Klientensystems einzugehen.

Von den Klienten erhält man als Berater im Verlauf des Beratungsprozesses (v.a. in Anfangsphasen, so lange die Definition der Beratungssituation noch nicht für alle eindeutig etabliert ist) fortwährend offene oder verdeckte Koalitionsangebote. Hierfür einige Beispiele:

- „Ich bin froh, Frau Schmidt, daß Sie als Beraterin in unsere Abteilung gekommen sind. Einigen Kollegen fehlt es nämlich an der entsprechenden Einstellung – und es ist gut, wenn das von außen gesagt wird" – hier ein sehr deutliches Koalitionsangebot eines Klienten, das sich gegen andere Kollegen richtet.
- Ein Teilnehmer greift Überlegungen der Beraterin besonders zustimmend auf und ist sofort bereit, sich auf neue Phasen und Übungen einzulassen. Die Beraterin „freut" sich über diese Unterstützung – und fällt eben damit ins System, indem sie eine Koalition gegenüber anderen, reservierteren Teilnehmern einnimmt.
- Ein Teilnehmer in einem Beratungsgespräch zwischen zwei Kollegen macht fortwährend nonverbale Koalitionsangebote an den Berater. Er hört ihm interessiert zu, nimmt immer wieder Blickkontakt auf und schiebt seinen Stuhl unmerklich noch etwas näher an den Berater heran. Der Berater nimmt das nicht wahr – und ist doch bereits dadurch ins System gefallen und hat sich mit diesem Teilnehmer des Klientensystems verbündet. Auch wenn weder der Berater noch die anderen Gesprächspartner bewußt wahrgenommen haben, was hier abläuft, wird allein aufgrund der Sitzposition diese Koalitionsbildung unbewußt registriert – es ist damit zu rechnen, daß andere dem Berater gegenüber reservierter werden und Einwände erheben.

Die Beispiele machen deutlich, daß die Wahrung der Systemgrenze umso leichter möglich ist, je größer die Distanz zwischen Berater und dem Klientensystem ist. Eine externe Beraterin hat es hier häufig leichter als eine interne Beraterin aus der Personalabteilung. Auch ein Berater, der schon lange Zeit mit einem Abteilungsleiter zusammenarbeitet, woraus sich möglicherweise freundschaftliche Verbindungen ergeben haben, ist eher in Gefahr, in einem Abteilungsgespräch ins System zu fallen.

Im Grunde wird damit nochmals die Wichtigkeit einer eindeutigen Definition der Situation als Beratung unterstrichen. Je klarer die Situation definiert ist und je eindeutiger diese Definition von allen Beteiligten akzeptiert wird, desto erfolgreicher ist Beratung.

2.2 Die Klärungsphase im Beratungsprozeß

Der eigentliche Beratungsprozeß beginnt mit der Klärung der Situation:

- Wo sehen die Klienten das Problem?
- Was möchten sie erreichen?
- Was haben sie bislang versucht, um das Problem zu lösen?

Damit liegt in der Klärungsphase das Schwergewicht auf Prozeßberatung: Aufgabe des Beraters oder der Beraterin ist es, die Klienten dabei zu unterstützen, ihre Situation klarer zu sehen.

Dabei ist eines wichtig: Ziel ist nicht, daß der Berater möglichst genau erfährt, was in der betreffenden Situation vorgegangen ist. Vielmehr soll der Klient dabei unterstützt werden, für sich die Situation zu klären. Das bedeutet, daß der Berater in dieser Phase seine Aufmerksamkeit weniger auf die Sache zu richten hat (er muß die Situation nicht „verstehen"), sondern auf den Prozeß und den Klienten: Wie sieht der Klient das Problem? Was braucht er, um für sich die Situation weiter zu klären?

Üblicherweise verläuft diese Klärungsphase in zwei Abschnitten: In einem ersten Abschnitt erzählt der Klient frei seine subjektive Sichtweise, in einem zweiten Abschnitt wird er dabei unterstützt, die Problemsituation weiter zu klären.

2.2.1 Freie Darstellung der Problemsituation

Manche Klienten müssen sich erst etwas warmreden und brauchen dafür Zeit. Andere fangen sofort an. Je gravierender ihre Probleme sind, desto mehr haben sie dann das Bedürfnis, sich ihr Problem „von der Seele zu reden".

Aufgabe des Beraters ist es in dieser Situation, zuzuhören und dem Klienten die Sicherheit zu geben, mit dem, was er sagt, akzeptiert zu werden.

In der Tradition der klientzentrierten Gesprächsführung im Anschluß an Rogers und Gordon wird dieses „bedingungsfreie Akzeptieren" (z.B. Rogers 1977, 20ff.) besonders betont:

„Wenn der Klient feststellt, daß ihm jemand zuhört und ständig akzeptiert, wie er seine Gedanken und Gefühle äußert, lernt er nach und nach dem zuzuhören, was in seinem Inneren vorgeht; er lernt wahrzunehmen, daß er wütend oder ängstlich ist oder liebevolle Empfindungen verspürt. Allmählich wird er fähig, auf Empfindungen in seinem Innern zu lauschen, die ihm früher so seltsam, so erschreckend oder bedrohlich erschienen waren, daß er sie ganz aus dem Bewußtsein verbannt hatte... wenn der Klient schließlich im Stande ist, sich selbst besser wahrzunehmen, gelangt er zu größerer Kongruenz und kann sich offener äußern. Er gewinnt zuletzt die Freiheit, sich zu verändern und in die Richtung hin zu entwickeln, die der reifende menschliche Organismus natürlicherweise einschlägt" (Rogers 1977, 27ff.; vgl. auch 1972, 124ff.).

Und entsprechend formuliert Gordon:

„Wer ein Problem hat und jemanden findet, der den Mund hält und zuhört, wird dadurch – wie jedermann aus eigener Erfahrung weiß – gewöhnlich ermutigt, weiter über sein Problem zu berichten... Schweigen (oder passives Zuhören) ist ein wirksames Instrument. Es bringt Menschen dazu, über das zu sprechen, was sie bekümmert. Wenn man zu jemandem spricht, der bereit ist zuzuhören, erfährt man die Ermutigung, um fortzufahren" (Gordon 1979, 63).

Im einzelnen heißt das für den Berater:

(1) Sich auf den Klienten einstellen und sich über die eigene Rolle als Berater klar werden
Das bedeutet, die Darstellung des Klienten nicht zu bewerten, sondern sie als dessen eigene persönliche Sicht zu akzeptieren:

(2) Passives Zuhören und Aufmerksamkeitsreaktionen
Das Verhalten des Beraters beschränkt sich in dieser Phase zunächst auf „passives Zuhören" und sog. „Aufmerksamkeitsreaktionen":

Passives Zuhören, so Gordon, ist nichts anderes als schweigendes und aufmerksames Zuhören.

Aufmerksamkeitsreaktionen (Gordon 1979, 64) sind Signale, die dem Zuhörer signalisieren, daß der Gesprächspartner bei der Sache ist:
nicken, „mh", Augenkontakt usw.

(3) Darüber hinaus ist es in dieser Phase hilfreich, sorgfältig auf den Klienten zu achten:
- Welche Themen spricht er an?
- Wie erklärt er das Problem?
- Worin sieht er die Ursachen?
- Was hat er bislang getan, um das Problem zu lösen?
- Gibt es Themen, die zwar angedeutet, aber nicht ausgeführt werden?
- Gibt es Auffälligkeiten in der Körpersprache (z.B. daß die Stimme an bestimmten Stellen gepreßt klingt oder sich die Körperhaltung ver krampft)?

All diese Beobachtungen können dem Berater Hinweise geben, die er im weiteren Verlauf des Beratungsprozesses aufgreifen kann.

2.2.2 Klärung der Problemsituation

Die freie Darstellung der Problemsituation aus Sicht des Klienten steckt gleichsam den Rahmen ab, unter dem der Betreffende bislang die Situation gesehen hat. So kann es z.B. sein, daß ein Mitarbeiter „Ablehnung" als zentrales Thema in seiner Abteilung ansieht: Er fühlt sich von Vorgesetzten und den Kollegen bzw. Kolleginnen abgelehnt und hintergangen. Er meint, daß er gute Arbeit leistet, hat aber (aus seiner Perspektive) in der Abteilung keine Chance, weil er von den anderen abgelehnt wird. Er hat versucht, seine Ideen einzubringen, hat aber damit bislang keinerlei Erfolg gehabt und erzählt in dieser Phase ausführlich, wie er sich von anderen abgelehnt fühlt.

Diese freie Darstellung ist aber in vielen Fällen nur eine eingeschränkte Sichtweise: Es kann sein, daß dem Klienten bestimmte Aspekte des Problems überhaupt nicht in den Blick gekommen sind. Oder er hat bislang gar nicht wahrgenommen, wie er sich selbst in dieser Situation fühlt.

Für Rogers und die daran anschließende Tradition der klientzentrierten Beratung resultieren Probleme weithin daraus, daß sich der Klient über seine Situation nicht im klaren ist: Rogers beschreibt diese Situation folgendermaßen:

„Die Vorstellungen, die der Klient in bezug auf sich und seine Umwelt bildet, sind an rigide psychische Strukturen gebunden. Er ist von seinem gegenwärtigen Erleben so entfernt, daß er es nicht wahrnimmt... Probleme werden nicht erkannt. Gefühle und persönliche Bedeutungen werden weder wahrgenommen noch akzeptiert“ (Rogers 1977, 28f.).

In der Tradition des Neurolinguistischen Programmierens wird diese Situation dadurch erklärt, daß in einer freien Darstellung eine Reihe von Informationen „getilgt“ sind (z.B. Bandler/Grinder 1984, 36ff., 65ff.):

Wenn der Gesprächspartner davon spricht, daß er abgelehnt wird, dann werden dabei die konkreten Erfahrungen, die ursprünglich zu einer solchen Deutung der Wirklichkeit führten, nicht mehr deutlich. Sie werden entweder weggelassen, weil sie für den Betreffenden selbstverständlich erscheinen. Oder aber sie werden weggelassen, weil sie dem Betreffenden selbst nicht völlig bewußt sind.

Bandler/Grinder verdeutlichen dies an dem Satz „ich fürchte mich“ (1984, 36ff., 65ff.): Wenn dieser Satz lediglich so geäußert wird, dann sind dabei eine Reihe von Informationen getilgt: Es wird z.B. nicht deutlich, daß es bestimmte Personen und bestimmte Handlungen gibt, die diese Furcht ausgelöst haben und vielleicht immer wieder auslösen. Und es wird andererseits auch nicht deutlich, welche Bedeutung die Furcht für den Betreffenden hat: Ob sie ihn z.B. lähmt oder ihn dazu veranlaßt, vor solchen Situationen zu fliehen usw.

Dabei lassen sich zwei Arten von Tilgungen unterscheiden:

- **Tilgung von Informationen über externe Prozesse**
  Damit sind Tilgungen bezeichnet, bei denen Informationen über andere Personen, äußere Situationen oder Handlungen anderer Personen weggelassen sind.
  Bei dem Satz „ich fürchte mich“ sind offenbar eine Reihe von Informationen über solche äußeren Prozesse getilgt: Möglicherweise stehen dahinter:
  * bestimmte Personen, vor denen sich der Betreffende fürchtet (vor dem Chef, vor einer Teilnehmergruppe im Seminar)
  * konkrete äußere Situationen, in denen er sich fürchtet (bei einer Präsentation vor der gesamten Abteilung, vor einem Kritikgespräch)
  * Erfahrungen über konkrete Handlungen des anderen: was tut der Betreffende, daß sich der Gesprächspartner fürchtet: Schreit der Vorgesetzte ihn an oder behandelt er ihn ironisch?

- **Tilgung von Informationen über interne Prozesse**
  Bei dem Satz „ich fürchte mich“ sind neben den Informationen über externe Prozesse auch Informationen über Gedanken, Absichten, Empfindungen des Betreffenden getilgt, die er dabei hat:
  „Furcht“ ist ein recht unscharfer Begriff, der offen läßt, was hier in dem Betreffenden abläuft: Welche Gedanken macht sich der Betreffende, die ihn zum Fürchten bringen? Wie kommt er zu diesen Gedanken? Bedeutet Furcht hier vielleicht Furcht zu versagen? Worauf stützt er die Annahme, daß er versagen könnte? Wie

erlebt der Betreffende die Furcht: lähmend, wird er aggressiv, zieht er sich in sich selbst zurück?

Damit ergibt sich als Aufgabe für die Klärungsphase im Beratungsprozeß: Es sind die in der freien Darstellung angedeuteten, aber nicht explizierten (d.h. getilgten) Informationen nachzufragen, um den Klienten dabei zu unterstützen, sein Bild von der Wirklichkeit genauer zu klären.

Grundsätzlich bieten sich dafür drei Möglichkeiten: fokussieren, nachfragen und widerspiegeln.

(1) Fokussieren

Eine erste Möglichkeit, getilgte Informationen aufzulösen, besteht darin, daß der Klient dazu eine ganz konkrete Situation darstellt, d.h. diese Situation „fokussiert".

„Fokussieren" ist ein Verfahren, das ursprünglich von Gendlin (1981) eingeführt wurde. Gendlin bezeichnet „focusing" als die Fähigkeit, herauszufinden, wo das Leben „festgefahren, behindert, verkrampft und eingeengt wird" (Gendlin 1981, 10). Er verdeutlicht das an folgender Situation zwischen zwei Ehepartnern, John und Peggy:

„Eines abends kam John triumphierend nach Hause. Der Bankdirektor hatte ihm eröffnet, daß die Bank Expansionspläne hege und er, John, in diesen Plänen eine Schlüsselstelle einnehme. Während John dies Peggy erzählte, wischte er in seiner Aufregung einen Teller vom Küchentisch, der dabei in Brüche ging. Der Teller gehörte zu ihrem besten Porzellanservice. Peggy bekam einen plötzlichen Wutausbruch, rannte unter Tränen die Treppe hinauf und weigerte sich, zu kochen" (Gendlin 1981, 44).

Focusing bedeutet für Gendlin u.a.:

- die Aufmerksamkeit auf das Problem zu richten, das dem Klienten in diesem Augenblick als das schlimmste erscheint – in obigem Beispiel: die Szene um den zerbrochenen Teller,
- die Aufmerksamkeit auf die „Crux", d.h. den schlimmsten Teil des Gefühls in dieser Situation zu richten:
  „Sie fragte: ‚was ist das Schlimmste daran?', das Gefühl tauchte auf: ‚Wut auf John'. Eine weitere Frage: ‚wegen des zerbrochenen Tellers?', die wortlose Antwort: ‚nein, das hat kaum etwas damit zu tun. Ich bin wütend wegen seiner Begeisterung, der Art, wie er seiner Zukunft optimistisch entgegensieht'" (Gendlin 1981, 46).
- Damit stellt sich schließlich heraus, daß das eigentliche Problem nicht der zerbrochene Teller ist, sondern das Gefühl, übergangen zu werden, ausgelöst durch John's Erzählung über seine neuen Möglichkeiten im Beruf.

Diese Situation ist ein deutliches Beispiel dafür, wie Fokussieren der Problemsituation das Problem verändert und Ansätze zur Lösung bietet: Der Gesprächspartner vergegenwärtigt sich die Situation nochmals, und ihm werden dabei „getilgte Erfahrungen“ zugänglich – wie etwa das Gefühl, übergangen zu werden, das auf der Oberfläche überhaupt nicht deutlich geworden war. Aufdeckung von getilgten Erfahrungen bietet damit die Möglichkeit, neue Lösungsmöglichkeiten zu finden.

Fokussieren im Rahmen Systemischer Prozeßberatung bedeutet, daß der Klient aufgefordert wird, für das genannte Problem eine konkrete Situation zu schildern:

„Können Sie sich an eine konkrete Situation erinnern, in der Ihnen besonders deutlich wurde, daß Sie in Ihrer Abteilung abgelehnt werden?“

Dabei ist es hilfreich, den Vorgang des Fokussierens durch gezielte Fragen in unterschiedlichen Repräsentationssystemen (visuell, auditiv, kinästhetisch) zu unterstützen:

- visuelles Repräsentationssystem:
  In welcher räumlichen Situation fand das Ereignis statt (Büro usw.)?
  Welche Personen waren dabei beteiligt?
  Was tun diese Personen (sitzt der Betreffende am Schreibtisch, geht er umher, wie ist der Gesichtsausdruck?)
- auditives Repräsentationssystem:
  Was sagen die Personen?
  Wie ist der Tonfall?
  Gibt es andere Geräusche, die in dieser Situation zu hören sind?
- kinästhetisches Repräsentationssystem:
  Was hat der Gesprächspartner in dieser Situation gefühlt? Wie äußert sich dieses Gefühl?
  Was war der Auslöser für dieses Gefühl?
  Was hätten Sie sich gewünscht?

(2) Klärung getilgter Informationen (Meta-Modell-Fragen)

Die Klärung getilgter Informationen ist unter der Bezeichnung „Meta-Modell“ eine der zentralen Vorgehensweisen des sog. Neurolinguistischen Programmierens (Bandler/Grinder 1984, 46ff.; Cameron-Bandler 1992, 153ff.; vgl. Bachmann 1991, 156ff.):

„Das Meta-Modell ist ein explizites Rüstzeug zur Gewinnung von sprachlichen Informationen; es ist dafür erdacht, die Sprache einer Person mit der durch ihre Sprache repräsentierten Erfahrungen zu verknüpfen“ (Cameron-Bandler 1992, 153).

Auf der Basis der hier eingeführten Unterscheidung zwischen Tilgungen in Bezug auf externe und Tilgungen in Bezug auf interne Prozesse ergeben sich verschiedene Möglichkeiten zur Klärung getilgter Informationen.

Zur Verdeutlichung sei wieder auf das Beispiel des Mitarbeiters, der sich in seiner Abteilung abgelehnt fühlt, zurückgegriffen:

Äußerung des Klienten: „Ich finde in der Abteilung immer nur Ablehnung“.

Möglichkeiten für den Berater sind dann:

- Nachfragen in Bezug auf externe Prozesse

* in Bezug auf Personen:
  „wer in Ihrer Abteilung lehnt Sie ab?"
* in Bezug auf Situationen:
  „in welchen Situationen lehnt der Betreffende Sie ab?"
* in Bezug auf konkrete Handlungen:
  „was tut der Betreffende, wenn er Sie ablehnt?"

- Nachfragen in Bezug auf interne Prozesse (eigene Gedanken, Ziele und Empfindungen, eigenes Verhalten):
  * in Bezug auf eigene Gedanken
    „woher wissen Sie, daß der Betreffende Sie ablehnt?"
  * in Bezug auf Empfindungen
    „was macht das mit Ihnen?"
    „wie erleben Sie die Ablehnung?"
  * in Bezug auf Verhaltensweisen:
    „was tun Sie, wenn Sie von dem Betreffenden abgelehnt werden?"
  * in Bezug auf Wünsche:
    „was wünschen Sie sich von dem Betreffenden?"

Die Beispiele zeigen, daß es stets eine Reihe von Möglichkeiten gibt, getilgte Informationen zu erfragen. Dabei ist es meist zweckmäßig, Tilgungen gleichsam von außen nach innen aufzulösen, d.h. erst die externen Prozesse (äußere Situation, andere Personen und ihre Handlungen) aufzuklären und dann die internen Prozesse (eigene Gedanken, Absichten, Wünsche, Empfindungen und Handlungen) zu erfragen.

Erfragen von Tilgungen ist ein schnell wirkendes Verfahren, die Problemsituation zu klären, was dann (wie das Fokussieren) in der Regel dazu führt, daß das eigentliche Problem deutlich wird und sich neue Lösungsmöglichkeiten eröffnen.

Eine Gefahr von solchen Fragetechniken besteht jedoch darin, daß dadurch die Beziehung belastet und der Kontakt zum Gesprächspartner unterbrochen werden kann. Fortwährendes Nachfragen mit Hilfe des Meta-Modells wird leicht als Verhör erlebt und führt dann zu Widerstand. Die Konsequenz davon ist, gerade in solchen Phasen sehr sorgsam auf die Beziehung zu achten und ggf. etwas mehr Zeit zu lassen (z.B. dem Gesprächspartner Zeit zu geben, seine Sicht etwas länger zu entwickeln).

(3) Widerspiegeln

Während bei den ersten beiden Möglichkeiten das Vorgehen des Beraters darin besteht, durch Fragen Tilgungen aufzulösen, versucht hier der Berater, Tilgungen von sich aus auszufüllen.

Das ist bei der Tilgung von Informationen über externe Prozesse sicher nur sehr begrenzt möglich. Manchmal lassen sich getilgte Informationen aus dem Kontext einfügen und widerspiegeln, z.B. auf eine Klientenäußerung „er lehnt mich ab": „das heißt, Ihr Chef lehnt Sie ab?" Solche Ergänzungen führen in der Regel dazu, daß der Betreffende von sich aus weiter erzählt und damit weitere Tilgungen auflöst, etwa:

„Ja, immer wenn ich einen Vorschlag habe, dann wird er überhaupt nicht diskutiert, aber bei anderen Kollegen, da ist er ganz aus dem Häuschen."

Eine andere Möglichkeit des Widerspiegelns ist das Paraphrasieren, wie es im sog. Kontrollierten Dialog (z.B. Antons 1992, 87ff.), aber auch für das Beratungsgespräch des öfteren empfohlen wird (z.B. Bachmair u.a. 1994, 33f.): Der Berater wiederholt die Aussagen des Gesprächspartners mit eigenen Worten oder faßt Hauptpunkte zusammen, etwa:

„Das heißt, daß Sie keine Arbeit selbständig erledigen können, ohne daß Ihr Vorgesetzter eingreift."

Die Funktion eines solchen Paraphrasierens liegt ebenfalls darin, daß sie für den Gesprächspartner Anstöße bietet, die Situation weiter darzustellen (und damit von sich aus Tilgungen aufzulösen). Die Gefahr liegt darin, daß Paraphrasierungen echohaft klingen und damit den Gesprächsverlauf blockieren können.

Eine Widerspiegelung interner Prozesse, insbesondere von Gefühlen, ist das in der Tradition von Rogers geläufige „einfühlende Verstehen" (Rogers 1977, 20ff.), das dann von Gordon als „aktives Zuhören" auf Alltagssituationen übertragen wurde. Grundidee dafür ist, die in den Äußerungen mitschwingenden, aber nicht explizierten Empfindungen des Gesprächspartners direkt widerzuspiegeln:

„Wenn die Welt des Klienten dem Therapeuten klar geworden ist und er sich darin frei bewegen kann, dann ist es ihm möglich, dem Klienten von dem, was diesem erst vage bewußt ist, sein Verständnis zu vermitteln, und er kann auch Bedeutungsgehalte im Erleben des Klienten ansprechen, deren sich dieser kaum bewußt ist. Diese höchst sensible Einfühlung ist wichtig, um es einem Menschen zu ermöglichen, daß er sich selbst nahekommt, daß er lernt, sich wandelt und entwickelt" (Rogers 1977, 184).

Gordon gibt dafür in der „Manager-Konferenz" folgendes Beispiel eines Gespräches zwischen einer Abteilungsleiterin (Nancy) und ihrer Mitarbeiterin (Kate):

„Kate: Haben Sie ein paar Minuten Zeit, um mir bei einem Problem zu helfen, Nancy?

Nancy: Sicherlich, Kate. In einer halben Stunde habe ich ein Meeting. Reicht die Zeit?

Kate: Ganz bestimmt. Es ist kein sehr kompliziertes Problem, aber es fängt doch an, mich zu beunruhigen.

Nancy: Es fängt also an, Sie zu kneifen, ist es das?

Kate: Ja. Im Ernst, ich hab' da eine Frau in meiner Gruppe, die mir ein Rätsel aufgibt. Ich kann nichts mit ihr anfangen. Ich dachte, daß Sie vielleicht wüßten, was in einem solchen Fall zu tun ist.

Nancy: Das klingt so, als wüßten Sie sich wirklich keinen Rat.

Kate: Ja, so eine Frau ist mir noch nie vorgekommen. Ich weiß gar nicht, wie ich sie beschreiben soll. Zuerst einmal ist sie verdammt helle – daran ist nicht zu rütteln. Sie hat Verstand, und das weiß sie. Der Ärger dabei ist nur, daß sie glaubt, sie wüßte alles. Wenn ich ihr einen Vorschlag mache, hat sie immer etwas an ihm auszusetzen – aus irgendeinem Grunde geht es nie so, wie ich es sage.

Nancy: Es frustriert Sie, wenn sie sich gegen alles wehrt, was Sie vorschlagen.

Kate: Und ob! Dann kommt sie gewöhnlich mit irgendwelchen Ideen, die sie für besser hält. Doch ihre Ideen sind immer so ausgefallen – fast jedesmal schlägt sie irgend etwas vor, was ganz anders ist als das, was wir tun. Oder wir müßten ihrer Idee zuliebe unsere Arbeitsmethoden verändern, irgendeinen neuen Kniff ausarbeiten, oder uns die Zeit nehmen, ein neues System oder etwas dergleichen zu entwickeln..." (Gordon 1979, 74f.).

Die Abteilungsleiterin (in der Rolle einer Beraterin) verbalisiert hier die in den Äußerungen der Mitarbeiterin anklingenden Empfindungen: „Es frustriert Sie, wenn sie sich gegen alles wehrt, was Sie vorschlagen." Dieses Verhalten führt dann dazu, daß sich Kate (die Mitarbeiterin) über ihre Empfindungen und ihre Situation klar wird.

Entsprechend gilt:
Wenn ein Mitarbeiter sagt: „Ein Vorgesetzter sollte seinen Mitarbeitern zuhören!", so stehen dahinter ganz bestimmte Gefühle, die hier jedoch nicht expliziert, sondern getilgt sind. Eine mögliche Widerspiegelung dieser Empfindungen bestände dann in der Berateräußerung: „Sie ärgern sich, wenn Ihr Vorgesetzter Ihnen nicht zuhört."

Der Gesprächspartner kann diese Deutung akzeptieren und wird dann auf dieser Basis (das ist der Grundgedanke klientzentrierter Gesprächsführung) seine subjektive Sichtweise weiter explizieren und Tilgungen weiter auflösen („ja, ich versuche immer wieder, Vorschläge zu machen, aber..."). Oder er wird die Deutung korrigieren („nein, eigentlich nicht ärgern, aber ich bin es leid, immer wieder Vorschläge zu machen"), was ebenfalls dazu führt, daß er sich über seine Situation weiter klar wird und Tilgungen auflöst.

In der neueren Tradition der klientzentrierten Beratung ist im Vergleich zu Gordon und Rogers das einfühlende Verstehen noch weiter ausdifferenziert. So unterscheidet Finke (1994, 48ff.) fünf Stufen einfühlenden Verstehens:

- Einfühlendes Wiederholen
  Der Berater gibt die Empfindungen des Klienten mit seinen Worten wieder, z.B.: „Sie hätten regelrecht überkochen können vor Wut."
- Konkretisierendes Verstehen
  Der Berater spiegelt den Zusammenhang zwischen der Situation und dem Gefühl bzw. Verhalten des Klienten wider, z.B.: „Es war also der vorwurfsvolle Blick ihres Vorgesetzten, der Sie so wütend machte."
- Selbstkonzeptbezogenes Verstehen
  Hier wird der Zusammenhang zwischen Erleben bzw. Verhalten sowie dem Selbstkonzept des Klienten, d.h. „seinen Bewertungen, seinen emotionalen und kognitiven Stellungnahmen" (Finke 1994, 51) herausgestellt: „Wegen dieser Wut haben Sie sich anschließend richtig geschämt."

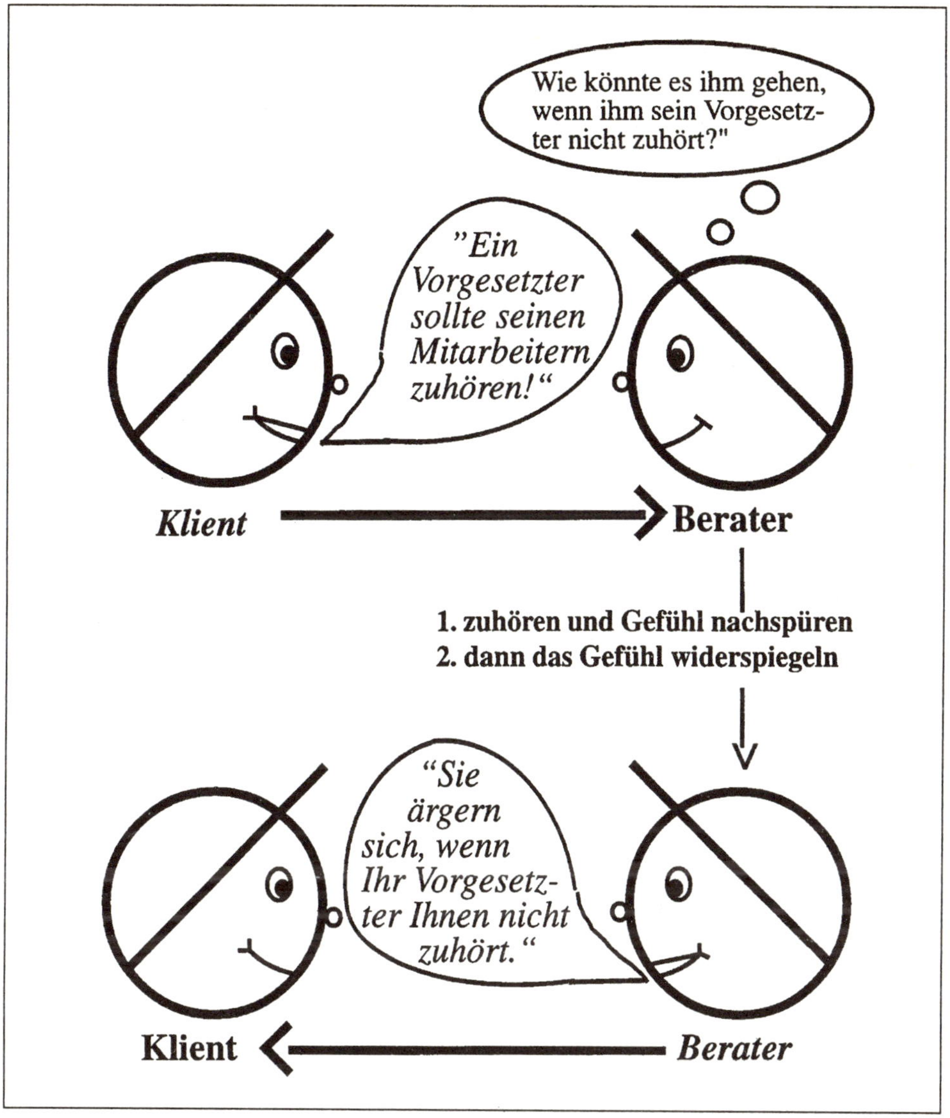

- Organismusbezogenes Verstehen
  Hier wird der Zusammenhang zwischen aktuellem Gefühl und zugrundeliegenden basalen Wünschen und Bedürfnissen (z.B. dem Bedürfnis nach weiterer Entwicklung oder nach sozialen Kontakten) herausgestellt, z.B.: „Auf diese Wut führten Sie all Ihr häufiges Gedemütigt-sein zurück."
- „Interpretieren"
  Interpretieren bedeutet nicht, daß der Berater seine Gedanken und seine Einschätzung äußert. Sondern es wird der Zusammenhang zwischen gegenwärtigen Empfindungen und früheren biographischen Ereignissen hergestellt, z.B.: „Diese Wut hatten Sie oft auch als Auszubildender, wenn Ihr Ausbilder Sie ungerecht kritisierte."

Widerspiegelungsverfahren wie Paraphrasierung und aktives Zuhören bieten im Unterschied zu Nachfragetechniken wie dem Meta-Modell den Vorteil, daß hier die Beziehung nicht belastet wird. In der Regel fühlt sich der Gesprächspartner verstanden, was dann dazu führt, daß er weiterredet und von selbst beginnt, Tilgungen aufzulösen. Wenn der Berater zu stereotyp wiederholt oder die Empfindungen des Gesprächspartners überhaupt nicht trifft, kann das Gespräch ergebnislos verlaufen – aber auch hier hat der Gesprächspartner meist noch das Gefühl, daß ihm zugehört wird.

Es kann jedoch die Gefahr bestehen, daß Widerspiegelungen als Deutung von außen dem Gesprächspartner übergestülpt werden. Das ist dann der Fall, wenn der Berater „besser" als der Klient weiß, was dessen „wirkliche" Empfindungen sind. Hier gilt wieder, daß der Ratsuchende allein derjenige ist, der über die Richtigkeit von Deutungen entscheiden kann.

Für den Berater hat das zur Konsequenz, daß Widerspiegelungen von getilgten Informationen grundsätzlich immer nur „Hypothesen" sein können, die dem Gesprächspartner als Hypothesen angeboten werden und die er annehmen oder zurückweisen kann. Die Haltung des Beraters darf also nicht sein:

„Ich weiß, was Du empfindest – gleichgültig, ob Du es einsiehst oder nicht", sondern

„Ich vermute, daß das Deine Empfindung ist – ist diese Hypothese zutreffend?"

Es gibt im Ablauf des Beratungsprozesses eine Reihe unterschiedlicher Möglichkeiten, das Widerspiegeln als Aufstellung von Hypothesen zu kennzeichnen. Beispiele dafür sind:

„Ich habe den Eindruck, daß..."
„Ich höre hier heraus, daß..."
„Kann es sein, daß..."

Häufig kann auch die Äußerung durch den Tonfall als Hypothese gekennzeichnet sein (durch fragenden Tonfall am Schluß, durch Pause usw.). Welches Verfahren man jeweils anwendet, ist dabei letztlich gleichgültig, entscheidend ist die Einstellung des Beraters, die Sicht des Klienten zu erfassen und nicht seine Sichtweise überzustülpen.

2.3 Die Veränderungsphase im Beratungsprozeß

Entsprechend den Phasen des Problemlösungsprozesses folgt auf die Klärungsphase, bei der es um die Klärung von Situation und Zielsetzung geht, eine Veränderungsphase, bei der es darum geht, neue Lösungsmöglichkeiten zu entwickeln und zu diskutieren.

Dabei ist die Klärungsphase die Voraussetzung dafür, daß überhaupt neue Lösungsmöglichkeiten in den Blick kommen. Solange die Situation für den Klienten nicht hinreichend geklärt ist, wird er nicht in der Lage sein, die Aufmerksamkeit auf neue Lösungsmöglichkeiten zu richten.

Der Zeitpunkt des Übergangs von der Klärungs- zur Veränderungsphase ist nicht von außen zu bestimmen: Wenn der Betreffende in der Lage ist, neue Lösungswege zu diskutieren, ist die Klärung hinreichend. Wenn er auf die Frage nach Veränderungen und Lösungsmöglichkeiten nicht eingeht, dann deutet das darauf hin, daß die Klärungsphase noch nicht abgeschlossen ist.

Entsprechend dem Problemlösungsprozeß gliedert sich die Veränderungsphase in zwei Abschnitte:

- Die Sammlung von neuen Lösungsmöglichkeiten
- Die Bewertung von Lösungsmöglichkeiten.

(1) Sammlung neuer Lösungsmöglichkeiten
Diese Phase entspricht der klassischen Brainstorming-Phase in Problemlösungs- bzw. Moderationsprozessen (vgl. z.B. Seifert/Pattey 1989, 76ff.; Knoll 1993, 133ff.): Es ist sinnvoll, zunächst möglichst viele unterschiedliche Lösungsmöglichkeiten zusammenzustellen, auf deren Basis dann in einem zweiten Schritt eine Entscheidung getroffen wird.

Dabei bieten sich unterschiedliche Möglichkeiten:

- Das klassische Vorgehen im Rahmen von Prozeßberatung besteht darin, daß der Klient selbst neue Lösungsmöglichkeiten findet, wobei dieser Prozeß durch die Beraterin unterstützt wird.
  Es kann in dieser Phase manchmal auch hilfreich sein, nach den bisherigen Lösungsversuchen zu fragen: Zum einen können sich dabei Ansätze für erfolgreiche Problemlösungen ergeben. Zum anderen gibt es aber viele Situationen, in denen die bisherigen Lösungsversuche gerade nicht zur Problemlösung geführt haben, ansonsten wäre der Klient nicht in der Beratung. Es ist hilfreich, diese „bisherigen Lösungsversuche" zu kennen (vgl. Watzlawick 1974, 51ff.), um damit das Feld neuer Lösungsmöglichkeiten genauer zu bestimmen.

- Andererseits ist die Veränderungsphase eine Situation, in der auch eine Beraterin als Expertin Anregungen einbringen kann und in der solches Expertenwissen häufig auch erwartet wird. Wenn es etwa um eine Bildungsberatung im Rahmen eines Personalentwicklungs-Gespräches geht, dann erwartet der Gesprächspartner zwangsläufig von der Beraterin Hinweise über Möglichkeiten, wie bestimmte Qualifikationen erworben werden können. Auch bei Konflikten zwischen dem Vorgesetzten und einem Mitarbeiter kann die Beraterin als Expertin gefragt sein, die Handlungsmöglichkeiten aufzeigen oder Erfahrungen aus ähnlichen Situationen berichten kann.

Übrigens ist die Sammlung neuer Möglichkeiten eine Phase, in der auch die im Beratungsprozeß aus der Moderation geläufigen Visualisierungstechniken (Kartenabfrage usw.) durchaus hilfreich sein können.

(2) Die Bewertung von Alternativen
Bewertungen von Lösungen ist nur aus dem jeweiligen sozialen System bzw. von den Betroffenen selbst, grundsätzlich aber nicht von außerhalb möglich.

Das bedeutet, daß die Bewertung der verschiedenen Alternativen Prozeßberatung erfordert. Ggf. kann eine Expertin mögliche oder im allgemeinen auftretende Wirkungen verschiedener Alternativen nennen. Aber entscheidend ist, daß das Beratungsgespräch in dieser Phase wieder zu reiner Prozeßberatung wechselt und daß die Beraterin den Klienten dabei unterstützt, sich selbst über Vor- und Nachteile klarzuwerden. Dabei wird in vielen Fällen diese Bewertung nicht rational, sondern gleichsam intuitiv getroffen werden: Der Klient schätzt aufgrund seiner Kenntnis des sozialen Systems verschiedene Alternativen gleichsam intuitiv ein und hat dann jeweils ein „gutes" oder „schlechtes" Gefühl. Oder er signalisiert Einwände gegen eine bestimmte Alternative lediglich körpersprachlich (z.B. durch einen zweifelnden Gesichtsausdruck). Es ist wichtig, im Rahmen von Prozeßberatung eben diese Einwände zu thematisieren und zu bearbeiten.

2.4 Die Abschlußphase im Beratungsprozeß

Gespräche, die ohne Ergebnis bleiben, sind nicht nur im Alltag unbefriedigend. Das gleiche gilt auch für Beratungsgespräche. Auch hier muß ein Ergebnis erzielt werden.

Nachdem es Ziel von Beratungsgesprächen ist, neue Möglichkeiten für zukünftiges Handeln zu entwickeln, ist das Ergebnis eines Beratungsprozesses eben daran zu messen, wie weit es gelingt, eine für den oder die Klienten passende Lösungsmöglichkeit zu finden.

Was dabei im einzelnen das Ergebnis sein mag, ist sicherlich sehr unterschiedlich. Im Einzelgespräch (im Rahmen von Coaching-Prozessen) kann das Ergebnis in einem Handlungsplan des Gesprächspartners bestehen: darin, daß er sich vornimmt, mit seinem Vorgesetzten ein bestimmtes Gespräch in bestimmter Art zu führen, daß er sich einen Plan für die eigene Karriere entwickelt oder daß er sich Zeit lassen will, das Ergebnis zu überdenken.

In einer Beratung mit mehreren Klienten (z.B. im Rahmen von Team-Beratung) werden es häufig Vereinbarungen sein, die zwischen den Gesprächspartnern (z.B. Vorgesetzter und Mitarbeiter) getroffen werden.

Entscheidend für das Ergebnis ist, daß diese Handlungspläne soweit konkretisiert sind, daß sie für den Betreffenden umsetzbar sind. Er muß wissen, wie er das Gespräch mit dem Vorgesetzten zu führen hat, was es für ihn konkret heißt, etwas zu durchdenken. Wohlgemerkt: Nicht der Berater muß wissen, wie die einzelnen Schritte dabei verlaufen, sondern der oder die Ratsuchende. Nur der Ratsuchende kann damit entscheiden, ob eine Lösung für ihn ausreichend ist oder nicht.

Der Berater hat aber die Aufgabe, den Gesprächspartner dabei zu unterstützen und abzusichern, daß die Lösung für den Betreffenden hinreichend konkret ist.

„Ist Ihnen klar, wie Sie dabei konkret vorgehen?"

„Brauchen Sie noch Hilfestellung für die Umsetzung?"
„Ist das für Sie plausibel?"
„Sind Sie bereit, die Lösung umzusetzen, oder gibt es noch irgendwelche Einwände?"
„Wenn Sie das neue Verhalten ausprobieren, wie würden die anderen reagieren?"

Den Abschluß des Beratungsprozesses bilden dann wieder Kontrakte:

- Kontrakte, die der Klient gleichsam mit sich selbst vor der Beraterin schließt: „Ich werde ein Gespräch mit dem Vorgesetzten führen", „Ich werde mir Zeit lassen, alles durch den Kopf gehen zu lassen", „Ich werde die Teambesprechung auf eine Stunde begrenzen" usw.
  Wenn es sich um mehrere Klienten handelt, dann werden in vielen Fällen Kontrakte untereinander geschlossen:
  „Wir werden uns jede Woche wenigstens eine Stunde zusammensetzen."
  Die Beraterin ist hier sozusagen die Öffentlichkeit, vor der die Klienten den Kontrakt mit sich selbst bzw. untereinander schließen und die damit dem Prozeß Verbindlichkeit geben.

- Kontrakte zwischen Klienten und der Beraterin
  Das können Kontrakte über bestimmte „Hausaufgaben" sein, die die Beraterin mit dem Klienten vereinbart hat, oder Kontrakte über den nächsten Termin, über Möglichkeiten für den Klienten, die Beraterin zwischendurch anzurufen usw. Wichtig ist hier, daß diese Kontrakte nicht mehr allein das Klientensystem, sondern gleichermaßen Klienten und Beraterin betreffen. D.h. beide, neben dem Klienten also auch die Beraterin, müssen zustimmen.

- Kontrakt über Abschluß der Beratung
  Damit wird die Definition der Situation als Beratung außer Kraft gesetzt. Auch hier ist es wichtig, diesen Kontrakt eindeutig zu formulieren: Beraterin und Klienten ist damit klar, daß die Beratung an diesem Punkt abgeschlossen ist.

Kapitel 3: Referenztransformation

3.1 Theoretische Grundlagen

In vielen Situationen wird das im vorherigen Kapitel beschriebene Vorgehen zu einem Ergebnis führen: Die Klientin klärt die Situation, entwickelt (ggf. mit Hilfe eines Experten) neue Handlungsmöglichkeiten und findet damit selbst eine für sie passende Lösung.

Es gibt aber Situationen, in denen dieses Vorgehen nicht greift: Es werden z.B. immer neue Merkmale der Problemsituation geschildert, ohne daß sich daraus brauchbare Lösungen ergeben. Oder es wird eine Lösungsmöglichkeit nach der anderen verworfen. Woran liegt das?

Nun, es hängt zusammen mit dem im 1. Kapitel beschriebenen zweiten Merkmal sozialer Systeme: Soziale Systeme sind Systeme handelnder Personen, die sich ein Bild von der Wirklichkeit machen und auf der Basis dieses Bildes handeln. Wenn keine Lösung gefunden wird, dann liegt das in vielen Fällen daran, daß aufgrund des Bildes, das sich eine Person von der Wirklichkeit macht, überhaupt nur ein beschränkter Ausschnitt von Möglichkeiten in den Blick kommt. Die Entwicklung neuer Handlungsmöglichkeiten setzt somit voraus, daß sich zunächst das Bild der Wirklichkeit der betreffenden Person ändert.

In der Tradition der Rational-Emotiven-Verhaltenstherapie verdeutlicht Albert Ellis diesen Sachverhalt mit Hilfe des sog. ABC-Modells (Ellis 1977, 39ff., 117ff.; 1989, 70ff.; vgl. auch Dryden 1995; Stavemann 1995, 17ff.). Dabei wird unterschieden zwischen:

A (activating event): auslösendes Ereignis
B (belief system): Annahmen, Gedanken, subjektive Deutungen, die man sich über die äußeren Ereignisse macht
C (consequences): Konsequenzen, d.h. aus B resultierende Empfindungen und Handlungen.

Ellis These ist, daß dasselbe äußere Ereignis (A) aufgrund unterschiedlicher subjektiver Deutungen (B) zu völlig unterschiedlichen Empfindungen und Handlungskonsequenzen (C) führen kann: Ein Mitarbeiter nimmt wahr, daß der Vorgesetzte eines Morgens nur kurz angebunden ist und kaum mit ihm redet. Er kann sich nun unterschiedliche Gedanken darüber machen: Er kann die Situation als Ablehnung „der hat etwas gegen mich“, „der will nichts von mir wissen“ deuten. Oder er kann das Verhalten z.B. als Zeichen der Überarbeitung des Vorgesetzten deuten: „der hat aber auch viel im Kopf“.

D.h. zur Deutung der Situation sind unterschiedliche Begriffe (Konstrukte) möglich: Die Situation kann auf der Basis von Konstrukten wie „nichts von mir wissen wollen“, „etwas gegen mich haben“, oder „Ablehnung“ gedeutet werden – aber ebenso auch auf der Basis eines Konstruktes „Überarbeitung“.

Je nach den zugrundegelegten Konstrukten und den darauf basierenden subjektiven Deutungen wird das Empfinden und Handeln des Mitarbeiters (C) unterschiedlich sein: Wenn der Mitarbeiter die Situation als Ablehnung deutet, wird er sich möglicherweise ungerecht behandelt fühlen, sich zurückziehen, vielleicht verstärkt Kritik vorbringen. Wenn er die Situation andererseits als Überlastung des Vorgesetzten deutet, wird er eher selbst die Initiative ergreifen (um dem anderen etwas abzunehmen), den Betreffenden unterstützen usw.

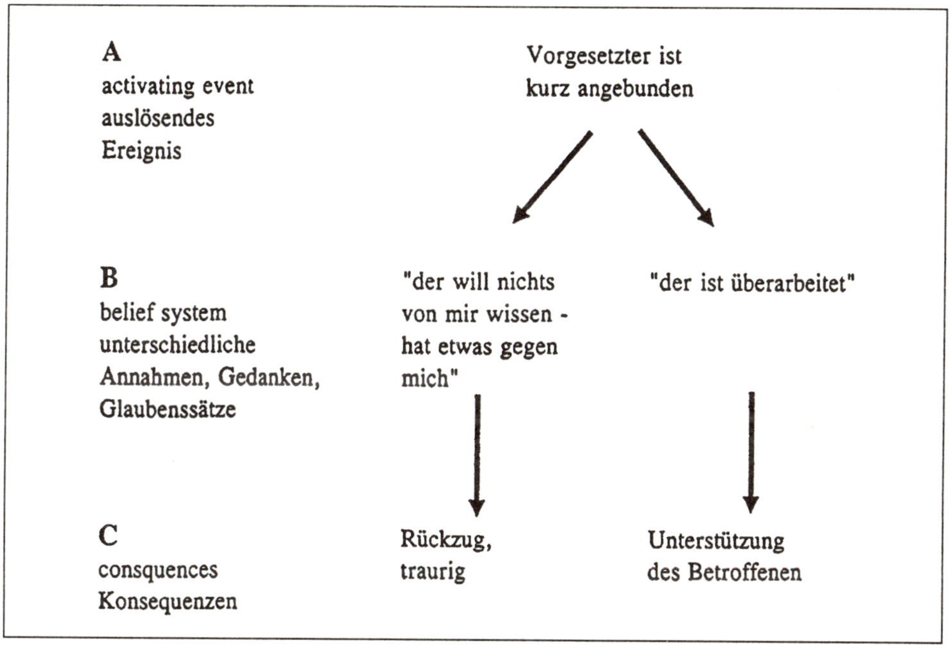

Dasselbe auslösende Ereignis A (der Vorgesetzte ist kurz angebunden) führt aufgrund unterschiedlicher subjektiver Deutungen der Situation (B) zu völlig unterschiedlichem Handeln (C).

Daraus ergibt sich eine entscheidende Konsequenz: Um neue Lösungsmöglichkeiten in dieser Situation zu finden, ist Voraussetzung, daß der „Referenzrahmen“ (König/Volmer 1989), d.h. die der Deutung zugrundegelegten Konstrukte, verändert wird. Wenn der Mitarbeiter lernt, die Situation auf der Basis neuer Konstrukte zu sehen (d.h. das Verhalten des Vorgesetzten nicht als „Ablehnung“ sondern als „Überarbeitung“ deutet), eröffnen sich für ihn neue Handlungsmöglichkeiten.

Entsprechend lassen sich diese Überlegungen auch auf das bereits in Kapitel 1 angesprochene Beispiel des nicht-motivierten Mitarbeiters übertragen:

Wenn der Vorgesetzte versucht, sich die Situation zu erklären, greift er bei der Erklärung auf ganz bestimmte Konstrukte zurück:

„Der Kerl will einfach nicht. Ich kann ihm gut zureden, aber er hat einfach keine Lust... Ja wenn er nur wollte, dann kann er was wegschaffen. Aber da kann ich mich auf den Kopf stellen!"

In dieser Erklärung ist „wollen" ein zentrales Konstrukt: Weil der Mitarbeiter nicht „will", arbeitet er nicht erfolgreich. Das Konstrukt „wollen" bietet damit den Referenzrahmen, der die in den Blick kommenden Lösungsmöglichkeiten einschränkt.

Lösungsmöglichkeiten auf der Basis dieses Referenzrahmens wären z.B.:

- den Betreffenden unter Druck setzen
- ihm gut zureden
- dem Mitarbeiter Belohnung für gute Arbeit zukommen lassen
- oder dem Betreffenden kündigen.

Es ist aber auch möglich, dieselbe Situation auf der Basis anderer Konstrukte zu deuten: „Der Mitarbeiter arbeitet schlecht, weil er nicht über das entsprechende Können, die entsprechenden Fähigkeiten verfügt." Anstatt „wollen" ist hier „können" bzw. „über entsprechende Fähigkeiten verfügen" zentrales Konstrukt, das den Referenzrahmen festlegt. Auf der Basis dieses Referenzrahmens eröffnen sich dann völlig andere Lösungsmöglichkeiten. Wenn das Problem an mangelnden Fähigkeiten des Mitarbeiters liegt, dann gilt:

- Man könnte versuchen, den Mitarbeiter etwa im Rahmen eines Trainings oder am Arbeitsplatz zu qualifizieren.
- Man könnte ihm eine andere Arbeit (für die er ggf. besser qualifiziert ist) geben.

Es ist eine der Hauptthesen des Konstruktivismus, daß wir letztlich überhaupt nicht eindeutig entscheiden können, welches der „richtige" Referenzrahmen ist: Festlegung des Referenzrahmens ist ein Stück unserer Konstruktion der Wirklichkeit. Referenzrahmen spiegeln nicht die Wirklichkeit wider, sondern sie sind mehr oder weniger geeignet zur Lösung praktischer Probleme. Im Blick auf die Lösung praktischer Probleme können wir entscheiden, welcher Referenzrahmen „passender" oder „brauchbarer" ist (vgl. Glasersfeld 1987, 200f.).

In vielen Situationen reicht unser alltäglicher Referenzrahmen aus, um Probleme zu lösen. So gibt es sicherlich Situationen, in denen der betreffende Vorgesetzte die Erfahrung gemacht hat, daß gutes Zureden oder auch Druck dazu geführt haben, daß der Mitarbeiter seine Aufgaben besser erledigt. Aber es gibt ebenso Situationen, in denen der ursprüngliche Referenzrahmen zu keiner Lösung führt, sondern das Problem möglicherweise verstärkt: Wenn der Vorgesetzte zunehmend „mehr desselben" tut (Watzlawick u.a. 1974, 51ff.), d.h. versucht, zunehmend mehr Druck auf den Mitarbeiter auszuüben, kann das die Konsequenz haben, daß der Mitarbeiter nur mit mehr Gegendruck reagiert, d.h. seine Arbeit unwilliger und schlechter erledigt, möglicherweise krank wird. Daß es stattdessen effektiver wäre, anders vorzugehen, kommt dem

Vorgesetzten auf dem Hintergrund seines Referenzrahmens („er will einfach nicht") nicht in den Blick.

Watzlawick u.a. unterscheiden in diesem Zusammenhang zwischen Lösungen erster und zweiter Ordnung (Watzlawick u.a. 1974, 51ff.): Lösungen erster Ordnung sind die im ursprünglichen Referenzrahmen möglichen Lösungen. Lösungen zweiter Ordnung sind Lösungen, die auf der Basis eines neuen Referenzrahmens und damit auf der Basis neuer subjektiver Konstrukte in den Blick kommen.

Wenn ein Beratungsgespräch auf der Stelle tritt, dann liegt das in der Regel daran, daß auf der Basis des ursprünglichen Referenzrahmens keine Lösung möglich ist. Das bedeutet, daß für die Lösung des Problems eine „Referenztransformation", d.h. eine Veränderung des ursprünglichen Referenzrahmens erforderlich ist (König/Volmer 1989): Wenn es dem Vorgesetzten gelingt, die Situation nicht mehr auf der Basis seiner ursprünglichen Konstrukte („der Mitarbeiter will nicht"), sondern auf der Basis anderer Konstrukte (z.B. „der Mitarbeiter hat noch nicht die entsprechenden Fähigkeiten") zu sehen, dann eröffnen sich damit neue Lösungsmöglichkeiten (Lösungen 2. Ordnung).

Im Grunde ist dieses Vorgehen auch in anderen Beratungskonzepten geläufig (vgl. König/Volmer 1989). So dienen z.B. einfühlsames Verstehen bzw. aktives Zuhören letztlich dazu, den Klienten zu unterstützen, seinen Referenzrahmen zu verändern. Und wenn ein Klient im Rahmen der Transaktionsanalyse unterschiedliche Ich-Zustände kennenlernt, so lernt er damit die Konstrukte eines anderen Referenzrahmens, auf dessen Basis sich neue Handlungsmöglichkeiten ergeben (z.B. Berne 1975, 24ff.) kennen.

Innerhalb der kognitiven Verhaltenstherapie spricht man in diesem Zusammenhang von der Notwendigkeit einer „Re-Definition" des „Problem-Rahmens" (z.B. Kanfer u.a. 1991, 52ff.) bzw. „kognitiver Umstrukturierung" (vgl. z.B. Hautzinger u.a. 1994, 22ff.; Lückert/Lückert 1994, 228ff.; Peter u.a. 1991, 236f.).

Watzlawick spricht in diesem Zusammenhang von „Umdeutung":
„Eine Umdeutung besteht also darin, den begrifflichen und gefühlsmäßigen Rahmen, in dem eine Sachlage erlebt und beurteilt wird, durch einen anderen zu ersetzen, der den ‚Tatsachen' der Situation ebenso gut oder sogar besser gerecht wird, und dadurch ihre Gesamtbedeutung ändert" (Watzlawick 1974, 118).

Schließlich hat das Neurolinguistische Programmieren (NLP) dieses Vorgehen unter der Bezeichnung „Reframing" aufgegriffen. Reframing bedeutet, „einen neuen Rahmen schaffen":

„Man wechselt den Rahmen, in dem ein Mensch Ereignisse wahrnimmt, um die Bedeutung zu verändern. Wenn sich die Bedeutung verändert, verändern sich auch die Reaktionen und Verhaltensweisen des Menschen" (Bandler/Grinder 1992, 13).

Eines der klassischen Beispiele für Reframing gibt Leslie Cameron-Bandler aus ihrer familientherapeutischen Arbeit (1992, 120f.): Es handelt sich dabei um eine Frau, die immer wieder den Teppich staubsaugt und durch jede Schmutzspur fast zur Verzweiflung gebracht wird. Die Klientin lernt im Verlauf der Therapie, Schmutzspuren nicht als Versagen bei ihren Pflichten als Hausfrau zu sehen, sondern als „ein Zeichen dafür..., daß ihre Lieben in der Nähe seien, daß sie mit ihrer Familie zusammen sei“ (Cameron-Bandler 1992, 120). Die Schmutzspuren auf dem Teppich erhalten eine neue Bedeutung: War die Situation auf der Basis von Konstrukten wie „Versagen“ ursprünglich negativ bewertet, so wird auf der Basis der neuen Konstrukte „Zeichen der Nähe liebender Personen“ das Verhalten nunmehr positiv gesehen – und damit ist das Problem gelöst.

Damit ergibt sich als Aufgabe Systemischer Organisationsberatung: Klienten dabei zu unterstützen, den jeweiligen Referenzrahmen auf seine Angemessenheit hin zu überprüfen und ggf. abzuändern.

3.2 Arten von Referenztransformation

Referenztransformation bedeutet grundsätzlich, daß zur Deutung einer Situation neue Konstrukte herangezogen werden. Dabei lassen sich verschiedene Möglichkeiten unterscheiden (vgl. auch Bandler/Grinder 1992; Cameron-Bandler 1992):

(1) Inhaltliche Referenztransformation
Nehmen wir an, ein Vorgesetzter beklagt sich über einen „kritischen Mitarbeiter“. Wurde das Verhalten des Mitarbeiters in dem ursprünglichen Referenzrahmen negativ gesehen, so lernt der Vorgesetzte in der Beratung, es positiver zu deuten: Das Verhalten des Mitarbeiters wird als Zeichen von Selbständigkeit, Interesse und Eigeninitiative gedeutet und damit als etwas Positives bewertet.

Referenztransformation bedeutet hier, daß zur Deutung einer Situation andere und zwar positiv bewertete Konstrukte herangezogen werden: In dem ursprünglichen Referenzrahmen des Vorgesetzten war das Verhalten des Mitarbeiters negativ als „kritisch“, „destruktiv“, „aufsässig“ gedeutet. Der Verlauf des Beratungsprozesses führt aber dazu, daß der Klient dieselbe Situation mit neuen Konstrukten verknüpft. Das Verhalten des Mitarbeiters wird beschrieben als „selbständig“, „engagiert“, „Eigeninitiative“ und damit positiver gedeutet.

Auch im Bereich der Organisationsberatung gibt es zahlreiche Situationen, in denen es hilfreich ist, eine solche inhaltliche Referenztransformation durchzuführen. Hier nur einige Beispiele:

- Das Verhalten eines Mitarbeiters, der deutlich seine Meinung sagt, läßt sich negativ deuten als destruktiv oder positiv als Offenheit.
- Das Verhalten eines Vorgesetzten, der über alles informiert sein will, läßt sich negativ deuten als Kontrolle oder positiv als Interesse an der Arbeit von Mitarbeitern.
- Das Verhalten eines Kollegen, der viel mit einem besprechen möchte, läßt sich negativ deuten als Aufdringlichkeit – oder positiv als Interesse an gemeinsamen Arbeiten, als Bemühen, Kontakt aufzunehmen.

- Die Kritik einer Mitarbeiterin, daß ihr Vorgesetzter sie dauernd kontrolliert, läßt sich positiv deuten als Wunsch, mehr Freiraum und Selbständigkeit zu erhalten.

(2) Kontext-Referenztransformation

Dieses Vorgehen gehört (unter der Bezeichnung Kontext-Reframing) zu den Instrumentarien des Neurolinguistischen Programmierens (z.B. Cameron-Bandler 1992, 124ff.; vgl. Bandler/Grinder 1992, 17ff.): Gefragt wird, in welchem Kontext ein Problemverhalten sinnvoll ist. So ist es für einen Vorgesetzten in bestimmten Situationen möglicherweise sinnvoll, keine eigenen Entscheidungen zu treffen. Wenn im Beratungsgespräch der Blick auf solche positiven Situationen gelenkt wird, verändert sich die Bedeutung des Problemverhaltens, es wird nicht mehr ausschließlich negativ, sondern durchaus auch unter positiven Aspekten gesehen.

(3) Ziel-Referenztransformation

Bei diesem Verfahren wird gefragt, welches die positiven Ziele des Klienten sind, die hinter einem Verhalten stehen. Auch damit werden neue Konstrukte zur Erklärung der Situation herangezogen: Das Verhalten eines Vorgesetzten, der wenig Entscheidungen trifft, wird z.B. im Blick auf das Ziel gedeutet, den Mitarbeitern mehr Freiraum zu geben. „Ziel" und „den Mitarbeitern Freiraum geben" sind dabei neue Konstrukte, auf deren Basis neue Lösungen 2. Ordnung möglich sind.

Beispiele dafür finden sich sowohl im Neurolinguistischen Programmieren (z.B. Cameron-Bandler 1983, 121ff.), aber z.B. auch in der Individualpsychologie von Adler und Dreikurs (z.B. Dreikurs/Cassel 1977, 31ff.): Störendes Verhalten eines Jugendlichen, so Dreikurs, ist nicht Böswilligkeit, sondern dahinter steht der Wunsch nach Beachtung und Anerkennung. Damit verändert sich die Einschätzung der Situation im Blick auf die hinter dem Verhalten stehenden positiven Ziele.

(4) Thematisierung von Hintergrund-Konstrukten

Das Figur-Hintergrund-Prinzip ist aus der Tradition der Gestalttherapie geläufig (z.B. Perls u.a. 1979, 15ff.; Nevis 1988, 37ff.). Es besagt, daß bei Menschen z.B. bestimmte Bedürfnisse zunächst im Hintergrund bleiben, bis sie bewußt werden und in den Vordergrund treten (eine Figur bilden).

Ähnliche Situationen treten auch in der Beratung auf:

Viele Beratungsgespräche beginnen mit einem „offiziellen Problem" (dem Thema, das der Gesprächspartner als erstes eingeführt hat), das dann aber auf der Oberfläche bleibt. Dahinter steht jedoch häufig ein ganz anderes Thema, das zunächst bestenfalls im Hintergrund anklingt, das aber thematisiert werden muß, um eine Problemlösung zu erreichen.

Dafür ein Beispiel: Eine Mitarbeiterin nennt als offizielles Thema in einem Beratungsgespräch ihr Problem mit einer Kollegin. Das Beratungsgespräch verläuft nach gleichsam klassischem Vorgehen: Es wird eine konkrete Situation fokussiert, es wird nach anderen Möglichkeiten gefragt, mit dieser Kollegin umzugehen. Aber keine Lösung ist befriedigend.

Während der Schilderungen der Beziehung zu ihrer Kollegin taucht im Hintergrund an mehreren Stellen das Konstrukt „Selbstvertrauen“ auf: Die Gesprächspartnerin berichtet, daß ihre Kollegin „eben mehr Selbstvertrauen“ hat oder daß sie sich selbst „manchmal wenig zutraut“. In der Beratung wird das Konstrukt „Selbstvertrauen“ thematisiert: „Sie erwähnten an verschiedenen Stellen mehrmals Selbstvertrauen. Was bedeutet Selbstvertrauen für Sie?“ Damit eröffnet sich ein neuer Themenbereich, bei dem das Gespräch relativ schnell zu einer Lösung führt: Der Gesprächspartnerin wird deutlich, daß ihr Problem eigentlich nicht die Kollegin, sondern ihr eigenes fehlendes Selbstvertrauen ist.

In dem Moment, in dem das Konstrukt „Selbstvertrauen“ thematisiert wird, ändert sich der Referenzrahmen. Hatte die Gesprächspartnerin ursprünglich ihre Situation als Schwierigkeit mit einer Kollegin gesehen, so deutet sie diese Situation nunmehr im Zusammenhang mit der Frage, welches Selbstvertrauen sie besitzt. Das Konstrukt „Selbstvertrauen“ schafft einen neuen Referenzrahmen, der Lösungen 2. Ordnung ermöglicht: Sie kann nun an der Steigerung ihres Selbstvertrauens arbeiten.

Es gibt zahlreiche Situationen, in denen die Thematisierung solcher im Hintergrund angedeuteter Konstrukte eine entscheidende Veränderung im Beratungsprozeß einleitet. Zu beachten ist dabei, daß diese Hintergrundkonstrukte vom Gesprächspartner selbst nicht thematisiert werden (es ist ihm nicht bewußt, daß hier ein entscheidendes Konstrukt vorliegt), aber sie werden (in der Regel mehrmals) angedeutet – was für den Berater bedeutet, aufmerksam auf solche wiederholten Andeutungen anderer Themen zu achten und sie dann anzusprechen und als Gelegenheit zu nutzen, den Referenzrahmen zu verändern.

(5) Referenztransformation als Umdeutung von Widerfahrnissen in Handlungen

Watzlawick u.a. schildern in dem Buch „Lösungen“ die Therapie eines Stotterers. Einem Stotterer, der schon jahrelang vergeblich versucht hatte, gegen das Stottern anzukämpfen (er war zudem noch Vertreter und erlebte das Stottern als äußerst schädlich), wird in der Therapie die Anweisung gegeben, in Zukunft möglichst viel und auffällig zu stottern und „auch dann (und wenn nötig absichtlich) einen hohen Grad von Stottern beizubehalten, falls er sich in seiner neuen Arbeit etwas vertrauter fühlen und daher vielleicht weniger stottern würde“ (1974, 118). Das Ergebnis war, daß er von diesem Moment an überhaupt nicht mehr stotterte.

Was ist hier abgelaufen? Das Stottern wurde von dem Klienten als etwas gedeutet, dem er ausgeliefert ist und das er nicht willentlich beeinflussen kann. Alle bisherigen vergeblichen Versuche, das Stottern zu vermeiden, bestätigten diese Deutung: Es ist dem Klienten nicht gelungen, weil (so die subjektive Deutung) Stottern „geschieht“ und nicht beeinflußbar ist.

Indem nun in der Therapie die Anweisung gegeben wird, möglichst viel und intensiv zu stottern, wird unter der Hand eine völlig andere Bedeutung des Konstruktes eingeführt: Die Aufforderung, intensiv zu stottern, setzt voraus, daß Stottern doch etwas ist, das sich beeinflussen läßt. Indem der Klient diese Bedeutung akzeptiert, akzeptiert er die Veränderbarkeit: Was sich verstärken läßt, das läßt sich auch abbauen.

Der Erlanger Philosoph Wilhelm Kamlah, einer der Begründer des Erlanger Konstruktivismus der 70er Jahre, hat in diesem Zusammenhang die Unterscheidung von „Handlung" und „Widerfahrnis" vorgeschlagen (Kamlah 1972, 49ff.): Eine Handlung ist etwas, das sich willentlich beeinflussen läßt: etwa die Handlung, einen Brief zu schreiben, einen Spaziergang zu machen, aber auch, eine neue Stelle zu suchen, ein klärendes Gespräch mit einer Kollegin zu führen. Widerfahrnisse dagegen sind nicht beeinflußbar. Ein Widerfahrnis ist der Regen, der auf mich niederregnet und den ich nicht beeinflussen kann, oder z.B. auch Geburt und Tod.

Nun gibt es zahlreiche Bereiche, in denen diese Unterscheidung zwischen Handlung und Widerfahrnis eindeutig ist. Aber dazwischen gibt es einen relativ großen Bereich, in dem die Grenzen unscharf werden: Ist die Situation, daß ein Mitarbeiter einen unmöglichen Chef hat, mit dem er nicht auskommt, ein Widerfahrnis oder eine Handlung? Ist er dieser Situation hilflos ausgeliefert, oder hat er etwas dazu getan? Ist eine Kündigung ein Widerfahrnis oder eine Handlung, zu deren Herbeiführung der Betreffende (möglicherweise unbewußt) selbst etwas beigetragen hat? Ist Stottern ein Widerfahrnis oder eine Handlung? Und schließlich, wie weit sind Erkrankungen tatsächlich Widerfahrnisse, denen man ausgeliefert ist? Oder können sie, wie die Psychosomatik behauptet, nicht auch das Ergebnis von Handlungen sein?

Problemsituationen zeichnen sich häufig dadurch aus, daß bestimmte Ereignisse von den Betreffenden als Widerfahrnis gedeutet werden: Ich bin der Situation (einem Vorgesetzten, einem unmotivierten Team, der Struktur des Unternehmens, einem Kollegen, der etwas gegen mich hat) gleichsam willenlos ausgeliefert. Referenztransformation bedeutet hier, die Bedeutung der entsprechenden Konstrukte in Handlungskonstrukte zu verändern. Die entsprechende Situation wird damit als etwas Veränderbares gedeutet, indem z.B. gefragt wird, was der Betreffende dazu getan hat, daß es so gekommen ist. „Unter der Hand" wird dabei eingeführt, daß es sich um eine Situation handelt, die nicht unveränderlich auf einen zukommt, sondern die das Ergebnis von menschlichem Handeln ist (der Betreffende hat etwas dazu getan) – damit aber ist die Situation auch prinzipiell veränderbar.

3.3 Initiierung von Referenztransformation

Wie läßt sich in der konkreten Beratung eine Referenztransformation einleiten? Grundsätzlich gibt es dafür drei unterschiedliche Ansatzpunkte:

- Der Berater führt von außen neue Konstrukte zur Deutung ein.
- Der Klient wird im Rahmen von Prozeßberatung dabei unterstützt, seinen Referenzrahmen selbst zu verändern und die Situation auf der Basis anderer Konstrukte zu deuten.
- In der Interaktion zwischen verschiedenen Gesprächspartnern (z.B. mehreren Kollegen) werden unterschiedliche Referenzrahmen deutlich, was dann dazu führt, daß der ursprüngliche Referenzrahmen verändert wird.

Diese unterschiedlichen Vorgehensweisen werden im folgenden dargestellt.

3.3.1 Einführung eines neuen Referenzrahmens durch den Berater

Hier führt der Berater von sich aus andere Konstrukte zur Deutung der Situation ein. D.h. er weist z.B. darauf hin, daß die Kritik des Mitarbeiters ein Zeichen von Selbständigkeit ist oder daß fehlende Vorgaben des Vorgesetzten im Blick auf das Ziel, für das Team Freiraum zu gewinnen, sinnvoll sein können.

In vielen Fällen geschieht diese Referenztransformation gleichsam in einem Nebensatz: Der Klient spricht von einem sehr kritischen Auszubildenden. Der Berater kann dann hervorheben, daß Kritik ja auch etwas Positives ist: „Aber ist es nicht besser, einen kritischen Auszubildenden zu haben als einen, der eben nur angepaßt ist?", oder: „Waren Sie selbst nicht früher auch gegenüber Ihrem Ausbilder kritisch?" Unter der Hand wird dabei eine positive Deutung der Situation eingeführt.

Allerdings ist bei dieser Einführung eines neuen Referenzrahmens durch den Berater die Gefahr der Abwehr durch den Klienten relativ groß: Der Klient erfährt die Deutung im Widerspruch zu seiner bisherigen – und wird deshalb mit hoher Wahrscheinlichkeit zunächst abwehren.

Es gibt eine Reihe von Möglichkeiten, den Prozeß einer inhaltlichen Referenztransformation zu unterstützen:

(1) Unterstützung der Referenztransformation durch Einbindung in das bisherige Referenzsystem

Es liegt auf der Hand, daß eine partielle Abänderung des Referenzrahmens (wobei z.B. nur ein Konstrukt verändert wird) auf weniger Widerstand stößt als sehr weitgehende Abänderungen, bei denen der Betreffende einen großen Teil seiner bisherigen Orientierung verwerfen müßte. Das bedeutet, daß eine Referenztransformation um so leichter möglich ist, je mehr sie nur einzelne Konstrukte betrifft und je mehr das ursprüngliche Referenzsystem bzw. zentrale Konstrukte dieses Rahmens insgesamt beibehalten werden können.

Eine Möglichkeit, die Referenztransformation zu unterstützen, besteht somit darin, deutlich zu machen, daß die Veränderung des Referenzrahmens mit zentralen Konstrukten des bisherigen Referenzrahmens verträglich ist. Hierfür ein Beispiel: Für einen Ausbilder ist immer zentral gewesen, sich um die Jugendlichen zu „kümmern" und „für sie einzustehen". Er erfährt aber nunmehr massive Kritik von einer Ausbildungsgruppe, die in den Vorwurf ausmündet, daß er ihnen keinen Freiraum lasse. Dem Ausbilder plausibel zu machen, daß er sich weniger um Jugendliche kümmern soll (womit er das zentrale Konstrukt „kümmern" verwerfen müßte), ist schwieriger, als eine Referenztransformation durchzuführen, in der dem Ausbilder deutlich wird, daß Freiraumlassen ein ganz entscheidender Teil des „Sich um jemanden kümmern" ist. D.h. das ursprüngliche Konstrukt („sich um andere kümmern") wird hier nicht verworfen sondern beibehalten, aber es wird in seiner Bedeutung verändert.

Generell gilt: Referenztransformationen sind leichter durchführbar, wenn sie als Konsequenz zentraler Annahmen des bisherigen Referenzrahmens gedeutet und in dieser Sprache formuliert werden (vgl. z.B. auch Dilts u.a. 1987, 121ff.; Grinder/Bandler 1984, 316ff.).

(2) Unterstützung der Referenztransformation duch theoretische Erörterungen
Dieses Vorgehen ist aus theoretisch orientierten Seminaren geläufig: Im Rahmen eines Transaktionsanalyse-Seminars lernen die Teilnehmer zunächst ein neues Konstruktsystem unabhängig von ihrer persönlichen Situation kennen: Sie lernen allgemein, was Eltern-Ich, Erwachsenen-Ich, Kindheits-Ich ist und wenden diese Konstrukte zunächst auf Situationen (Standardbeispiele verschiedener Transaktionen) unabhängig von ihren eigenen Problemen an. Wenn sie dieses Konstruktsystem als fertiges dann auf ihre eigene Situation übertragen, ist die Referenztransformation (Probleme auf dem Hintergrund der Konstrukte „Transaktion", „Eltern-Ich", „Kind-Ich" usw. zu sehen) leichter, da diese Konstrukte bereits verfügbar sind.

(3) Unterstützung der Referenztransformation durch implizite Annahmen
Dieses Vorgehen wurde schon bei der Umdeutung von Widerfahrnissen in Handlungen aufgeführt. Auf eine als Widerfahrnis gedeutete Situation zu fragen, „was haben Sie dazu getan, daß es so gekommen ist?", unterstellt, daß es sich dabei um eine Handlung handelt, d.h. daß der Betreffende dazu etwas tun kann. Es besteht (das zeigt auch Watzlawicks Beispiel der Stotter-Therapie) dann eine gute Chance, daß der Gesprächspartner diese implizite Annahme (Stottern ist eine Handlung) akzeptiert und damit sein eigenes Referenzsystem verändert.

(4) Unterstützung der Referenztransformation durch Konfusionstechniken
Zur Ausschaltung rationaler Barrieren gegenüber Referenztransformationen dienen die insbesondere in der Tradition von Erickson entwickelten „Konfusionstechniken": „Der Nutzen von Konfusionstechniken", so Gilligan (1991, 286), besteht darin, „eine Person von einer rigiden Bindung an bewußte Prozesse zu lösen und ihr dadurch persönlichere Seinsweisen zu ermöglichen, die dem Selbst gerechter werden." Dabei lassen sich verschiedene Arten von Konfusionstechniken unterscheiden:

- **Bedeutungsvolle Trugschlüsse**
  Der Berater macht Äußerungen, die keinen rationalen Zusammenhang erkennen lassen. Der Gesprächspartner überlegt, was die Argumentation bedeutet, und gerät damit in Verwirrung und „vergißt seine rationalen Einwände" z.B. gegenüber einer Referenztransformation.
  Das klassische Beispiel für die Anwendung bedeutungsvoller Trugschlüsse in einer alltäglichen Situation stammt von Erickson (Gilligan 1991, 289f.):

  „... An einem stürmischen Tag, als ich unterwegs war zum ersten offiziellen Seminar über Hypnose ..., kam ein Mann eiligen Schrittes um die Ecke eines Gebäudes, wo ich stand, um mich gegen den Sturm abzustützen, und stieß heftig mit mir zusammen. Noch ehe er sein Gleichgewicht wiedergefunden hatte, um mir etwas zu sagen, schaute ich umständlich auf meine Uhr und sagte höflich, als habe er mich gefragt, wie spät es sei: „Es ist genau zehn Minuten vor zwei", obwohl es in

Wirklichkeit schon fast vier Uhr war, und ging weiter. Als ich ungefähr einen halben Häuserblock weit entfernt war, drehte ich mich um und sah, daß er mir noch immer nachschaute, zweifellos noch immer verwirrt und verblüfft von meiner Bemerkung."

Beispiele für solche bedeutungsvollen Trugschlüsse in der Beratung sind auch sog. „paradoxe Anweisungen": Etwa, einem Klienten auf die Äußerung „ich finde keine Lösung" die Aufforderung zu geben: „Dann raten Sie mal!" Wenn der Klient keine Lösung findet, ist die Aufforderung, zu raten, rational sinnlos, sie ist eine „paradoxe Anweisung".
Aber gerade dadurch, daß hier eine solche paradoxe Anweisung gegeben wird, werden rationale Barrieren des Gesprächspartners ausgeschaltet, er wird wieder frei, neue Möglichkeiten zu suchen – und findet in der Tat häufig welche.

- **Verletzung der Syntax**
  Sätze werden syntaktisch verändert und damit unverständlich.

- **Verstärkung von Einwänden**
  Auch dies ist eine Möglichkeit, rationale Einwände des Gesprächspartners auszuschalten. Wenn der Gesprächspartner betont, daß er etwas nicht schafft, erwartet er üblicherweise eine Gegenargumentation vom Berater. Eine alternative Möglichkeit besteht darin, die Einwände des Gesprächspartners zu unterstützen – was immer zu Widersprüchen zwischen den eigentlichen Erwartungen des Gesprächspartners und dem Vorgehen des Beraters und damit leicht zur Desorientierung führt.

- **Überladung**
  Hier gibt der Berater so viele Informationen in engem Zusammenhang, daß der Gesprächspartner keine Möglichkeit mehr hat, den Gedankengang nachzuvollziehen. Der Berater erzählt z.B. ausführlich irgendwelche Nebensächlichkeiten (wobei sich der Gesprächspartner fragt, wozu das wichtig ist), wechselt von einem Thema zum anderen, wechselt den Zeitbezug, verbindet vergangene, gegenwärtige und zukünftige Ereignisse oder wechselt die Bedeutung von Begriffen.

3.3.2 Referenztransformation im Rahmen von Prozeßberatung

Prozeßberatung unterstützt grundsätzlich die Veränderung des Referenzrahmens durch einen Klienten: Wenn eine Mitarbeiterin z.B. im Rahmen von Prozeßberatung ihre Situation im Team klärt, indem sie konkrete Situationen fokussiert oder Tilgungen auflöst, dann kommen damit grundsätzlich auch neue Aspekte der Situation in den Blick, neue Konstrukte werden aufgegriffen, die Bedeutung der Situation verändert sich.

Daneben gibt es aber auch die Möglichkeit, im Rahmen von Prozeßberatung unmittelbare Anstöße zur Veränderung des Referenzrahmens zu geben. Das erfordert, daß die Aufmerksamkeit von einem offiziellen Thema in eine andere Richtung gelenkt wird. Damit sieht der Klient das ursprüngliche Thema „aus einer anderen Perspektive“ und verändert seinen ursprünglichen Referenzrahmen.

Dieses Vorgehen ist im therapeutischen Bereich für die Arbeit von Virginia Satir typisch. Hierfür ein Beispiel aus einem ihrer Workshops:

Das offizielle Problem eines Klienten sind Sexualprobleme. Das Problem wird zunächst geschildert, aber es zeichnen sich keine Lösungen ab. Nahezu abrupt wird das Gespräch abgebrochen und ein neues Thema eingeführt: „Erzähle doch etwas von der Geschichte deiner Familie.“ Der Klient erzählt, wie sich seine Eltern kennenlernten und von deren Herkunftsfamilien. Das Thema wird dann weitergeführt mit Hilfe analoger Verfahren in Form einer Skulptur (vgl. Kap. 4). Erst am Schluß wird die Verbindung zum aktuellen Problem wieder hergestellt. Ergebnis ist, daß der Klient neue Einsichten und auch neue Handlungsmöglichkeiten findet.

Was hier abläuft, ist wieder eine Referenztransformation, durch die der Klient lernt, seine Situation auf dem Hintergrund anderer Konstrukte zu deuten: Ursprünglich hatte er sein Problem als ein individuelles gedeutet. Aber durch den Themenwechsel werden andere Konstrukte thematisiert: Es wird von der Geschichte der Familie gesprochen, davon, daß über Generationen bestimmte Erfahrungen in der Familie weitergegeben wurden usw. Dabei stellt der Klient (unbewußt) eine Verbindung zwischen diesen neuen Konstrukten und seinem ursprünglichen Problem her und stellt damit das Problem in einen neuen Referenzrahmen: Es wird deutlich, daß die Situation des Klienten etwas mit der Geschichte der Familie zu tun hat, daß der Klient hier Erfahrungen mitbringt, die in der Familie von Generation zu Generation weitergegeben wurden und die seine Sicht des Problems mitbestimmen. Die Referenztransformation gibt damit neue Möglichkeiten, die aus der Familie übernommenen Handlungsmuster abzuändern.

Entsprechend gibt es im Rahmen von Systemischer Organisationsberatung verschiedene Möglichkeiten, Referenztransformation durch Prozeßberatung unmittelbar anzustoßen. Grundprinzip ist dabei stets, daß durch gezielte Fragen (sog. Prozeßfragen) die Aufmerksamkeit des Klienten in eine andere Richtung gelenkt wird. Indem der Klient dann eine Verbindung zwischen seinem ursprünglichen Thema und diesem neuen Themenbereich herstellt, deutet er die ursprüngliche Situation zugleich auf dem Hintergrund neuer Konstrukte. Er verändert den Referenzrahmen.

Im einzelnen gibt es unterschiedliche Möglichkeiten, eine Referenztransformation durch Prozeßfragen anzustoßen (vgl. Boscolo/Bertrando 1994; Meichenbaum 1994, 124ff.; Tomm 1994, 136ff.):

(1) Thematisierung der Vergangenheit

Ein Klient berichtet von seinem gegenwärtigen Problem mit seinem Vorgesetzten. Thematisierung der Vergangenheit bedeutet, die Aufmerksamkeit auf vergangene Ereignisse zu richten und damit das gegenwärtige Problem nicht isoliert, sondern im Zusammenhang mit früheren Erfahrungen zu betrachten. Möglicherweise wird dem Klienten dabei klar, daß er in der Gegenwart Handlungen durchführt, die er früher im

Umgang mit seinem Ausbilder angewandt hatte. Ihm wird deutlich, daß er jetzt in einer anderen Situation ist und daß ihm nunmehr andere Handlungsmöglichkeiten zur Verfügung stehen.
Mögliche Prozeßfragen zur Thematisierung der Vergangenheit sind:

„Kennen Sie diese Situation von früher?"
„Kommt Ihnen dabei eine Erinnerung?"
„Was haben Sie getan, um in solchen Situationen zu überleben?" „Was haben Sie bisher getan, um das Problem zu lösen?"
„Was hat sich im letzten Jahr für Sie verändert?"

(2) Thematisierung der Gegenwart
Ein Klient ist darin verfangen, daß er eine für ihn wichtige Prüfung nicht bestanden hat. Dabei blickt er nur in die Vergangenheit und beklagt, was er alles falsch gemacht hat. Aber dieser Referenzrahmen hindert ihn daran, seine Ressourcen für die gegenwärtige Situation zu nutzen. Thematisierung der Gegenwart bedeutet hier, daß die negative Betrachtung der Vergangenheit unterbrochen und die Aufmerksamkeit auf die Gegenwart gerichtet wird:

„Was bedeutet das jetzt für Sie?"
„Wenn Sie das jetzt wissen, was machen Sie damit?"
„Was empfinden Sie jetzt?"
„Wie geht es Ihnen jetzt damit?"

(3) Thematisierung der Zukunft
Hier wird die Aufmerksamkeit auf zukünftige Chancen gelenkt. Mögliche Prozeßfragen sind:

„Was wünschen Sie sich?"
„Was möchten Sie als Ergebnis haben?"
„Was stellen Sie sich vor, wird passieren?"
„Was könnten Sie in Zukunft tun?"
„Was möchten Sie im Lauf des nächsten Jahres erreichen?"
„Was sehen Sie für Möglichkeiten?"
„Was könnten Sie neu ausprobieren?"
„Was müßten Sie tun, damit die Situation noch schlechter wird?"
„Was könnte das Schlimmste sein, das passiert?"

(4) Thematisierung von Hintergrund-Konstrukten
Hier ist die Aufmerksamkeit der Beraterin auf mögliche Hintergrundkonstrukte gerichtet: Gibt es Themen, die im Hintergrund anklingen? Gibt es Konstrukte, die hier (mehrmals) verwendet werden?

Aufgabe der Beraterin ist es dann, diese Konstrukte aufzugreifen und mithilfe von Prozeßfragen zu bearbeiten.

Ein Beispiel: Eine Klientin erwähnt im Verlauf des Gesprächs mehrmals, daß sie sich von ihrem Vorgesetzten „abgrenzen" muß. Aber das Konstrukt „Abgrenzen" wird nicht weiter diskutiert und bleibt im Hintergrund. Das Gespräch kommt nicht voran.

Eine Lösung zweiter Ordnung kommt erst in den Blick, wenn das Konstrukt „Abgrenzen“ thematisiert wird. Mögliche Prozeßfragen dafür sind:

„Was heißt ‚Abgrenzen‘ für Sie?“
„Was ist das für eine Grenze?“
„Worin besteht diese Grenze?“
„Wer setzt diese Grenze?“
„Was ist hinter dieser Grenze?“
„Was passiert, wenn Sie diese Grenze überschreiten?“
„Hat diese Grenze einen Übergang?“

Damit tritt das Konstrukt „Grenze“ in den Vordergrund und erhält eine andere Bedeutung: Eine Grenze wird gesetzt, es ist etwas dahinter und davor. Das Ergebnis ist, daß die Gesprächspartnerin zu neuen Lösungsmöglichkeiten gelangt.

(5) Thematisierung positiver Erfahrungen

Eine Klientin erzählt, daß sie in ihrer Abteilung völlig alleine ist und niemand zu ihr steht. „Niemand“ ist aber eine Generalisierung, die ein einseitiges Bild von der Wirklichkeit zeigt. Daß es zweifelsohne auch andere Erfahrungen gegeben hat, ist in dem gegenwärtigen Referenzrahmen ausgeblendet.

Referenztransformation bedeutet hier, die Aufmerksamkeit auf positive Erfahrungen zu richten:

„Gibt es wirklich niemanden, der zu Ihnen steht?“
„Gab es wirklich keine einzige Situation, in der jemand zu Ihnen gestanden hat?“
„Sind Sie wirklich die ganzen zwölf Jahre in diesem Unternehmen immer völlig allein gewesen?“

(6) Thematisierung der Körpersprache

Eine besondere Form, die Überlegungen des Klienten in einen neuen Referenzrahmen zu stellen, besteht darin, seine Körpersprache zu thematisieren:

Der Gesprächspartner erzählt, daß ihn eine Auseinandersetzung mit einem Kollegen relativ wenig berührt hat. Es fällt aber auf, daß dabei seine Hände völlig verkrampft sind. Eine Möglichkeit, das Gespräch weiter zu führen, besteht darin, eben dieses Verhalten anzusprechen: „Mir fällt auf, daß Ihre Hände ...“, oder: „Schauen Sie doch auf Ihre Hände!“ Dann läßt sich die Prozeßarbeit weiterführen: „Was bedeutet das?“ Und damit wird für die Deutung der Situation ein neues Konstrukt „verkrampft“ eingeführt. Der Klient sieht, daß er sich im Umgang mit diesem Kollegen völlig verkrampft; und es stellt sich als neue Aufgabe, sich aus dieser Verkrampfung zu lösen.

(7) Referenztransformation mit Hilfe analoger Verfahren

Nachdem der ursprüngliche Referenzrahmen in der Regel durch eine Reihe theoretischer Annahmen gestützt ist, ist es in vielen Situationen leichter, die Veränderung nicht auf rationaler Ebene, sondern auf der „unbewußten“ Ebene mithilfe sog. analoger Verfahren (vgl. Kap. 4) zu initiieren.

Z.B. wird der Klient aufgefordert, sich ein Symbol für seine gegenwärtige Situation zu suchen. Das Symbol kann ein Bild sein, das der Gesprächspartner auswählt oder selbst malt, das Symbol kann eine Geschichte sein, eine Melodie, ein Gegenstand, den er mal gesehen hat usw. Im Rahmen von Prozeßberatung werden dann die Bedeutung des Symbols weiter geklärt und Beziehungen zwischen dem Symbol und der tatsächlichen Problemsituation hergestellt.

Grundidee dieser Referenztransformation mithilfe analoger Verfahren ist, daß der Klient hier auch wieder an einem anderen Thema arbeitet. Indem er z.B. ein Symbol für die gegenwärtige Situation beschreibt, bleibt jedoch die Verbindung zu dem ursprünglichen Problem (zumindest im Hintergrund) bestehen. Auf der Basis des Referenzrahmens für dieses Symbol läßt sich dann das ursprüngliche Problem sozusagen aus einer anderen Perspektive betrachten.

(8) Six-Step-Reframing

Eine besondere Art der Referenztransformation im Rahmen von Prozeßberatung ist das von Bandler/Grinder (1992, 61ff.) dargestellte sog. Six-Step-Reframing: Grundsätzlich handelt es sich dabei um eine Referenztransformation, bei der der Klient unterstützt wird, positive Ziele hinter eigenen negativen Verhaltensweisen zu erkennen: Was z.B. ist das positive Ziel, daß er immer wieder in Wut gerät?

Zusätzlich wird diese Referenztransformation aber durch Konfusionstechniken unterstützt: Da oft auf rationaler Ebene eine Referenztransformation nicht durchführbar ist (der Gesprächspartner wehrt sich, positive Ziele eines offenkundig negativen Verhaltens anzugeben), führen Bandler/Grinder „Teile" der Person ein, die für entsprechende Verhaltensweisen verantwortlich sind (z.B. indem sie nach dem „Teil" fragen, der ein bestimmtes problematisches Verhalten veranlaßt), und fragen, was das positive Ziel dieses Teiles ist. Die Rede von „Teilen" macht rational sicher wenig Sinn – aber ein Gesprächspartner, der darüber nachdenkt, was diese Teile sein mögen, „vergißt" damit seine eigenen Bedenken gegenüber Veränderungen und wird eher positive Ziele dieses Verhaltens finden – und das heißt: Er verändert seine Konstrukte in bezug auf die betreffende Problemsituation.

Wie in der Beratung die Referenztransformation im einzelnen angestoßen wird, hängt von der Gesprächssituation ab. Wenn der Gesprächspartner die gegenwärtige Situation beklagt, kann es hilfreich sein, zunächst die Beziehung zur Vergangenheit herzustellen. Wenn Thema der Beratung bestimmte Fehler eines Kollegen in der Vergangenheit sind, bietet sich Referenztransformation durch Thematisierung der Gegenwart oder der Zukunft an. Wenn eine Klientin ein Problem immer wieder durchdacht hat und dabei zu keiner Lösung gekommen ist, wird man vielleicht eher mit analogen Verfahren arbeiten.

Gleichgültig, was man als Beraterin oder Berater hier im einzelnen tut: Themenwechsel stellt neue Konstrukte in den Vordergrund und führt dazu, daß ein ursprünglicher starrer Referenzrahmen aufgebrochen und der Bezug zu neuen Konstrukten hergestellt wird.

3.3.3 Referenztransformation durch Interaktion zwischen verschiedenen Gesprächspartnern

Verschiedene Personen sehen dieselbe Situation häufig auf dem Hintergrund unterschiedlicher Referenzrahmen. Wenn in der Beratung diese unterschiedlichen Sichtweisen transparent werden, ergeben sich daraus Anstöße, den eigenen Referenzrahmen zu verändern.

Im einzelnen gibt es dabei zwei unterschiedliche Möglichkeiten:

(1) Referenztransformation durch unterschiedliche Referenzrahmen zwischen den Klienten

Mitarbeiter einer Abteilung beklagen sich darüber, daß sie zu wenig Orientierung von ihrer Vorgesetzten erhalten. In einer Teamberatung wird deutlich, daß die Situation „die Vorgesetzte gibt wenig Vorgaben“ auf dem Hintergrund verschiedener Referenzrahmen gesehen wird: Für den Mitarbeiter war sie negativ gedeutet als fehlende Orientierung, für die Vorgesetzte verdeutlichte sie das Bemühen, den Mitarbeitern mehr Freiraum zu geben.

(2) Reflecting Team

Eine andere Form, die Interaktion zwischen verschiedenen Personen als Anstoß zur Veränderung des Referenzrahmens zu nutzen, ist das „Reflecting Team“, wie es (in unterschiedlichen Formen) etwa von Andersen (1991) oder Hargens/Grau (1992) vorgeschlagen wurde: Beratung wird von einem Berater-Team durchgeführt oder von einem zusätzlichen Beobachter-Team begleitet. Zwischenzeitlich wird der Beratungsprozeß unterbrochen, und das Berater-Team bzw. das Beobachter-Team unterhält sich in Anwesenheit des Klientensystems über das weitere Vorgehen und auch über mögliche Lösungsansätze für den Klienten. Dabei wird der Klient nicht direkt angesprochen, aber er hört zu und erhält dabei eine Fülle von Hinweisen über mögliche andere Referenzrahmen: Berater- bzw. Beobachter-Team sehen in der Regel das Problem aus einer anderen Perspektive. Da der Klient zugleich dadurch entlastet ist, daß er dazu nicht Stellung beziehen muß, kann er für ihn passende Anregungen aufgreifen.

Wichtig ist bei allen Formen der Referenztransformation, daß dem Klienten die andere Sichtweise (der andere Referenzrahmen) nicht übergestülpt wird, sondern daß er sich frei entscheiden kann, was er annimmt, was nicht.

Kapitel 4: Analoge Verfahren im Rahmen der Prozeßberatung

4.1 Theoretische Grundlagen

Watzlawick u.a. unterscheiden im 4. Axiom ihrer Kommunikationstheorie zwischen „digitaler“ und „analoger“ Kommunikation (1969, 61ff.). Dabei bezeichnet „digital“ die Kommunikation auf der Basis festgelegter Bedeutungen (z.B. der Bedeutung bestimmter Wörter), während „analoge“ Kommunikation eine „bildhafte“ Kommunikation darstellt. Zur analogen Kommunikation gehören z.B. Zeichensprache, allgemeine Ausdrucksgebärden, Tonfall, aber auch Bilder, bildhafte Zeichen, Symbole und ähnliches (Watzlawick u.a. 1969, 61ff.; Watzlawick 1982, 16ff.).

Diese Unterscheidung wird durch die sog. Hemisphärentheorie im Anschluß an Sperry erweitert, demzufolge digitale Denkprozesse stärker der linken Gehirnhälfte, analoge stärker der rechten zugeordnet werden (zur Diskussion vgl. Bambeck/Wolters 1991, 40ff.; Gazzaniga 1989). Bereits Watzlawick ordnet der linken Hemisphäre die digitale Kommunikation zu (Sprache, Lesen, Schreiben, Rechnen) und der rechten Hemisphäre insbesondere die Wahrnehmung von Gestalten und Erfassung von Ganzheiten (Watzlawick 1982, 22f.) – eine Auffassung, die mittlerweile häufig als eine populärwissenschaftliche pauschale Zuordnung getroffen wird:

„Das linke Gehirn arbeitet mit Sprache, Formeln, Symbolen – das rechte Gehirn hat keine Sprache! Es ‚denkt‘ in Bildern“ (Birkenbihl 1985, 114).

Nun reichen die vorliegenden Daten der Gehirnforschung nicht als Beleg für eine solche pauschale Zweiteilung des Gehirns aus (vgl. Bambeck/Wolters 1991, 47ff.; Ornstein 1990). Aber unabhängig davon, in welchem Umfang verschiedene Prozesse welcher Gehirnhälfte zugeordnet werden, weist die Unterscheidung zwischen „digital“ und „analog“ darauf hin, daß es offenbar verschiedene Möglichkeiten gibt, Erfahrungen zu verarbeiten:

- Man kann mittels der Sprache z.B. eine Organisation analysieren (digital).
- Man kann von derselben Organisation aber auch eine (nichtsprachliche) Vorstellung, ein Bild, irgendwelche Eindrücke haben (analog).

Es ist plausibel, daß wir wesentlich mehr Erfahrungen analog (z.B. anhand von Bildern, verschwommenen Vorstellungen) speichern, als wir digital (sprachlich) verarbeiten. Man kann sich das leicht an Beispielen verdeutlichen. Die eigenen Wünsche sind nur zu einem Teil überhaupt sprachlich verfügbar. Und die unterschwellige Kritik etwa eines Kollegen hinterläßt ihre „Spuren", möglicherweise ohne daß man sich dieses Sachverhalts später bewußt ist.

Es ist die These der sog. Gestalttherapie im Anschluß an Perls (z.B. Perls u.a. 1979, 56ff.; Nevis 1988, 15ff.), daß solche „unerledigten Geschäfte", d.h. solche (belastenden) Erfahrungen, die lediglich analog gespeichert, aber nicht digital verarbeitet worden sind, zu Problemen führen.

Hier setzt die Anwendung analoger Verfahren in der Beratung an:

Der Klient analysiert eine Problemsituation nicht sprachlich, sondern er wählt dafür ein Symbol, eine Metapher, oder er läßt Bilder von vergangenen Situationen entstehen. Die Auswahl des Symbols erfolgt dabei nicht rational, sondern „intuitiv" auf der Basis analoger Prozesse. Auf rationaler Ebene hat das Symbol mit dem Problem nichts zu tun, aber im Rahmen analoger Prozesse werden Verbindungen zwischen den Symbolen und dem Problem hergestellt. Wenn der Klient anschließend Aussagen zu dem Symbol macht, bearbeitet er dabei auf analoger Ebene sein Problem weiter: Es werden neue Bezüge hergestellt, auf deren Basis dann schließlich eine neue Sicht der Problemsituation möglich ist (vgl. Boeckhaus 1988, 91ff.).

Analoge Verfahren im Rahmen der Prozeßberatung sind in besonderem Maße geeignet, Referenztransformationen herbeizuführen: Während auf digitaler Ebene der ursprüngliche Referenzrahmen in der Regel länger festgehalten wird, bietet sich auf analoger Ebene die Möglichkeit, in veränderter Form einen neuen Referenzrahmen auszuprobieren.

Allerdings sind solche analogen Verfahren in Beratung und Therapie nicht unproblematisch: Das Außerkraftsetzen des ursprünglichen und damit auch in bestimmten Bereichen bewährten Referenzrahmens führt zunächst zu Orientierungslosigkeit, die für den Klienten möglicherweise eine gravierende psychische Belastung darstellen kann – gerade dann, wenn dieser Prozeß nicht kompetent eingeleitet und begleitet wird. Für den Berater bedeutet das, daß er insbesondere bei Beratungsprozessen mithilfe analoger Verfahren die Verantwortung dafür trägt, daß dadurch nicht Barrieren aufgebrochen werden, die zum Schutz des Klienten notwendig wären. Konsequenz für den Berater ist, analoge Verfahren nur soweit anzuwenden, als er selbst kompetent ist und diese Prozesse verantwortlich begleiten und auffangen kann.

Bei Prozeßberatung mit Hilfe analoger Verfahren werden die zweite und dritte Phase im Beratungsprozeß jeweils in zwei Schritte aufgegliedert. Daraus ergibt sich insgesamt folgende Gliederung:

Phase 1: Orientierungsphase
Wie in sonstigen Beratungsgesprächen stehen hier Orientierung auf der Beziehungs- und Inhaltsebene sowie Kontrakte über die Definition der Situation als Beratung an.

Phase 2: Klärungsphase

(1) Schilderung der Problemsituation
Auch hier beginnt die Klärungsphase mit einer freien Schilderung der Problemsituation

(2) Wahl eines Symbols oder einer Metapher
Anschließend wechselt der Beratungsprozeß zu analogen Verfahren: Das ursprüngliche Thema wird nicht weiter verfolgt. Statt dessen wird ein neues Thema aufgegriffen, das Anstoß zu „analoger Prozeßarbeit“ bietet: Es wird ein Symbol, eine Metapher usw. gewählt.

Phase 3: Veränderungsphase

(1) Prozeßarbeit anhand des Symbols
Anhand des Symbols, der Metapher usw. wird Prozeßarbeit durchgeführt. Auf der Oberfläche behandelt das Gespräch dieses neue Thema (z.B. das Symbol) – unter der Oberfläche erfolgt dabei gleichzeitig die analoge Bearbeitung der ursprünglichen Problemsituation.

(2) Transfer
In einem letzten Schritt wird die Verbindung zwischen analogen Prozessen und der Problembearbeitung auf der digitalen Ebene wieder hergestellt. Mit Hilfe von Prozeßarbeit wird geklärt, wie der Klient die entsprechenden Erfahrungen in die Realität umsetzen kann.

Phase 4: Abschlußphase
Wie in anderen Beratungsgesprächen ist hier das Ergebnis im Rahmen von Kontrakten festzulegen.

Im folgenden werden unterschiedliche Vorgehensweisen analoger Prozeßarbeit ausführlich dargestellt.

4.2 Analoge Prozeßberatung mit Symbolen und Metaphern

Ein Mitarbeiter eines größeren Unternehmens fühlt sich in seiner Situation im Betrieb nicht wohl, ohne jedoch genau sagen zu können, worauf genau sich sein Unbehagen bezieht. Auf die Aufforderung, sich ein Symbol für seine Situation im Unternehmen zu suchen, wählt er eine Schale mit Schlagsahne, die noch von der letzten Kaffeepause im Raum steht. Es beginnt die Prozeßarbeit zunächst über die Sahne und darüber, was dieses Symbol in Bezug auf seine Arbeitssituation ausdrückt. Der Prozeß verläuft in folgenden (hier verkürzt dargestellten) Schritten:

Beraterin: „Wie ist die Sahne?“

Gesprächspartner: „Die Sahne ist süß... das ist nicht angenehm süß, sondern widerlich süß, wenn man fortwährend Sahne essen muß, wird einem schlecht.“

„Süß" wird dann plötzlich verknüpft mit dem Verhalten des Vorgesetzten: „Wie er sich so gibt, das ist im Grunde genauso wie Sahne, so widerlich süß, man kann ihn nicht fassen..."

Beraterin: „Was haben Sie bislang mit der Sahne gemacht?"

Der Gesprächspartner überlegt kurze Zeit: Er hat versucht, sie zu greifen. Aber sie läßt sich nicht greifen, sie rutscht einem immer wieder zwischen den Fingern durch. „Ich kann auch nicht in der Sahne bohren" – hier treten Assoziationen zu „bohrenden" Fragen auf, die er gegenüber seinem Vorgesetzten stellte.

Beraterin: „Was gibt es für andere Möglichkeiten?"

Gesprächspartner: „Ich muß versuchen, die Sahne auszulöffeln. Aber dazu brauche ich einen Löffel."

Beraterin: „Was könnte der Löffel sein?"

Gesprächspartner: „...sachliches Abarbeiten von konkreten Aufgaben."

Beraterin: „Wer könnte einem den Löffel geben?"

Gesprächspartner: „Eigentlich niemand, aber ich selbst könnte mir den Löffel holen."

Beraterin: „Wie läßt sich das in die Realität umsetzen?"

Gesprächspartner: „Weniger auf den Vorgesetzten reagieren, sondern meine Arbeit machen und sachlich Abstand halten."

Dieser Ablauf ist typisch für analoge Prozeßarbeit: Gerade dann, wenn es nicht gelingt, auf sprachlicher Ebene eine Problemlösung zu finden, kann es zweckmäßig sein, anhand eines Symbols auf die analoge Ebene zu wechseln. Zentral dabei ist, daß der Klient selbst das Symbol deutet (jemand anderem mag Sahne eben nicht „widerlich süß", sondern angenehm und wohlschmeckend sein) und auch selbst die Verbindungen zwischen dem Symbol und der Realität herstellt. Beratung, das ist hier ganz besonders wichtig, ist keine Interpretation von außen, sondern Unterstützung bei der eigenen Deutung: „Was könnte ein Löffel bei Ihrer Arbeit sein?"

Es gibt eine ganze Reihe von Möglichkeiten, im Rahmen Systemischer Organisationsberatung solche analogen Verfahren anzuwenden. Einige Möglichkeiten seien hier genannt:

4.2.1 Gegenstände als Symbole

Dieses Vorgehen wurde bereits anhand des obigen Beispiels dargestellt: Der Gesprächspartner wählt einen Gegenstand, der als Symbol für eine bestimmte Situation dient. Im einzelnen ergibt sich dabei wieder folgende Gliederung des Beratungsgesprächs:

Phase 1: Orientierungsphase
Orientierung auf Beziehungs- und Inhaltsebene, Kontrakt über Beratung.

Phase 2: Klärungsphase

(1) Schilderung der Problemsituation

(2) Wahl des Symbols

Der Gesprächspartner wird aufgefordert, sich ein Symbol zu suchen. Das kann ein Symbol für eine konkrete Situation sein (z.B. die Situation in seiner Abteilung), aber auch ein Symbol für eine Person, für eine Empfindung („wie es mir geht") usw.

Die Wahl des Symbols gelingt in der Regel um so besser, je weniger der Prozeß rational gesteuert ist. D.h. es macht wenig Sinn, sich bewußt zu überlegen, welches Symbol zu der beruflichen Situation paßt. Es ist günstiger, verschiedene Gegenstände wahrzunehmen und dann spontan zu entscheiden: „Wählen Sie sich ein Symbol, das spontan auf Sie zukommt. Nicht Sie suchen sich das Symbol, sondern das Symbol wird Sie finden".

Der Gesprächspartner kann das Symbol mitbringen (z.B. einen Zweig, ein Glas mit Wasser, in dem einige runde Steine liegen, ein Blatt, auf das er etwas geschrieben hat) oder ein Symbol aus der Umwelt nennen (einen Baum, einen Schrank usw.).

Phase 3: Veränderungsphase

(1) Prozeßarbeit anhand des Symbols

Einstieg für diese Phase ist in der Regel, daß der Gesprächspartner die Eigenschaften nennt, die für ihn an dem Symbol wichtig sind: zarte Blätter einer Pflanze, ein Schreibblock, der noch nicht vollgeschrieben ist, aber vollgeschrieben werden kann. Der Berater hat dabei die Aufgabe, die Wahrnehmung zu unterstützen und auf Beobachtungen hinzuweisen. Aber auch hier ist es wichtig, nicht von außen zu interpretieren: Also nicht: „die Zweige sind verdorrt", sondern eher als Frage: „was ist mit den Zweigen?".

Diese Beobachtungen werden dann in Bezug auf ihre Bedeutung für den Klienten befragt: Was bedeutet es für den Betreffenden, wenn er einen Zweig als Symbol gewählt hat? Hier gilt wieder die Forderung, nicht zu interpretieren (was gerade Anfängern manchmal recht schwer fällt), sondern den Gesprächspartner dabei zu unterstützen, selbst für ihn wichtige Zusammenhänge herzustellen. Mögliche Prozeßfragen können dabei z.B. sein:

„Was bedeutet das für Sie?"
„Was machen Sie damit?"
„Was bedeuten für Sie die Steine im Glas, was ist das Wasser?"
„Gibt es jemand, der die Steine hineingelegt hat?"

Oder es wird nach möglichen Veränderungen gefragt. Man kann z.B. fragen, was passieren wird, man kann nach Möglichkeiten fragen, das Symbol zu verändern usw.:

„Was möchten Sie mit Ihrem Symbol tun?"
„Was meinen Sie, wird passieren?"
„Was können Sie mit den Steinen im Wasser tun?"

Auch hier wird „an der Oberfläche“ zunächst über das Symbol gesprochen, auf analoger Ebene dagegen werden Verbindungen zur realen Problemsituation hergestellt. Das Gespräch wechselt zwischen beiden Ebenen:

„Beim Symbolisieren kommen oft längst vergessene Erinnerungen oder Gefühle zum Vorschein, ebenso wie vorwärtsgerichtete Impulse für das weitere Handeln – etwa Klarheit und Entschiedenheit darüber, was der Klient zukünftig tun will. Auf diese Weise erfährt er den ‚inneren Kontext‘ seines Problems. Er entwickelt eine neue Einstellung zu dem, was ihm früher unlösbar erschien, und erweitert so seinen Handlungs-Freiraum, um Veränderungsschritte zu wagen“ (Wiltschko/Köhne 1987, 140).

(2) Transfer

Ergebnisse der Prozeßarbeit anhand des Symbols sind in der Regel zunächst noch ungeklärte Vorstellungen über mögliche Veränderungen: „Ich sollte die Sahne auslöffeln“, „Ich muß darauf achten, daß diese Pflanze Wasser bekommt“, „Ich muß das Wasser ab und zu erneuern“. Der nächste Schritt ist dann, diese analogen Vorstellungen in die Realität zu übersetzen:

„Was bedeutet das konkret für Ihre Arbeit, die Sahne auszulöffeln?“
„Wie könnten Sie die Sahne auslöffeln?“
„Wie können Sie absichern, daß Sie sich dabei nicht den Magen verderben?“
„Wie können Sie darauf achten, daß die Pflanze genügend Wasser bekommt?“
„Was könnte das Wasser sein?“
„Wer könnte Ihnen das Wasser geben?“
„Was können Sie dazu tun, daß Sie frisches Wasser bekommen?“

Phase 4: Abschlußphase

Ähnlich wie bei anderen Formen der Prozeßarbeit ist das Ergebnis ein Kontrakt, den der Gesprächspartner mit sich (und vor dem Berater) schließt: „Ich will das und das tun.“ Aufgabe des Beraters ist es dabei, diesen Kontrakt auf seine Eindeutigkeit und auf die tatsächliche Zustimmung hin zu überprüfen: „Ist Ihnen klar, was Sie wollen? Stimmen Sie diesem internen Kontrakt tatsächlich zu, oder gibt es noch irgendwelche Einwände?“

4.2.2 Metaphern

Metaphern sind Worte bzw. Wendungen oder Geschichten, die durch eine Analogie eine andere als die wörtliche Bedeutung suggerieren (z.B. „ein Schiff pflügt durch das Meer“). Metaphern können damit anstelle realer Gegenstände im Rahmen analoger Prozeßarbeit verwendet werden:

Der Klient bearbeitet das Problem anhand einer Metapher, eines Wortes, einer Geschichte usw., wobei er dann auf analoger Ebene Verbindungen zwischen der Geschichte und seiner Situation herstellt (vgl. z.B. Gordon 1986; Lankton/Lankton 1991). Dabei gibt es unterschiedliche Möglichkeiten:

- Der Klient wählt ein Wort, das sein Problem oder seine gegenwärtige Situation charakterisiert:
  „Ich fühle mich in der Abteilung wie ein Gummiball."
  „Ich fühle mich in der Abteilung wie ein Dampfkochtopf, bei dem jeden Moment der Deckel hochgeht."
  Wichtig sind dann die Verbindungen, die von der Metapher zum realen Problem hergestellt werden: Was bedeutet es für den Klienten, daß er sich wie ein Gummiball oder wie ein Dampfkochtopf fühlt?
- Das Problem wird in eine Geschichte verpackt, in der z.B. die Personen in einer Abteilung die Mannschaft eines Schiffes darstellen (vgl. Gordon 1986).

4.2.3 Identifikation mit Gegenständen

Dies ist eine Übung, die in der Tradition der Gestalttherapie häufig verwendet wird: Der Betreffende wählt einen Gegenstand, nimmt ihn wahr und identifiziert sich damit in dem Sinne, daß er den Gegenstand in „Ich-Form" berichten läßt (z.B. Rahm 1983, 216ff.; Stevens 1975, 87ff.).

Dabei können sehr unterschiedliche Gegenstände gewählt werden, z.B.:

- reale Gegenstände
  „Ich bin der Schreibtisch... ich bin soweit aufgeräumt, daß man auf mir arbeiten kann, ich habe noch Platz..."
- Symbole
  „Ich bin ein Glas Wasser mit Steinen darin. Das Wasser ist frisch, die Steine rund..."
- Körperteile
  „Ich bin der Arm, der weh tut..."
- Gegenstände, die in der Phantasie vorgestellt werden
  „Ich bin ein Baum im Herbst."
  „Ich bin ein Baumstumpf..."

Auch hier ist entscheidend, daß der Gesprächspartner von sich aus selbst die Assoziationen nennt, die für ihn wichtig sind, und dadurch „Gefühle, Gedanken und Handlungen verdeutlicht oder vertieft" (Rahm 1983, 216). Der Berater kann diesen Prozeß unterstützen: „Ein Baumstumpf bedeutet...?"

Die Deutungen werden im Einzelfall sehr unterschiedlich sein. Stevens führt als Beispiel die unterschiedlichen Deutungen zu einem Rosenbusch auf, die in einer Gruppe gegeben wurden (Stevens 1975, 49ff.):

„Ich wachse an der Seite eines Hauses und trage eine Menge Blüten. Der Schatten des Hauses fällt auf mich, manchmal aber bin ich auch in der Sonne...

Ich bin ein Rosenbusch und lebe in einem Gewächshaus. Ich bin unter Dach – habe junge Wurzeln...

Ich stehe im Hof, bei einem Zaun, und es ist mein Hof, und ich kann über den Zaun sehen, ich klettere an ihm hinauf, ich wachse immer weiter, so daß ich mehr von meiner Umgebung sehen kann...

Ich bin häßlich, gar nicht schön. Nur drei lange Zweige kann ich sehen zu meiner Rechten. Ich bin mitten in einem endlosen, offenen Feld. Frischer feuchter Boden, sonst nichts ringsum...

Ich bin eine junge Rose und wachse in lockerem Boden in einem grünen Garten. Und ich habe wirkliche Angst vor dem ersten Winter, wenn es anfängt, richtig kalt zu werden."

4.2.4 Symbole für abwesende Personen

Ursprünglich wurde diese Übung in der Gestalttherapie dafür entwickelt, nicht erledigte Probleme z.B. mit einem Elternteil, das nicht mehr lebt oder nicht ansprechbar ist, zu bearbeiten (z.B. Kempler 1980, 103ff.): Eine abwesende Person wird durch ein Symbol wie z.B. einen leeren Stuhl symbolisiert. Dieses Verfahren läßt sich auch auf nicht verfügbare andere Personen (den ehemaligen Ausbilder, eine Führungskraft, die nicht ansprechbar ist) anwenden.

Auch hier ergibt sich der in den vorangegangenen Abschnitten dargestellte Ablauf:

Phase 1: Orientierungsphase

Phase 2: Klärungsphase

(1) Schilderung der Problemsituation

(2) Einführung der Symbole
Zwei Stühle werden einander gegenüber aufgestellt. Der Gesprächspartner nimmt auf einem Platz, der ihm gegenüberstehende Stuhl symbolisiert sein Gegenüber (Vorgesetzter, ehemaliger Ausbilder usw.).

Phase 3: Veränderungsphase

(1) Prozeßarbeit: Gespräch zwischen den Personen
Der Gesprächspartner wird aufgefordert, seinen Gesprächspartner (z.B. den ehemaligen Ausbilder) direkt anzusprechen. Wichtig ist, daß dies in direkter Rede geschieht: „Ich wollte Ihnen schon immer sagen, wie Sie mich damals behandelt haben, das fand ich richtig gemein!"

Danach wechselt der Gesprächspartner den Stuhl und nimmt die Position seines Gegenübers (z.B. des Ausbilders) ein und antwortet ebenfalls in der direkten Rede.

Der Prozeß wird dann mehrmals hin und her wechseln. Wichtig ist dabei, daß stets der andere in direkter Rede angesprochen wird.

Hilfreich ist, wenn der Berater den Klienten in diesem Prozeß unterstützt, d.h. neben dem Stuhl steht (bzw. in die Hocke geht, um nicht auf den Gesprächspartner herabzuschauen), ihn ggf. doppelt (also bestimmte Äußerungen, die der Betreffende zu seinem Gegenüber sagen könnte, als Vorschläge anbietet).

(2) Transfer
Zunächst wird die „Bühne" abgebaut, und der Gesprächspartner kehrt auf seinen ursprünglichen Platz zurück.. Zu klären ist, was der Gesprächspartner für seine jetzige Situation mit dieser Erfahrung macht. Wichtig ist in dieser Phase auch, wieder Distanz zu den möglicherweise zuvor aufgebrochenen Empfindungen aufzubauen und dem Klienten damit wieder ein Stück Sicherheit zu geben.

Phase 4: Abschlußphase
Kontrakte des Klienten mit sich selbst und ggf. mit dem Berater.

Analoge Verfahren sind für den Klienten nicht ungefährlich, weil sie in starkem Maße Emotionen freisetzen und rationale Barrieren unterbrechen können. Es gibt Berater, die solche Übungen sehr leichtfertig einsetzen, ohne die Wirkungen einzuschätzen und ohne damit umgehen zu können. Demgegenüber gilt, daß hier Verantwortlichkeit und Kompetenz des Beraters von entscheidender Bedeutung sind: Die Kompetenz, mögliche Wirkungen solcher Übungen abschätzen und positiv bearbeiten zu können, und die Verantwortlichkeit, beim Einsatz stets nur soweit zu gehen, wie es der Gesprächspartner von sich aus akzeptiert und es vom Berater steuerbar ist.

4.3 Analoge Prozeßarbeit mit Hilfe der Körpersprache

Auch hierfür sind in der Tradition der Gestalttherapie eine Reihe von Möglichkeiten entwickelt worden:

(1) Wahl der Körpersprache zu bestimmten Situationen
Der Klient wird aufgefordert, eine Körperhaltung zu wählen, die einer bestimmten Situation entspricht: „Stellen Sie sich vor, Sie haben Ihrem Vorgesetzten gegenüber erfolgreich Ihre Position vertreten. Wählen Sie eine Körperhaltung, die dazu paßt!"

Der Klient hat dabei die Möglichkeit, die Situation nicht nur rational zu durchdenken, sondern sie ansatzweise zu erleben. Möglicherweise wird ihm dabei bewußt, daß es in der Situation nicht darauf ankommt, Macht, sondern vor allem Ruhe zu zeigen. Möglicherweise wird er die Körperhaltung korrigieren, weil sie „nicht gelingt", möglicherweise wird er feststellen, daß der rationale Weg, dem Vorgesetzten seine Meinung zu sagen, für ihn persönlich nicht gangbar ist, und muß dann neue Lösungsmöglichkeiten überlegen.

(2) Wiederholung und Verstärkung unbedeutender Bewegungen
Auch aus der Tradition der Gestalttherapie stammt die Übung, als Berater scheinbar unbedeutende Bewegungen oder Äußerungen des Klienten (z.B. schnippen mit dem Finger, nebensächliche Äußerungen wie „beruhige dich") aufzugreifen und den Klienten aufzufordern, diese Bewegung oder Äußerung zu wiederholen. Das Ziel

dabei ist, daß der Klient sich dieser Bewegung bewußt wird und sich dann mit dem betreffenden Körperteil oder der Bewegung identifiziert: „Lassen Sie Ihre Hand sprechen!“, „Was sagt Ihnen Ihre Hand zu Ihrer Arbeit in der Abteilung?“ (vgl. Kempler 1980, 107; Rahm 1983, 210f.).

4.4 Bearbeitung von Entscheidungsproblemen mit Hilfe analoger Verfahren

Der Erfolg von Entscheidungen hängt in hohem Maße von der Zuverlässigkeit der Vorhersagen ab: Wenn ich mir überlege, ob ich in meiner bisherigen Position bleiben oder ein neues Angebot annehmen soll, dann brauche ich für eine sichere Entscheidung Vorhersagen darüber, wie es mir voraussichtlich in zwei, drei oder fünf Jahren in meiner alten bzw. in einer neuen Position gehen wird.

Hier sind analoge Verfahren eine hilfreiche Möglichkeit: Das intuitiv verfügbare Wissen ist in diesen Situationen häufig zuverlässiger als lediglich rationale Überlegungen.

Es gibt eine Reihe von Möglichkeiten, analoges Wissen zur Klärung möglicher bzw. wahrscheinlicher zukünftiger Situationen zu nutzen:

4.4.1 Symbole für zukünftige Situationen

Eine Klientin hat ein Angebot für eine neue Stelle erhalten. Aber sie ist sich nicht sicher, ob sie dieses Angebot annehmen soll. Im Beratungsprozeß werden zwei Stühle als Symbole für die beiden Alternativen eingeführt. Der Beratungsprozeß gliedert sich wieder in folgende Schritte:

Phase 1: Orientierungsphase
Orientierung über Beziehung, Thema, Definition der Situation als Beratung.

Phase 2: Klärungsphase

(1) Schilderung der Problemsituation

(2) Einführung von zwei Stühlen als Symbole
Vor die Klientin werden zwei Stühle gestellt:

„Stellen Sie sich vor, Sie sind in Ihrer Firma geblieben. Dies ist der Stuhl, auf dem Sie dann sitzen“ (der Blick wird dabei auf den einen Stuhl gelenkt).

„Und stellen Sie sich vor, Sie haben die Firma gewechselt und das Angebot für eine neue Stelle angenommen. Dann ist dies der Stuhl.“

Wichtig ist dabei, daß die beiden Stühle nicht unterschiedlich und auch gleich weit vom Gesprächspartner entfernt sind – damit nicht eine Alternative etwa aufgrund der Form des Stuhles unter der Hand bevorzugt wird. Zur Kennzeichnung der Alternativen können die Stühle mit einem Schild versehen sein.

Phase 3: Veränderungsphase

(1) Prozeßarbeit mit Hilfe des jeweiligen Stuhls
„Stellen Sie sich vor, Sie haben die Stelle angenommen" (der Blick wird auf den entsprechenden Stuhl gelenkt).

„Und stellen Sie sich vor, es ist ein Jahr (oder zwei, drei, fünf Jahre) später. Sie sitzen in Ihrem neuen Unternehmen. Was tun Sie? Wie geht es Ihnen dabei?"

Entsprechend wird dann die zweite Alternative bearbeitet.

(2) Transfer
Nach Abschluß der Prozeßarbeit mit den Symbolen (die „Bühne" wird abgebaut, d.h. beide Stühle wieder entfernt) steht auch hier wieder eine Transferphase an: Was macht der Gesprächspartner mit diesen Einsichten? Was ist ihm deutlich geworden? Was sind mögliche weitere Schritte, die er jetzt noch klären möchte.

Phase 4: Abschlußphase
Das Prinzip einer solchen Arbeit mit Stühlen ist, daß unbewußte Erfahrungen und Vorstellungen (etwa Informationen über die zu erwartenden Aufgaben, die eigenen Vorstellungen usw.) dadurch deutlicher werden als auf einer rein rationalen Ebene. In der Regel wird dem Betreffenden dabei deutlich, welches die Alternative ist, die er in Wirklichkeit bevorzugt. Ihm wird z.B. klar, daß er auf der bisherigen Position zwar eine sichere Stellung hat, daß es aber für ihn wichtig ist, etwas Neues aufzubauen.

Entsprechend kann man auch andere Symbole für die beiden Alternativen wählen lassen:

„Stellen Sie sich vor, Sie sind in Ihrer bisherigen Position geblieben. Es ist zwei Jahre später. Suchen Sie sich nun ein Symbol für diese Situation in Ihrer bisherigen Position...

Und stellen Sie sich nun vor, Sie haben die neue Stelle angenommen. Suchen Sie sich auch dafür ein Symbol!"

4.4.2 Der Entscheidungsstuhl

Auch hier werden zwei leere Stühle als Symbole für die jeweiligen Alternativen eingeführt:

Stuhl 1: im Unternehmen bleiben

Stuhl 2: die neue Stelle annehmen.

Der Gesprächspartner erhält die Aufgabe, zunächst ein Argument für die Alternative 1 zu nennen und sich auf den entsprechenden Stuhl zu setzen. Danach bringt er ein Argument für die Alternative 2 und setzt sich gleichzeitig auf den anderen Stuhl. Dieses Vorgehen wird so lange wiederholt, bis bei einem Stuhl keine Argumente mehr deutlich werden.

Dabei wird der Klient zunächst die von ihm bereits bearbeiteten Argumente vorbringen. Danach aber treten häufig tiefere Einstellungen zutage, und der Argumentationsprozeß wird stärker durch unbewußte Motive gesteuert: Es hat eine Bedeutung, wenn dem Gesprächspartner bei der einen Alternative keine Argumente mehr einfallen. Wichtig ist natürlich auch hier eine Transferphase, in der die Ergebnisse der analogen Prozeßarbeit rational aufgearbeitet werden.

4.4.3 Die „Kristallkugel-Technik" nach De Shazer

Dies ist ein Verfahren, das De Shazer (1989, 116ff.) ursprünglich im Rahmen der Kurzzeit-Therapie entwickelt hat, das sich aber grundsätzlich auch für Beratung anwenden läßt und dazu geeignet ist, analog verfügbare Prognosen über die Zukunft oder analog verfügbare zukünftige Lösungen von Problemen bewußt zu machen.

Der Klient betrachtet verschiedene Kristallkugeln und vergegenwärtigt sich anhand dieser Kugeln vergangene und zukünftige Situationen. De Shazer führt hier vier Schritte auf:

(1) Der Klient vergegenwärtigt sich anhand einer ersten Kristallkugel eine angenehme Erinnerung aus der Kindheit.

(2) Er vergegenwärtigt sich anhand einer zweiten Kristallkugel einen Erfolg in seinem Leben, der möglicherweise aus seinem Bewußtsein verschwunden war.

(3) Anhand der dritten Kristallkugel stellt sich der Klient vor, wie er in der Zukunft sein Problem erfolgreich gelöst haben wird.

(4) Und anhand einer weiteren Kristallkugel wird der Klient aufgefordert, sich „daran zu erinnern, auf welche Weise das Problem bewältigt wurde" (De Shazer 1989, 118).

Wichtig dabei ist, daß die Kristallkugel hier nichts mit Okkultismus u.dgl. zu tun hat: Indem der Klient die Aufmerksamkeit auf die Kristallkugel (oder einen entsprechenden anderen Gegenstand) lenkt, werden bisherige rationale Überlegungen ausgeschaltet (im Grunde handelt es sich hier um eine Konfusionstechnik) und analoges Wissen freigesetzt.

4.5 Visualierung sozialer Systeme

Das Prinzip analoger Verfahren in der Prozeßberatung, vorhandenes aber unbewußtes Wissen des einzelnen zu nutzen, läßt sich auch auf die Diagnose sozialer Systeme anwenden: Auch hier verfügt der einzelne, der z.B. einem Team angehört, über eine Fülle von Informationen und Eindrücken über sein soziales System, ohne daß dieses

Wissen stets völlig bewußt ist. Es ist möglich, dieses Wissen bewußt zu machen – und zwar, indem man auf symbolhafte Weise das System darstellt. Dem Betreffenden werden damit seine unbewußten Eindrücke über das System transparent, er gewinnt Distanz, und er hat die Möglichkeit, sein soziales System von außen zu sehen und von dieser Position aus neue Handlungsmöglichkeiten zu erkennen.

Im Rahmen Systemischer Organisationsberatung wurden von uns eine Reihe von Verfahren entwickelt, soziale Systeme bildlich darzustellen, wobei mit unterschiedlichen Materialien Personen dargestellt werden.

Ähnlich wie bei der Arbeit mit Symbolen und Metaphern sind auch hier Klärungs- bzw. Veränderungsphasen aufgegliedert. Im folgenden wird der Ablauf einer Visualisierung sozialer Systeme im Rahmen eines Beratungsprozesses anhand eines konkreten Falles dargestellt.

4.5.1 Orientierungsphase

Ein Abteilungsleiter wendet sich mit der Bitte um Unterstützung an eine Beraterin. In der Orientierungsphase stehen zunächst die aus anderen Beratungsgesprächen geläufigen Aufgaben an:

- Aufbau einer positiven Beziehung zwischen Klient und Beraterin.
- Festlegung des Themas: Der Klient erhofft sich allgemein Unterstützung für seine berufliche Situation.
- Kontrakt über die Definition der Situation als Beratung.
  Darüber hinaus ist ein Kontrakt darüber erforderlich, daß sich der Klient sein soziales System bildlich verdeutlicht.

4.5.2 Klärungsphase

Im einzelnen ergeben sich in der Klärungsphase folgende Aufgaben:

(1) Schilderung der Problemsituation
Auch hier beginnt die Klärungsphase mit einer freien Schilderung der Problemsituation: Der Abteilungsleiter fühlt sich in seinem Arbeitsbereich nicht wohl, er hat wenig Verbindung zu seinem Vorgesetzten, dem Hauptabteilungsleiter, hat den Eindruck, daß in der Hauptabteilung viel ohne ihn läuft und daß er nicht richtig zum Zuge kommt.

(2) Definition des sozialen Systems
Die Visualisierung des sozialen Systems setzt voraus, daß geklärt ist, welche Personen in diesem System eine Rolle spielen. Das ist jedoch eine Entscheidung, die nicht von außen, sondern nur von dem Betroffenen selbst getroffen werden kann. Welche Personen dabei eine Rolle spielen, hängt weniger von den Organisationsstrukturen ab, son-

dern in erster Linie von der subjektiven Sicht des „Stars", d.h. desjenigen Klienten, der sein soziales System darstellt. Dabei können sich durchaus Unterschiede zur Organisationsform ergeben: Es mag sein, daß für den Betreffenden nur einige Personen in seiner Arbeitsgruppe wichtig sind, aber es kann andererseits ebenso gut sein, daß Personen auftreten, die einer anderen Organisationseinheit zugeordnet sind. D.h. das für den Star relevante System wird von dem Star selbst im Blick auf seine Situation definiert.

So ergab sich in dem angedeuteten Beispiel folgendes System:

- 3 Abteilungsleiter (einer davon ist der Star)
- der Hauptabteilungsleiter
- 3 Gruppenleiter, die dem Star zugeordnet sind.

(3) Schilderung der Personen des sozialen Systems

Günstig ist es, wenn der Star die einzelnen Personen kurz schildert: Was sind ihre Aufgaben, wie schätzt er sie ein? Damit bekommt der Star Zeit, sich auf die Situation einzustellen und sich sein System selbst nochmals zu verdeutlichen.

(4) Visualisierung des sozialen Systems

Hier ergeben sich folgende Aufgaben:

a) Wahl von Symbolen für die einzelnen Personen des sozialen Systems

Die Aufgabe des Klienten besteht darin, sein soziales System mit Hilfe von Symbolen zu visualisieren. Günstig sind dafür z.B. runde Moderations-Karten, auf die die Namen der betreffenden Personen geschrieben werden. Man kann auch Stühle nehmen (wobei die einzelnen Personen durch verschiedene Stühle unterschieden werden können) oder Bauklötze oder Spielfiguren (vgl. Arnold u.a. 1996; Ludewig u. a. 1983), die aber möglichst ähnlich und nicht vom Spiel her zu eindeutig festgelegt sein sollten. So könnte man z.B. die Bauern vom Schachspiel nehmen und entsprechend kennzeichnen, während die unterschiedlichen Figuren des Schachspiels in der Regel ungünstiger sind, da hier die Bedeutung einzelner Figuren (z.B. des Turms) zu stark festgelegt ist.

Als Unterscheidungsmerkmal bei der Benutzung von Stühlen können die verschiedenen Stühle mit den Namen der betreffenden Personen gekennzeichnet werden (Namen mit Kreppstreifen oder Karten auf den Stühlen anheften).

b) Räumliche Anordnung der Symbole durch den Star

Wenn man Karten als Symbole gewählt hat, bietet sich dafür ein großer Tisch oder der Boden des Raumes an. Eine senkrechte Wand, auf der die Karten festgemacht werden, ist weniger günstig (durch das Festmachen wird das System zu starr), ebenso ist etwa ein Schachbrett mit festgelegten Feldern weniger geeignet. Wenn man Stühle als Symbole wählt, werden die Stühle entsprechend im Raum verteilt, wobei neben Nähe und Distanz zwischen den einzelnen Stühlen auch die Richtung des Stuhles eine Rolle spielt. Der Vorteil bei der Arbeit mit Stühlen besteht darin, daß das System „größer" dargestellt ist, der Star kann dann von außen das System betrachten und die Personen besser mit den entsprechenden Stühlen verknüpfen.

Sinnvoll ist es, dem Star in dieser Phase Zeit zu lassen: Häufig stellt sich heraus, daß die erste Anordnung nicht stimmt, und daß einzelne Elemente nochmals in ihrer Position verändert werden müssen.

Im obigen Beispiel ergibt sich folgendes Bild, das mit Hilfe von runden Karten dargestellt wurde:

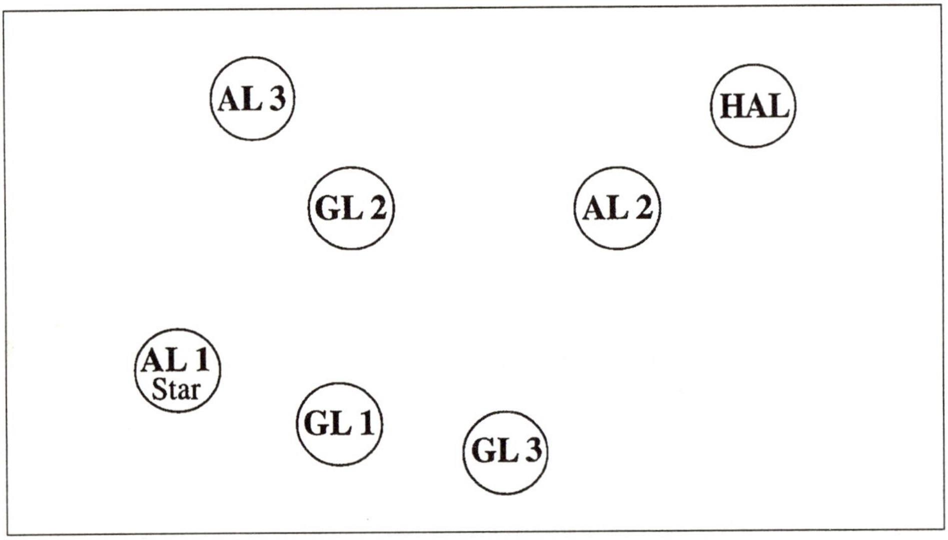

(5) Prozeßarbeit: Klärung des bestehenden Systems
Ausgangspunkt dafür sind Beobachtungen bezüglich der Anordnung der Karten, Stühle usw. Entweder erzählt der Star selbst, was ihm auffällt, oder der Berater weist auf Beobachtungen hin: „Mir fällt auf, daß..."

Für diese Beobachtungsphase gibt es eine Reihe von Kriterien:

a) Nähe und Distanz zwischen den Symbolen
Welche Symbole (Personen) stehen näher nebeneinander, welche sind weiter voneinander entfernt?

Auf das obige Beispiel bezogen fällt auf, daß der Star die engste Verbindung zu einem seiner Gruppenleiter hat, die Entfernung zum Hauptabteilungsleiter jedoch bedeutend größer ist als die der anderen Abteilungsleiter.

Es kann vorkommen, daß der Star in dieser Phase die Darstellung nochmals korrigiert, also z.B. die Position des Hauptabteilungsleiters verschiebt. Dann ist der Prozeß entsprechend nochmals zu wiederholen.

b) Subsysteme
Zeigen sich in der räumlichen Anordnung Subsysteme?
In obigem Beispiel deuten sich zwei solcher Subsysteme an:
das Subsystem Star, Gruppenleiter 1, Gruppenleiter 3

das Subsystem Abteilungsleiter 3, Gruppenleiter 2, Abteilungsleiter 2, Hauptabteilungsleiter.

Auffällig ist, daß der Gruppenleiter 2, der gemäß der Organisationsstruktur zu dem Bereich des Stars gehört, bei der Darstellung jedoch dem anderen Subsystem zugeordnet wird.

c) Direkter Kontakt

Manchmal werden einzelne Symbole unmittelbar nebeneinander gelegt oder sie überlappen sich.

d) Zugang zu anderen Personen

Zu wem hat der Star direkten Zugang? Ist der Zugang zu bestimmten Personen durch andere versperrt?

Im hier genannten Beispiel: Direkten Zugang hat der Star nur zu Gruppenleiter 1 und Gruppenleiter 2; zu den Abteilungsleitern 2 und 3 wird der Zugang schwieriger (er müßte am Gruppenleiter 2 vorbei). Und in der Tat, das bestätigt sich dann in der weiteren Klärung, läuft die Kommunikation zu den Abteilungsleitern 2 und 3 zumindest teilweise über den Gruppenleiter 2. Nahezu versperrt ist der Zugang zum Hauptabteilungsleiter, der Zugang ist durch Gruppenleiter 2 und Abteilungsleiter 2 blockiert.

e) Orientierung in Bezug auf andere Personen

Falls es das Material erlaubt, kann die Orientierung auch noch mit berücksichtigt werden: So können z.B. Stühle in eine bestimmte Richtung hin zeigen und deuten damit Orientierung auf andere Personen an.

Ziel der Prozeßarbeit in dieser Phase ist, herauszufinden, wie es dem Star in seiner Position geht, wenn er seine Stellung von außen betrachtet: Ist er mit seiner Position zufrieden? Stört ihn etwas? Was genau stört ihn?

In obigem Beispiel wurde dem Star deutlich, daß die Beziehung zu Gruppenleiter 2 wesentlich problematischer ist, als er bisher angenommen hatte. Er meinte, zu ihm bislang immer ein gutes Verhältnis zu haben, nimmt aber nunmehr wahr, daß Gruppenleiter 2 sich stärker von ihm gelöst hat und zum Teil den Zugang zu anderen Abteilungsleitern und dem Hauptabteilungsleiter versperrt.

4.5.3 Veränderungsphase

Wie bei der Arbeit mit Symbolen, verläuft auch hier Veränderung auf zwei unterschiedlichen Ebenen: auf analoger Ebene mithilfe der Visualisierung sowie in Bezug auf die reale Situation:

(1) Prozeßarbeit mithilfe der Visualisierung

Auf analoger Ebene lassen sich Veränderungsmöglichkeiten innerhalb des sozialen Systems dadurch aufzeigen, daß der Star seine Karte verschiebt. So können Distanz und Nähe gegenüber anderen Personen verdeutlicht werden. Eine Verschiebung in

Richtung auf Gruppenleiter 2 bedeutet in obigem Beispiel eine Annäherung, die Vergrößerung der Distanz zwischen den Karten würde entsprechend Vergrößerung der Distanz im sozialen System bedeuten.

Für die Erarbeitung von Veränderungsmöglichkeiten gibt es eine Grundregel: Nur der Star selbst darf seine Position verändern. Man findet in Beratungssituationen stattdessen immer wieder Wünsche hinsichtlich der Veränderung anderer: „Es wäre so einfach, Gruppenleiter 2 braucht nur seine Position zu verändern" – aber Gruppenleiter 2 ist nicht anwesend (und es wäre sehr zweifelhaft, ob er irgendein Interesse hätte, seine Position tatsächlich zu verändern). Das bedeutet, daß der Berater als Regel einführen muß: „Nur Sie können Ihre Situation verändern, d.h. können Ihre Figur an einen anderen Platz bewegen."

Gleichsam als Reaktion auf die Veränderung des Stars können dann auch andere Positionen verändert werden: genau in dem Maße, in dem sich vermutlich die Position der anderen als Reaktion auf die Handlung des Stars verändern wird. Denn wenn sich ein Element im sozialen System verändert, dann reagieren daraufhin die anderen und verändern ihre Position.

Möglicherweise stellt sich dabei eine versuchte Lösung als ungeeignet heraus. Dann ist die Ausgangsposition wieder herzustellen, und es sind andere Möglichkeiten zu überlegen.

Im angedeuteten Beispiel versuchte der Star, zwei unterschiedliche Wege zu gehen:

- Zunächst wendete er sich in Richtung Abteilungsleiter 3, gelangte aber damit noch stärker in eine Randposition im sozialen System – eine Position, die er keineswegs übernehmen möchte.
- Eine zweite Veränderung (wieder ausgehend von der ursprünglichen Position) führt dazu, daß er sich auf Abteilungsleiter 2 hin bewegt. Damit erreicht er eine Position, die er für besser hält. Es ergibt sich folgendes Bild:

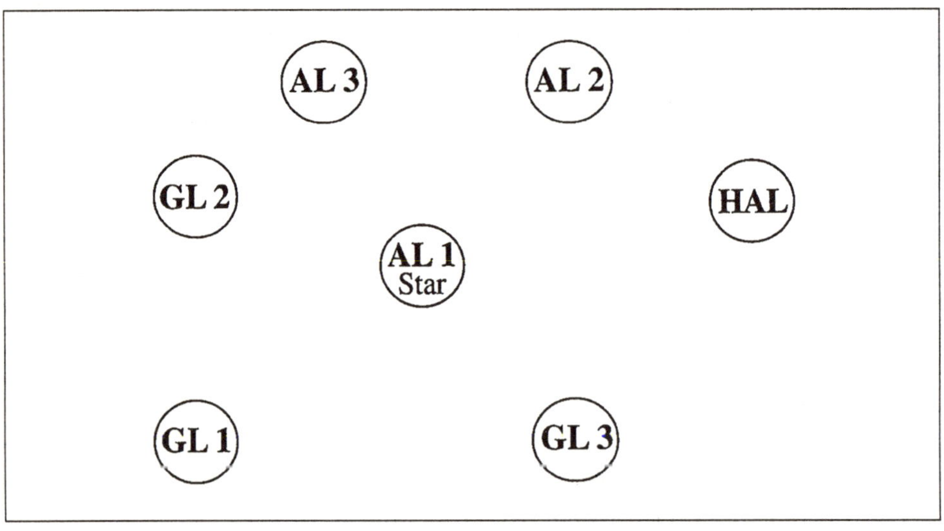

(2) Transfer

Ähnlich wie bei anderen Formen analoger Prozeßarbeit ist auch hier eine Transferphase notwendig, in der zu klären ist, was die in der symbolischen Darstellung des Systems durchgeführte Veränderung in der Realität bedeutet.

Auf das hier gewählte Beispiel bezogen:

Auf den Abteilungsleiter 2 zugehen bedeutet für den Star, fachliche Aufgaben stärker mit dem Abteilungsleiter 2 zu koordinieren. Gleichzeitig wird der Kontakt zu Gruppenleiter 1 geringer (der Star orientiert sich mehr an Abteilungsleiter 2), und gleichzeitig wird auch Gruppenleiter 2 etwas ausgeblendet („ich zeige ihm etwas mehr die kalte Schulter") und stärker in das eigene System bezogen („er soll sich mehr um seine Aufgabe kümmern und nicht dauernd in anderen Bereichen herumtreiben").

Wie weit die Transferphase konkret durchgesprochen wird, ist von Fall zu Fall unterschiedlich. Manchmal ist es notwendig, die einzelnen Schritte sehr genau festzulegen. Manchmal genügt es, nachzufragen, ob dem Star klar ist, was die entsprechende Veränderung bedeutet.

4.5.4 Abschlußphase

Ergebnis ist auch hier wieder ein „interner Kontrakt", wobei der Star sich für eine bestimmte Vorgehensweise entscheidet:

„Ich werde nächste Woche mit AL 2 fachliche Fragen besprechen und außerdem GL 2 stärker auf seine Aufgaben verpflichten."

Möglicherweise schließen sich daran auch noch Kontrakte zwischen Beraterin und Klient etwa über die Weiterführung des Beratungsprozesses an.

4.6 Die Systemskulptur

Vorläufer der „Systemskulptur" ist die insbesondere durch Satir bekannt gewordene „Familienskulptur": Im Rahmen familientherapeutischer Arbeit hat Satir die Personen einer Familie ihre Position stellen lassen, so wie es ihrer Einschätzung entspricht. Dabei werden Nähe und Distanz, aber auch Orientierung, Zuwendung, Abwendung oder Rückzug und Angriff usw. deutlich (z.B. Satir 1992, 255ff.; vgl. auch Andolfi 1982, 130ff.).

Im Rahmen Systemischer Organisationsberatung wird die Systemskulptur von uns eingesetzt, um die Positionen einzelner Personen in ihrem sozialen System (der Abteilung, einem Projekt-Team usw.) genauer zu erfassen und mögliche Veränderungen sichtbar zu machen.

Die Systemskulptur kann mit einem „Star" (analog zu der im vorigen Abschnitt beschriebenen Visualisierung sozialer Systeme) durchgeführt werden: Ein Star stellt andere Personen so hin, wie es seiner Meinung nach im sozialen System der Fall ist. Die Systemskulptur kann aber auch mit dem realen System (etwa dem Team selbst) durchgeführt werden, wobei sich das methodische Vorgehen naturgemäß an manchen Stellen unterscheidet.

Im folgenden wird zunächst die Systemskulptur mit einem Star dargestellt. Das ist ein Verfahren, das sich etwa im Rahmen von Workshops oder Seminaren gut anwenden läßt, in denen nicht das reale Systeme selbst anwesend ist. Um das in dem letzten Abschnitt genannte Beispiel wieder aufzugreifen: Der Abteilungsleiter 1 ist wieder Star und stellt sein soziales System, wobei jedoch anstelle der Symbole andere Personen (etwa Teilnehmer des Seminars, die in der Regel die betreffende Hauptabteilung des Stars nicht kennen) treten. Die einzelnen Schritte entsprechen teilweise denen der Visualisierung.

4.6.1 Orientierungsphase

Die Systemskulptur ist üblicherweise kein Verfahren, das sofort in der Anfangsphase eines Beratungsprozesses eingesetzt wird. In der Regel ist die Situation bereits als Beratung definiert, häufig wurden (z.B. im Rahmen eines Coaching-Prozesses) auch schon mehrere Beratungsgespräche geführt. Die Systemskulptur stellt dann eine Referenztransformation dar: Das Problem wird in den Zusammenhang des sozialen Systems gestellt.

Trotzdem sind Orientierung und Kontrakt über die Anwendung der Systemskulptur erforderlich. Dabei liegt die Schwierigkeit darin, daß Klienten in der Regel nicht klar ist, was sie unter einer Systemskulptur zu verstehen haben. Es ist auch wenig sinnvoll, die Systemskulptur ausführlich zu beschreiben, sondern günstig ist es, das Vorgehen lediglich anzudeuten:

„An dieser Stelle möchte ich Ihnen etwas vorschlagen: daß wir jetzt Ihr soziales System bildlich anschauen. Und dazu würde ich gerne andere Teilnehmer bitten, die Position verschiedener Personen in Ihrem sozialen System einzunehmen. Können Sie sich darauf einlassen?“

Damit weiß der Klient gewiß nicht, was die Systemskulptur im einzelnen bedeutet. Er wird sich aber darauf einlassen, wenn er sich auf die Beraterin verlassen kann: Wenn es gelungen ist, eine positive Beziehung her-

zustellen und die Beraterin Kompetenz signalisiert, lassen sich Klienten auf ein solches Vorgehen ein – manchmal ist die Unsicherheit des Beraters an dieser Stelle größer als die des Klienten.

4.6.2 Klärungsphase

Die Klärungsphase gliedert sich hierbei in folgende Schritte:

(1) Schilderung der Problemsituation
Auch hier ist Ausgangspunkt wieder die freie Schilderung der Problemsituation, die dem Star die Möglichkeit gibt, sich selbst auf die Situation einzustellen.

(2) Definition des sozialen Systems
„Wer spielt für Sie in diesem Zusammenhang eine Rolle?"
Günstig ist dabei, die einzelnen Namen auf Flipchart zu schreiben (ggf. die Position mit anzugeben), ohne jedoch länger in eine Schilderung einzutreten.

(3) Auswahl der Spieler für die Skulptur
Grundregel dabei ist, daß der Star selbst die Spieler auswählt: Er wählt Personen, von denen er intuitiv meint, daß sie entsprechende Rollen übernehmen könnten (was sicher nicht bedeutet, daß sie als Persönlichkeit der betreffenden Person ähnlich sein müssen).

Günstig ist, die Spieler zu kennzeichnen (z.B. Namensschilder aus Kreppstreifen), so daß im weiteren Verlauf immer zu erkennen ist, wen man vor oder hinter sich hat. Das erleichtert den Spielern und v.a. der Beraterin die Orientierung.

(4) Schilderung der einzelnen Personen des sozialen Systems
Theoretisch hätte diese Schilderung auch schon in Abschnitt (1) erfolgen können. Sie ist hier günstiger, weil dann die betreffenden Spieler bereits wissen, daß sie diese Rolle übernehmen und so aufmerksamer den Prozeß verfolgen.

Im einzelnen gibt es hier zwei mögliche Vorgehensweisen:

- Der Star erzählt spontan, was ihm zu den betreffenden Personen einfällt. Ggf. kann die Beraterin dabei unterstützen: Was ist die Position, was sind die Ziele des Betreffenden usw.?
- Die einzelnen Spieler haben die Möglichkeit, nachzufragen.

Wichtig ist, daß diese Phase nicht zu sehr ausgeweitet wird: Sie dient dazu, den Spielern zu helfen, sich in ihrer Rolle zu finden, darf aber nicht in eine allgemeine Diskussion der Situation ausarten.

(5) Visualisierung des sozialen Systems: Erstellung der Systemskulptur
Der Star stellt die einzelnen Spieler so, wie es seinem Eindruck entspricht.

Günstig ist gerade bei umfangreicheren Systemen, nicht alle Spieler gleichzeitig stellen zu lassen, sondern zunächst mit zwei oder drei zu beginnen (z.B. mit Abteilungsleiter 2 und dem Hauptabteilungsleiter – der Star wählt, mit wem er anfängt). Das hat den Vorteil, daß der ganze Prozeß in stärkerem Maße in einzelne Abschnitte zerlegt wird: Der Star hat die Möglichkeit, schrittweise das System zu entwickeln.

Kriterien für die Position der einzelnen Spieler in der Skulptur sind:
- Nähe und Distanz
- Blickrichtung
- Körperhaltung: ist er vorgebeugt, zeigt die Hand eine angreifende Position, zieht er sich zurück?
- Ggf. kann man auch Über- und Unterordnung mithilfe der Skulptur verdeutlichen: Ein Spieler wird auf einen Stuhl gestellt, muß sich hinknien usw.

Aufgabe der Beraterin ist es dabei, den Prozeß zu unterstützen. Dafür gibt es unterschiedliche Möglichkeiten:

- Nachfragen: „Stimmt die Richtung?"
- Körperhaltung vormachen: „Ist die Hand eher als Faust (Beraterin macht vor) oder so (Handfläche nach oben)?"
- Ggf. kann die Beraterin selbst teilweise die Skulptur formen: Sie schiebt z.B. die Hand eines Spielers vor. Wichtig ist dabei, das mit dem Star abzustimmen: „Stimmt es so?"
- Den Star ermutigen, selbst die Skulptur zu formen: „Verändern Sie die Körperhaltung so lange, bis es stimmt!"

Nach Stellung der Skulptur ist auch hier wieder eine Check-Phase nötig: Der Star betrachtet die Skulptur von außen (geht um die Personen herum). Häufig sind in dieser Phase noch einzelne Veränderungen notwendig.

(6) Prozeßarbeit: Klärung des bestehenden Systems

Im Unterschied zu einer Visualisierung mit Hilfe von Karten usw. ist hier das System durch reale Personen symbolisiert. Das bietet den Vorteil, daß die betreffenden Spieler selbst ihre Sicht darstellen können.

Ausgangspunkt dafür ist, daß die einzelnen Spieler nochmals ihre Position einnehmen (entsprechende Körperhaltung einnehmen und versuchen, sich in die Position hineinzuversetzen). Daran anschließend ergeben sich folgende Schritte:

a) Prozeßarbeit mit den Spielern

Günstig ist es, die Spieler der Reihe nach abzufragen:

- Was fällt ihnen an Ihrer Position auf?

- Wie erleben sie Ihre Position?
- Wie erleben sie Ihre Beziehung zum Star?

Dabei hat es sich als hilfreich erwiesen, den Spieler, der den Star darstellt (den „Star-Spieler"), zuletzt abzufragen und erst bei anderen Personen zu beginnen, also z.B. in der Reihenfolge Gruppenleiter 1, 3, 2, Abteilungsleiter 3, Abteilungsleiter 2, Hauptabteilungsleiter. Der Star-Spieler stellt seine Situation als letzter dar. Das gibt ihm die Möglichkeit, sich noch etwas länger in die Situation einzufühlen.

Aufgabe der Beraterin ist es dabei, den Prozeß zu steuern und zugleich den jeweiligen Spieler und den Star selbst zu „begleiten": Für beide kann diese Situation belastend sein: für den Spieler, wenn er sich dabei an eine persönlich erlebte Situation erinnert, die für ihn nicht gut ausgegangen ist, oder für den Star, wenn er dabei wahrnimmt, daß die Beziehung zu Gruppenleiter 2 wesentlich problematischer ist, als er bislang glaubte. Das bedeutet für die Beraterin, jeweils auf den betreffenden Prozeß zu achten und nach Möglichkeit die agierenden Personen zu begleiten. Das günstigste ist, sich zum jeweils sprechenden Spieler zu stellen und den Star dabei mitzunehmen.

Wichtig ist hierbei auch, nicht „durch" das System zu gehen (also nachdem Gruppenleiter 3 gesprochen hat, nicht zwischen Abteilungsleiter 1 und Gruppenleiter 2 zu Abteilungsleiter 3 zu gehen, sondern außen herum), weil Bewegungen innerhalb der Skulptur von den Spielern als Störung des Systems erlebt werden können.

b) Prozeßarbeit mit dem Star

An die Prozeßarbeit mit den Spielern schließt sich die Prozeßarbeit mit dem Star an:
- Was ist ihm aufgefallen?
- Wie hat er die Situation erlebt?
- Was verbindet er damit?

Sehr häufig stellt der Star zunächst auffällige Ähnlichkeiten zwischen dem Verhalten der Spieler und der realen Situation fest. Stellenweise sind diese Übereinstimmungen verblüffend – bis dahin, daß z.B. in Wortwahl und Tonfall Äußerungen der realen Personen wiedergegeben werden (was übrigens auch Zeichen dafür ist, wie weit die betreffenden Spieler sich in ihre Rolle eingefunden haben). Manchmal können dem Star auch noch Unterschiede deutlich werden, die dann ggf. zu einer partiellen Veränderung der Skulptur führen: „Ich sehe gerade, Gruppenleiter 2 steht doch nicht da, sondern eher hier". In diesem Fall ist die Skulptur nochmals zu überprüfen und auch die Prozeßarbeit mit den Spielern (zumindest teilweise und verkürzt) nochmals nachzuholen.

4.6.3 Veränderungsphase

Auch hier gilt wieder die Grundregel: Nur der Star hat die Möglichkeit der Veränderung – die anderen Personen des realen Systems sind nicht anwesend. Das bedeutet, daß nur der Star-Spieler seine Position verändern darf. Erst danach können andere Spieler darauf reagieren.

Daraus ergeben sich zwei Schritte:

(1) Der Star-Spieler ändert seine Position
Dafür gibt es eine Reihe von Möglichkeiten:

- Der Star-Spieler nennt zunächst eine mögliche Veränderung bezüglich seiner Position und führt sie dann entsprechend aus.
- Der Star-Spieler verändert spontan seine Position (geht z.B. einen Schritt auf den Abteilungsleiter 3 zu).
- Die Beraterin erfragt oder nennt verschiedene Möglichkeiten:
  „Sie können sich auf den Gruppenleiter 2 hin bewegen, sie können näher an den Abteilungsleiter 2 oder Abteilungsleiter 3 herangehen, oder sie können sich weiter zurückziehen. Sie können auch Ihre Position so lassen, wie sie ist.“

Wichtig ist, in dieser Phase nicht zu lange zu reden, sondern Möglichkeiten auszuprobieren. Dabei gilt als Regel, daß während dieses Abschnitts die anderen Spieler in ihrer Position „eingefroren“ sein müssen (ansonsten wird der Veränderungsprozeß des sozialen Systems zu komplex und unüberschaubar).

(2) Die anderen Spieler reagieren auf die Veränderung des Star-Spielers
Erst wenn der Star-Spieler eine neue Position gefunden hat, dürfen die anderen Spieler reagieren. Damit wird die Veränderung des sozialen Systems sozusagen in einzelne Abschnitte zerlegt: In einer Phase verändert sich der Star-Spieler, dann reagieren die übrigen Spieler des Systems darauf, dann ggf. nochmals der Star-Spieler.

(3) Nach der Reaktion der übrigen Spieler beginnt die Prozeßarbeit mit dem Spieler, der den Star darstellt
- Wie hat er die Veränderung erlebt?
- Wie geht es ihm in seiner neuen Position?
- Ist er damit zufrieden?
- Oder möchte er noch etwas weiter verändern?

Wenn der Star-Spieler mit seiner Position nicht zufrieden ist, gibt es grundsätzlich zwei Möglichkeiten:

- Er kann noch einen Schritt gehen und die darauf erfolgende Reaktion der übrigen Spieler erleben. Dabei können manchmal instabile Systemzustände entstehen: etwa der Zustand, daß Abteilungsleiter 1 immer wieder auf Abteilungsleiter 3 zugeht, Abteilungsleiter 3 sich jedoch regelmäßig zurückzieht.
- Oder es wird zur Ausgangssituation (der Darstellung des gegenwärtig bestehenden Systems) zurückgegangen und eine neue Möglichkeit erprobt.

Die Phase ist abgeschlossen, wenn der Star-Spieler eine für ihn befriedigende Position erreicht hat oder wenn deutlich geworden ist, daß in diesem System eine solche Position nicht erreichbar ist.

(4) Transfer
Voraussetzung für die Transferphase ist die Auflösung der Skulptur: Die Spieler gehen auf ihren Platz (behalten aber möglicherweise zunächst noch ihr Namensschild). Ziel dieser Phase ist es dann, die in der Skulptur gemachten Erfahrungen in die Realität zu übertragen. Dafür gibt es verschiedene Möglichkeiten:

- Die Spieler machen noch aus ihrer Rolle Vorschläge an den Star. Das gilt für alle Teilnehmer der Skulptur und insbesondere für den Star-Spieler: Was würden die betreffenden Spieler dem Star vorschlagen? Nach dieser Phase lösen sich dann die Spieler endgültig aus ihrer Rolle.
- Der Star wird gefragt, was er aus der Skulptur mitnimmt, welche Konsequenzen er daraus zieht und wie er konkret vorgeht. Ggf. ist hier noch weitere Prozeßarbeit erforderlich.
- Die übrigen Spieler werden gefragt, was sie für sich selbst aus der Skulptur mitnehmen. Hinter dieser Phase liegt die Erfahrung, daß auch die Spieler persönlich beteiligt sind und zwischen den Erfahrungen in der Skulptur und ihrer eigenen Situation Verbindungen herstellen. Möglicherweise werden sie an eine ähnliche Situation erinnert, möglicherweise finden sie auch für ihre Arbeit neue Anregungen.
- Falls die Skulptur im Rahmen eines Workshops mit weiteren Teilnehmern durchgeführt wurde, schließt sich daran regelmäßig eine allgemeine Sharing-Phase an. Was ist den Beobachtern deutlich geworden, was nehmen sie persönlich davon mit?

Die Abschlußphase enthält dann wieder interne Kontrakte des Klienten und möglicherweise auch der anderen Teilnehmer.

4.7 Systemskulpturen mit den realen Personen des Systems

Eine Systemskulptur läßt sich auch mit Mitgliedern des betreffenden sozialen Systems selbst durchführen. Dieses Vorgehen kann insbesondere im Rahmen von Teamberatungsprozessen hilfreich sein, wenn es darum geht, die Positionen im Team zu klären und Möglichkeiten für eine positive Veränderung zu finden. Dann wird z.B. die oben dargestellte Skulptur mit dem betreffenden Personen selbst durchgeführt, wobei dann jeder seine eigene Rolle übernimmt (d.h. Abteilungsleiter 2 nimmt seine eigene Position in dieser Skulptur ein).

Grundsätzlich gibt es dafür zwei Möglichkeiten:

(1) Ein Betroffener (z.B. Abteilungsleiter 1) stellt aus seiner Sicht die übrigen Personen.
Daran anschließen kann sich eine 2. Phase, in der z.B. Abteilungsleiter 2 seine Sichtweise stellt und beide Sichtweisen verglichen werden.

(2) Jeder nimmt seine eigene Position ein und wählt eine entsprechende Körperhaltung.
Auch hierfür gelten im groben die zuvor dargestellten Schritte der Skulpturarbeit. Der Unterschied liegt jedoch darin, daß hier alle Beteiligten „Star“ sind und sich verän-

dern können, was den Prozeß leicht unüberschaubar macht. Hierfür ist es wichtig, die einzelnen Schritte zu begrenzen:

- Vor allem bei großen Systemen ist es zweckmäßig, daß sich nicht das ganze System zugleich stellt, sondern daß der Prozeß in Teile zerlegt wird: Erst wählt z.B. das Subsystem Abteilungsleiter/Hauptabteilungsleiter seine Position und nimmt die entsprechende Körperhaltung ein, anschließend gruppieren sich die Gruppenleiter dazu, was dann natürlich wieder zu Veränderungen bei dem System Abteilungsleiter/Hauptabteilungsleiter führt.
- Bei der Prozeßarbeit mit der Systemskulptur gibt es keinen Außenstehenden. Jeder erlebt sich als Teil des Systems. Ggf. kann ein Spieler gedoppelt werden, indem etwa der Berater kurzzeitig die Position einnimmt, damit sich der Spieler die Situation von außen betrachten kann.
- Bei möglichen Veränderungen besteht die Gefahr, daß sich zuviel auf einmal bewegt. Günstig sind hier zunächst verbale Phasen, in denen die einzelnen Spieler sagen,
  was sie in ihrer Position verändern möchten,
  was sie insgesamt als Veränderung sich wünschen.
  Auf dieser Basis können dann einzelne Möglichkeiten ausprobiert werden. Wichtig ist dabei, auch hier den Prozeß wieder in einzelne Abschnitte zu zerlegen.
- Die Transferphase bezieht sich dann auf alle Personen des Systems. Gefragt ist, was jeder für sich (und das Gesamtsystem) aus der Situation mitnimmt.

Skulpturen mit einem Star und Skulpturen mit einem gesamten System sind sozusagen Extremformen, neben denen auch Mischformen möglich sind. Z.B. kann es sein, daß einzelne wichtige Personen des sozialen Systems nicht anwesend sind. Dann kann ein weniger betroffener Spieler dessen Position einnehmen, der Berater kann es tun, oder die Position kann durch einen Stuhl symbolisiert werden.

Analoge Verfahren in der Prozeßberatung und insbesondere die Arbeit mit Skulpturen sind Vorgehensweisen, die Prozesse sehr schnell in Gang setzen können: Es wird z.B. in einer Skulptur schneller deutlich, wo die Probleme eines sozialen Systems liegen, als wenn man bloß darüber redet. In der Durchführung erscheinen solche Prozesse manchmal sehr einfach (es läuft gleichsam von selbst). Gerade analoge Prozeßarbeit setzt aber in besonderem Maße Kompetenz voraus: Kompetenz, die einzelnen Schritte zu beherrschen, sie je nach der Situation flexibel einzusetzen und ggf. auch abzuändern, sowie Sensibilität für das, was beim Gesprächspartner oder bei den Teilnehmern der Skulptur abläuft und sich möglicherweise nur auf analoger Ebene andeutet, und die Fähigkeit, gleichzeitig mögliche Belastungen bei einzelnen Teilnehmern zu erkennen und verantwortlich damit umzugehen.

Kapitel 5: Organisationsberatung mit größeren Systemen

Systemische Organisationsberatung kann in unterschiedlichen Formen durchgeführt werden: Man kann bei einzelnen Personen ansetzen, indem z.B. im Rahmen eines Beratungsprozesses eine Abteilungsleiterin dabei unterstützt wird, sich über ihr soziales System und die dort bestehenden Chancen und Risiken klarzuwerden und neue Handlungspläne für die nächsten Schritte in diesem System zu entwickeln. Es können eine Arbeitsgruppe, ein Team, das System Vorgesetzte und Mitarbeiter oder mehrere Kollegen zugleich beraten werden. Oder es kann eine umfangreichere Organisation, ein Bereich, ein Krankenhaus oder ein gesamtes Unternehmen unterstützt werden, im Rahmen eines Organisationsentwicklungs-Prozesses sich selbst weiter zu entwickeln.

5.1 Organisationsberatung mit mehreren Personen

In vielen Fällen empfiehlt es sich, Beratungsgespräche im Rahmen Systemischer Organisationsberatung mit mehreren Personen zugleich zu führen. Das können eine Vorgesetzte und ihr Mitarbeiter, einige Kollegen, ein Team sein. Oder es kann am Beratungsgespräch ein zusätzlicher Experte teilnehmen – z.B. ein Fachexperte aus dem Bildungsbereich, wenn es um ein Beratungsgespräch zur Klärung des Bildungsbedarfs und der Bildungsmöglichkeiten für einen Mitarbeiter geht.

Der Vorteil der Beratung mit mehreren Personen liegt darin, daß hier unterschiedliche Sichtweisen (z.B. die der Vorgesetzten und ihres Mitarbeiters oder die eines Klienten und eines Experten) unmittelbar in das Beratungsgespräch eingebracht werden können. In einer Bildungsbedarfsanalyse mit einem Mitarbeiter, seiner Vorgesetzten und vielleicht noch einem Bildungsexperten kann der Mitarbeiter seine Sichtweise darlegen, die Vorgesetzte kann aus ihrer Sicht möglichen Bildungsbedarf nennen, und beide Sichtweisen können unmittelbar aufeinander abgestimmt werden: Wo bestehen Unterschiede? Wieweit gibt es Übereinstimmung? Was gibt es aus Sicht des Bildungsexperten für Möglichkeiten? – Schließlich kann bei der Festlegung von Maßnahmen dann unmittelbar die Zustimmung der unterschiedlichen Personen abgeklärt werden.

Auch Organisationsberatung mit ganzen Systemen verläuft entsprechend den in Kapitel 2 dargestellten Phasen des Beratungsprozesses, wobei jedoch in einzelnen Phasen zusätzliche Aufgaben zu lösen sind.

5.1.1 Phase 1: Orientierungsphase

Wie in jedem Beratungsgespräch stehen hier die Orientierung über die Beziehung und den Inhalt sowie eine Vereinbarung über die Definition der Situation als Beratung an.

Entscheidend ist in Beratungsgesprächen mit mehreren Personen, daß der Kontrakt über die Definition der Situation zwischen allen Teilnehmern am Beratungsprozeß geschlossen wird. In vielen Fällen haben nicht alle Teilnehmer gleichermaßen Interesse an Beratung: Möglicherweise sucht der Vorgesetzte in der Beratung Unterstützung gegenüber einem nicht-motivierten Mitarbeiter und hat den Mitarbeiter mehr oder minder dazu gedrängt. Oder Mitarbeiterinnen erhoffen sich durch Beratung Unterstützung gegenüber ihrer Vorgesetzten. Das bedeutet, daß häufig einige Teilnehmer an Beratungsprozessen nur relativ widerwillig daran teilnehmen und demzufolge zunächst gegenüber Beratung negativ eingestellt sind.

In solchen Situationen hat eine Beraterin folgende Aufgaben:

- die eigene Rolle transparent zu machen:
  Aufgabe der Beraterin ist es nicht, Partei zu ergreifen. Sondern ihre Aufgabe ist es, abzuklären, ob sich Lösungen finden lassen, denen alle Beteiligten zustimmen. Wenn die Beraterin diese Botschaft deutlich vermitteln kann und wenn sie zugleich ihre Kompetenz signalisiert, diese Rolle auch durchzuhalten, dann ist damit ein entscheidender Schritt getan.
- den Kontrakt über die Definition der Situation explizit mit jedem einzelnen Teilnehmer zu treffen.
  Jeder muß sich explizit darauf einlassen. Und es ist wichtig, hier genau nachzufragen: „Sind Sie bereit, sich auf die Beratung einzulassen?“ Antworten wie „mal sehen“ sind dabei keine Zustimmung. Sondern hier gilt, bei möglichen Einwänden nachzufragen und entweder Zustimmung und Ablehnung eindeutig zu fordern.

In der Orientierungsphase von Beratungsprozessen mit mehreren Personen ist es häufig auch zweckmäßig, Kontrakte über bestimmte Regeln für den Ablauf des Beratungsgespräches zu vereinbaren, z.B.

- die Regel, daß jeder das Recht hat, seine Sicht zu äußern,
- die Regel, daß andere Gesprächspartner den Betreffenden dabei nicht unterbrechen dürfen, wohl aber anschließend ihre Sichtweise darstellen.

Gerade dann, wenn es sich um Beratung in Konfliktsituationen handelt, sind solche Kontrakte wichtig, da ansonsten die Gefahr besteht, daß im Beratungsgespräch aus dem Alltag geläufige Inteaktionsstrukturen weitergeführt werden, sich Klienten z.B. wechselseitig angreifen oder sich ein Klient fortwährend verteidigt usw.

Jay Haley, der Begründer der Strategischen Familientherapie in der Tradition von Bateson, hat in diesem Zusammenhang nachdrücklich darauf hingewiesen, daß Beratung nur möglich ist, wenn der Berater „die Kontrolle über die Beziehung“ behält (Haley 1978, 32f.): Ein Berater oder eine Beraterin müssen in der Lage sein, die vereinbarte Definition der Situation als Beratung durchzusetzen. D.h. sie müssen verhindern können, daß diese Situation sich unter der Hand in Beschimpfungen, Beschuldigungen und Vorwürfe verändert.

Kontrolle über die Beziehung hat dabei nichts mit willkürlicher Machtausübung zu tun, sondern ist immer Ergebnis eines Kontraktes:

In dem Moment, in dem ein gemeinsamer Kontrakt über die Definition der Situation als Beratung geschlossen wird, wird damit gleichzeitig vereinbart, daß für eine bestimmte Zeit (nämlich während der Beratung) die Klienten ein Stück Kontrolle über die Beziehung an die Beraterin oder den Berater abgeben – und sie werden diesen Kontrakt nur schließen, wenn sie darauf vertrauen können, daß die Beraterin nicht Partei ergreift, sondern kompetent ist, die neutrale Vermittler-Rolle durchzuhalten.

5.1.2 Phase 2: Klärungsphase

Für die Beraterin ergeben sich in dieser Phase im Umgang mit den verschiedenen Personen des Klientensystems im wesentlichen drei Aufgaben:

(1) Auf die Einhaltung von Regeln und Vereinbarungen achten
Insbesondere bei Konfliktberatung ist zentrale Aufgabe, zunächst einmal die alltäglichen Interaktionsstrukturen zwischen den Klienten zu unterbrechen, also z.B. zu verhindern, daß ein Klient vom anderen fortwährend angegriffen wird. Möglicherweise muß man als Beraterin einen solchen Prozeß erst eine Zeit laufen lassen. Dann aber ist wichtig, ihn nachdrücklich zu unterbinden. Die Beraterin kann z.B. selbst etwas länger reden oder sie führt den Beratungsprozeß auf analoger Ebene (vgl. Kap. 4) weiter, indem sie z.B. jeden Gesprächspartner ein Symbol für die Situation oder für seine Wünsche suchen läßt.

(2) Jeden einzelnen dabei unterstützen, seine Sichtweise zu klären
In diesen Phasen ist es in der Regel notwendig, als Beraterin intensiv das Gespräch mit einem Teilnehmer zu führen. Wichtig ist hier, das zunächst im Kontrakt abzusichern: „Sind Sie damit einverstanden, daß zunächst Frau M ihre Sicht darstellt und ich sie dabei unterstütze? Und anschließend würde ich Sie dann bitten, Ihre Sicht darzustellen.“ Wenn dieser Kontrakt erreicht ist (ggf. sind dafür noch zusätzliche Begründungen hilfreich), gilt es, den betreffenden Klienten bei der Klärung seiner Situation zu unterstützen: fokussieren, Tilgungen nachfragen, widerspiegeln (vgl. Kap. 2.2.2). Zugleich sind auch die anderen Beteiligten im Blick zu behalten: Was nehmen die anderen davon wahr? Hat sich jemand ausgeblendet? Wie weit sind die anderen durch die Situation emotional betroffen und möchte am liebsten unterbrechen?

(3) Subjektive Deutungen wechselseitig übersetzen
Wenn ein Gesprächspartner die Klärung seiner Sichtweise abgeschlossen hat, steht Prozeßberatung mit dem oder den übrigen Gesprächspartnern an. Mögliche Prozeßfragen dabei sind:

„Wußten Sie, daß Herr X die Situation so sieht?“

„Wenn Sie das hören, was machen Sie damit?“

„Gibt es Punkte, die Sie gemeinsam sehen? Wo sind die Unterschiede?“

Manchmal kann es auch sinnvoll sein, daß die Beraterin gleichsam zwischen den Klienten übersetzt: „Wenn ich Herrn A richtig verstanden habe, möchte er mehr Informationen von Ihnen.“ Oder wenn ein Mitarbeiter fehlende Anerkennung durch seine Vorgesetzte als Ablehnung gedeutet hat, während es der Vorgesetzten grundsätzlich schwer fällt, Anerkennung explizit auszusprechen, ist es hilfreich, diese unterschiedlichen Sichtweisen zu übersetzen: „Wenn Ihr Vorgesetzter keine Kritik äußert, bedeutet das für ihn Zustimmung zu dem, was Sie tun.“

Eine andere Möglichkeit in dieser Phase sind sog. zirkuläre Fragen (z.B. Palmowski/Thöne 1995; Penn 1983). Ausgangspunkt dafür ist die Tatsache, daß Kommunikation in sozialen Systemen relativ stark Kommunikation über andere ist: der Vorgesetzte redet über den Mitarbeiter und umgekehrt. Dies kann man sich zunutze machen, indem man einzelne Personen danach fragt, was ihrer Meinung nach andere Personen denken oder tun. Beispiele für solche zirkulären Fragen sind:

„Was meinen Sie, könnte Ihr Vorgesetzter von dieser Beratung erwarten?“

„Was meinen Sie, würde Ihr Kollege antworten, wenn man ihn nach dem Anlaß für diesen Konflikt fragen würde?“

„Was meinen Sie, hat Ihre Kollegin zu dieser Auffassung gebracht?“

Damit werden die wechselseitigen subjektiven Deutungen, die im Alltag häufig verborgen sind, transparent und geben Anstoß, die eigene Deutung zu überdenken und abzuändern.

5.1.3 Phase 3: Veränderungsphase

Zielstellung der Beratung mit mehreren Personen ist, daß Lösungen gefunden werden, denen alle Beteiligten zustimmen. Aufgabe der Veränderungsphase ist es somit, solche Lösungen zu entwickeln.

Auch dabei gibt es unterschiedliche Möglichkeiten:

(1) Aushandeln von Wünschen

Alltägliche Interaktion leidet oft daran, daß die Wünsche, die man an andere Personen hat, nicht ausgesprochen werden, sondern gleichsam getilgt sind.

Hier besteht eine hilfreiche Möglichkeit darin, solche Wünsche explizit formulieren zu lassen:

„Was wünschen Sie sich von Ihrer Vorgesetzten?“

„Was wünschen Sie sich von Ihrem Mitarbeiter?“

Häufig sind Wünsche auch hinter Kritik verborgen. Wenn ein Mitarbeiter kritisiert, daß er keinen Entscheidungsfreiraum hat, dann steht dahinter der Wunsch, mehr Freiraum zu bekommen. Mit Wünschen kann man aber leichter umgehen als mit Kritik. Damit ergibt sich die Möglichkeit, im Rahmen einer Referenztransformation Kritik in Wünsche zu transformieren: „Ich höre also bei Ihnen heraus, Sie wünschen sich mehr Selbständigkeit von Ihrer Vorgesetzten. Ist das so?“

Wünsche können erfüllt werden oder werden nicht erfüllt. Es ist nicht Aufgabe der Beratung, hier eine harmonische Lösung zu erzwingen. Vielmehr ist abzuklären, ob eine gemeinsam akzeptierte Lösung erreichbar ist.

Damit wird sich üblicherweise an das Formulieren von Wünschen eine längere Phase des „Aushandelns" anschließen:

- In welchen Bereichen möchte der Mitarbeiter mehr Entscheidungsfreiraum? Gibt es Bereiche, in denen die Vorgesetzte bereit wäre, diesen Entscheidungsfreiraum zu geben?
- Was braucht die Vorgesetzte, um diesen größeren Entscheidungsfreiraum geben zu können (vielleicht mehr Informationen von ihrem Mitarbeiter)?
- Wie könnte dieses Vorgehen überprüft werden?

Wichtig ist, daß die Bearbeitung von Wünschen „ausgewogen" erfolgt: Jeder, die Vorgesetzte und der Mitarbeiter, hat das Recht, Wünsche zu äußern, und diese Wünsche sind gleichermaßen zu bearbeiten. Dabei kann sich durchaus im Verlauf des Beratungsprozesses herausstellen, daß beim Aushandeln des Wunsches des Mitarbeiters zugleich auch entscheidende Wünsche der Vorgesetzten (z.B. nach besserer Information) mit abgearbeitet werden.

(2) Brainstorming
Eine andere Möglichkeit, die z.B. in der Teamberatung gut anwendbar ist, besteht darin, zunächst in einer Brainstorming-Phase möglichst viele Lösungsmöglichkeiten zu sammeln, die dann gemeinsam bewertet werden:

- Man kann jeweils mit Punkten bewerten lassen, welche Lösungsmöglichkeiten die einzelnen Teammitglieder akzeptieren würden und dann die am meisten gewählten Möglichkeiten weiter diskutieren.
- Man kann aber auch umgekehrt diejenigen Lösungsmöglichkeiten kennzeichnen lassen, die jemand auf keinen Fall akzeptieren würde. Möglicherweise bleiben dann Lösungen übrig, denen alle zustimmen, möglicherweise stellt sich heraus, daß es bei bestimmten Lösungen nur wenig Einwände gibt, die dann weiter bearbeitet werden können. Häufig sind in solchen Fällen zusätzliche Vereinbarungen notwendig, um solche Lösungen für alle akzeptabel zu machen.

(3) Analoge Verfahren
Schließlich kann die Veränderungsphase auch mit analogen Verfahren (vgl. Kap. 4) durchgeführt werden: Es kann ein Symbol für erfolgreiche Zusammenarbeit gesucht werden, eine Skulptur von den Betreffenden gestellt werden usw.

5.1.4 Phase 4: Abschlußphase

In der Abschlußphase steht (wie in jedem Beratungsgespräch) an, die Kontrakte festzumachen:

- Welche Kontrakte werden zwischen den Klienten geschlossen?
- Gibt es Kontrakte mit dem Berater?
- Wie wird die Einhaltung von Kontrakten abgesichert und überprüft?

Eines ist in diesem Zusammenhang wichtig:

Beratung kann nicht garantieren, daß bei Konflikten immer Konsens gefunden wird. Wenn z.B. einem Mitarbeiter gekündigt wird, dann ist darüber normalerweise kein Konsens mit dem Mitarbeiter zu erzielen.

Beratung kann hier aber den Spielraum möglicher Einigung transparent machen: Es mag sein, daß die Vorgesetzte mit den Leistungen des Mitarbeiters nicht zufrieden ist. Dann wäre transparent zu machen, was die Erwartungen der Vorgesetzten sind: Was heißt „bessere Leistungen“? Was genau soll der Mitarbeiter tun?

Auf einer solchen Basis kann sich der Mitarbeiter entscheiden, ob er überhaupt bereit ist, diese Erwartungen zu erfüllen. Möglicherweise können Unterstützungsmaßnahmen vereinbart werden, die ihm helfen, diese Aufgaben zu bewältigen. Möglicherweise findet sich eine andere Aufgabe. Oder es ergibt sich im Beratungsprozeß, daß die Vorgesetzte ihre Vorstellungen verändert.

Wenn andererseits die Entscheidung einer Kündigung bereits gefallen ist, dann ist es Aufgabe der Beratung, eben diesen Sachverhalt transparent zu machen: Die Vorgesetzte ist unter keinen Umständen bereit, ihre Entscheidung rückgängig zu machen. Auch dieses Ergebnis ist hilfreich, denn es bewahrt den Mitarbeiter davor, Energie in Lösungen zu verschwenden, die nicht realisierbar sind: Wenn er weiß, daß die Entscheidung gefallen ist, macht es keinen Sinn mehr, zu versuchen, die Vorgesetzte umzustimmen. Möglicherweise kann man dafür in anderen Bereichen Vereinbarungen treffen: Was braucht der Mitarbeiter an Unterstützung, um sich für andere Positionen zu bewerben? Besteht Bereitschaft seitens des Unternehmens, ihn dabei zu unterstützen?

Beratung, das ist deutlich geworden, kann Konflikte nicht aus der Welt schaffen. Aber sie bewirkt Klarheit: Sie hilft, genau den Rahmen möglicher Lösungen abzugrenzen und bewahrt damit davor, Energie in mögliche Lösungen zu verschwenden, die nicht realisierbar sind.

5.2 Systemische Organisationsentwicklung

5.2.1 Theoretische Grundlagen

Die mittlerweile klassische Definition von Organisationsentwicklung gibt die Deutsche Gesellschaft für Organisationsentwicklung (GOE), ein seit 1980 bestehender Zusammenschluß von Beratern, Anwendern und Wissenschaftlern im Bereich von Organisationsentwicklung:

„Die GOE versteht Organisationsentwicklung als einen längerfristig angelegte, organisationsumfassenden Entwicklungs- und Veränderungsprozeß von Organisationen und der in ihr tätigen Menschen. Der Prozeß beruht auf Lernen aller Betroffenen durch direkte Mitwirkung und praktische Erfahrung. Sein Ziel besteht in einer gleichzeitigen Verbesserung der Leistungsfähigkeit der Organisation (Effektivität) und der Qualität des Arbeitslebens (Humanität)" (Becker/Langosch 1995, 5).

Historisch lassen sich zwei große Ansätze der Organisationsentwicklung unterscheiden (vgl. z.B. Gebert 1974; 1993; Pieper 1988, 43ff., 263ff.; Richter 1994; Rosenstiel u.a. 1987, 25ff.; Trebesch 1980):

- Der im Anschluß an Lewin, Lippitt u.a. entwickelte „personale Ansatz", bei dem der entscheidende Ansatzpunkt für die Veränderung von Organisationen in der Veränderung der Menschen gesehen wird. Ursprünglich liegt hier das Schwergewicht auf der sogenannten „Laboratoriumsmethode", d.h. bestimmten gruppendynamischen Trainings, in denen die Teilnehmer unmittelbar Feedback über ihr Verhalten erhalten (z.B. Bradford u.a. 1972). Im weiteren Sinne gehören zu dem personalen Ansatz auch alle Konzepte, in denen versucht wird, Organisationsveränderungen auf der Basis von fachlicher oder überfachlicher Qualifizierung der Mitarbeiter zu erreichen.
- Der strukturale Ansatz, der in den 50er Jahren im Rahmen des sog. sozio-technischen Systemansatzes am Tavistock-Institute for Human Relations in London entwickelt wurde (vgl. Emery 1981; Grochla 1978). Der Ansatzpunkt für die Veränderungen von Organisationen wird hier in der Veränderung von Strukturen gesehen. Demzufolge liegt das Schwergewicht auf der Entwicklung neuer Arbeitsformen wie z.B. der Einführung teilautonomer Arbeitsgruppen (vgl. z.B. Ulich/Baitsch 1987) oder auf Fragen der Zentralisierung oder Differenzierung von Organisationen (Gebert 1974, 43ff.).

Die Entwicklung hat aber gezeigt, daß eine einseitige Ausrichtung an einem dieser Ansätze nicht ausreicht: Eine Veränderung von Organisationsstrukturen bleibt wirkungslos, wenn sich nicht gleichzeitig auch die Menschen in der Organisation verändern. Ebenso wird eine Veränderung von Menschen durch bestehende Strukturen begrenzt oder behindert: Es reicht nicht aus, daß einzelne bereit sind, neue Initiativen zu ergreifen, wenn nicht zugleich auch Strukturen geschaffen werden, die die Umsetzung solcher Initiativen ermöglichen. D.h. aber, daß Organisationsentwicklung einer systemtheoretischen Fundierung bedarf (vgl. z.B. Becker/Langosch 1995, 49ff.; Gairing 1996; Häfele 1993; Wagner 1995; Wehrmann 1995).

Legt man den in Kapitel 1 dargestellten Systembegriff zugrunde, dann ergeben sich hieraus folgende Grundsätze für Systemische Organisationsentwicklung:

(1) Komplexe Abläufe in sozialen Systemen lassen sich nicht kausal, sondern nur aus dem Zusammenwirken der verschiedenen Faktoren in einem sozialen System erklären und steuern

D.h. Organisationsentwicklungs-Maßnahmen können auf den verschiedenen Ebenen sozialer Systeme ansetzen:
- bei den einzelnen Personen des sozialen Systems,
- bei ihren subjektiven Deutungen, ihren Einstellungen, Zielen, aber auch bei ihren Kenntnissen, Qualifikationen usw.,
- bei den Regeln, die Abläufe innerhalb des sozialen Systems steuern, dazu zählen ebenso die formalisierten Regeln einer Aufbau- und Ablauf-Organisation als auch „geheime Regeln" des Umgangs miteinander,

- bei den Interaktions-Strukturen innerhalb des Systems,
- bei der Abgrenzung zur Systemumwelt.

(2) Die Wirkungen von Interventionen werden durch das System definiert

Ob z.B. eine Umstrukturierung tatsächlich zu höherer Leistung oder im Gegenteil zu einer Anhäufung von Problemen führt, hängt davon ab, welche Bedeutung von außen vorgegebene Interventionen innerhalb des Systems erhalten. D.h. der jeweilige Zustand des Systems (also z.B. der Zustand nach einer Umstrukturierung) läßt sich nicht von außen vorhersagen, sondern ergibt sich grundsätzlich nur aus der „Antwort" des Systems auf eine Intervention von außen.

Dieser Sachverhalt wird des öfteren unter den Begriffen „Autopoiesis" oder „Selbstorganisation" diskutiert (z.B. Baitsch 1993; Fischer 1991; Langthaler/Schiepek 1995; Probst 1987; 1993a; Tschacher 1990).

Den Begriff „Autopoiesis" hatte Maturana ursprünglich im Zusammenhang mit lebenden Systemen eingeführt: Autopoietische Systeme sind solche, bei denen die Elemente des Systems durch das System selbst erzeugt werden (Maturana 1985, 184ff.). Damit ist der Begriff Autopoiesis zunächst nur für biologische Systeme definiert. Ein soziales System wie z.B. eine Abteilung wird sicherlich nicht in dem gleichen Sinn durch das System selbst erzeugt, wie es etwa bei Zellen oder anderen Lebewesen der Fall ist (vgl. auch Hejl 1990; 1995; Probst 1987, 68ff; Tschacher 1990, 167ff).

Soziale Systeme sind autopoietisch oder sich selbstorganisierend demzufolge nicht in der gleichen Bedeutung wie biologische Systeme, wohl aber in dem Sinne, daß die subjektiven Deutungen oder die im System geltenden „geheimen" Regeln nicht von außen eingeführt werden können, sondern durch das System selbst geschaffen werden. Die Konsequenz daraus ist, daß die Wirkung von Interventionen im Rahmen von Organisationsentwicklungs-Prozessen nie von außen vorhersagbar ist, sondern daß über die Wirkungen durch das System selbst entschieden wird.

Organisationsentwicklung wird damit zu einem komplexen Wechsel von Diagnose, Intervention und Transformation dieser Intervention durch das System selbst:

- Es ist die Sicht des sozialen Systems zu erfassen: Wo sieht das System selbst seine Probleme, wo sieht es Ansatzpunkte für mögliche Veränderungen? Wo werden aus Sicht der Systemumwelt (z.B. aus Sicht von Kunden, benachbarten Bereichen usw.) Probleme und Ansätze für eine Veränderung gesehen?
- Es sind auf dieser Basis Interventionen durchzuführen: Es wird z.B. ein Teamentwicklungs-Seminar durchgeführt, ein Vorgesetzter wird beraten, es wird eine Umstrukturierung beschlossen und umgesetzt.
- Es sind dann die Wirkungen dieser Maßnahmen im System zu diagnostizieren: Was hat das System mit der Teamentwicklung gemacht? Werden die Ergebnisse umgesetzt? Wie haben benachbarte Bereiche auf die Teamentwicklung eines sozialen Systems reagiert? Sind neue, nicht vorhersehbare Konsequenzen aufgetreten?
- Auf dieser Basis sind dann neue Interventionen unter Berücksichtigung des neuen Systemzustands zu planen und durchzuführen.

(3) Die Kompetenz des sozialen Systems übersteigt die Kompetenz des einzelnen (externen oder internen) Beobachters

Diese These läßt sich anhand des Beobachterprinzips von Maturana „Alles was gesagt wird, wird von einem Beobachter gesagt“ (Maturana 1985, 34) verdeutlichen:

Jeder einzelne nimmt das gesamte soziale System immer nur aus seiner individuellen Beobachterperspektive wahr. Aus der Perspektive eines Mitarbeiters erhalten manche Sachverhalte (z.B. das Verhalten der Vorgesetzten) eine besondere Bedeutung, während andererseits bestimmte andere Sachverhalte (z.B. die Notwendigkeit für die Vorgesetzte, sich im Kreis der Kolleginnen und Kollegen durchsetzen zu müssen) überhaupt nicht in den Blick kommen:

Eine umfassende und zuverlässige Sicht des Systems ist also nur dann zu erhalten, wenn man verschiedene subjektive Deutungen der Situation zusammenfaßt:

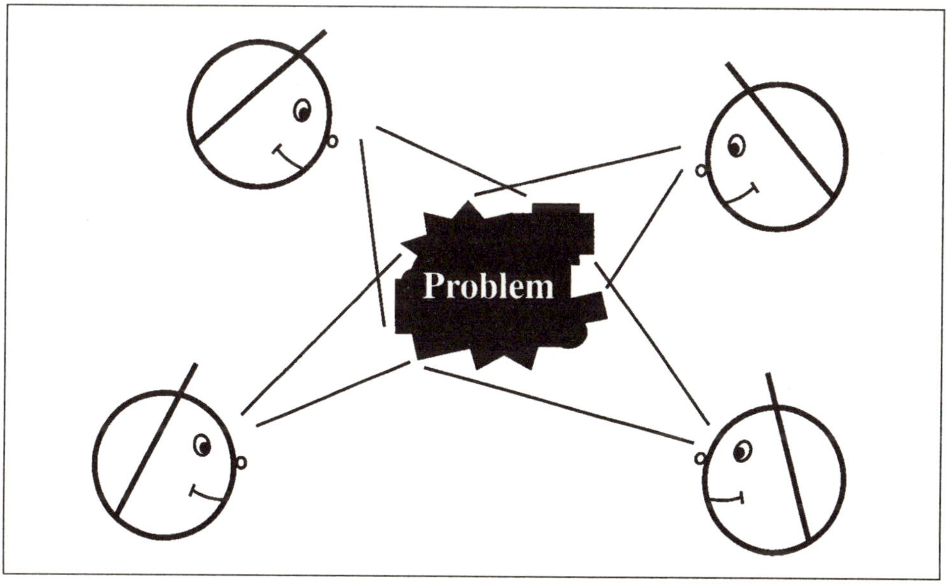

Die These, daß die Kompetenz des sozialen Systems die Kompetenz jedes einzelnen übersteigt, gilt auch für externe Beobachter. Klassische Organisationsveränderung ist in der Regel von der Annahme ausgegangen, daß ein externer Beobachter (z.B. ein Organisationsexperte) die Möglichkeit hat, die Organisation so zu erkennen, wie sie wirklich ist. Dabei wird aber übersehen, daß ein externer Experte das System immer nur aus seiner Beobachterperspektive wahrnimmt, die grundsätzlich ebenso einseitig ist wie die einzelner Angehöriger des sozialen Systems oder anderer Personen der Systemumwelt. Sicherlich kann die Perspektive eines externen Experten (wie ebenso z.B. auch die Erfahrung eines Kunden als Teil der „Systemumwelt") für das System hilfreich sein. Aber sie kann ebenso auch hinderlich sein, was die zahlreichen Beispiele belegen, in denen externe Experten Umstrukturierungsmaßnahmen durchgeführt haben, die für das System selbst nicht angemessen waren.

Entscheidend für den Erfolg von Organisationsmaßnahmen ist letztlich, wieweit es gelingt, Veränderung nicht von außen, sondern aus dem System selbst heraus entstehen zu lassen. Entscheidend für den Erfolg ist damit, wie weit eine Beraterin das im System vorhandene Wissen für den Veränderungsprozeß nutzen kann.

5.2.2 Phasen Systemischer Organisationsentwicklung

Versteht man Organisationsentwicklungs-Prozesse als umfangreiche Beratungsprozesse, dann lassen sich auch dafür die in Kapitel 2 dargestellten Phasen des Beratungsprozesses zugrundelegen. Dabei unterscheiden sich umfangreiche Organisationsentwicklungs-Prozesse zum einen durch die Anwendung zusätzlicher Instrumentarien (z.B. für umfangreiche Diagnosephasen), zum anderen dadurch, daß die einzelnen Phasen zeitaufwendiger oder jeweils nochmals aufgegliedert sind. Z.B. kann eine Orientierungsphase in Kontakt, mehrere Vorgespräche und abschließende Vereinbarungen aufgegliedert sein oder eine Diagnosephase für sich allein mehrere Monate dauern. Und es entstehen häufig Zyklen zwischen verschiedenen Phasen dergestalt, daß Diagnosephasen und anschließende Interventionen mehrmals wiederholt werden (vgl. auch Becker/Langosch 1995, 53ff.; Management Center 1992; Sievers 1977).

Im einzelnen stellen sich in den einzelnen Phasen folgende Aufgaben:

Phase 1: Orientierungsphase

Im Grunde gilt für umfassende Organisationsentwicklungs-Prozesse dasselbe wie für jedes Beratungsgespräch: Ein Kunde (in diesem Fall: ein soziales System) wird Organisationsentwicklung nur dann durchführen, wenn er sich dadurch die Lösung von Problemen erwartet: Das Unternehmen schreibt rote Zahlen, es mehrt sich die Kritik von Mitarbeitern an einem veralteten Führungsstil usw. Konsequenz ist: Man denkt darüber nach, ein Organisationsentwicklungs-Projekt durchzuführen.

Meist gliedert sich die Orientierungsphase in mehrere Orientierungsgespräche auf. Z.B. kann es jemanden geben, der damit beauftragt wurde, sich zunächst einmal umzuschauen. Nach einem solchen Vorgespräch hat man dann erst mit dem Entscheider oder vielleicht mit einem Lenkungskreis zu tun.

Beraterin oder Berater stehen in dieser Phase zunächst vor der Aufgabe, Kenntnisse über das soziale System zu erwerben. Im einzelnen stellen sich dabei folgende Fragen:

- Wer sind die Entscheider für das Organisationsentwicklungs-Projekt?
  Gibt es einen Entscheider oder z.B. einen Lenkungskreis?
  Gibt es möglicherweise noch Personen im Hintergrund, die auch ihre Zustimmung geben müssen?
- Was sind die relevanten subjektiven Deutungen der jeweiligen Personen?
  Wer hat Interesse an einem Organisationsentwicklungs-Projekt?
  Wer gewinnt oder verliert durch das Organisationsentwicklungs-Projekt?
  Erfahrungsgemäß erhoffen sich einzelne Personen durch eine Organisationsentwicklungs-Maßnahme auch für sich persönlich Erfolg, z.B. dadurch, daß sie ihre Position festigen und ausweiten können. Und erfahrungsgemäß gibt es im sozialen System auch immer Personen, die befürchten, durch ein solches Projekt an Macht und Einfluß zu verlieren.
- Welche Regeln bestehen in dem sozialen System? Gibt es „heilige Kühe“, die man als Beraterin kennen muß?
  So kann z.B. in einem Unternehmen der Begriff „Coaching“ verpönt sein, woraus sich die Regel ergibt, daß Coaching in diesem Unternehmen verboten ist. Im Rahmen eines Organisationsentwicklungs-Prozesses können zwar Informationsgespräche oder Unterstützungsmaßnahmen vor Ort usw. durchgeführt werden – aber sie dürfen nicht als „Coaching“ bezeichnet werden.
- Was war die Vorgeschichte dieses Organisationsentwicklungs-Projektes? Gab es bereits andere Versuche, Organisationsentwicklung durchzuführen? Oder handelt es sich hier um den ersten Versuch nach einer langen Phase sehr traditioneller Unternehmensführung?

Zu klären ist, wie man als Beraterin an solche Informationen über das System gelangt:

- Sicherlich gibt es offizielle Informationen wie z.B. Geschäftsberichte u.dgl. Aber solche Informationen sind zwangsläufig immer die Darstellung des Systems aus einer bestimmten Perspektive. Sie sind hilfreich, aber sie müssen durch andere Informationen ergänzt werden.
- Vielleicht bestehen bereits Kontakte oder man kann neue Kontakte über Dritte knüpfen:
  Wer wäre bereit, einem etwas über das System zu erzählen?
  Wer wäre bereit, auch Informationen zu geben, die nicht auf der Oberfläche liegen?
  Wen kann man ansprechen?
  Wer kann Kontakte zu anderen Gesprächspartnern vermitteln?
- Vielleicht ergibt sich auch die Möglichkeit, nach einem ersten Vorgespräch weitere Informationen einzuholen. Oder man versucht, vor Erstellung eines endgültigen Angebotes einige Interviews oder Informationsgespräche zu führen.

Übrigens gilt diese Forderung, zunächst Kenntnis über das soziale System zu erwerben, auch für interne Organisationsberater, die ein Organisationsentwicklungs-Projekt in einem neuen Bereich starten wollen: Sie haben eine Reihe von Kontakten innerhalb des Gesamtsystems und verfügen auch zuvor schon über Informationen über den betreffenden Bereich. Aber ein Problem kann sein, daß diese Systemkenntnis interner Berater auch wieder aus einer bestimmten Perspektive erfolgt und damit zwangsläufig einseitig ist: Möglicherweise gehen sie von der Vorannahme aus, daß das Problem ohnehin beim Vorgesetzten liegt. Zu fragen ist auch hier: Gibt es noch andere mögliche Sichtweisen? Von wem kann ich diese Sichtweisen erfahren?

In der Orientierungsphase wird von der Beraterin erwartet, daß sie ein Angebot liefert (vgl. Niedereichholz 1994). Wie will sie in diesem Prozeß vorgehen? Wo setzt sie Schwerpunkte? Wo hat sie bereits Erfolge aufzuweisen? Welchen Ablauf (Zeit, Kosten usw.) schlägt sie vor?

Abschluß der Orientierungsphase ist dann ein möglicher Kontrakt zwischen Klienten- und Beratungssystem. Häufig wird ein solcher Kontrakt zunächst nicht ein gesamtes umfangreiches Organisationsentwicklungs-Projekt umfassen, sondern sich eventuell auf eine Diagnosephase oder eine Pilotphase in einem Bereich oder möglicherweise auf eine Vorstudie beschränken. Häufig macht eine solche Aufteilung auch ihren guten Sinn: Sie gibt dem Klienten-, aber auch dem Berater-System die Möglichkeit, Erfahrungen miteinander zu machen: Werden die wechselseitigen Erwartungen erfüllt? Kann man produktiv miteinander arbeiten? Treten irgendwelche Probleme auf, die eine weitere Zusammenarbeit problematisch erscheinen lassen?

Phase 2: Die Diagnosephase

Die Diagnosephase entspricht der Klärungsphase im Beratungsprozeß, ist aber in der Regel wesentlich aufwendiger. Wie in der Klärungsphase ist auch hier nicht das Ziel, daß die Beraterin sich ein möglichst genaues Bild vom System (der Abteilung, des Bereichs, des Projektteams oder des Unternehmens) verschafft, sondern daß sich das System über sich selbst klar wird.

Für solche Diagnosephasen steht eine recht umfangreiche Palette von Diagnoseverfahren zur Verfügung. Das können sein:

- Beobachtungsverfahren, in denen bestimmte Abläufe von externen oder internen Beobachtern erfaßt werden
- Interviews und Gruppendiskussionen, um unterschiedliche subjektive Sichtweisen des Systems zu erheben
- Fragebogenuntersuchungen, mit denen sich z.B. die Häufigkeit verschiedener Sichtweisen erfassen lassen.

Abschluß der Diagnosephase muß sein, daß das Wissen an das betreffende soziale System zurückgespiegelt wird. Häufig schließt sich dann an eine Diagnosephase noch eine neue Orientierungsphase an, in der innerhalb des Systems entschieden wird, ob der Prozeß weitergeführt wird.

Phase 3: Die Veränderungsphase

Jede Diagnose ist für das soziale System zugleich Veränderung. Wenn Mitarbeiterinnen und Mitarbeiter befragt werden, verändern sich bereits dadurch ihre subjektiven

Deutungen: Angehörigen des sozialen Systems werden bei der Durchführung von Interviews oder bei der Rückspiegelung der Daten neue Sachverhalte bewußt. Oder sie machen sich Gedanken darüber, warum sie von dem Befragungsergebnis nichts hören. Allein diese Gedanken beeinflussen das Verhalten des sozialen Systems.

In den meisten Fällen aber werden in der Veränderungsphase zusätzliche Maßnahmen durchgeführt (vgl. z.B. Becker/Langosch 1995; Heimerl-Wagner 1992; Neuberger 1994, 240ff.). Das können sein:

- Beratungsphasen mit einzelnen oder ganzen Systemen:
  Z.B. können die Bereichsleiterin, die Geschäftsführung, interne Fachexperten oder interne Organisationsentwickler dabei unterstützt werden, selbst Veränderungsprozesse voranzutreiben. Oder es wird die Geschäftsführung oder eine Arbeitsgruppe insgesamt beraten.
- Teamentwicklungsmaßnahmen, in denen z.B. Projektteams oder Arbeitsgruppen bei ihrer Weiterentwicklung unterstützt werden.
- Veränderungen der Aufbau- und Ablauforganisation, indem z.B. eine flachere Organisation eingeführt wird, Verwaltungsabläufe verändert oder in die Linie verlegt werden, oder indem neue Organisationsformen wie Teamarbeit, Projektmanagement usw. eingeführt werden.
- Qualifizierungsmaßnahmen wie z.B. Kommunikationstrainings, Schulungen in Projektmanagement, Unterstützung am Arbeitsplatz usw.
- Etablierung von Multiplikatoren, indem z.B. ein interner Beraterpool aufgebaut wird.

Phase 4: Abschlußphase

Insofern Organisationen stets vor der Notwendigkeit stehen, sich weiter zu entwickeln, ist Organisationsentwicklung ein prinzipiell unabgeschlossener Prozeß. Das bedeutet aber nicht, daß Organisationsberatung als Begleitung und Unterstützung dieses Prozesses ebenso unabgeschlossen wäre. Sicherlich gibt es bei sozialen Systemen die Tendenz, den Kontakt zu bewährten Beratern zu halten – ebenso wie in der Regel auch Berater daran interessiert sind, den Kontakt zu einem Kunden nicht zu verlieren. Aber die Gefahr eines solchen Vorgehens liegt darin, daß sich dadurch möglicherweise dysfunktionale Verhaltensmuster zwischen Berater- und Klientensystem einschleifen können: Das System kennt den Berater und hat damit auch viele Möglichkeiten gefunden, Interventionen zu unterlaufen. Andererseits „kennt“ auch der Berater das System – und ist gerade dadurch in Gefahr, seine Sicht dem System überzustülpen.

Von daher gilt, daß auch Organisationsentwicklungs-Prozesse für den Berater einen eindeutig markierten Abschluß haben müssen – was sicherlich nicht ausschließt, daß man in anderen Bereichen oder zu anderen Zeiten wieder auf diesen Berater zurückgreift.

Kapitel 6: Diagnoseverfahren im Rahmen Systemischer Organisationsberatung

In einem Beratungsgespräch, wie es in Kapitel 2 dargestellt wurde, stellt die Klärungsphase eine Diagnose dar, in der ein Klient dabei unterstützt wird, sich über seine Situation klarzuwerden. Dabei gehen im Beratungsgespräch Diagnose und Veränderung in der Regel unmittelbar ineinander über: Die Klärungsphase führt unmittelbar zur Veränderung der eigenen Sichtweise und zur Diskussion neuer Handlungsmöglichkeiten.

Daneben ist jedoch eine deutlichere Trennung von Diagnose und Intervention denkbar. Dieses Vorgehen ist z.B. für zahlreiche Organisationsentwicklungs-Prozesse kennzeichnend. Es erfolgt erst eine umfassende Organisationsanalyse, und auf dieser Basis werden dann in einem zweiten Schritt Maßnahmen geplant und durchgeführt. Die Trennung von Diagnose und Maßnahmenplanung kann aber auch im Rahmen von Einzelberatung auftreten: Im Rahmen einer Bildungsbedarfsanalyse wird zunächst der Bildungsbedarf eines Mitarbeiters geklärt. Erst in einem zweiten Schritt folgt dann die Beratung, mit welchen Maßnahmen dieser Bildungsbedarf abgedeckt werden kann.

Diagnose und Beratung sind in ihrer Zielsetzung deutlich unterschieden:

- Eine Diagnosephase etwa im Rahmen eines Organisationsentwicklungs-Prozesses ist kein Beratungsgespräch. Zielsetzung ist es, die gegenwärtige Situation eines sozialen Systems zu erfassen, noch nicht, das System zu verändern.
- Für eine Diagnose wird zuvor ein bestimmter Themenbereich (z.B. Führung, Organisationsstruktur, Bildungsbedarf einer Person oder eines Teams) festgelegt, während das Beratungsgespräch häufig wesentlich „offener" hinsichtlich des Themas geführt wird.
- Die Diagnosephase bedarf einer gezielten Vorbereitung, in der Zielsetzung und Ablauf abzuklären sind – ansonsten besteht die Gefahr, daß man nicht die Informationen erhält, die man benötigt.
- Schließlich erfordern Diagnosen sozialer Systeme eine gezielte Auswertung, in der die jeweils erhobenen Sichtweisen des Systems zusammengefaßt und interpretiert werden.

Es gibt mittlerweile zahlreiche unterschiedliche Diagnoseverfahren, die im Rahmen von Organisationsentwicklungs-Prozessen eingesetzt werden können (Übersichten z.B. bei Denzin/Lincoln 1994; Diekmann 1995; Roth 1993; Sarges 1995; Schircks 1994). Aus der breiten Palette sollen im folgenden das qualitative Interview, Gruppendiskussion und offene schriftliche Befragung sowie Fragebogen, Beobachtung und Selbstaufschreibung dargestellt werden.

6.1 Das Konstrukt-Interview

6.1.1 Theoretische Grundlagen

Da sich die Wirklichkeit eines sozialen Systems aus unterschiedlichen subjektiven Deutungen zusammensetzt, ist es die erste Aufgabe in jedem Organisationsentwicklungs-Prozeß, das System darin zu unterstützen, diese verschiedenen Sichtweisen zu klären:

- Wie wird das Unternehmen, wie wird die Abteilung von den Mitarbeitern und von außerhalb (z.B. von benachbarten Abteilungen) eingeschätzt?
- Wo werden Schwachstellen bzw. Stärken gesehen?
- Wie wird die Situation erklärt?
- Welche Lösungsmöglichkeiten sehen die Gesprächspartner?
- Wie weit sind die subjektiven Sichtweisen einzelner Personen innerhalb des sozialen Systems übereinstimmend, wo bestehen Unterschiede?
- Wie weit entspricht die interne Sicht des sozialen Systems (z.B. der Mitarbeiter einer Abteilung) der Außensicht von benachbarten Abteilungen, von Kunden usw.?

In der qualitativen Forschung werden solche Fragen unter dem Titel „Subjektive Theorien" diskutiert. Ausgangspunkt dafür waren Untersuchungen über die „subjektiven Berufstheorien von Lehrern" (z.B. Dann u.a. 1982; Hofer 1986), die unter der Fragestellung standen, wie das Handeln von Lehrern durch ihre subjektiven Annahmen über Schüler beeinflußt wird. Weitergeführt wurde dieser Ansatz insbesondere im Rahmen eines „Forschungsprogramms Subjektiver Theorien" (v.a. Groeben u.a. 1988; vgl. König 1995).

Groeben u.a. bestimmen Subjektive Theorien als komplexes „Aggregat von Kognitionen der Selbst- und Weltsicht" (1988, 51), wobei als Inhalte Subjektiver Theorien subjektive Konstrukte (Begriffe), subjektive Definitionen, subjektive Erklärungen, subjektive Prognosen und subjektive Technologien aufgeführt werden (Groeben u.a. 1988, 47ff.).

Vor dem Hintergrund unserer Erfahrungen in mehreren Forschungsvorhaben wird im folgenden eine etwas andere Aufgliederung zugrundegelegt: Subjektive Theorien (d.h. die subjektiven Deutungen der Wirklichkeit) werden unterschieden in subjektive Konstrukte, subjektive Diagnosehypothesen, subjektive Ziele, subjektive Erklärungshypothesen und subjektive Strategien.

(1) Subjektive Konstrukte
Subjektive Theorien sind zunächst bestimmt durch die für den jeweiligen Themenbereich relevanten Konstrukte (Begriffe). So könnten z.B. für eine Abteilungsleiterin in Bezug auf ihre Abteilung folgende Konstrukte relevant sein: „neu zusammengewür-

felt“, „gemeinsame Linie“ (in dem Sinn, daß sie in ihrer Abteilung noch keine gemeinsame Linie sieht, aber sie erreichen möchte), „Orientierung“ (etwa, indem sie ihre Aufgabe darin sieht, den Mitarbeitern Orientierung zu geben, sich aber über zu wenig Orientierung seitens ihres eigenen Vorgesetzten beklagt) usw.

Welche Konstrukte dabei tatsächlich „relevant“ sind, läßt sich nicht durch äußere Kriterien definieren, sondern ergibt sich aus der Bedeutung dieser Konstrukte für die Beschreibung und die Erklärung der Situation. Wenn z.B. für die betreffende Abteilungsleiterin das Konstrukt „Orientierung“ relevant ist, dann bedeutet dies, daß sie zur Beschreibung von Führungskräften dieses Konstrukt heranziehen wird („mein Vorgänger gab zu wenig Orientierung darüber, wo es lang geht“), daß sie Fehler schlechter Führungskräfte mit Verweis auf dieses Konstrukt (d.h. auf fehlende Orientierung) erklären wird bzw. daß dieses Konstrukt dann in Strategien auftreten wird: „damit die Abteilung zusammenwächst, brauchen die Mitarbeiter zunächst einmal Orientierung“.

Möglicherweise werden bei einem anderen Gesprächspartner die Konstrukte „Orientierung“ und „gemeinsame Linie“ in diesem Kontext überhaupt nicht oder nur am Rande auftreten, statt dessen aber Konstrukte wie „fachliche Kompetenz“ (bei der Beschreibung von Führungskräften ist hier die Aufmerksamkeit vor allem auf die fachliche Kompetenz gerichtet) oder „Verständnis für Mitarbeiter“ oder „Durchsetzungsvermögen“.

D.h. Konstrukte sind dann „relevant“, wenn sie von dem Betreffenden zur Diagnose und Erklärung der Situation und für die Diskussion von Strategien herangezogen werden.

Übrigens ist dem Betreffenden selbst normalerweise nicht von vornherein bewußt, welches die für ihn relevanten Konstrukte tatsächlich sind. Die Relevanz von Konstrukten ergibt sich häufig erst im Verlauf etwa eines Interviews: Konstrukte, die vom Interviewpartner nicht genannt werden, sind für ihn (vermutlich) nicht relevant. Dagegen: Konstrukte, die von ihm verwendet werden, sind für ihn im Zusammenhang mit dem betreffenden Themenbereich relevante Konstrukte – auch wenn sie möglicherweise zunächst nicht expliziert wurden und im Blick auf Tilgungen weiter zu klären sind.

(2) Subjektive Diagnosehypothesen

Auf der Basis ihrer relevanten Konstrukte wird die Abteilungsleiterin zunächst die Situation diagnostizieren:

„In der Abteilung fehlte bislang Orientierung.“

„Die Abteilung ist noch nicht zusammengewachsen.“

Diagnostiziert werden können hier einzelne Personen (ein Mitarbeiter oder auch die eigene Person), ganze Systeme (das gesamte Unternehmen oder die Abteilung) und bestimmte Situationen (z.B. die Veränderungen im letzten Jahr). Beispiele für solche Diagnosehypothesen sind etwa:

„Mein Vorgesetzter zeigt kein Einfühlungsvermögen.“

„Für Gruppenleiter besteht in diesem Unternehmen keine Aufstiegsmöglichkeit.“

„Unsere Abteilung ist noch nicht zusammengewachsen."
„Ich habe noch Schwierigkeiten, mich in meine Rolle zu finden."
„Ich verfüge über langjährige Erfahrung als Abteilungsleiterin."
„Ich fühle mich in diesem Unternehmen restlos wohl."

Diagnosehypothesen sind keineswegs nur neutrale Beschreibungen, sondern häufig auch Bewertungen: Zu den Diagnosehypothesen gehört auch, wie jemand seine eigenen Fähigkeiten, die Fähigkeiten von Vorgesetzten, Kollegen oder anderen Unternehmen bewertet.

(3) Subjektive Ziele

Subjektive Ziele sind die Ziele, die für die Gesprächspartnerin persönlich für wichtig sind. Das können persönliche Ziele sein, aber auch Ziele für die Abteilung, für das Gesamtunternehmen usw. Beispiele sind etwa:
„Vorrangiges Ziel für meine Arbeit ist, daß die Abteilung zusammenwächst."
„Wichtigstes Ziel für mich persönlich ist, im Unternehmen vorwärts zu kommen."
„Das Unternehmen muß lernen, die Produkte am Markt zu verkaufen."

(4) Subjektive Erklärungshypothesen

Subjektive Erklärungshypothesen geben Auskunft darüber, was die Gesprächspartnerin als Ursache für einen bestimmten Ist-Zustand (z.B. für bestimmte Probleme) ansieht. Diese sind damit gerade im Blick auf die Entwicklung von Lösungsmöglichkeiten besonders wichtig: Was wird z.B. als Ursache für Erfolg oder Mißerfolg angesehen?

Beispiele für subjektive Erklärungshypothesen sind etwa:
„Weil der Vorgesetzte keine Orientierung gegeben hat, war in der Abteilung die Fluktuation so groß."
„Weil Vereinbarungen nicht überprüft werden, gibt es soviel Reibungsverluste."
„Weil wir keine gemeinsame Unternehmensphilosophie haben, können wir nicht effektiv auf dem Markt auftreten."
Erklärungshypothesen sind stets zusammengesetzte Aussagen der Form „weil A, deshalb B", die jedoch sprachlich sehr unterschiedlich formuliert werden können:
„Der Vorgesetzte zeigt kein Verständnis für die Mitarbeiter, deshalb ist bei uns die Fluktuation so groß."
„Wenn der Vorgesetzte kein Verständnis zeigt, dann muß ja die Fluktuation groß sein."

(5) Subjektive Strategien

Subjektive Strategien sind subjektive Annahmen über geeignete Mittel zur Erreichung von Zielen. Sie werden häufig als Um-Zu-Sätze formuliert oder lassen sich in solche umformulieren, z.B.:
„Um die Fehlzeiten zu verringern, sollte der Vorgesetzte mehr Verständnis für die Mitarbeiter zeigen."

„Damit der Zusammenhalt in der Abteilung bestehen bleibt, ist es notwendig, daß neue Mitarbeiter besonders sorgfältig eingearbeitet werden."

Manchmal werden subjektive Strategien auch als einfache Vorschläge formuliert, wobei dann der Zweck nicht eigens erwähnt wird:
„Die Geschäftsführung sollte sich mehr darum kümmern, was in unterschiedlichen Bereichen vor sich geht!"

In jedem Fall handelt es sich um Vorschläge, die im Blick auf bestimmte Ziele gemacht werden.

Die subjektive Theorie des Interviewpartners zu erfassen, bedeutet somit, die von ihm zugrundegelegten Konstrukte, seine Diagnosehypothesen, Ziele, Erklärungshypothesen und subjektive Strategien zu klären.

Zur Erhebung subjektiver Theorien sind im Rahmen der sog. qualitativen oder interpretativen Sozialforschung (wie sich diese Richtung selbst bezeichnet) eine Reihe von unterschiedlichen Verfahren entwickelt worden (Übersichten z.B. bei Flick 1995; Flick u.a. 1991; Kvale 1996; König/Zedler 1995; Lamnek 1993).

Gemeinsam ist all diesen Ansätzen, daß hier im Unterschied zu klassischen Fragebogenuntersuchungen keine Kategorien von außen vorgegeben werden, sondern daß versucht wird, die für den Interviewpartner selbst relevanten Konstrukte und die darauf basierenden subjektiven Hypothesen zu erfassen.

Wenn z.B. in einem Fragebogen gefragt wird:
„Haben Sie genügend Informationen, um ihre Arbeitsaufgaben erfüllen zu können?", so wird die Zustimmung zu von außen vorgegebenen Konstrukten überprüft – in diesem Fall zu dem Konstrukt „Information".

In einem qualitativen Interview ist demgegenüber zunächst zu klären, ob „Informationsweitergabe" für den Betreffenden überhaupt ein wichtiges Thema (ein wichtiges Konstrukt) in diesem Zusammenhang ist, oder ob er die Wirklichkeit nicht unter anderen Konstrukten (z.B. „Zuverlässigkeit", „zu seinem Wort stehen") deutet.

Das bedingt zwangsläufig eine Wendung zu offenen Fragen, bei denen die Antworten nicht von vornherein in bestimmte Kategorien gelenkt werden, sondern bei denen der Gesprächspartner die Möglichkeit hat, „seine persönliche Konstruktion der Wirklichkeit" darzustellen.

Im Bereich Organisationsforschung werden qualitative Verfahren zur Erforschung subjektiver Theorien seit den 80er Jahren verwendet (Übersichten bei Arnold/Siebert 1995; Gebert 1991). So erheben Frei (1985) und Dachler (1988) die subjektiven Theorien von Führungskräften in Bezug auf Führung und Organisation. Schein (1985) führt im Zusammenhang von Organisationsentwicklungs-Prozessen Gruppeninterviews durch, um die subjektiven Vermutungen über zu erwartende Kommunikationsmuster in Krisen zu untersuchen.

Mittlerweile sind qualitative Interview-Verfahren z.B. im Rahmen von Organisationsentwicklungs-Prozessen (Heimerl-Wagner 1992, 137; Wohlgemuth 1984, 137ff.),

Mitbestimmungsforschung (z.B. Osterloh 1993), Planung von Bildungskonzeptionen (z.B. Flick 1995, 9f.; König/Hillbrink 1997; Schnell u.a. 1995, 5f.) durchaus gebräuchlich (vgl. auch Wollnik 1992).

In der praktischen Anwendung liegt jedoch ein Problem darin, daß Interviews häufig ohne zureichende theoretische und methodische Fundierung durchgeführt werden. Ein qualitatives Interview ist etwas anderes als ein „Irgendwie-miteinander-Reden". Und die Vorbereitung qualitativer Interviews ist mindestens ebenso aufwendig und bedarf ebenso professionellen Vorgehens wie etwa die Entwicklung eines Fragebogens.

Die Standardform des qualitativen Interviews ist das sog. „Leitfaden-Interview", bei dem der Interviewverlauf in eine Reihe von Leitfragen gegliedert ist (z.B. Bock 1992; Flick 1995, 94ff.; Girtler 1988, 152ff.; Lamnek 1993, 68ff.; Wittkowski 1994, 26ff.).

Eine besondere Form solcher Leitfaden-Interviews, das sog. Konstruktinterview, wird im folgenden ausführlicher dargestellt.

Zielstellung des Konstrukt-Interviews ist es, die subjektive Theorie eines Gesprächspartners zu einem bestimmten Themenbereich (z.B. zu Führung, zu Stärken und Schwächen des Unternehmens) zu erfassen. D.h. es wird im einzelnen gefragt:

- Welches sind die für die Deutung der Situation herangezogenen relevanten Konstrukte?
- Welche Diagnosehypothesen werden aufgestellt?
- Welches sind die subjektiven Ziele?
- Welche subjektiven Erklärungen werden gegeben?
- Welche subjektiven Strategien werden vorgeschlagen?

Um zuverlässige Ergebnisse zu erzielen, bedarf das Konstrukt-Interview einer gründlichen Vorbereitung, einer methodisch gesicherten Durchführung und einer detaillierten Auswertung. Diese drei Hauptphasen, Vorbereitung, Durchführung und Auswertung, werden im folgenden ausführlicher dargestellt.

6.1.2 Praktisches Vorgehen: Die Vorbereitungsphase des Interviews

In der Vorbereitungsphase sind das Untersuchungsziel zu klären, die Stichprobe festzulegen (wer wird befragt?) und das Befragungsdesign zu entwickeln.

(1) Festlegung von Untersuchungsziel und Verwendungszweck

Die Festlegung des Ziels ist der Ausgangspunkt für die gesamte weitere Planung des Interviews: Zunächst ist zu klären, was genau untersucht werden soll und wofür die Daten verwendet werden.

Damit ergibt sich die Unterscheidung zwischen zwei Zielen: dem eigentlichen Untersuchungsziel und dem Verwendungszweck der Untersuchung.

a) Das Untersuchungsziel legt fest, was genau untersucht werden soll:

Beispiele für Untersuchungsziele sind:

- Es soll untersucht werden, wie die Mitarbeiter das Unternehmen einschätzen.
- Es soll untersucht werden, wie aus Sicht der Mitarbeiter der Informationsfluß beurteilt wird.
- Es soll untersucht werden, wie weit die Führungsphilosophie des Unternehmens auf den verschiedenen Ebenen umgesetzt wurde.

b) Der Verwendungszweck stellt ein praktisches Ziel dar, das angibt, wozu die Daten verwendet werden sollen:
In der Regel geht es darum, bestimmte Maßnahmen auf der Basis der Befragung zu planen und durchzuführen. Für obige Beispiele könnten sich etwa folgende Verwendungszwecke ergeben:
- Es sollen Maßnahmen zur Förderung der Corporate Identity entwickelt und durchgeführt werden.
- Es sollen Schwachstellen im Informationsfluß behoben werden.
- Es sollen Maßnahmen zur Umsetzung der Führungsphilosophie geplant und durchgeführt werden.

Untersuchungsziel und Verwendungszweck legen die Blickrichtung für das weitere methodische Vorgehen fest. Es gibt zahllose Untersuchungen (das gilt für qualitative gleichermaßen wie für quantitative Fragebogenuntersuchungen), die daran leiden, daß die Zielstellung nicht präzise genug bestimmt ist – und die damit alle möglichen, aber nicht die relevanten Daten erheben. Je genauer Verwendungszweck und Untersuchungsziel definiert sind, desto leichter und besser kann die Befragung anschließend durchgeführt werden.

(2) Festlegung der Grundgesamtheit
Festlegung von Grundgesamtheit und Stichprobe sind aus quantitativen Untersuchungen (Fragebogenuntersuchungen) geläufig (vgl. z.B. Atteslander 1995, 312ff.; Schnell u.a. 1995, 215ff.): Festzulegen ist dabei, für welche „Grundgesamtheit" eine Untersuchung gelten soll (z.B. für eine bestimmte Abteilung, einen Bereich, das gesamte Unternehmen, alle Unternehmen insgesamt). Aus dieser Grundgesamtheit wird dann eine Stichprobe gezogen, d.h. festgelegt, welche Personen aus der Grundgesamtheit befragt werden sollen.

Entsprechend ist auch bei einem qualitativen Interview zunächst die Grundgesamtheit zu definieren. D.h. im Blick auf Untersuchungsziel und Verwendungszweck ist festzulegen, für welche Personengruppe die Untersuchung gelten soll. Dabei kann die Grundgesamtheit unterschiedlich groß sein: Im Extremfall kann die Grundgesamtheit aus nur einer Person bestehen (z.B., wenn es darum geht, die Visionen eines Unternehmensgründers zu klären). Es kann sich um eine eng begrenzte Grundgesamtheit handeln (ein bestimmtes Projektteam, eine Abteilung, eine Gruppe von Auszubildenden). Oder die Grundgesamtheit kann weiter ausgeweitet sein und z.B. alle Führungskräfte oder alle Mitarbeiter des Unternehmens oder Personen über ein Unternehmen hinaus umfassen.

In vielen Fällen ist es hilfreich, bei der Festlegung der Grundgesamtheit verschiedene Perspektiven zu berücksichtigen:

- Um mögliche Probleme von Auszubildenden zu erfassen, kann es wichtig sein, neben der internen Sicht der Auszubildenden (wo sehen Sie selbst Probleme) auch externe Sichtweisen von Ausbildern, Meistern, späteren Vorgesetzten zu berücksichtigen.
- Um Bildungsbedarf von Führungskräften zu erfassen, kann es hilfreich sein, auch die Sicht von Mitarbeiterinnen, höheren Vorgesetzten, vielleicht auch von externen Experten (wie z.B. Trainerinnen, die bereits Bildungsmaßnahmen mit dieser Zielgruppe durchgeführt haben) zu erheben.
- Um Stärken und Schwächen eines größeren Unternehmens zu erfassen, kann es zweckmäßig sein, auch externe Sichtweisen etwa von Kunden, Fachexperten, evtl. aus Sicht konkurrierender Unternehmen usw. zu erheben.

Daraus ergeben sich für die Festlegung der Grundgesamtheit folgende Fragen:

a) Wie ist die Grundgesamtheit definiert?
Soll die subjektive Sicht für ein Team, eine Abteilung, ein Unternehmen erfaßt werden? Oder ist die Grundgesamtheit weitergefaßt: Alle Personalentwicklerinnen, allgemein weibliche Führungskräfte?

b) Sind für die Erfassung der subjektiven Sicht neben der internen Sicht auch externe Sichtweisen wichtig?
Können Mitarbeiter, Vorgesetzte, Kunden, Lieferanten, benachbarte Bereiche, Experten wichtige Informationen über das soziale System liefern?

c) Wie weit ist die Grundgesamtheit geschichtet?
In vielen Fällen ist es sinnvoll, zwischen verschiedenen Teilsystemen innerhalb der Grundgesamtheit zu unterscheiden. So kann es sinnvoll sein, bei einer Erhebung des Bildungsbedarfs von Führungskräften zwischen Jüngeren und Älteren zu unterscheiden oder zwischen Frauen und Männern oder zwischen Führungskräften in verschiedenen Bereichen. Oder eine Organisationsanalyse des Unternehmens wird zwischen verschiedenen Hierarchie-Ebenen und verschiedenen Unternehmensbereichen schichten müssen.

Dabei gilt, daß es keine scharfen Kriterien für die Schichtung von Grundgesamtheiten gibt, sondern daß sich die Schichtung aus Hypothesen über mögliche unterschiedliche Sichtweisen ergibt: Wenn man davon ausgehen muß, daß im Unternehmen die Einschätzung des Bildungsbedarfs bei älteren und jüngeren Führungskräften unterschiedlich ist (vielleicht, weil gerade ein Generationswechsel erfolgt ist), dann ist es zweckmäßig, die Grundgesamtheit Führungskräfte in die unterschiedlichen Schichten aufzugliedern.

(3) Festlegung der Stichprobe
Bei kleineren Untersuchungen ist es möglich, alle Personen der Grundgesamtheit (also z.B. das gesamte Projektteam) zu befragen. In den meisten Fällen wird man jedoch (ähnlich wie bei quantitativen Untersuchungen) aus der Grundgesamtheit eine Stichprobe festlegen, d.h. bestimmte Personen aus der Grundgesamtheit für das Konstrukt-Interview auswählen.

Dabei wird in der Regel bei qualitativen Interviews die Zahl der Befragten deutlich geringer sein als bei Fragebogen-Untersuchungen, weil man ansonsten große Mengen nicht mehr bewältigbarer Daten erhält. Davon abgesehen gelten im Grundsatz die für quantitative Untersuchungen aufgestellten Kriterien auch hier: Falsch ausgewählte Interview-Partner können das Ergebnis verzerren oder verfälschen, so daß auch hier die Frage, wer wird befragt, für die Ergebnisse entscheidende Bedeutung hat.

Für die Festlegung der Stichprobe in einer qualitativen Untersuchung gibt es eine Reihe von Kriterien:

- Entscheidend ist zunächst die Frage, ob die Grundgesamtheit homogen ist: Bei einer Schichtung der Grundgesamtheit wird man auch die Stichprobe schichten, d.h. die zu befragenden Interviewpartnerinnen und -partner nach verschiedenen Untergruppen (jüngere und ältere Führungskräfte, Mitarbeiter als externe Sicht usw.) auswählen.
- Innerhalb einer homogenen Stichprobe oder innerhalb einer „Zelle" einer geschichteten Stichprobe (d.h. z.B. der Gruppe der Meister mit längerer Berufserfahrung) ist es zweckmäßig, bei qualitativen Befragungen wenigstens zwei bis drei Gesprächspartner zu befragen, um zufällige Einseitigkeiten auszuschließen.
- Begrenzt wird schließlich die Zahl der Interviews durch zwei Kriterien: Zum einen tritt ab einer bestimmten Zahl von Interviews (etwa 20 bis 30 je nach der Homogenität der Gruppe) in der Regel eine sog. „Sättigung" auf (vgl. z.B. Jüttemann 1990): Zusätzliche Interviews bringen dann kaum noch neue Ergebnisse. Zum anderen wird die Zahl der Interviews aus pragmatischen Gründen im Blick auf die zur Verfügung stehende Durchführungs- und Auswertungszeit begrenzt. Mehr als 20 bis 30 Interviews sind nur schwer zu bewältigen, weil dann die Auswertung sehr viel Zeit in Anspruch nimmt und sehr viel Kompetenz erfordert.

Damit geschieht die Festlegung der Stichprobe letztlich auf der Basis von Kosten-Nutzen-Gesichtspunkten: Es ist zum einen im Blick auf das Ziel und die Schichtung der Grundgesamtheit, zum anderen aber auch im Blick auf die zur Verfügung stehenden Ressourcen (Zeitbedarf, zur Verfügung stehende Mitarbeiter für Interviewdurchführung und Auswertung) zu entscheiden, wie aufwendig die Befragung durchgeführt wird. Häufig sind bereits acht bis zehn Interviews hinreichend: Wenn es z.B. darum geht, neue Qualifizierungsmaßnahmen für jüngere Führungskräfte in einem mittleren Unternehmen zu entwickeln, kann es ausreichen, vier Führungskräfte zu befragen sowie als externe Sicht vielleicht zwei Vorgesetzte, zwei Mitarbeiter und vielleicht noch zwei Angehörige der Bildungsabteilung, die bereits mit dieser Zielgruppe Erfahrungen haben. Andererseits haben wir aber in umfangreichen Organisationsentwicklungs-Projekten auch schon qualitative Befragungen mit mehr als 200 Interviewpartnern durchgeführt.

(4) Festlegung des Leitfadens

Der Leitfaden unterscheidet ein Interview als Diagnose-Instrument sehr deutlich von der Prozeßarbeit im Rahmen der Beratung: Während bei der Prozeßberatung der Klient weithin die Richtung des Gespräches bestimmt (er kann z.B. beim Coaching festlegen, was die für ihn wichtigen Themen sind), hat beim Interview der Interviewer ein genau definiertes Interesse, etwas Bestimmtes zu erfahren. Damit ist es der Interviewer, der den Gang des Interviews bestimmt und die Themen festlegt, über die gesprochen wird. Das aber bedeutet, daß für das Interview ein grober Fahrplan, ein „Leitfaden" zuvor festzulegen ist (vgl. z.B. Lamnek 1993, 68ff.; Wittkowski 1994; 26ff.).

Die Standardform für einen solchen Fahrplan ist die Festlegung von Leitfragen und Nachfragekategorien: Ca. 3 bis 6 Leitfragen stellen den Leitfaden dar, wobei innerhalb dieser Leitfragen dann zusätzliche Nachfragekategorien zum Abklären wichtiger Bereiche festgelegt werden können.

Für ein Interview mit der Zielsetzung, zu erfassen, wie Mitarbeiter das Unternehmen sehen, ließen sich folgende Leitfragen stellen:

- In welchem Bereich sind Sie tätig?
- Wo sehen Sie in Ihrem Bereich Stärken, wo sind Schwächen?
- Was würden Sie vorschlagen, um Stärken zu sichern bzw. Schwächen zu verringern?
- Wo sehen Sie im gesamten Unternehmen (unabhängig von Ihrem Bereich) Stärken und Schwächen?
- Was sollte Ihrer Meinung nach getan werden?

Leitfragen und Nachfragekategorien sind im Blick auf Untersuchungsziel, Verwendungszweck und die befragte Zielgruppe zu begründen: Für eine Vorbereitung eines Seminars wird man andere Leitfragen formulieren als im Rahmen eines Organisationsentwicklungs-Prozesses, in dem es allgemein um die Verbesserung von Abläufen geht. Einem Abteilungsleiter wird man andere Fragen stellen als einem Auszubildenden.

Für die Erstellung von Leitfragen gibt es eine Reihe praktischer Hinweise (vgl. auch Wittkowski 1994, 34ff.):

a) Einstiegs-Leitfrage

Es ist zweckmäßig, mit einer Frage zu beginnen, die für den Gesprächspartner leicht und unproblematisch zu beantworten ist. Der Gesprächspartner bekommt dadurch Zeit, sich zunächst auf das Thema einzustellen und sich „warm zu reden". Günstig ist eine erste Leitfrage nach äußeren Sachverhalten, nach Tätigkeiten oder Aufgaben. So kann man nach dem Aufgabenbereich des Betreffenden fragen, nach seinem Werdegang im Unternehmen, nach dem Aufbau des Unternehmens usw.

b) Anordnung der Leitfragen

Die weiteren Leitfragen sind dann im Blick auf Ziel und Zielgruppe weiter zu bestimmen. Dabei ist zu beachten, daß Leitfragen jeweils die Aufmerksamkeit in eine bestimmte Richtung lenken. Durch Leitfragen bedingte Sprünge im Gedankengang sind ebenso ungünstig wie Leitfragen, die die Aufmerksamkeit in eine andere Richtung lenken. So wäre es ein Bruch, nach einer Einstiegsleitfrage über die eigenen Aufgaben dann unmittelbar nach Stärken und Schwächen des gesamten Unternehmens zu fragen und erst danach wieder auf den eigenen Arbeitsbereich zurückzugehen. Ebenso wäre eine Leitfrage über bislang durchgeführte Bildungsmaßnahmen im Zusammenhang mit der Einschätzung des Unternehmens wenig sinnvoll, sondern lenkt die Aufmerksamkeit in eine falsche Richtung.

c) Zahl der Leitfragen
Günstig ist, die Zahl der Leitfragen auf 3 bis 6 zu beschränken. Gerade Anfänger tendieren häufig dazu, wesentlich mehr Leitfragen anzusetzen, um selbst mehr Sicherheit zu gewinnen. Dadurch wird aber der Gedankengang des Gesprächspartners immer wieder unterbrochen.

d) Überprüfung der Leitfragen im Probe-Interview
Leitfragen sollten in Probe-Interviews zuvor getestet werden: Oft stellt man erst im Verlauf eines solchen Probe-Interviews fest, daß eine Leitfrage vom Gesprächspartner anders verstanden wird oder in eine falsche Richtung führt, und hat damit die Möglichkeit, Leitfragen nochmals zu überprüfen.

e) Formulierung der Leitfragen im Interview
Leitfragen stellen das Gerüst für das Interview dar, sind aber kein starres Schema. Es ist zweckmäßig, sie in der Vorbereitung wörtlich zu formulieren (man zwingt sich dadurch zur Genauigkeit), aber nicht notwendig, sie dann im Interview in genau dieser Formulierung wiederzugeben. Vielmehr ergibt sich die passende Formulierung häufig aus dem Gang des Gesprächs. Möglicherweise kommt ein Gesprächspartner von sich aus auf das Thema einer späteren Leitfrage, die dann nicht mehr gestellt zu werden braucht. Wichtig ist nur, daß die Themen, die durch Leitfragen definiert sind, behandelt werden.

Leitfragen werden so offen formuliert, daß sie dem Gesprächspartner die Möglichkeit geben, frei seine Sichtweise zu erzählen. Trotzdem gibt es dabei manchmal Situationen, in denen für den Betreffenden wichtige Aspekte nicht angesprochen werden: Wenn z.B. bei der Diskussion von Schwachstellen zunächst nur fachliche Themen (fehlende fachliche Qualifikation) angesprochen werden, kann es sein, daß andere für den Gesprächspartner auch wichtige Faktoren (z.B. im Bereich der Führung) im weiteren Gesprächsverlauf verloren gehen.

An dieser Stelle besteht eine Möglichkeit darin, im Rahmen der Vorbereitung mögliche Nachfragekategorien festzulegen, die eine Übersicht über das Feld möglicher Antworten geben.
Nachfragekategorien im Rahmen einer Schwachstellenanalyse könnten z.B. sein
- Qualifikation
- Organisationsstruktur
- Unternehmensphilosophie
- Führung.

Je nach dem Gegenstand der Untersuchung lassen sich Nachfragekategorien aus Organisationstheorie, Kommunikationstheorie, Führungstheorie usw. gewinnen. Gerade dabei ist jedoch wichtig, daß dem Gesprächspartner solche Nachfragekategorien nicht übergestülpt werden: Sie können den Blick weiten, bergen aber auch die Gefahr in sich, daß die Aufmerksamkeit des Gesprächspartners auf Bereiche gelenkt wird, die für ihn im Grunde keine Rolle spielen. So kann es z.B. sein, daß der Gesprächspartner bei der Nachfrage nach „Führung" die Wichtigkeit kooperativer Führung betont („natürlich ist kooperative Führung wichtig"), ohne daß dies seiner tatsächlichen Einstellung entspricht, sondern lediglich, weil er nach dem „Kriterium sozialer Erwünschtheit" das anspricht, was seiner Meinung nach von ihm erwartet wird. Wichtig bei Nachfragekategorien ist somit auf jeden Fall, sie offen zu formulieren, d.h. für den Gesprächspartner offen zu lassen, ob er dazu etwas sagen möchte oder nicht.

In manchen Situationen können mit der bislang beschriebenen Form der Leitfadengestaltung Schwierigkeiten auftreten: Etwa dann, wenn dem Interviewpartner zu einem Themenbereich Wissen nicht unmittelbar zur Verfügung steht (ihm fällt spontan nichts dazu ein) oder wenn es sich um „heikle" Themen handelt. Wenn z.B. nach „Schwachstellen" hinsichtlich der eigenen Qualifikation gefragt wird, können leicht Barrieren auftreten: „Bei mir gibt es doch keine Schwachstellen."

Für solche Situationen sind im Rahmen qualitativer Sozialforschung zusätzlich eine Reihe weiterer Formen der Leitfadengestaltung entwickelt worden (Übersicht bei Hopf 1991; Lamnek 1993, 68ff.). Einige wichtige seien hier genannt:

a) Freies Assoziieren

Dies ist ein Verfahren, das seit den Anfängen der Psychologie geläufig ist und mittlerweile auch für die Erfassung subjektiver Theorien verstärkt herangezogen wird (z.B. Marx/Hejj 1989):

Der Interviewpartner wird nach Assoziationen gefragt, die ihm spontan zu einem Thema einfallen: „Welche Schlagwörter fallen Ihnen spontan zu Ihrer Abteilung ein?"

Im Rahmen eines Konstruktinterviews ist dieses Vorgehen eine hilfreiche Möglichkeit, schnell die für einen Themenbereich relevanten Konstrukte zu erfassen: Spielt für ihn vor allem der „Erfolg" eine Rolle oder denkt er zunächst an „Führung"? Bezeichnet er die Abteilung spontan als „Saftladen" oder als ein „junges und erfolgreiches Team"?

Zu beachten ist dabei allerdings, daß die hier genannten Konstrukte im weiteren Verlauf des Interviews weiter geklärt werden müssen:

Woran genau denkt der Gesprächspartner, wenn er die Abteilung als „Saftladen" oder als „dynamisch" bezeichnet? Was heißt für ihn „dynamisch"?

b) Bezug auf andere Personen

Wenn man z.B. einen Abteilungsleiter direkt fragt, wo er Schwachstellen innerhalb seiner Abteilung sieht, ist häufig mit Widerstand zu rechnen. Der Betreffende will nicht zugeben, daß es in seinem Bereich solche Schwachstellen gibt.
Hier fällt es leichter, nach anderen Personen oder anderen Bereichen zu fragen:
„Was für Schwachstellen bestehen in anderen Bereichen?"
„Was sehen andere als mögliche Schwachstellen an?"

Unter der Hand wird dabei in der Regel (auch) das genannt, was für den Betreffenden selbst wichtig ist, das aber bei direktem Nachfragen nicht zugänglich wäre.

Entsprechend ist es manchmal auch günstiger, Schwierigkeiten von anderen Kollegen in einer ähnlichen Position zu erfragen, als eigene Schwierigkeiten zu erheben.

c) Bezug auf vergangene oder zukünftige Situationen

Gefragt wird z.B., was früher Schwachstellen waren:

„Gab es Schwierigkeiten, die Sie in Ihrer Anfangsphase als Abteilungsleiterin hatten?"

Eine solche Frage unterstellt, daß diese Schwachstellen inzwischen beseitigt wurden. Dies kann man ggf. noch durch eine weitere Leitfrage „was hat Ihnen geholfen, mit diesen Schwierigkeiten zurecht zu kommen?" stützen.

Ebenso kann man nach möglichen zukünftigen Entwicklungen fragen, etwa

„Wie könnte die Abteilung in einem Jahr ausschauen? Was wäre dabei die günstigste, was die ungünstigste Entwicklung?"

d) Vergleichsverfahren

Vergleichsverfahren stellen eine sehr effektive Möglichkeit dar, das jeweilige Konstruktsystem zu erfassen. Verglichen werden können dabei zwei Vorgesetzte (ein guter und ein schlechter), zwei Projektteams (ein effektives und ein weniger effektives), zwei verschiedene Unternehmen, zwei Situationen (die Abteilung vor einem Jahr und jetzt).

Eine besondere Form von Vergleichsverfahren sind die sog. Repertory-Grid-Techniken im Anschluß an Kelly (Kelly 1955, 201ff.; Fromm 1995): Der Gesprächspartner wird gebeten, die Namen von etwa zehn Vorgesetzten, Teams, schwierigen Situationen usw. jeweils auf Karten aufzuschreiben. Dann werden willkürlich drei Karten herausgegriffen mit der Frage:

„Was haben zwei (z.B. zwei Vorgesetzte) gemeinsam im Vergleich zum dritten?"

Der Vorteil dieses Vorgehens liegt darin, daß hier sehr spontan Konstrukte aufgeführt werden – und zwar die Konstrukte, die tatsächlich für die Zusammenfassung der betreffenden Elemente relevant sind: Die Abgrenzung von zwei Vorgesetzten gegenüber einem dritten erfolgt intuitiv, und erst beim Nachfragen („was haben die zwei gemeinsam im Vergleich zum dritten?") werden die dafür relevanten Konstrukte genannt und dann weiter expliziert.

Eine vereinfachte Form könnte auch darin bestehen, daß man lediglich zwei unterschiedliche Personen oder Situationen vergleichen läßt:

„Erinnern Sie sich an zwei unterschiedliche Vorgesetzte, die Sie hatten!"

„Vergleichen Sie ein gutes Führungskräftetraining mit einem, das Sie weniger gut fanden!"

Auch hier lassen sich die für den Interviewpartner im Zusammenhang mit Vorgesetzten oder Führungskräfte-Trainings relevanten Konstrukte gut herausarbeiten.

e) Das narrative Interview

Dies ist eine in der qualitativen Forschung, insbesondere im Blick auf die Untersuchung von Biographien, relativ häufig verwendete Vorgehensweise (vgl. Haupert

1991; Hermanns 1991; Krüger/Wensierski 1995; Schütze 1976). Die Grundidee ist, den Gesprächspartner möglichst frei und ohne Beeinflussung erzählen zu lassen. Diesem Vorgehen liegt die Annahme zugrunde, daß in diesem freien Erzählfluß die für ihn relevanten Konstrukte von selbst auftreten werden. Für das Vorgehen bedeutet das, daß eine „Geschichte" mit einem Anfangs- und einem Endpunkt definiert wird. Das mag die Geschichte des Berufseinstiegs im Unternehmen sein (wenn es z.B. darum geht, Schwachstellen in der Einarbeitung von neuen Mitarbeitern zu erfassen) oder die Geschichte der Veränderungen, die die Abteilung in den letzten Jahren durchlaufen hat.

Aufgabe des Interviewers ist es, das „Thema" der Geschichte sowie Anfangs- und Endpunkt zu definieren:

„Erzählen Sie Ihre Geschichte hier in diesem Unternehmen, von der Zeit, als Sie anfingen, bis heute!"

„Könnten Sie erzählen, wie sich die Abteilung in den letzten Jahren verändert hat? Vielleicht fangen Sie zu dem Zeitpunkt an, als Sie in diese Abteilung kamen!"

Im Verlauf des Interviews gilt es dann, den Gedankengang möglichst wenig zu unterbrechen, d.h. zuzuhören, zu nicken und zum Weiterreden zu ermutigen. Wenn Brüche oder Unklarheiten auftreten, kann dies als neue Geschichte definiert werden. Wenn z.B. der Gesprächspartner erwähnt, daß sich das Klima in der Abteilung verschlechtert hat, so wäre dafür als neue Geschichte zu bestimmen: „Und wie kam es dazu, daß sich das Klima verschlechterte?"

Ein Hinweis ist in diesem Zusammenhang wichtig: Narrative Interviews erscheinen recht problemlos, können aber in tiefere emotionale Schichten und zu möglicherweise bisher verdeckten Problemen führen. So kann die Geschichte des Berufseinstiegs im Unternehmen unter der Hand dazu führen, daß dem Betreffenden plötzlich bewußt wird, daß er eigentlich den falschen Beruf gewählt hat. Gerade unerfahrene Interviewer neigen dazu, die dabei auftretenden Schwierigkeiten zu unterschätzen. Hier ist es wichtig, vorsichtig zu formulieren bzw. über die Beratungskompetenz zu verfügen, solche plötzlich auftretenden Probleme bearbeiten zu können.

f) Methode des Lauten Denkens

Basis dieses Verfahrens sind Tonband- oder Videoaufzeichnungen: Eine reale Besprechungssituation wird auf Video aufgenommen und dem zu interviewenden Abteilungsleiter vorgeführt. Der Gesprächspartner stoppt die Videoaufzeichnung an den für ihn relevanten Stellen (ggf. kann auch der Interviewer unterbrechen) und erzählt dann, was ihm in dieser Situation „durch den Sinn" gegangen ist.

Entwickelt wurde dieses Verfahren ursprünglich, um subjektive Strategien von Lehrerinnen und Lehrern in Problemsituationen zu erfassen (z.B. Weidle/Wagner 1982). Entsprechend lassen sich aber auch subjektive Strategien in Konferenzen oder im Umgang mit EDV (z.B. Rustemeyer u.a. 1995) erheben.

g) Struktur-Lege-Techniken
Diese u.a. von Scheele/Groeben oder Dann entwickelten Verfahren (vgl. Scheele 1992) dienen dazu, die Beziehungen zwischen verschiedenen Konstrukten zu erfassen: Es werden die für einen Themenbereich wichtigen Konstrukte erfragt, und der Interviewpartner wird dann aufgefordert, die zentralen Begriffe als Kärtchen auf einer Fläche anzuordnen, wobei die Relationen zwischen Begriffen (z.B. „wenn – dann", und „Voraussetzung für") durch zusätzliche Symbole dargestellt werden (vgl. Scheele 1992). Damit kann ein relativ umfassendes Konstruktsystem deutlich gemacht werden. Zum Thema „Macht" ergibt sich dabei z.B. die auf S. 155 wiedergegebene Darstellung der verschiedenen Konstrukte (Birkhan 1995, 509).

6.1.3 Praktisches Vorgehen: Die Durchführungsphase des Interviews

Bei der Durchführung des Interviews finden sich drei Phasen des Beratungsgespräches wieder : Es gibt eine Orientierungsphase, eine Erarbeitungsphase (die der Klärungsphase im Beratungsgespräch entspricht) und eine Abschlußphase. Aber im Interview sind diese Phasen stärker vom Interviewer gelenkt. Während im Beratungsgespräch der Klient häufig von sich aus Ziele und Themen definiert und der Berater ihn dabei unterstützt, verfolgt im Interview der Interviewer selbst bestimmte Ziele: Er will etwas vom Gesprächspartner wissen. Orientierungs-, Erarbeitungs- und Abschlußphase sind auf diese Ziele des Interviews hin zu gestalten.

Phase 1: Orientierungsphase
Wie beim Beratungsgespräch benötigt der Gesprächspartner im Interview zunächst einmal Orientierung: Orientierung über die Beziehung zum Interviewer und Orientierung über die Sache, um die es geht. Abschluß der Orientierungsphase muß dann ein gemeinsamer Kontrakt über die Definition der Gesprächssituation als Interview-Situation sein. Damit stehen im einzelnen in der Orientierungsphase folgende Aufgaben an:

a) Orientierung auf der Beziehungsebene
Wie im Beratungsgespräch ist auch beim Interview Ziel der Orientierungsphase zunächst, eine positive Beziehung zwischen dem Interviewer und seinem Gesprächspartner aufzubauen. Von der Beziehung wird es abhängen, wie weit der Gesprächspartner bereit ist, sich zu öffnen und Informationen von sich zu geben.

Wichtige Faktoren für die Definition der Beziehung (sie entsprechen im wesentlichen denen beim Beratungsgespräch) seien hier kurz zusammengestellt:

- die eigene Einstellung des Interviewers:
  Der Gesprächspartner spürt sehr schnell, ob der Interviewer tatsächlich an ihm interessiert ist oder ob er nur möglichst schnell das Interview „durchziehen" möchte. Diese Einstellung bestimmt die Beziehungsbotschaften, die ein Interviewer unbewußt sendet. Wichtig ist, den Gesprächspartner hier ernst zu nehmen: Wenn es darum geht, dessen subjektive Sicht zu erfassen, dann ist eben dieser Gesprächs-

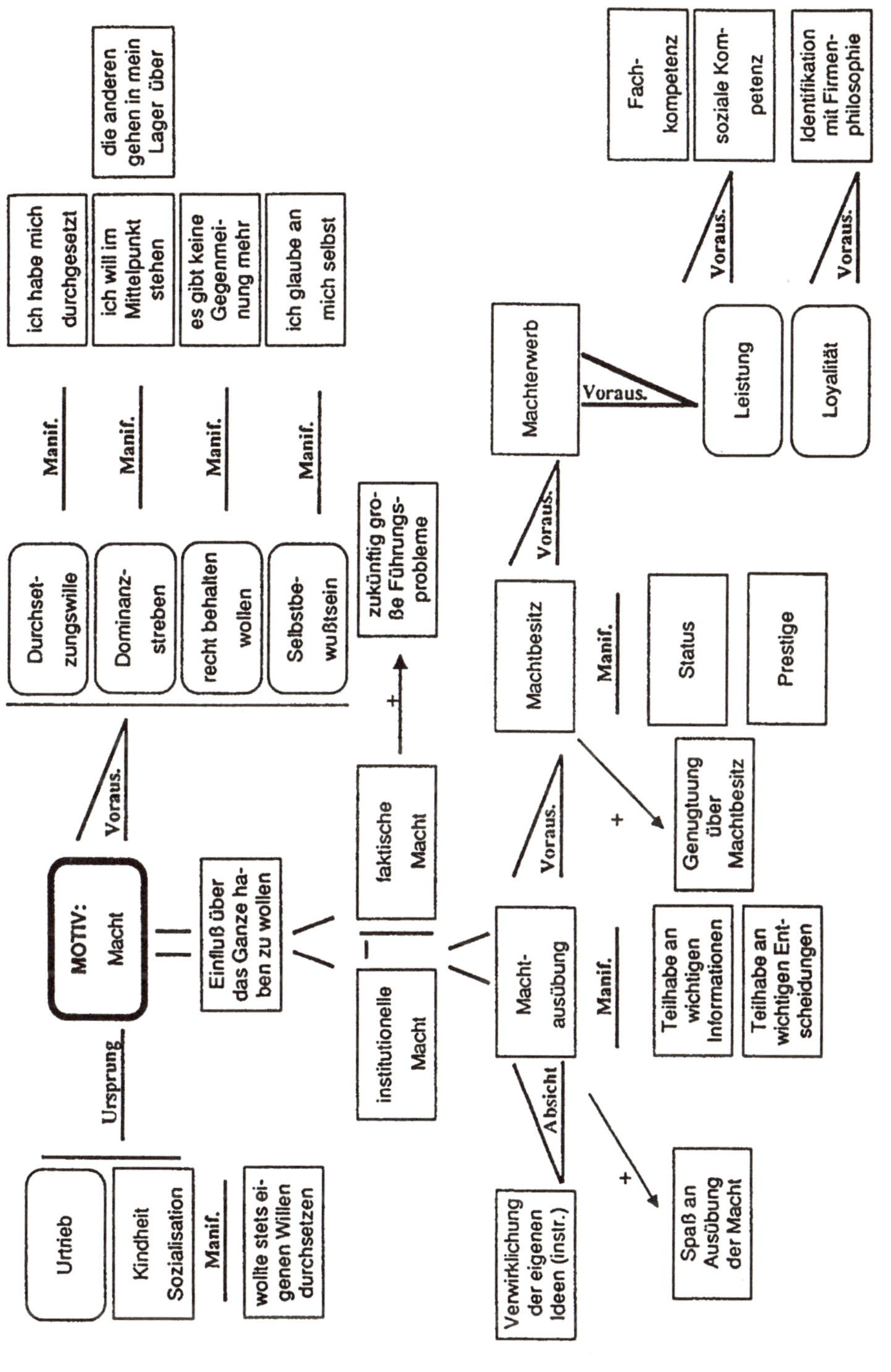
Urtrieb
Kindheit Sozialisation
Manif.
wollte stets eigenen Willen durchsetzen
Ursprung
MOTIV: Macht
Voraus.
Durchsetzungswille
Dominanzstreben
recht behalten wollen
Selbstbewußtsein
Manif.
Manif.
Manif.
Manif.
ich habe mich durchgesetzt
ich will im Mittelpunkt stehen
es gibt keine Gegenmeinung mehr
ich glaube an mich selbst
die anderen gehen in mein Lager über
Einfluß über das Ganze haben zu wollen
institutionelle Macht
faktische Macht
+
zukünftig große Führungsprobleme
Machtausübung
Absicht
Verwirklichung der eigenen Ideen (instr.)
+
Spaß an Ausübung der Macht
Manif.
Teilhabe an wichtigen Informationen
Teilhabe an wichtigen Entscheidungen
Voraus.
+
Genugtuung über Machtbesitz
Machtbesitz
Manif.
Status
Prestige
Voraus.
Machterwerb
Voraus.
Leistung
Loyalität
Voraus.
Voraus.
Fachkompetenz
soziale Kompetenz
Identifikation mit Firmenphilosophie

partner der einzig kompetente Fachmann zu einem dem Interviewer ansonsten unzugänglichen Thema.

- die Art der Vorinformationen:
  Einladung, Text des Informationsschreibens usw.
- das äußere Umfeld:
  Wenn das Interview am Arbeitsplatz, möglicherweise noch unterbrochen von Telefongesprächen, durchgeführt wird, dann wird der Interviewpartner daraus negative Beziehungsbotschaften hören: „Sie sind mir nicht so wichtig, daß ich mir deswegen bei der Wahl des Raumes besondere Mühe mache!". Andererseits signalisiert ein ruhiges, ungestörtes Besprechungszimmer (Anrufe weiterleiten): „Sie sind mir wichtig."
- Warming-up-Phase:
  Sich und dem Gesprächspartner Zeit lassen, sich auf das Interview einzustellen.
- verbales Verhalten:
  Aufmerksamkeitsreaktion („mh", „wirklich?" usw.)
  Angleichung der Repräsentationssysteme.
- nonverbales Verhalten:
  Sitzposition ca. 90 Grad, ggf. spiegeln (Angleichung der Körperposition) – wobei wichtig ist, daß die Körperhaltung der tatsächlichen Einstellung „ich bin an dem, was Sie sagen, interessiert" entspricht.

b) Orientierung auf der Inhaltsebene

Der Interviewpartner benötigt inhaltliche Informationen, bevor er sich auf ein Interview einläßt. Man versetze sich in die Situation eines Meisters in der Fertigung, der zu einem Interview zitiert wird, in dem ein Fremder irgendwelche Informationen über den Betrieb erheben will. Ganz natürlich werden dem Betreffenden hier Fragen durch den Kopf gehen wie:

„Wozu dient das Ganze?"
„Was geschieht mit dieser Information?"
„Was kann ich hier sagen?"
„Werden diese Informationen meinem Chef weitergegeben?"

Solange diese Fragen nicht beantwortet und mögliche Befürchtungen nicht abgebaut sind, wird der Interview-Partner versuchen, so wenig Informationen wie möglich preiszugeben.

Orientierung auf der Inhaltsebene bedeutet somit:

- Orientierung über die Funktion des Interviewers:
  Wer ist derjenige, der das Interview führt?
  Ist es jemand aus dem Unternehmen?
  Ist es ein Externer?
- Orientierung über Untersuchungsziel und Verwendungszweck des Interviews:
  Was soll erfaßt werden?
  Wozu sollen die Daten genutzt werden?
  Orientierung über die Weitergabe der Ergebnisse:
  Wer erhält die Informationen?

Wieweit werden Informationen anonymisiert?
Wird der Interviewpartner über die Ergebnisse des Interviews informiert?

Aufgabe der Orientierungsphase ist es, dem Interview-Partner genau diese Informationen zu geben. Das bedeutet für den Interviewer:

- in der Vorbereitungsphase sich selbst über Ziel und Aufbau des Interviews und Verwendung der Ergebnisse klar werden (und ggf. diese Punkte mit dem Auftraggeber vorher abstimmen),
- in der Regel vor Beginn den Interview-Partner schriftlich oder telefonisch über das Interview informieren (und dabei bereits relevante Informationen mitteilen),
- im Interview dem anderen Orientierung geben
  * über die eigene Person
  * über den Gegenstand des Interviews
  * über Untersuchungsziel und Verwendungszweck
  * über die Weitergabe der Ergebnisse,
- dem Interwiew-Partner Gelegenheit zu Rückfragen zu geben:
  Gibt es noch Punkte, die dem Interviewpartner offen sind?
  Hat er noch irgendwelche Fragen, irgendwelche Bedenken?

Die Orientierungsphase schließt ab mit einer gemeinsamen Definition der Situation als Interview. Das heißt: Es muß ein Kontrakt geschlossen werden:

- Stimmt der Interview-Partner zu, daß er zu diesem Thema interviewt wird?
- Simmt er zu, daß das Gespräch aufgezeichnet und ausgewertet wird?

Entscheidend ist hierbei, daß die Zustimmung des Interview-Partners explizit erfolgt. Manchmal äußert der Interview-Partner auch Bedenken: „Erscheint mein Name bei der Geschäftsleitung?“ Wichtig ist, auch auf die Körpersprache zu achten: Manchmal stimmt der Interview-Partner verbal zu, aber die Körpersprache drückt Ablehnung aus. Stimmt er hier wirklich zu? Bedenken des Interview-Partners müssen bearbeitet werden: Was kann getan werden, um diese Bedenken zu beseitigen? Wichtig ist dabei jedoch, nur das zuzusagen, was man als Interviewer selbst zusichern kann.

Phase 2: Erarbeitungsphase

Ziel der Erarbeitungsphase ist es, die subjektiven Konstrukte, subjektiven Diagnosehypothesen, subjektiven Ziele sowie subjektiven Erklärungen und subjektiven Strategien zu erfassen, die der Gesprächspartner zu einem bestimmten Themenbereich hat. Dabei sind Leitfragen und Nachfragekategorien eine Hilfe, das Interview grob zu strukturieren, ohne daß der Interviewer sich beim Ablauf sklavisch an dieses Schema halten oder daß er die Fragen wörtlich ablesen muß.

Sinnvollerweise wird der Interview-Partner zunächst frei seine subjektive Sicht zu der jeweiligen Leitfrage darstellen. Er muß dabei auch erst einmal mit dem Thema „warm“ werden und sich darauf einstellen. Aufgabe des Interviewers in dieser freien

Phase ist es, diesen Prozeß durch Zuhören, Nicken, „mhm" („passives Zuhören" und „Aufmerksamkeitsreaktionen": Gordon 1979, 62ff.) zu unterstützen.

Während es jedoch im Beratungsgespräch letztlich nicht darauf ankommt, daß der Berater die Sicht des Klienten versteht (der Klient selbst muß seine Sichtweise klären), ist es Ziel des Konstrukt-Interviews zu verstehen, was der Gesprächspartner jeweils meint.

Dabei kann der Interviewer nicht davon ausgehen, daß ihm die Konstruktion der Wirklichkeit des Interviewpartners von vornherein verständlich ist. Sondern der Interviewpartner ist für den Interviewer ein „professioneller Fremder" (Agar 1980; vgl. auch Lohaus 1983, 197ff.), dessen Konstrukte zunächst einmal unbekannt sind. Wenn ein Gesprächspartner z.B. in einem Interview über Führungsverhalten davon spricht, daß viele Führungskräfte keine „Persönlichkeit" sind, dann besteht eine gute Chance, den Gesprächspartner mißzuverstehen, wenn man als Interviewer die eigene Bedeutung dieses Konstruktes unbefragt zugrundelegt. D.h. es kommt darauf an, die Bedeutung der jeweiligen Konstrukte nachzufragen und den Interviewpartner zu veranlassen, die von ihm verwendeten Konstrukte und damit auch die entsprechenden Diagnose-und Erklärungshypothesen sowie seine subjektiven Ziele und Strategien zu klären.

Im einzelnen stehen dafür die bereits in Kapitel 2 dargestellten Verfahren des Fokussierens, Erfragens getilgter Informationen und Widerspiegelns zur Verfügung (vgl. Kap. 2.2.2):

a) Fokussieren

Um ein zunächst unbekanntes Konstrukt zu verstehen, ist es hilfreich, den Gesprächspartner eine konkrete Situation dafür fokussieren zu lassen:

„Können Sie eine Situation schildern, in der besonders deutlich wird, daß mit Ihrer Führungskraft schwer auszukommen ist?"

In der Schilderung dieser Situation wird dann deutlich, was der Gesprächspartner mit dem Konstrukt „schwer auskommen" meint.

Kamlah/Lorenzen (1973, 29ff.) sprechen in diesem Zusammenhang von „exemplarischer Einführung" von Begriffen: Sie gehen von der These aus, daß sich unbekannte oder mißverständliche Begriffe am besten anhand von konkreten Beispielen und ggf. Gegenbeispielen verdeutlichen lassen. Dies entspricht der Situation im Interview: Um ein zunächst unbekanntes Konstrukt zu verstehen, ist es hilfreich, den Interviewten zu bitten, dafür konkrete Beispiele (und ggf. Gegenbeispiele) anzugeben, d.h. konkrete Situationen zu fokussieren. Dahinter steht die Erfahrung, daß wir einen Gesprächspartner bei der Schilderung konkreter Situationen weniger leicht mißverstehen, als wenn wir über recht abstrakte Persönlichkeitseigenschaften u. dgl. reden. Wir können eher sicher sein, ein Konstrukt wie „mit jemanden schwer auskommen können" richtig zu verstehen, wenn es an Beispielsituationen exemplarisch verdeutlicht ist.

b) Erfragen getilgter Informationen (Meta-Modell)

Mögliche Fragen sind:

„Was heißt für Sie, mit ihm schlecht auskommen können?"
„Wer kann mit Ihrem Vorgesetzten schwer auskommen?"
„Was tut Ihr Vorgesetzter, daß man mit ihm schwer auskommen kann?"
„Was würden Sie sich von Ihrem Vorgesetzten wünschen, um mit ihm besser auskommen zu können?"

c) Widerspiegeln

Widerspiegeln bedeutet im Zusammenhang des Konstrukt-Interviews, sich als Interviewer zu vergewissern, daß man den Gesprächspartner richtig verstanden hat:

„Heißt das, daß ein Vorgesetzter, der sich nicht von seiner Meinung abbringen läßt, einer wäre, mit dem schwer auszukommen ist?"

„Bedeutet also ‚schwer auskommen', mit ihm nicht gemeinsam über fachliche Fragen diskutieren können?"

Wichtig ist, daß die Widerspiegelung des Inhalts als Frage gemeint und auch so formuliert ist: „heißt das, daß...?", „verstehe ich Sie richtig, daß...?", „das würde bedeuten, daß...?" Nicht erforderlich ist, daß die Widerspiegelung tatsächlich genau das trifft, was der Gesprächspartner meint. Wenn die Übersetzung als Frage formuliert oder im Tonfall als Frage erkennbar ist, dann wird der Gesprächspartner von sich aus zustimmen oder korrigieren: „nein, nicht ganz..."

Widerspiegeln ist auch dann ein hilfreiches Verfahren, wenn es darum geht, sich der Struktur einer Argumentation oder der Hauptpunkte zu einem Themenbereich zu vergewissern:

„Habe ich Sie richtig verstanden, daß für Sie Kennzeichen einer guten Führungskraft ‚fachlich etwas drauf haben', ‚sagen, wo es lang geht' und ‚gutes Verhalten zu Mitarbeitern' sind?"

Der Gesamtverlauf des Interviews ist somit durch Leitfragen und Nachfragekategorien, durch freie Erzählphasen und gezieltes Nachfragen bestimmt. Daraus ergibt sich für den Gesamtverlauf so etwas wie das Bild einer Matrix. Es werden verschiedene nebeneinanderstehende Bereiche angesprochen, wobei dann innerhalb dieser Bereiche jeweils „in die Tiefe" nachzufragen ist.

In der Regel spricht der Gesprächspartner bei seinen ersten Antworten mehrere Bereiche an. Er strukturiert damit das Thema durch eine Reihe von Konstrukten, aber bleibt zunächst noch an der Oberfläche, d.h. ohne die Konstrukte zu explizieren.

So könnte z.B. ein Mitarbeiter bei der Frage nach Merkmalen einer guten Führungskraft antworten:

„Oh, das ist eine ganze Menge: Er muß fachlich etwas drauf haben, aber er muß auch sagen, wo es lang geht, und zugleich darf er nicht den Chef rauskehren."

Der Interviewer sollte in einer solchen Situation sowohl „in die Breite" als auch „in die Tiefe" fragen:

- In die Breite fragen würde bedeuten, nach weiteren Merkmalen einer guten Führungskraft zu fragen:
  „Gibt es darüber hinaus noch etwas, wodurch sich eine gute Führungskraft auszeichnet?"

- In die Tiefe fragen bedeutet, eines der genannten Konstrukte herauszugreifen und (mit den zuvor genannten Möglichkeiten) zu explizieren, z.B.:
  „Können Sie sich an eine Situation erinnern, wo ein Vorgesetzter fachlich etwas drauf gehabt hatte?“ (Fokussieren)
  „Was muß er fachlich drauf haben?“ (Erfragen getilgter Informationen)
  „Fachlich etwas drauf haben heißt für Sie?“ (Erfragen getilgter Informationen)
  „Heißt ‚fachlich etwas drauf haben‘: er muß mehr Fachkenntnisse haben als die Mitarbeiter?“ (Widerspiegeln).

Die Matrix zu dieser Frage könnte folgendermaßen aussehen:

fachlich etwas drauf haben haben	sagen, wo es lang geht	nicht den Chef rauskehren	weitere Themen
Frage: Was muß er fachlich drauf haben?			
explizieren:	explizieren:	explizieren:	explizieren:
- Experte für alle Fragen sein - sich besser auskennen, als die MA			

Die Erarbeitungsphase (zumindest die zu einer Leitfrage) ist abgeschlossen, wenn die Matrix ausgefüllt ist, d.h. wenn sowohl in die Breite als auch in die Tiefe keine neuen Informationen erfragt werden können.

Phase 3: Abschlußphase
Die Abschlußphase ist bei Interviews in der Regel weniger aufwendig als bei Beratungsgesprächen, weil hier meist weniger Kontrakte zu schließen sind. Check-Punkte für die Abschlußphase sind:

- Gibt es zu den Themen des Interviews (unabhängig von den Leitfragen) weitere Punkte, die der Gesprächspartner ergänzen möchte?
- Gibt es Kontrakte zwischen Interviewer und Gesprächspartner, die zu schließen oder nochmals abzusichern sind: etwa darüber, daß bestimmte Vorschläge weitergeleitet werden, daß der Interviewer sich dafür einsetzen wird, daß die befragten Mitarbeiter die gesamten Daten erhalten usw.

Den Abschluß bildet dann ein Kontrakt darüber, daß die Interviewsituation beendet ist – sinnvollerweise verbunden mit dem Dank dafür, daß der Gesprächspartner zu dem Interview bereit war.

6.1.4 Inhaltsanalytische Auswertung

Vielleicht das gravierendste Problem bei der Durchführung qualitativer Interviewverfahren ist die Auswertung. Während standardisierte Fragebogen sich relativ schnell auswerten lassen, stellt sich für qualitative Interviews das Problem der Datenmenge, die systematisiert, komprimiert und zu Vorschlägen für praktische Konsequenzen verdichtet werden muß.

Die Auswertung steht somit unter einer doppelten Zielsetzung:

- zum einen möglichst gute und gesicherte Ergebnisse zu erhalten,
- zum anderen, den Aufwand für die Auswertung soweit als möglich zu minimieren – was gerade dann entscheidend wird, wenn man die Interviews nicht aus reinen Forschungsgesichtspunkten, sondern z.B. im Rahmen praktischer Organisationsentwicklungs-Maßnahmen mit begrenzten zeitlichen Ressourcen durchführt.

Die Konsequenz davon ist, den Auswertungsprozeß sehr sorgfältig zu planen und durchzuführen (vgl. z.B. Mayring 1993; Rustemeyer 1992) – damit läßt sich sowohl Zeit sparen als auch die Qualität der Ergebnisse entscheidend steigern.

Der Auswertungsprozeß gliedert sich üblicherweise in folgende Phasen:

(1) Mitschrift der Interviews

In aufwendigen Untersuchungen im Rahmen von Forschungsvorhaben gehört es zu den Selbstverständlichkeiten, den Interviewverlauf auf Tonband aufzunehmen und zunächst zu verschriftlichen (zu transkribieren). Ein solches Vorgehen ist extrem zeitaufwendig, so daß in der praktischen Arbeit hier häufig Abstriche gemacht werden müssen.

Eine günstige Möglichkeit besteht darin, die Interviews auf Tonband aufzunehmen und anschließend anhand des Bandes die einzelnen relevanten Äußerungen (möglichst) wörtlich aufzuschreiben, um sie später als Belege benutzen zu können. Dabei können wenig inhaltstragende Textbestandteile (Ausschmückungen, Wiederholungen, für die Fragestellung unwichtige Passagen) weggelassen werden (vgl. Mayring 1993, 55ff.).

Eine solche Mitschrift könnte etwa folgendermaßen ausschauen:

Band: *12*
Interview-Partner: *Meister*
Datum: *13.01.1993* Interviewer: *Bergmann*

Zählwerk:
212 *die meisten Vorgesetzten können ganz ordentlich*
214 *führen*

216 sagen, wo es lang geht
und: man kann mit ihnen reden
221 es gibt Ausnahmen...

Wenn man über viel Sicherheit bei der Interview-Führung verfügt, kann man eine solche Mitschrift bereits während des Interviews durchführen – und muß dann ggf. nur wichtige Stellen anschließend anhand des Bandes nochmals überprüfen. Ein solches Vorgehen erfordert jedoch sehr viel Routine: Man muß sich während des Interviews sowohl auf den Interview-Verlauf als auch auf die Mitschrift konzentrieren.

(2) Festlegung des Kategoriensystems

Ergebnisse einer inhaltsanalytischen Auswertung müssen „strukturiert" werden: Einzelne Textäußerungen (oder Zusammenfassungen von Äußerungen) werden bestimmten Kategorien zugeordnet. Damit erweist sich die Bildung eines Kategoriensystems als der entscheidende Schritt für die Auswertung. Je sorgfältiger das Kategoriensystem festgelegt ist und je brauchbarer es sich erweist, desto leichter fällt dann die weitere Auswertung (vgl. Mayring 1993, 76ff.; Rustemeyer 1992, 93ff.; Strauss/Corbin 1996, 43ff.).

Für die Festlegung des Kategoriensystems bieten sich mehrere Möglichkeiten an:

a) Bildung von Kategorien auf der Basis von Leitfragen bzw. Nachfragekategorien

Erste Kategorien ergeben sich des öfteren unmittelbar aus den Leitfragen und Nachfragekategorien. Wenn z.B. in einer Befragung als Vorbereitung für eine Seminarreihe folgende Leitfragen gestellt werden:

„Was könnten Inhalte des Seminars sein?"

„Wie wünschen Sie sich den methodischen Ablauf?",

dann liegt es nahe, die Begriffe „Seminarinhalte" und „methodischer Ablauf" als sehr allgemeine Oberkategorien in das Kategoriensystem aufzunehmen.

b) Bildung von Kategorien aus theoretischen Konzepten

Eine weitere Möglichkeit besteht darin, bei der Kategorienbildung auf theoretische Konzepte zurückzugreifen. So kann die in der Organisationstheorie geläufige Unterscheidung zwischen Aufbau- und Ablauforganisation eine Unterscheidung zwischen zwei Kategorien bilden. Entsprechend ließe sich die Unterscheidung zwischen verschiedenen Kompetenzbereichen (Fachkompetenz, Methodenkompetenz, Sozialkompetenz, Persönlichkeitskompetenz) als allgemeine Kategorien übernehmen.

c) Bildung von Kategorien auf der Basis von eigenen Erfahrungen und teilnehmenden Beobachtungen

Eine dritte Möglichkeit zur Bildung von Kategorien besteht im Rückgriff auf eigene Erfahrungen: Wenn man selbst viel mit dem PC arbeitet, hat man in der Regel bereits dadurch eine Vorstellung davon, wo dabei Probleme auftreten können. Oder man versucht zunächst, im Rahmen einer Beobachtung mit der Lebenswelt der Adressaten vertraut zu werden, um einen Blick auf mögliche Schwachstellen (etwa hinsichtlich des Informationsflusses) zu erhalten und bildet daraus Kategorien.

Der Nachteil dieses Vorgehens besteht darin, daß hier stark die eigene Sichtweise (und das heißt: die subjektive Konstruktion des Auswerters) zum Tragen kommt: Es besteht die Gefahr, daß unter der Hand nur noch das erfaßt wird, was man selbst für wichtig hält. Von daher bedarf ein solches Vorgehen auf jeden Fall der Ergänzung und Korrektur durch andere Verfahren der Kategorienbildung.

d) Bildung von Kategorien auf der Basis von einzelnen Interviews
Dies ist gleichsam das klassische „induktive" Verfahren der Kategorienbildung: Man greift ein bis zwei Interviews heraus, die sehr sorgfältig analysiert werden. Die einzelnen Aussagen des Interviews werden erfaßt (ggf. auf Karteikarten zusammengestellt). Ähnliche Aussagen werden zusammengefaßt und dann dafür gemeinsame Oberbegriffe (Kategorien) gesucht.

Für die Erstellung eines Kategoriensystems empfiehlt es sich grundsätzlich, mehrere Vorgehensweisen zu kombinieren.

Als Endergebnis entsteht dann in der Regel ein hierarchisch gegliedertes Kategoriensystem mit ggf. mehreren Ebenen von Ober- und Unterkategorien. Für das Thema „Informationsfluß in der Abteilung" könnte ein solches Kategoriensystem (es ist hier nur teilweise aufgeführt) etwa folgendermaßen ausschauen:

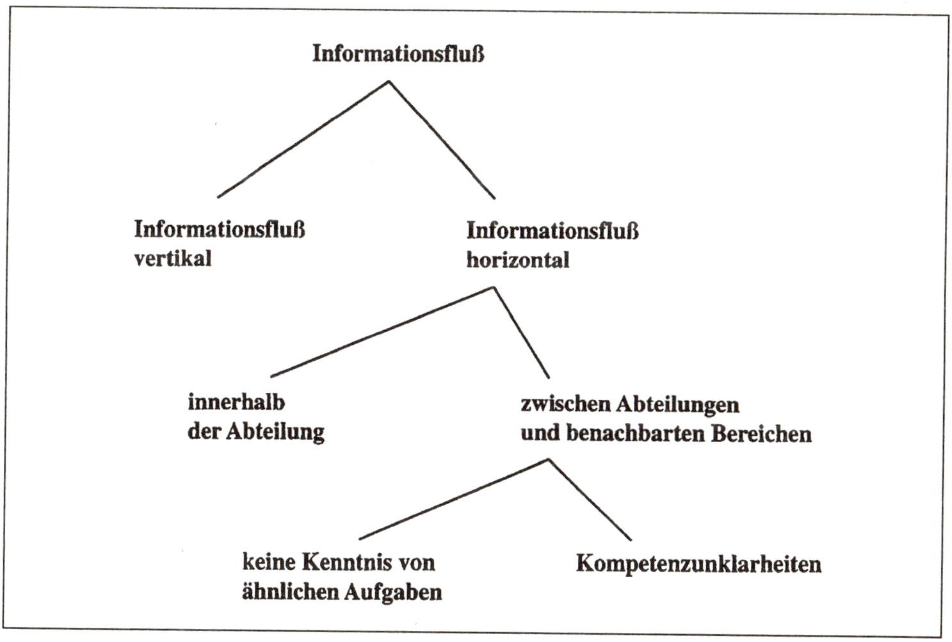

In der Regel ist es wenig sinnvoll, sofort ein vollständiges Kategoriensystem zu bilden. Es ist günstiger, sich schrittweise vorzuarbeiten, indem man zunächst leichter faßbare Aussagen zusammenfaßt und die entsprechenden Kategorien bildet. In mehreren Runden werden dann die Kategorien erweitert, ggf. auch wieder verworfen und verändert, bis sich ein umfassendes Kategoriensystem ergibt.

Zu den Grundsätzen der Kategorienbildung zählt die Forderung, daß die Kategorien eindeutig definiert sein müssen (vgl. Atteslander 1995, 249ff.; Rustemeyer 1992, 92ff.). Nur so ist eine hinreichend sichere Zuordnung möglich.

Mayring (1993, 76ff.) schlägt hier drei Schritte vor:

- Definition der Kategorien
  z.B. „horizontaler Informationsfluß" ist definiert als „Informationsfluß zwischen den Mitarbeitern innerhalb der Abteilung oder mit Mitarbeitern benachbarter Bereiche"
- Festlegung von Ankerbeispielen,
  d.h. von konkreten Textstellen, die als Beispiele für eine Kategorie dienen.
  Z.B. für die Kategorie „Schwachstellen beim Informationsfluß zwischen den Abteilungen":
  „Da arbeitet man schon jahrelang nebeneinander an derselben Aufgabe und weiß vom anderen überhaupt nichts."
- Festlegung von Kodierungsregeln, die bei Unklarheiten die Abgrenzung zwischen verschiedenen Kategorien regeln.

(3) Einzelauswertung der Interviews

In einem nächsten Schritt ist jedes einzelne Interview auf der Basis des Kategoriensystems auszuwerten. Die einzelnen Äußerungen sind dann jeweils einer Kategorie zuzuordnen. Anzugeben sind dabei jeweils:

- Kenn-Nummer des Interviews (um das Interview zu identifizieren),
- Zählwerk-Angabe (zur Identifizierung der Äußerung),
- Angabe der Kategorie, der diese Äußerung zugeordnet wird,
- Inhalt der Äußerung, entweder als Zusammenfassung (z.B. häufiges Problem: fehlende Unterstützung durch Kollegen) oder als wörtliches Zitat, das ggf. anhand des Tonbands selbst noch einmal abzusichern wäre (z.B. „da stehe ich allein auf weiter Flur, und keiner der lieben Kollegen hilft mir!").

In manchen Fällen ist es günstig, typische Einzelinterviews detailliert darzustellen. So ließe sich bei einer Befragung, wie Mitarbeiter das eigene Unternehmen sehen, ein Interview eines „positiven Mitarbeiters" mit einem Interview eines „negativen" Mitarbeiters kontrastieren. Wenn man nach Kategorien gegliederte Ergebnisse der beiden Interviews einander gegenüberstellt, kann ein solches Verfahren der „Fallkontrastation" (Gerhardt 1986, 86ff.; vgl. auch Jüttemann 1990) Gemeinsamkeiten und die Spannbreite unterschiedlicher Auffassungen sehr gut verdeutlichen.

(4) Gesamtauswertung

Auf der Basis der Einzelauswertung ist schließlich die Gesamtauswertung zu leisten. Diese kann in zwei Richtungen erfolgen:

a) Qualitative Auswertung
Hier geht es lediglich darum, herauszustellen, welche Einschätzungen insgesamt abgegeben werden, unabhängig von der Häufigkeit. Eine solche qualitative Auswertung ist hilfreich, um eine Übersicht über genannte Schwachstellen oder Lösungsvorschläge zu einem bestimmten Themenbereich zu erhalten.

b) Quantitative Auswertung
In der Regel besteht Interesse daran, Informationen über die Häufigkeit oder die Gewichtung, mit der verschiedene Meinungen vorgetragen wurden, zu erhalten.

Das bedeutet aber, daß man über die Einzelauswertung hinaus versucht, Gemeinsamkeiten und Unterschiede zahlenmäßig zu erfassen:

- Man kann die Häufigkeit feststellen: Wie häufig wurde ein bestimmtes Problem in den Interviews genannt?
- Man kann auf der Basis von Häufigkeiten grobe Antworttendenzen angeben, indem man zwischen Problemen unterscheidet, die von allen, von vielen oder von wenigen oder nur vereinzelt aufgeführt wurden. Oder man kann unterschiedliche Bewertungen (wenn z.B. Fachkompetenz von Führungskräften unterschiedlich positiv und negativ bewertet wird) angeben.
- Man kann schließlich auch die Ergebnisse inhaltlich gewichten:
  Welches Gewicht wurde in den Interviews z.B. auf einzelne Schwachstellen gelegt, welche Schwachstellen gelten als gravierendstes Problem, welche werden als weniger gravierend aufgefaßt? Gewichtungen ergeben sich dabei aus der inhaltsanalytischen Auswertung (etwa im Blick darauf, was in den einzelnen Interviews als „zentrale" Schwächen gesehen wurden) oder auf der Basis von Rangordnungen, die im Zusammenhang mit einer eigenen Leitfrage („in welcher dieser Schwachstellen sehen Sie das gravierendste Problem?") oder im Rahmen von Gruppendiskussionen vorgenommen wurden.

6.2 Gruppendiskussion und offene schriftliche Befragung

Qualitative Interviews können als Einzelinterview, als Gruppendiskussion oder auch als offene schriftliche Befragung durchgeführt werden. Jedes Vorgehen bietet Vor- und Nachteile (vgl. z.B. Lamnek 1993, 125ff.). Wichtig ist generell, die unterschiedlichen Vorgehensweisen im Blick auf Ziel und Zielgruppe zu diskutieren: Was ist im Blick auf die Zielsetzung der Untersuchung und im Blick auf die Gesprächspartner das geeignetste Vorgehen?

Das Einzelinterview liefert in der Regel die zuverlässigsten Daten: Es bietet die Möglichkeit, sich auf die jeweilige Interviewpartnerin bzw. den jeweiligen Interviewpartner unmittelbar einzustellen und genau nachzufragen, was die jeweils verwendeten Konstrukte bedeuten. Ferner kann man durch späteren Vergleich zwischen verschiedenen Einzelinterviews gemeinsame und unterschiedliche subjektive Deutungen innerhalb des sozialen Systems herausstellen.

Der Nachteil des Einzelinterviews liegt im erforderlichen Zeitaufwand: Einzelinterviews unter 45 Minuten sind selten erfolgreich (allerdings sollten sie in der Regel auch nicht länger als 1 1/2 bis 2 Stunden dauern). Das bedeutet bei zwanzig Interviews einen Aufwand von mindestens zwanzig Arbeitsstunden Interviewführung und zusätzlichen Stunden für Vorbereitungen und Auswertungen.

(1) Die Gruppendiskussion

Die Gruppendiskussion ist ein Verfahren, das bereits Nissen (1977) angewandt hat (vgl. Lamnek 1993, 140ff.): Mehrere Interviewpartner werden zugleich über ein bestimmtes Thema befragt. Dabei gibt es unterschiedliche Möglichkeiten:

- Man kann im Rundgespräch die verschiedenen einzelnen Auffassungen zu einer Leitfrage abrufen.
- Man kann eine Gruppenmeinung bilden lassen.
- Man kann im Rahmen einer Kartenabfrage verschiedene Gesichtspunkte auf Karten schreiben und dann nach einer Metaplantafel zusammenfassen lassen.

Dabei können die Gruppen homogen oder heterogen zusammengesetzt sein:

- Man kann z.B. eine homogene Gruppe von Abteilungsleiterinnen bilden, wobei sich dann die besondere Auffassung dieses Subsystems im Vergleich zu anderen Subsystemen erfassen läßt.
- Man kann heterogene Gruppen bilden, indem z.B. Vorgesetzte und Mitarbeiter zugleich nach dem Bildungsbedarfs des Mitarbeiters oder dem Führungsverhalten des Vorgesetzten befragt werden – wobei dann das Schwergewicht auf der Herausarbeitung von Gemeinsamkeiten und Unterschieden liegt.

Der Vorteil einer Gruppendiskussion liegt darin, daß in kurzer Zeit relativ viele Interviewpartnerinnen befragt werden können: Etwa zwei bis drei Stunden reichen erfahrungsgemäß aus, um eine Gruppe von ca. zehn bis zwölf Teilnehmern zu befragen. Andererseits aber haben Gruppenbefragungen eine Reihe von möglichen Nachteilen (vgl. Sader 1994, 46ff.):

- Gruppen entwickeln häufig eine Tendenz zur Homogenisierung der Ergebnisse, was unterschiedliche Sichtweisen unterdrücken kann. Wenn man Vorgesetzte und Mitarbeiter zugleich über Stärken und Schwächen in der Abteilung befragt, ist damit zu rechnen, daß Mitarbeiter sich in vielen Fällen der Position des Vorgesetzten anschließen – aus Angst, eine abweichende Meinung könnte für sie negative Auswirkungen haben.

  Homogenisierungs-Effekte können aber auch in homogenen Gruppen auftreten: Wenn bei einer Gruppendiskussion über den Erfolg einer Qualifizierungsmaßnahme ein oder einzelne Teilnehmer vehement Kritik äußern, ist damit zu rechnen, daß diese Auffassung andere Auffassungen zurückdrängt. Hier ist wichtig, sich genau die Zusammensetzung der Gruppe zu überlegen oder ggf. Phasen einzubeziehen, in denen die unterschiedlichen individuellen Sichtweisen innerhalb der Gruppe (z.B. im Rahmen von Rundgesprächen) deutlich erfaßt werden.

- Zum anderen besteht bei Gruppendiskussionen die Gefahr, daß die Bedeutung der jeweiligen Konstrukte zu wenig geklärt wird. Dies gilt z.B. für Kartenabfragen: Man übersetzt fast automatisch das auf einer Karte niedergeschriebene Konstrukt „Führungsverhalten" in das eigene Konstruktsystem – und liest dann aus den betreffenden Karten die inhaltliche Auffassung heraus, die man selbst für richtig hält. Ob der Betreffende tatsächlich das Gleiche gemeint hat, wird nicht geklärt. Hier gilt, einzelne Auffassungen nicht als „bekannt" aufzunehmen, sondern gezielt danach zu fragen, woran der Betreffende bei „Führungsverhalten" denkt.

(2) Offene schriftliche Befragung
Eine weitere Möglichkeit der offenen Befragung besteht darin, sie schriftlich durchzuführen, wobei die befragten Personen auf die jeweilige Leitfrage (z.B. „Wo sehen Sie Stärken in Ihrer Abteilung?") schriftlich antworten.

Der Vorteil liegt in einer schnellen Durchführbarkeit und leichten Auswertbarkeit, der Nachteil darin, daß die Bedeutung der jeweiligen Konstrukte nicht nachgefragt werden kann.

Welches Verfahren man jeweils wählt, hängt von der Zielsetzung und den zur Verfügung stehenden Ressourcen ab. Dabei haben wir die Erfahrung gemacht, daß mit zunehmendem methodischem Aufwand die Qualität der Ergebnisse steigt. Vier methodisch sauber durchgeführte Einzelinterviews bringen häufig mehr als Gruppendiskussionen oder schriftliche Befragungen mit zwanzig Interviewpartnern.

Häufig ist es auch sinnvoll, verschiedene Vorgehensweisen zu verknüpfen. So wenden wir in umfangreichen Organisationsentwicklungs-Projekten in der Regel zunächst Einzelinterviews an, um unterschiedliche Sichtweisen zu erfassen, und ergänzen dann die Ergebnisse durch Gruppenbefragungen, häufig unter Einbeziehung kürzerer schriftlicher Befragungen.

Oder man kann z.B. im Rahmen von Gruppenbefragungen genannte Themen in Einzelinterviews gezielt nachfragen, Ergebnisse offener schriftlicher Befragungen in gezielten Einzelinterviews genauer klären, usw.

6.3 Der Fragebogen im Rahmen Systemischer Organisationsberatung

Im Unterschied zu offenen Interviews werden in einem Fragebogen für die einzelnen Items (die einzelnen Äußerungen des Fragebogens) Konstrukte vorgegeben. Eine Frage wie „Erkennt Ihr Vorgesetzter gute Leistungen lobend an?" gibt von außen bestimmte Konstrukte („Anerkennung von Leistungen" und „Lob") vor und überprüft die Auffassung in Bezug auf eben diese Konstrukte.

Genau darin liegen zwei Probleme für die Anwendung von Fragebogen im Rahmen Systemischer Organisationsberatung:

Das erste Problem liegt darin, daß diese Konstrukte in der Praxis in vielen Fällen von einem Beobachter, aber nicht vom System selbst festgelegt werden. So führt z.B.

Mummendey (1987, 58ff.) für die Sammlung möglicher Items eine Reihe unterschiedlicher Quellen auf:

- vorliegende Theorien
- vorhandene Fragebogen
- Eigenerfahrung und Alltagsbeobachtung
- Befragungen im Rahmen von Voruntersuchungen
- Expertenbefragung
- Literatur zu dem jeweiligen Themenbereich.

Vorliegende Theorien, vorhandene Fragebogen, Eigenerfahrung des Fragebogenerstellers sind aber alles externe Sichtweisen, auf deren Basis Konstrukte für den Fragebogen festgelegt werden. Dabei ist zunächst überhaupt nicht sichergestellt, daß die im Fragebogen verwendeten Items die Sichtweise des Systems selbst erfassen.

Eine zweite mögliche Schwachstelle von Fragebogen liegt darin, daß ein Auswerter die Bedeutung, die einzelne Antworten für den Befragten haben, nicht weiter klären kann. Wenn z.B. eine Mitarbeiterin in ihrem Fragebogen angibt, daß ihr Vorgesetzter mit ihr „schlecht zusammenarbeitet", dann bleibt dabei offen, worin genau die Mitarbeiterin die schlechte Zusammenarbeit sieht.

Beide Probleme werden in der Praxis häufig übersehen: Wenn am „grünen Tisch" auf der Basis anderer Fragebogen und eigener Vorstellungen ein Fragebogen entwickelt und dann wieder auf der Basis der subjektiven Theorie des Beobachters ausgewertet wird, dann besteht die Gefahr, daß nicht mehr die Sichtweise des befragten Systems, sondern in erster Linie die Sichtweise des Beobachters erfaßt und bestätigt wird.

Eine mögliche Alternative dazu besteht darin, den Fragebogen enger an die Sicht des sozialen Systems zu binden, indem qualitative Interviews und Fragebogen enger verzahnt werden: Ein qualitatives Interview liefert eine Übersicht über relevante Sichtweisen (Konstrukte, subjektive Deutungen, subjektive Erklärungen usw.) des sozialen Systems. Eine darauf aufbauende Fragebogenuntersuchung kann dann Informationen darüber zur Verfügung stellen, wieweit diese subjektiven Deutungen von den einzelnen Angehörigen des sozialen Systems geteilt werden.

Wenn sich z.B. in Einzelinterviews herausgestellt hat, daß einzelne Gruppenleiter darüber klagen, daß sie im Unternehmen keine Aufstiegschancen haben (d.h. das Konstrukt „Aufstiegschancen" ist ein für diese Personen wichtiges), dann ist es in der Tat hilfreich, im Rahmen eines Fragebogens zu klären, wie viele Gruppenleiter diese Auffassung teilen. Das soziale System erhält damit einen Überblick darüber, wieweit bestimmte subjektive Deutungen allgemein für das System zutreffen bzw. wieweit die Daten (möglicherweise auch unter den Gruppenleitern selbst) unterschiedlich sind.

Für die Fragebogenkonstruktion gelten ansonsten die in der Literatur geläufigen Kriterien (vgl. z.B. Atteslander 1995, 177ff.; Mummendey 1987; Schnell u.a. 1995, 299ff.):

(1) Es sind Untersuchungsziel und Verwendungszweck festzulegen.

(2) Es sind mögliche Items zusammenzustellen, wobei es, wie gesagt, im Rahmen Systemischer Organisationsentwicklung entscheidend ist, dabei soweit als möglich die subjektive Sicht des betreffenden Systems selbst zugrundezulegen:
- Man wählt Items aus einer qualitativen Untersuchung.
- Oder man versucht, im Rahmen von Gruppendiskussionen relevante Themen mit dem betreffenden sozialen System unmittelbar zu erarbeiten und ggf. bereits hier mögliche Fragen zu formulieren. Der Rückgriff auf andere Fragebogen kann dann ggf. als Formulierungshilfe dienen, weniger als inhaltliche Quelle für die Erstellung von Items.

(3) Es sind die einzelnen Items auf ihre Formulierung hin zu überprüfen:
- Wieweit sind die verwendeten Begriffe für das soziale System eindeutig? Wieweit sind sie unklar oder mißverständlich?
- Wieweit ist der Satzbau für die betreffende Person eindeutig? (Vermeidung von komplexen oder zusammengesetzten Sätzen, Vermeidung doppelter Verneinung usw.)
- Wieweit begünstigen einzelne Items als Antworttendenz „soziale" Erwünschtheit: Auf die Frage „Wie wichtig ist für Sie als Führungskraft ganzheitliches Denken" werden mit hoher Wahrscheinlichkeit die meisten Befragten mit „sehr wichtig" oder „wichtig" antworten – was aber nichts über ihre tatsächliche Einstellung aussagt, sondern daraus resultiert, daß „ganzheitliches Denken" allgemein als positiv gesehen wird, d.h. sozial erwünscht ist.
- Werden die Items als Aussagen oder als Fragen formuliert?
- Welche Antwortkategorien werden verwendet? Gibt man Ja/Nein als Antwortkategorien vor, Mehrfachnennungen oder mehrstufige Antwortskalen (z.B. von – 3 bis + 3 oder von 0 bis 5)? Oder fragt man nach Häufigkeit oder Dauer:
  „Wie viele Telefongespräche führen Sie durchschnittlich am Tag?"
  „Wie lange dauern normalerweise Abteilungsbesprechungen?"

(4) Es sind Reihenfolge der Fragen, Durchführung (standardisiertes Interview oder schriftliche Befragung), graphische Gestaltung des Fragebogens und ggf. Anschreiben festzulegen.

(5) Es sind Grundgesamtheit und Stichprobe festzulegen.

(6) Es ist ein Pretest durchzuführen, bei dem man (bei entsprechendem Umfang) bereits erste Rückschlüsse über die Häufigkeitsverteilung von Variablen erhalten und damit möglicherweise ungeeignete Items ausschließen kann.

Darüber hinaus kann man im Rahmen eines solchen Pretestes den Fragebogen an das soziale System zurückspiegeln, d.h. die einzelnen Fragen mit einzelnen Personen durchsprechen:
- Welche Fragen bereiteten Schwierigkeiten?

- Wo können aus Sicht der Betreffenden Mißverständnisse und Unklarheiten auftreten?
- Wo gibt es noch Themen, die darüber hinaus nachzufragen wären?

6.4 Beobachtungsverfahren im Rahmen Systemischer Organisationsberatung

Die Beobachtung ist neben der Befragung das zweite klassische Erhebungsverfahren in den Sozialwissenschaften. Dabei standen sich bis Ende der 80er Jahre zwei Positionen gegenüber:

- Die Verhaltensbeobachtung in der Tradition des Behaviorismus, die ausschließlich auf eine Erfassung beobachtbaren Verhaltens abzielt (z.B. Faßnacht 1979; Trolldenier 1985).
- Die in der Tradition qualitativer Forschung stehende teilnehmende oder qualitative Beobachtung (z.B. Flick 1995, 157ff.; Lamnek 1993, 259ff.), bei der üblicherweise kein Beobachtungsschema vorgegeben ist, sondern die in der natürlichen Lebenswelt soziale Wirklichkeit zu interpretieren und verstehen sucht.

Diese scharfe Unterscheidung zwischen Verhaltensbeobachtung und teilnehmender Beobachtung kann heute nicht mehr ohne weiteres aufrecht erhalten werden. Beobachtung kann nie völlig neutrale Verhaltensbeobachtung sein, sondern sie ist entscheidend von der jeweiligen Beobachterperspektive beeinflußt und damit ein Stück Interpretation (vgl. z.B. Martin/Wawrinowski 1993; Willke 1994, 12ff.): Ein Beobachter legt fest, worauf er achtet und gibt zwangsläufig der Beobachtung eine bestimmte Bedeutung. So kann sich z.B. ein Beobachter in einer Teambesprechung dafür entscheiden, auf die Beteiligung der einzelnen Teammitglieder zu achten und interpretiert dann bestimmte Verhaltensweisen als Beteiligung oder fehlende Beteiligung.

Wenn man sich darüber klar ist, daß die Beobachtung grundsätzlich von der Position des Beobachters beeinflußt ist, kann Beobachtung ein durchaus brauchbares Verfahren für die Diagnose sozialer Systeme darstellen (vgl. z.B. Gill/Johnson 1991, 92ff.) . Wichtig ist aber auch hier (ähnlich wie beim Interview und Fragebogen) die methodische Absicherung des Vorgehens.

Für die Beobachtung gelten teilweise die bereits von qualitativen Interviews geläufigen Schritte (vgl. Atteslander 1995, 87ff.; Flick 1995, 152ff.; Girtler 1988; Lamnek 1993, 239ff.):

(1) Festlegung von Untersuchungsziel und Verwendungszweck
Hier stellen sich wieder folgende Fragen:
- Was genau soll untersucht werden?
- Was soll mit den erhobenen Daten geschehen?

Ähnlich wie beim Interview gilt auch hier, daß Untersuchungsziel und Verwendungszweck die Blickrichtung bestimmen: Untersucht werden sollen z.B. Abläufe in Teambesprechungen. Verwendungszweck wäre dann, Vorschläge für die Verbesserung solcher Abläufe zu entwickeln.

(2) Festlegung der Beobachtungssituation

Die Beobachtungssituation ist in Bezug auf das zu beobachtende soziale System, die beobachtete Situation und den Zeitrahmen festzulegen:

- Welches soziale System bzw. welche Teile des Systems werden beobachtet?
  Beobachte ich z.B. das gesamte Team, oder lege ich das Schwergewicht auf einzelne Personen (z.B. den Moderator)?
- In welchen Situationen wird das System beobachtet?
  Dabei gilt als Grundsatz für qualitative Beobachtungen, daß hier natürliche Situationen (keine Laborsituationen) erfaßt werden. Aber es ist genauer festzulegen, welche natürlichen Situationen ausgewählt werden:
  Soll z.B. ein Team bei den wöchentlichen Teambesprechungen beobachtet werden, in einem Teamentwicklungsseminar oder einzelne Teammitglieder bei ihrer täglichen Arbeit? Oder geht es darum, das Verhalten des Teams in besonderen Problemsituationen zu erfassen?
- Welcher Zeitraum wird für die Beobachtung festgelegt?
  Wie lange soll die Beobachtung durchgeführt werden? Wie häufig werden gleiche oder ähnliche Situationen (z.B. die wöchentliche Teamsitzung) erfaßt?

Untersuchungsziel und Verwendungszweck sind auch hier die grundlegenden Kriterien für die Festlegung der Beobachtungssituation. Darüber hinaus ist zu berücksichtigen, wie und ob ein Beobachter Zugang zu bestimmten Situationen erhalten kann: Wie weit ist z.B. in einem Krankenhaus die Beobachtung einer Notoperation überhaupt möglich?

(3) Festlegung von Beobachtungskategorien

Beobachtungskategorien entsprechen den Leitfragen bzw. Items bei Befragungen. Entsprechend der Befragung kann eine Beobachtung mehr oder weniger strukturiert sein, d.h. können die Beobachtungskategorien mehr oder weniger eng bzw. mehr oder weniger weit gefaßt sein. Dabei sind strukturierte und nicht-strukturierte Beobachtungen keine scharfen Gegensätze, sondern eher Pole einer relativ weiten Skala (vgl. Atteslander 1995, 104ff.) Dabei sind mehrere Möglichkeiten denkbar:

- Die klassische qualitative Beobachtung verzichtet auf ein eigenes Beobachtungsschema (z.B. Lamnek 1993, 258ff.): Beobachtet wird alles, was in einer Teambesprechung auffällt. Der Vorteil besteht darin, daß man hier zunächst ein breites Spektrum qualitativer Daten erhält, der Nachteil, daß die subjektiven Deutungen des Beobachters relativ stark zum Tragen kommen: Er schreibt auf, was aus seiner Sicht wichtig ist – wobei offen bleibt, ob das auch für das betreffende soziale System selbst bedeutsam ist.

- Das andere Extrem besteht darin, daß Beobachtungskategorien sehr eng festgelegt sind, wobei ggf. die Häufigkeit oder Dauer bestimmter Verhaltensweisen erfaßt werden. Dieses Vorgehen entspricht im wesentlichen der aus der Tradition des Behaviorismus geläufigen Verhaltensbeobachtung. So kann man z.B. erfassen, wie oft Teilnehmer vom Leiter unterbrochen werden oder wieviel Zeit in einer Besprechung benötigt wird, bis man ein gemeinsames Ergebnis erzielt.
- Dazwischen gibt es zahlreiche andere Möglichkeiten, Beobachtungskategorien mehr oder weniger eng festzulegen (vgl. z.B. Haberland 1993).

Zur Festlegung von Beobachtungskategorien bieten sich grundsätzlich drei Möglichkeiten:

(1) Entwicklung von Beobachtungskategorien auf der Basis theoretischer Konzepte

- So kann man z.B. im Zusammenhang von Total-Quality-Management-Konzepten Besprechungen im Blick darauf beobachten, wieviel Zeit verschwendet wird.
- Oder man kann auf der Grundlage der Interaktionstheorie beobachten, wieviel und welche Teilnehmer an der Besprechung beteiligt sind.
- Man kann aber ebenso dieselbe Besprechung vor dem Hintergrund des Problemlöseprozesses unter der Fragestellung beobachten, ob das Problem eindeutig definiert ist, ob Ziele festgesetzt werden, wieweit unterschiedliche Alternativen in den Blick kommen usw.

Dieses Vorgehen bietet sich insbesondere dann an, wenn man von einem sozialen System als Experte gefordert wird: „Sagen Sie mir, was wir in unserer Teambesprechung verbessern können!“ Dann wird eine Beraterin zwangsläufig auf ihr Expertenwissen über Teamarbeit zurückgreifen und daraus Beobachtungskategorien entwickeln.

Um dabei jedoch ein Überstülpen von Beobachtungskategorien zu vermeiden, ist es wichtig, daß die Ergebnisse und auch die zugrundegelegten Kategorien an das System rückgekoppelt werden: Nur das System selbst kann entscheiden, was es für wichtig hält und was nicht.

(2) Entwicklung von Beobachtungskategorien aus der Sicht des sozialen Systems

- Man kann im Rahmen von Prozeßberatung klären, was die für das System (z.B. das Team) relevanten Konstrukte sind und daraus Beobachtungskategorien entwickeln.
- Man kann die für das System relevanten Beobachtungskategorien auf der Basis qualitativer Interviews festlegen.

(3) Entwicklung von Beobachtungskategorien durch Teilnahme an der Lebenswelt

Eine dritte Möglichkeit besteht schließlich darin, als Beobachter zunächst mit der Lebenswelt des beobachteten Systems soweit als möglich vertraut zu werden, wie es insbesondere in der Tradition der Ethnographie (Übersicht bei Lüders 1995, 311ff.) vorgeschlagen wird:

„Ausgangspunkt ist dabei das Interesse, soweit wie möglich am jeweiligen Alltag teilzunehmen, um auf diesem Weg einen Zugang zu dem ‚insider point of view' zu finden" (Lüders 1995, 318f.). Hintergrund davon ist die Erwartung, daß ein Beobachter die für ein System relevanten Konstrukte im gemeinsamen Handeln eher kennenlernt und dieses Wissen dann als Basis für eine Beobachtung, aber auch für andere Diagnoseverfahren nutzen kann.

(4) Auswahl des Beobachters

In der klassischen empirischen Sozialforschung geht man häufig von externen Beobachtern aus, die eine bestimmte Perspektive, nämlich die des externen, meist wissenschaftlich vorgebildeten Beobachters, ihrer Beobachtung zugrundelegen.

Sicher ist der externe Beobachter eine Möglichkeit, aber nicht die einzige. Daneben können Beobachtungen auch von Angehörigen des sozialen Systems oder von Angehörigen benachbarter Systeme (z.B. möglichen Kunden) durchgeführt werden. Kunden, die z.B. Ergebnisse einer Entwicklungsabteilung umzusetzen haben, werden zwangsläufig andere Sachverhalte beobachten als eigene Angehörige des Systems oder externe Beobachter. Sie nehmen eine andere Beobachterperspektive ein, wobei bestimmte Aspekte nicht in den Blick kommen, andere dafür um so deutlicher hervortreten.

Übrigens ist die Ergänzung verschiedener Beobachterperspektiven ein Verfahren, das z.B. bei Assessment-Centern (vgl. z.B. Fisseni/Fennekels 1995, 78ff.) durchaus geläufig ist. Hier hat es sich als günstig erwiesen, unterschiedliche Beobachter (Externe, Führungskräfte, Angehörige der Personalabteilung) eine Situation beobachten zu lassen, um mögliche Einseitigkeiten der jeweiligen Perspektive zu verringern.

(5) Festlegung der Rolle des Beobachters

In der Literatur unterscheidet man in diesem Zusammenhang zunächst zwischen offener und verdeckter Beobachtung (z.B. Atteslander 1995, 109ff.; Lamnek 1993, 251). Offen ist eine Beobachtung dann, wenn dem beobachteten System klar ist, daß es beobachtet wird. Verdeckt ist die Beobachtung, wenn der Beobachter eine andere Rolle (z.B. die des Teilnehmers, des Experten, des Praktikanten) einnimmt, wobei als Begründung für die verdeckte Beobachtung häufig angeführt wird, daß dann das Verhalten des beobachteten sozialen Systems nicht so stark durch die Beobachtung verändert wird.

Im Rahmen Systemischer Organisationsberatung tendieren wir aus zwei Gründen deutlich für die offene Beobachtung:

- Zum einen sprechen ethische Gründe gegen eine verdeckte Beobach tung: Beratung und damit auch Beobachtungsphasen im Rahmen eines umfassenden Beratungs- oder Organisationsentwicklungs-Prozesses können immer nur ein Angebot an das Klientensystem sein, aber kein Aufzwingen von bestimmten Vorgehensweisen von außen. Verdeckte Beobachtung wäre ein Aufzwingen, ohne daß das System diesem Vorgehen zugestimmt hat.
- Zum anderen scheint die Fähigkeit sozialer Systeme, das Verhalten im Blick auf die soziale Erwünschtheit (d.h., um einen möglichst guten Eindruck zu machen) zu

steuern, relativ beschränkt zu sein. Sicher ist es wenig wahrscheinlich, daß in einer beobachteten Situation zwei Kontrahenten sich gegenseitig anschreien. Aber es ist damit zu rechnen, daß die jeweiligen Interaktionsstrukturen (vielleicht weniger eskalierend) beibehalten werden: Zwei Gegner werden nicht nur deshalb, weil sie beobachtet werden, plötzlich vollständig kooperieren.

(6) Orientierung über die Beobachtung

Wenn man eine offene Beobachtung durchführt, ist hier (analog zum Interview) eine deutliche Orientierung erforderlich:

- Wozu dient die Beobachtung?
- Was geschieht mit den Ergebnissen?
- In welcher Form werden die Ergebnisse weitergegeben?
- Gibt es innerhalb des Systems Bedenken gegen die Beobachtung?
- Welche zusätzlichen Vereinbarungen können getroffen werden, diese Bedenken zu beseitigen oder zu verringern?

Auch hier gilt wieder: Je eindeutiger Orientierung und Kontrakt sind, desto zuverlässiger sind die Ergebnisse und desto höher ist die Akzeptanz der Beobachtung im sozialen System selbst.

(7) Dokumentation der Beobachtungsergebnisse

Auch für Beobachtungsergebnisse gilt, daß sie dokumentiert werden müssen. Je genauer diese Dokumentation erfolgt, desto präziser können die Beobachtungsergebnisse dem sozialen System anschließend zurückgespiegelt werden: Daß z.B. Teambesprechungen ergebnislos verlaufen, wird für das betreffende soziale System an konkreten Beispielen deutlicher, als wenn eine Beraterin dies nur allgemein als Ergebnis ihrer Beobachtungen mitteilt.

D.h. es ist sinnvoll, so genau wie möglich die Beobachtungen zu protokollieren. Dabei gibt es zunächst drei Möglichkeiten:

- Die zuverlässigste Möglichkeit besteht darin, als Datenbasis Tonband- oder Videoaufzeichnungen zu nehmen, wobei man dann das verbale Verhalten (Tonband) bzw. ggf. auch verbales und nonverbales Verhalten (Video) transkribieren kann. Diese für Forschungsvorhaben häufig unerläßlichen Verfahren sind jedoch sehr aufwendig (vgl. z.B. Volmer 1990) und (nicht zuletzt aus technischen Schwierigkeiten) im Rahmen von Organisationsentwicklungs-Prozessen relativ selten anwendbar.
- In der Literatur wird häufig vorgeschlagen, Protokolle möglichst kurzfristig nach Abschluß der Beobachtung zu erstellen (z.B. Girtler 1988, 140ff.; Lamnek 1993, 295ff.). Der Nachteil besteht jedoch darin, daß dann gerade bei komplexen Themen (Z.B. wenn es um die Besprechung bestimmter Fachthemen im Rahmen eines Projektteams geht) wichtige Detailinformationen verlorengehen.
- Im Rahmen von Organisationsentwicklungs-Prozessen haben wir mit simultaner Protokollerstellung gute Erfahrungen gemacht. Wichtig ist dabei, dieses Vorgehen durch einen eindeutigen Kontrakt abzusichern: Wenn den Teilnehmern klar ist, was

der Betreffende mitschreibt und wozu die Daten dienen, dann sind in unseren Untersuchungen so gut wie nie Widerstände eingetreten.

Im Beobachtungsprotokoll sind zunächst zu kennzeichnen:

- das soziale System, das beobachtet wird
- die Teilnehmer
- die Beobachtungssituation
- der Zeitpunkt der Beobachtung
- der Beobachter.

Bewährt hat sich bei der Protokollmitschrift eine Aufgliederung in mehrere Spalten, wobei Zeitpunkt, die jeweilige handelnde Person, die betreffenden Handlungen und Ereignisse sowie mögliche Deutungen aufgeführt werden. Ein solcher Ausschnitt aus einem Beobachtungsprotokoll könnte folgendermaßen ausschauen:

Beobachtetes System: Abteilung CX
Situation: wöchentliches Abteilungsgespräch
Teilnehmer: AL Schmidt, Mitarbeiter (MA) 1-6
Datum: 15.02.1995, 9.00-11.30 Uhr
Beobachter: Hörmann

Zeit	**Tn**	**Verhalten**	**mögliche Interpretation**
9.20	MA3	Wir hatten gestern wieder Störungen mit dem Großrechner. Die Ursache ist nicht klar.	
	AL	Ich weiß nicht, warum wir da nicht weiterkommen.	
	MA3	Wir denken, daß die vielleicht beim Installieren Fehler gemacht haben.	Abschieben der Schuld auf andere
	AL	Aber, das geht nicht, daß wir da die Störung haben. Wieso kriegen Sie das nicht hin? So geht das nicht weiter!	Vorwürfe
	MA6	(berichtet aus seinem Bereich)	keine weiteren Nachfragen vom AL nach bisherigen Lösungsversuchen, kein Kontrakt über das weitere Vorgehen

Ggf. ist es zweckmäßig, besonders wichtige Stellen ausführlicher zu protokollieren (und ggf. andere Situationen wegzulassen), um dann mögliche Problemsituationen im Beratungsprozeß fokussieren zu können.

Die Ergebnisse können dann unmittelbar im Rahmen eines Beratungsprozesses dem Abteilungsleiter oder dem Team insgesamt widergespiegelt werden. Oder es können einzelne Protokolle analog zum Interview inhaltsanalytisch ausgewertet werden, um auf diese Weise typische Verhaltensweisen und Problemsituationen in diesem sozialen System zu erfassen.

6.5 Die Selbstaufschreibung

Die Selbstaufschreibung ist ein in der klassischen Organisationsforschung durchaus geläufiges Erhebungsverfahren (vgl. z.B. Schmidt 1991, 150ff.). Typisches Beispiel dafür sind Tagesberichte, in denen eine handelnde Person ihre Tätigkeiten und den jeweiligen Zeitbedarf notiert.

Während in der Tradition der klassischen Organisationsforschung vorwiegend mit von außen vorgegebenen Kategorien gearbeitet wird, bietet die Selbstaufschreibung durchaus auch die Möglichkeit, in stärkerem Maße die subjektive Sicht der Betroffenen zu erfassen. Dabei können (ähnlich wie bei der Beobachtung) die jeweiligen Leit-Kategorien mehr oder weniger eng gefaßt werden:

- In einer sehr weit gefaßten Form schreibt der Betreffende allgemein auf, was ihm auffällt. Damit erhält man eine Übersicht über diejenigen Sachverhalte, die für den Betreffenden „in den Blick kommen", d.h. über die für ihn relevanten Konstrukte.
- Man kann Leitkategorien festlegen. Beispiele dafür wären z.B. „Schwachstellen", „Verbesserungsmöglichkeiten" oder auch „Störungen in Besprechungen" usw. Auch hier hat der Betreffende die Möglichkeit, unmittelbar seine subjektive Sicht wiederzugeben – wobei es ggf. später im Rahmen der Auswertung notwendig sein kann, die Deutung der jeweiligen Konstrukte an einzelnen Stellen nachzufragen.
- Oder man kann in Anlehnung an klassische Organisationsforschung die Selbstaufschreibung stärker als Verhaltensbeobachtung durchführen, indem z.B. der Zeitbedarf für einzelne Tätigkeiten, aber auch der Zeitaufwand von Verschwendung (Wartezeiten usw.) notiert werden.

Im einzelnen ergeben sich für die Vorbereitung, Durchführung und Auswertung der Selbstaufschreibung folgende Schritte:

- Festlegung von Untersuchungsziel und Verwendungszweck
- Festlegung von Leitkategorien für die Selbstaufschreibung
- Erstellung eines Formblattes
  Häufig ist es günstig, ein Formblatt zugrundezulegen, das einzelne relevante Kategorien und auch Spalten für Häufigkeit, Zeit usw. enthält. – Durchführung der Selbstaufschreibung über einen längeren Zeitraum
- Sammlung, Sichtung und Zusammenstellung der Ergebnisse.

Wichtig ist auch hier, die Betroffenen bei der Festlegung der Kategorien einzubeziehen, also z.B. auch das Formblatt innerhalb des betreffenden sozialen Systems zu entwickeln.

6.6 Rückspiegelung der Ergebnisse an das soziale System

Es gehört zu den Grundsätzen Systemischer Organisationsberatung, daß die im Rahmen von Diagnosephasen erhobenen Ergebnisse dem sozialen System zurückgespiegelt werden, um damit Anstöße für die weitere Entwicklung zu geben. Damit wird im Grunde ein Verfahren aufgegriffen, das in der Tradition von Lewin als „Survey-feedback-Methode" geläufig ist (vgl. z.B. Gebert 1974, 99ff.). Das soziale System erhält durch die Rückspiegelung der Daten gleichsam ein Bild seiner eigenen Situation.

Eine solche Diagnose bedeutet dann immer schon Veränderung des sozialen Systems: Sobald den Mitgliedern des sozialen Systems bestimmte Schwachstellen bekannt sind, verändert dieses Wissen bereits ihre subjektiven Theorien und damit das Verhalten des Systems.

Doch wie können die Ergebnisse dem sozialen System präsentiert werden? Genauer: Wie müssen die Daten aufbereitet sein bzw. welche Daten benötigt das System, um daraus für die Weiterentwicklung Nutzen ziehen zu können?

Drei Punkte sind hierbei zu beachten:

- Hilfreich für das soziale System sind zunächst einmal qualitative Daten. Dabei werden die für ein Thema relevanten Äußerungen (geordnet nach bestimmten Kategorien) zusammengestellt, unabhängig davon, wie die einzelnen Auffassungen genannt wurden.
  Solche qualitativen Daten sind für die Identifizierung von Problemen wichtig: Sich andeutende Probleme werden in der Regel in einzelnen Bereichen eines Systems relativ früh erkannt, aber möglicherweise nur von wenigen Personen oder in bestimmten Subsystemen. Zum anderen verfügt jedes soziale System über umfangreiches Wissen über effiziente Lösungsmöglichkeiten. Auch dieses Wissen ist zunächst nicht allgemein verfügbar, sondern nur bei einzelnen Personen vorhanden.
  Ein Beispiel: In einer Teambefragung wird von einigen Interview-Partnern auf die Gefahr hingewiesen, daß sich verschiedene Teams zu stark voneinander abgrenzen und daß es notwendig wäre, hier wieder eine Verbindung (etwa durch einen Kreis der Teamsprecher) zu schaffen. Es ist wichtig, diese Einschätzung dem System so früh wie möglich zurückzuspiegeln – unabhängig davon, ob nur einige oder möglicherweise fast alle Teammitglieder dies so sehen.
- Daneben ist es in vielen Situationen für das System hilfreich, quantitative Daten zur Verfügung zu haben:

Wie viele der Mitarbeiterinnen und Mitarbeiter halten die gegenwärtige Zahl der Hierarchie-Ebenen für zu groß? – Hier ist es einen Unterschied, ob 30% oder 95% der Mitarbeiter für eine Straffung der Hierarchie-Ebenen plädieren.
Welche Ebenen bzw. welche Bereiche sehen die erfolgte Organisationsentwicklung als problematisch an? Welche Bereiche haben daraus den größten Nutzen gezogen?
- Schließlich ist zu bedenken, daß der Umfang der Daten begrenzt sein muß, um im sozialen System überhaupt noch verarbeitet werden zu können. Es ist wenig sinnvoll, einem Unternehmen sämtliche in 100 Interviews erhobenen Einschätzungen im einzelnen widerzuspiegeln. Vielmehr ist die Komplexität zu reduzieren: Einzelne Äußerungen sind auf der Basis der strukturierten Inhaltsanalyse zusammenzufassen, Tendenzen aufzuzeigen und exemplarisch typische Belege anzuführen.

Als zweckmäßig hat sich in vielen Fällen eine Rückspiegelung der Ergebnisse in zwei unterschiedlichen Formen erwiesen: als Projektbericht und als direkte Präsentation.

Der Projektbericht enthält neben Angaben über Zielstellung und das methodische Vorgehen eine relativ breite Übersicht über qualitative und quantitative Ergebnisse. Dabei haben z.B. Zitate aus den Interviews den gleichen Status wie Belege aus wissenschaftlicher Literatur: Sie können wörtlich zitiert werden (wichtig: Textstellen anhand des Tonbandes nochmals überprüfen) und belegen bestimmte Thesen. Sie können damit zugleich die Qualität der Erhebung dokumentieren. Einzelne Interviewpartner finden sich in solchen Zitaten wieder.

Bei Präsentationen müssen in der Regel die Daten nochmals reduziert werden. Häufig beschränkt man sich dabei auf:

- wichtige qualitative Ergebnisse:
  Welche Schwachstellen bzw. Stärken wurden genannt? Welche Lösungsvorschläge wurden unterbreitet?
- Hinweise auf quantitative Ergebnisse (je nach dem Umfang der Befragung mit absoluten oder Prozentzahlen oder als Angabe von Trends),
- ggf. einige typische Zitate als Belege, die Ergebnisse illustrieren und zugleich auch verdeutlichen können, daß es sich bei der Diagnose nicht um ein von außen aufgesetztes Ergebnis, sondern um die Sicht des Systems selbst handelt – wobei es wichtig ist, die Ergebnisse sorgfältig zu anonymisieren.

Sicher ist jede Zusammenfassung von Ergebnissen immer auch ein Stück Intepretation. Natürlich gilt, daß persönliche Auffassungen des Interviewers die Auswahl von Belegen beeinflussen. Um das zu vermeiden, kann es zweckmäßig sein, Projektberichte und Präsentationsunterlagen zuvor mit dem sozialen System zurückzukoppeln, z.B. mit dem internen Projektteam, das die Diagnose begleitet hat. Darüber hinaus treffen wir die Vereinbarung, daß grundsätzlich zunächst die Betroffenen selbst die Ergebnisse erhalten, bevor sie an den Auftraggeber weitergegeben werden.

Die Rückspiegelung einer Diagnose löst erfahrungsgemäß in vielen Fällen Zustimmung aus, andererseits aber durchaus auch Betroffenheit und Abwehr. Wenn in Befragungen von Mitarbeiterinnen und Mitarbeitern der Abteilung sehr stark der schlechte Informationsfluß von Seiten des Abteilungsleiters beklagt wird, dann liegt es natürlich nahe, daß der Abteilungsleiter zunächst abwehrt: Aber ich habe doch alle Informationen weitergegeben.

Hilfreich ist hier, den Status einer Diagnose deutlich zu machen: Ob der Abteilungsleiter „in Wirklichkeit" genügend Information weitergibt, ist letztlich nicht entscheidbar: Es hängt von der jeweiligen „Konstruktion der Wirklichkeit" ab, was als „genügend" angesehen wird. Doch entscheidendes Ergebnis ist, daß aus Sicht der Mitarbeiterinnen und Mitarbeiter zu wenig Informationen weitergegeben werden. Daraus ergibt sich auf jeden Fall Handlungsbedarf: entweder bestimmte Abläufe der Informationsweitergabe zu verändern oder den Mitarbeitern deutlich zu machen, daß sie alle relevanten Informationen erhalten.

An dieser Stelle führt dann die Diagnose eines sozialen Systems zu einer eigenen Veränderungsphase, in der bestimmte Maßnahmen geplant und umgesetzt werden: Es kann der Abteilungsleiter beraten werden, oder es können Teamentwicklungsmaßnahmen in der Abteilung durchgeführt werden. Es können Regeln und Interaktionsstrukturen im sozialen System verändert oder allgemein Entwicklungsrichtung und Entwicklungsgeschwindigkeit beeinflußt werden.

Kapitel 7: Regeln sozialer Systeme

7.1 Theoretischer Hintergrund: Der Regelbegriff

In der Natur und in sozialen Systemen erleben wir immer wieder Regelmäßigkeiten: Jeden Morgen geht die Sonne auf, immer wieder fallen Gegenstände nach unten. Und jeden Morgen (mit bestimmten Ausnahmen) treffen sich Mitarbeiterinnen und Mitarbeiter in ihrer Abteilung, jeden Donnerstag findet eine Teambesprechung statt.

Trotzdem besteht zwischen Regelmäßigkeiten in der Natur und Regelmäßigkeiten in sozialen Systemen ein entscheidender Unterschied: Während Regelmäßigkeiten in der Natur auf der Basis von Naturgesetzen (der Astronomie, der Mechanik usw.) entstehen, ergeben sich Regelmäßigkeiten im sozialen Handeln aus sozialen Regeln: Es wurde festgelegt oder vereinbart, daß sich jeden Morgen die Mitarbeiterinnen und Mitarbeiter an ihrem Arbeitsplatz einfinden, daß jeden Donnerstag Teambesprechung stattfindet.

Der Regelbegriff ist einer der zentralen Begriffe der neueren Sozialwissenschaft und markiert (neben dem Begriff der subjektiven Theorie) die Abkehr von Naturwissenschaften von behavioristischen Konzepten: Ein soziales System verstehen, heißt, die Regeln erfassen, die dieses System leiten (vgl. Burns/Blam 1987; Jüttemann 1991).

Einige wichtige Ansatzpunkte sozialwissenschaftlicher Forschung zum Regelbegriff seien hier kurz erwähnt:

(1) Regeln in der Sprachphilosophie

Der Sprachphilosoph Ludwig Wittgenstein ist einer der ersten, der sich in den „Philosophischen Untersuchungen" (1968, erstmals 1953) ausführlich mit Regeln auseinandergesetzt hat. Wittgenstein verdeutlicht Regeln zunächst am Beispiel des Schachspiels:

„Das Schachspiel ist dies Spiel durch alle seine Regeln" (Wittgenstein 1968, §197). D.h. ich kann nur verstehen, was die Figur des Königs im Schachspiel bedeutet, wenn ich die Regeln kenne, nach denen diese Figur im Spiel ziehen darf.

Wittgenstein wendet dann den Regelbegriff insbesondere auf die Sprache an: Die Bedeutung der Sprache, so Wittgenstein, ist durch Regeln festgelegt: Analog zu Regeln des Schachspiels lernt man Regeln des jeweiligen „Sprachspiels" (Wittgenstein 1968, §83), d.h. man lernt Regeln, die den Gebrauch bestimmter Wörter festlegen.

Diese Auffassung ist dann in der Sprachphilosophie von John R. Searle aufgegriffen und weitergeführt worden (z.B. Searle 1992):

„Sprechen ist eine (höchst komplexe) Form regelgeleiteten Verhaltens. Eine Sprache zu lernen und zu beherrschen bedeutet..., entsprechende Regeln zu lernen und zu beherrschen... Daß ich weiß, wie eine Sprache gesprochen wird, impliziert die Beherrschung eines Regelsystems, das meinem Gebrauch der Elemente der betreffenden Sprache zugrunde liegt“ (Searle 1992, 24, 26).

Man kann sich diese These an einfachen Beispielen leicht verdeutlichen: Ein Kind lernt eine Sprache, indem es Regeln lernt. Es wird korrigiert: „nein, das ist keine Lokomotive, das ist ein Omnibus“ – was die Regel beinhaltet: „diesen Gegenstand darfst du nicht als Lokomotive bezeichnen!“.

Searle hat in diesem Zusammenhang eine Unterscheidung zwischen konstitutiven und regulativen Regeln eingeführt (Searle 1992, 54ff.; vgl. auch Dierstein 1995, 57ff.):

Konstitutive und regulative Regeln sind gleichermaßen Handlungsanweisungen, also Aufforderungen, etwas zu tun. Aber konstitutive Regeln „erzeugen oder prägen .... neue Formen des Verhaltens“ (Searle 1992, 54). Als Beispiel führt Searle das Schachspiel auf: Was Schach ist, wird überhaupt erst durch bestimmte Regeln definiert. Ich kann diese neue Handlung (Schachspiel) erst dann ausführen, wenn ich die entsprechenden Regeln kenne.

Regulative Regeln sind demgegenüber solche, die (so Searle) „bereits bestehende oder unabhängig von ihnen existierende Verhaltensformen“ regeln (1992, 55). Ein Beispiel im Zusammenhang mit dem Schachspiel wäre die in der Familie geltende Regel: „Nach dem Abendbrot wird nicht mehr Schach gespielt!“ Dies ist eine Regel, die voraussetzt, daß Schach in dieser Familie bekannt ist (die also entsprechende konstitutive Regeln voraussetzt) und dann zusätzliche Handlungsanweisungen darüber aufstellt, von wem, wo und wie die entsprechenden Handlungen ausgeführt werden dürfen oder sollen.

Die Unterscheidung zwischen konstitutiven und regulativen Regeln läßt sich auch auf Unternehmen übertragen. So gibt es z.B. konstitutive Regeln, die festlegen, was unter einem „Mitarbeiter-Zirkel“ zu verstehen ist: daß ein Mitarbeiter-Zirkel außerhalb der Arbeitszeit stattfindet, daß er auf Freiwilligkeit beruht, daß sich die Mitglieder ihre Themen frei wählen usw. Häufig sind solche konstitutiven Regeln in den jeweiligen sozialen Systemen auch offiziell (z.B. über Betriebsvereinbarungen) in Kraft gesetzt. Daneben gibt es in Bezug auf Mitarbeiter-Zirkel noch eine Reihe von regulativen Regeln: z.B. daß sich der Mitarbeiter-Zirkel X jeden Montag um 16.00 Uhr trifft, daß die Moderatorin ein Protokoll schreibt usw.

(2) Symbolischer Interaktionismus und Ethnomethodologie

Ein zweiter Ansatz zur Erforschung des Regelbegriffs findet sich im Symbolischen Interaktionismus bei George H. Mead, Herbert Blumer oder Erwin Goffman (vgl. z.B. Arbeitsgruppe Bielefelder Soziologen 1973; Goffman 1971; Helle 1992) sowie in der Ethnomethodologie im Anschluß an Harold Garfinkel (vgl. z.B. Garfinkel 1967; Patzelt 1987; Weingarten u.a. 1976).

Ausgangspunkt für Symbolischen Interaktionismus und Ethnomethodologie ist die Frage, wie Menschen es schaffen, ihre Handlungen aufeinander abzustimmen. Sie schaffen es, so lautet die gemeinsame Antwort, weil es Regeln gibt, die das Handeln leiten und wechselseitige Verständigung ermöglichen.

Der Symbolische Interaktionismus verdeutlicht diese These anhand von Symbolen. Symbole sind Gegenstände oder Handlungen, die eine bestimmte Bedeutung haben, wobei diese Bedeutung mithilfe von Regeln festgelegt ist.

Als konkretes Beispiel führt Goffman (1971, 41f.) das Winken auf: Ich sehe, wie mir ein anderer zuwinkt. Zunächst gilt für mich, daß ich diese Geste verstehen muß als etwas, das Bedeutung hat (die Bedeutung, mich herzurufen), und danach wird dann die eigene Handlung auf der Basis dieser Bedeutungsregeln durchgeführt: Wenn ich weiß, daß diese (merkwürdige) Bewegung des anderen ein Heranwinken ist, dann kann ich mich entscheiden, ob ich dieser Aufforderung folge oder sie ablehne.

Neben solchen Gesten können auch Gegenstände als Symbole Bedeutung haben: Der ovale Besprechungstisch im Unterschied zu einem eckigen hat z.B. die Bedeutung, daß es sich hierbei um einen Vorgesetzten mindestens auf der Ebene des Abteilungsleiters handelt. Art des Vorzimmers, die Einrichtung, Anzahl der Fenster in Büros usw., all das sind Symbole, die eine bestimmte Bedeutung haben. Das soziale System kennen bedeutet somit auch, diese Symbole bzw. die dahinterstehenden Regeln zu kennen.

Regeln haben die Funktion, in einem sozialen System Orientierung und Verhaltenssicherheit zu erzeugen. Das gilt bereits für die Regeln des Schachspiels: Wenn ich die Regeln kenne, weiß ich, wie ich ziehen darf. Und der Spielpartner weiß, welche Züge möglich sind.

Entsprechendes gilt ebenso für Regeln in der Familie, in Teams, Abteilungen und Unternehmen. Regeln, so Goffman „wirken auf das Individuum im allgemeinen auf zwei Arten ein, als Verpflichtungen... und als Erwartungen" (Goffman 1971, 56). Goffman verdeutlicht das am Beispiel des Krankenhauses: Die Regeln für Krankenschwestern sind zum einen Verpflichtung (Anweisungen an die Krankenschwestern, wie sie sich verhalten sollen) und zugleich für Ärzte und Patienten Orientierung: Die anderen wissen, daß die Krankenschwester abends nochmal nach den Patienten sieht usw. Entsprechendes gilt in einem Team: Aus der Regel, daß jeden Mittwoch um 14.00 Uhr Teambesprechung ist, ergibt sich für die anderen die Erwartung, daß einzelne Mitglieder eben zu dieser Zeit bei der Teambesprechung zu finden sind.

Damit haben Regeln zugleich die Funktion, die Bindung der Mitglieder an das betreffende soziale System zu sichern: Wer die Regeln beherrscht, d.h. wer die Sprache spricht und sich in dem betreffenden sozialen System richtig bewegen kann, gehört dazu – entsprechend grenzen sich Personen unterschiedlicher sozialer Systeme durch unterschiedliche Regeln voneinander ab.

Fehlen oder Übertretung von Regeln führt demgegenüber zu einem Verlust an Orientierung und zu Verhaltensunsicherheit. Garfinkel hat dies im Rahmen seiner sog. Krisenexperimente nachdrücklich geschildert (vgl. z.B. Patzelt 1987, 180ff.): Versuchspersonen wurden beauftragt, geltende Regeln zu übertreten. Das Ergebnis war regelmäßig Konfusion und Verwirrung beim Interaktionspartner:

Ein Experimentator kommt in ein Restaurant und bittet einen anderen Gast, ihn zu einem Tisch zu führen und ihm die Speisekarte zu bringen. Er führt also Handlungen aus, die nicht im Umgang mit anderen Gästen, sondern im Umgang mit der Bedienung angemessen sind. Der so angesprochene Gast versucht zunächst, daß vermeintliche Mißverständnis aufzuklären. Nachdem das keinen Erfolg hat, wird er regelmäßig verlegen, fassungslos und verliert alle Sicherheit im Auftreten. Er hat keine Orientierung mehr darüber, welche Regeln in dieser Situation gelten.

Im Grunde gelangt ein neuer Mitarbeiter, der auf ein neues soziales System mit ihm zunächst unbekannten Regeln trifft, in eine ähnliche Situation: Er erfährt, daß die bisher vertrauten Regeln hier nicht unbedingt Geltung besitzen, daß z.B. hier nicht die Regel gilt „jeder Mitarbeiter kann jederzeit beim Vorgesetzten vorbeischauen". Und er wird sich in diesem neuen System erst dann zurechtfinden, wenn es ihm gelingt, neue Regeln zu lernen.

7.2 Merkmale sozialer Regeln

Soziales Handeln ist durch Regeln geleitet. Ich kann soziales Handeln nur dann adäquat erfassen, wenn ich die dafür geltenden Regeln erkenne. Entsprechend gilt: Ich kann ein soziales System wie ein Unternehmen, eine Abteilung usw. nur verstehen, wenn ich die Regeln kenne, die das Verhalten der Personen in diesem System leiten.

Regeln sind durch folgende Merkmale bestimmt (vgl. z.B. Heringer 1974; Kemmerling 1980; Winch 1974):

(1) Regeln sind Handlungsanweisungen
Beispiele für Regeln sind:
„Wenn der Vorgesetzte dich ruft, laß alles stehen und liegen und gehe sofort hin!"
„Aufträge an Fremdfirmen müssen vom Bereichsleiter abgezeichnet werden!"
„Besucher haben sich beim Pförtner zu melden!"

Dabei ist zu beachten, daß Regeln keine einmaligen Aufforderungen sind, sondern generell Gültigkeit besitzen. Sie gelten für alle Situationen von einem Typ p: „Immer, wenn ein Besucher das Unternehmensgelände betreten will, hat er sich beim Pförtner zu melden!", „immer, wenn der Vorgesetzte ruft, hat der Mitarbeiter alles stehen und liegen zu lassen!"

(2) Regeln besitzen Geltung innerhalb bestimmter sozialer Systeme
Regeln sind immer auf das jeweilige soziale System bezogen und zwischen verschiedenen sozialen Systemen unterschiedlich. Dabei kann der Geltungsbereich von Regeln unterschiedlich groß sein:

- Es gibt Regeln, die sehr allgemeine oder universelle Geltung haben. Als Beispiel werden häufig die zehn Gebote aufgeführt oder Regeln wie „Auge um Auge", „Zahn um Zahn". Universell heißt dabei, daß es sehr viele und recht umfangreiche soziale Systeme gibt, in denen diese Regeln gelten.

- Es gibt kulturspezifische Regeln. Watzlawick gibt für unterschiedliche kulturspezifische Regeln folgendes Beispiel aus der Zeit des 2. Weltkrieges:
  „Unter den während des Krieges in England stationierten amerikanischen Soldaten war die Ansicht weit verbreitet, die englischen Mädchen seien sexuell überaus gleich zugänglich. Merkwürdigerweise behaupteten die Mädchen ihrerseits, die amerikanischen Soldaten seien übertrieben stürmisch."
  Grund für dieses Mißverständnis waren unterschiedliche kulturspezifische Regeln: Während in Amerika Küssen in einem frühen Stadium einer Beziehung erlaubt ist, wurde es in England erst in einem fortgeschrittenen Stadium (kurz vor dem ersten Intimsein) für angemessen gehalten (Watzlawick u.a. 1969, 20).
  Deutlich werden kulturspezifische Unterschiede zwischen Regeln bei internationalen Kooperationen (vgl. Koopman 1991; Scholz/Hofbauer 1990, 87ff.): Ein Mitarbeiter, der von seiner Firma in Deutschland zu einer Filiale nach Singapur kommt, muß neue kulturelle Regeln über den Umgang mit Kollegen, Vorgesetzten und Mitarbeitern lernen.
- Es gibt Regeln, die für bestimmte Funktionen gleich sind. Z.B. sind Regeln, die für Vorgesetzte gelten, in verschiedenen Unternehmensbereichen zum großen Teil übereinstimmend (z.B. daß bestimmte Entscheidungen nur Vorgesetzte treffen dürfen).
- Es gibt Regeln, die nur für ein ganz bestimmtes soziales System Geltung besitzen. Dabei kann das soziale System unterschiedlich weit gefaßt sein: Es gibt so etwas wie typische, z.B. in Leitlinien oder Unternehmensgrundsätzen niedergelegte Unternehmensregeln, es gibt besondere Regeln, die den Umgang miteinander und mit Außenstehenden in einer ganz bestimmten Projektgruppe festlegen und damit nur für dieses besondere soziale System Geltung besitzen.
- Schließlich gibt es so etwas wie persönliche Regeln, die nur für eine einzelne Person gelten und die die betreffende Person sozusagen sich selbst gegenüber aufstellt. Beispiele dafür sind: „ich muß stets zu meinen Mitarbeitern halten!", „ich darf keine Schwäche zeigen!"

(3) Die Befolgung von Regeln wird durch Sanktionen gestützt

Die Regel „Besucher haben sich beim Pförtner zu melden!" wird dadurch sanktioniert, daß derjenige, der diese Regel übertritt, nicht ins Unternehmen gelassen wird. Ein Mitarbeiter, der die Aufforderung, sofort zum Vorgesetzten zu kommen, nicht unmittelbar befolgt, wird dadurch sanktioniert, daß er kritisiert wird („nächstes Mal erwarte ich, daß Sie sofort zu mir kommen!") oder möglicherweise in Zukunft keine Termine beim Vorgesetzten erhält („jetzt habe ich keine Zeit").

Regeln durch Sanktionen stützen bedeutet, Konsequenzen zu setzen, die die Befolgung dieser Regeln absichern. Dabei können diese Konsequenzen negativer Art sein (jemand wird „bestraft", weil er die Regeln nicht befolgt) oder auch positiver Art (er erhält z.B. Anerkennung). Die Art der positiven bzw. negativen Sanktion kann im einzelnen sehr unterschiedlich sein: Sie reicht von einem freundlichen oder kritischen Blick über verbale Kritik oder Anerkennung bis zur Abmahnung auf der einen oder Beförderung und Gehaltszulage auf der anderen Seite.

(4) Regeln können explizite oder implizite Geltung besitzen

Es gibt zahlreiche Regeln, die ausdrücklich vereinbart und erlassen sind. Beispiele dafür sind Arbeitsplatzbeschreibungen, Organigramme, Unterschriftenregelungen, aber auch schriftlich erlassenen Regelungen über Telefongespräche usw.

Daneben gibt es zahllose „inoffizielle" oder „geheime" Regeln in sozialen Systemen: d.h. Regeln, die nirgendwo schriftlich fixiert oder in Kraft gesetzt sind, die möglicherweise auch offiziellen Regeln entgegenstehen und doch höchst wirksam sind. So kann z.B. in den Leitsätzen die Regel stehen „wir suchen keine Schuldigen, sondern lösen Probleme!". Aber in Wirklichkeit gilt eine ganz andere Regel: „Wenn Du ein Problem hast, suche zunächst einen Schuldigen!"

Solche geheimen Regeln eines Unternehmens können Veränderungsprozesse in starkem Maße behindern (vgl. Scott/Morgan 1995). Ein Beispiel: In einem Unternehmen wird Teamarbeit eingeführt, aber die Ergebnisse der Teamarbeit bleiben hinter den Erwartungen zurück. Der Grund dafür ist eine heimliche Regel zwischen den Mitarbeitern im Team: „Eine Krähe hackt der anderen kein Auge aus." Aufgrund dieser Regel verstehen sich zwar alle im Team gut, aber Konflikte werden nicht ausgetragen und Probleme nicht sachlich diskutiert. Erst die Kenntnis und Abänderung solcher impliziter Regeln schafft überhaupt die Voraussetzung für effiziente Teamarbeit.

(5) Regeln stehen im Zusammenhang miteinander und stützen sich gegenseitig

In vielen Fällen sind Regeln nicht isoliert, sondern werden von anderen Regeln gestützt. So kann z.B. eine aufwendige Unterschriftenregelung aus der Regel, daß alle Vorgänge genau kontrolliert werden sollen, abgeleitet sein. Konsequenz ist, daß es wenig Sinn macht, lediglich die Unterschriftenregelungen zu ändern: Das System wird dann schnell neue ebenso aufwendige Verfahren entwickeln, um Kontrolle auszuüben. Sondern man muß bei der zugrundeliegenden zentralen Regel ansetzen.

(6) Regeln werden vorwiegend durch praktisches Handeln gelernt

Nur zu einem sehr geringen Teil lernen wir Regeln dadurch, daß wir sie irgendwo lesen. Das gilt bereits für die Regeln des Schachspiels: Man kann Schach nicht (oder nur sehr mühevoll) lernen, wenn man nur ein Buch über Schach liest. Man lernt es im praktischen Umgang, indem jemand anderes einem zeigt, wie die einzelnen Züge verlaufen, und indem man korrigiert wird: „nein, dieser Zug ist nicht richtig".

In sozialen Systemen lernt z.B. ein Kind die sozialen Regeln in der Familie im täglichen Umgang. Es lernt, was Mittagessen bedeutet, oder daß es sich vor dem Mittagessen die Hände zu waschen hat. Es lernt, mit Erwachsenen und Gleichaltrigen umzugehen usw.

Entsprechend lernt eine neue Mitarbeiterin in der Abteilung neue Regeln vorwiegend im praktischen Umgang: Sie lernt, wie sie den Abteilungsleiter ansprechen kann, wann man Unterstützung von Kollegen erhält, was die „heiligen Kühe" sind, die man nicht verändern darf. Sie wird positiv sanktioniert, wenn sie die Regeln befolgt („Sie haben sich aber gut bei uns eingearbeitet") – oder negativ, wenn sie z.B. Regeln aus einem früheren Unternehmen unbefragt auf die gegenwärtige Situation überträgt: „Nein, Sie dürfen nicht einfach zum Chef hineinplatzen!"

Auch die Tatsache, daß Regeln im praktischen Umgang gelernt werden, hat für Veränderungsprozesse in Organisationen praktische Konsequenzen: Neue Regeln (z.B. Regeln der Teamarbeit) können nicht lediglich verkündet werden, sondern sie müssen gelernt und eingeübt werden. Mitarbeiter und Mitarbeiterinnen brauchen dabei Unterstützung – ein Sachverhalt, der in vielen Fällen übersehen wird.

Das Verhalten sozialer Systeme wie Teams, Abteilungen, Unternehmen und sonstiger Organisationen ist in hohem Maße von Regeln bestimmt. Das bedeutet, daß im Rahmen von Systemischer Organisationsberatung die sozialen Regeln des jeweiligen sozialen Systems zu erfassen und im Blick auf ihre Konsequenzen zu beurteilen sind. Anschließend ist das soziale System dabei zu unterstützen, unangemessene Regeln abzuändern und stattdessen neue Regeln zu entwickeln und zu etablieren.

7.3 Diagnose sozialer Regeln

Regelmäßigkeiten (wiederkehrende Verhaltensweisen) sind beobachtbar, nicht aber die dahinterstehenden Regeln: Zwar kann ich feststellen, daß in einer konkreten Situation ein Mitarbeiter die Schuld für einen Fehler auf einen anderen schiebt. Aber ob dahinter eine Regel steht, ob möglicherweise der Betreffende eine geltende Regel übertreten hat oder ob hierfür überhaupt keine Regel vorliegt, ist nicht beobachtbar. Regeln lassen sich immer nur aus dem Verhalten „erschließen".

Zudem ist aufgrund der Tatsache, daß Regeln weithin im praktischen Umgang gelernt werden, Regelwissen zu einem großen Teil zwar latent vorhanden, aber nicht bewußt gespeichert und damit auch nicht ohne weiteres abrufbar.

Damit steht die Diagnose sozialer Regeln vor einer zweifachen Aufgabe:
- Regeln aus dem Verhalten zu erschließen,
- latent vorhandenes Regelwissen bewußt zu machen.

In der Tradition der qualitativen Forschung gibt es eine Reihe von Verfahren, die zur Analyse von Regeln herangezogen werden können (vgl. Volmer/Zedler 1995). Die wichtigsten seien hier aufgelistet:

(1) Erfassung von Regeln durch teilnehmende Beobachtung

Dieses Vorgehen entspricht dem Prozeß, mit dem wir im Alltag Regeln lernen: Wenn man sich in einem sozialen System bewegt, so lernt man „automatisch" eine Reihe von Regeln – zum Teil, indem man den Gepflogenheiten anderer folgt, zum Teil, indem man positive bzw. negative Sanktionen bei sich oder anderen erfährt.

Entsprechend diesem Verfahren lernt ein teilnehmender Beobachter, der ein Stück weit in einem sozialen System „lebt" (indem er z.B. an Konferenzen teilnimmt) in gewissem Umfang das dort bestehende Regelsystem.

Die Schwierigkeit dieses Vorgehens liegt jedoch darin, daß auch für den teilnehmenden Beobachter dieses Regelwissen zunächst nur ein latentes Wissen ist. Er ist in einer ähnlichen Situation wie derjenige, der in diesem sozialen System lebt: Auch der Beobachter entwickelt zunächst nur ein „Gefühl" dafür, wie das System abläuft, er lernt in begrenztem Umfang, sich „intuitiv", richtig zu verhalten. Aber er steht vor der Schwierigkeit, dieses latente Wissen nicht oder nur schlecht bewußt explizieren zu können.

(2) Erfassung von Regeln auf der Basis systematischer Beobachtung
Die Befolgung einer Regel führt dazu, daß ein bestimmtes Verhalten regelmäßig (d.h. immer wieder) auftritt. Regelmäßigkeit in Verhaltensabläufen ist beobachtbar. Auf der Basis dieser Beobachtungen kann dann gefragt werden, ob hinter diesen Regelmäßigkeiten eine Regel steht. So kann ich z.B. beobachten, daß in einem Team Vereinbarungen immer wieder nicht eingehalten werden. Daraus kann ich auf dahinterstehende Regeln schließen: Wenn z.B. die Einhaltung von Vereinbarungen negativ sanktioniert wird (der Betreffende bekommt mehr Arbeit aufgehalst), während bei Übertretung der Vereinbarungen nichts geschieht, läßt sich vermuten, daß in diesem Team eine implizite Regel gilt „Vereinbarungen brauchen nicht eingehalten zu werden".

Daraus ergeben sich folgende Beobachtungskategorien für die Erfassung von Regeln:

- Gibt es Verhaltensweisen und Abläufe, die immer wieder (oder nie) auftreten?
- Welches Verhalten wird positiv bzw. negativ sanktioniert? Wofür werden Mitarbeiter positiv sanktioniert, wofür erhalten sie Anerkennung, einen ermutigenden Blick, was begünstigt ihre Karriere in dem jeweiligen sozialen System?
  Welche Verhaltensweisen werden unbeachtet gelassen (Nichtbeachtung als eine negative Sanktion), was provoziert kritisches Stirnrunzeln oder ausdrückliche Kritik, was hat zur Folge, daß man in der Karriere auf ein Abstellgleis gestellt wird?

Übrigens – das sei hier nur am Rande angemerkt – ist auch die Beobachtung von Sanktionen mehr als eine reine Beobachtung, sondern ein Stück Interpretation: Ich muß interpretieren, daß z.B. das Stirnrunzeln des Vorgesetzten die Bedeutung einer negativen Sanktion hat und nicht Zeichen von Kopfschmerzen ist.

(3) Erfassung von Regeln auf der Basis von qualitativen Interviews
Erfassung von Regeln mit Hilfe von Interviews erfordert beträchtliche Kompetenz des Interviewers: Zum einen muß das Interview so aufgebaut werden, daß auch die „unter der Oberfläche" geltenden Regeln erhoben werden, zum anderen besteht eine Schwierigkeit darin, daß Regeln im Interview nicht direkt erfaßbar sind, sondern nur die jeweilige subjektive Vorstellung von geltenden Regeln: Der Gesprächspartner nennt Regeln, die seiner Meinung nach Geltung besitzen – ob das die tatsächlich geltenden Regeln sind, ist dabei noch offen.

In seinem Aufbau folgt ein solches Interview dem in Kap. 6.1 dargestellten Ablauf, wobei sich je nach der Zielsetzung unterschiedliche Leitfragen für die Erfassung von Regeln ergeben:

a) Erfragung offizieller Regeln:
Welche Regeln (Vorschriften) gelten im Unternehmen?
Was sind die geschriebenen Regeln?

b) Erfragung ungeschriebener Regeln:
Gibt es geheime Regeln in Ihrer Abteilung, im Unternehmen?
Oder man fragt (in Anlehnung an Satir 1992, 164ff.) nach speziellen Regeln:
Wie frei können Sie über das sprechen, was Sie sehen und hören?
Wem gegenüber können Sie dies zum Ausdruck bringen?
Wie gehen Sie damit um, wenn Sie mit etwas nicht einverstanden sind?
Wie fragen Sie, wenn Sie etwas nicht verstehen? Was dürfen Sie fragen? Wen fragen Sie?
Worüber dürfen Sie mit Ihrem Vorgesetzten, mit Ihren Kollegen oder Mitarbeitern reden?

c) Erfragung von Regelmäßigkeiten:
Was passiert immer wieder? Was sind Störungen, die immer wieder auftreten?

d) Erfragung von Sanktionen:
Häufig sind Sanktionen ein Thema, das einen guten Zugriff zu den dahinterstehenden Regeln ermöglicht. Mögliche Fragen sind:
Wofür werden die Mitglieder Ihres Teams, Ihrer Abteilung belohnt, wofür werden sie bestraft?
Welche Verhaltensweisen haben positive Konsequenzen, welche negative?
Was müssen Sie tun, um im Team, bei Ihrem Vorgesetzten usw. Ärger zu bekommen?
In welchen Situationen runzelt Ihr Vorgesetzter kritisch die Stirn?
Was müssen Sie tun, um bei Ihrem Vorgesetzten, Kollegen oder den Team-Mitgliedern Zustimmung zu bekommen?

e) Erfragung von Regeln in Bezug auf andere Personen:
Was muß jemand lernen, der im Unternehmen vorankommen will?
Was mußten Sie anfangs lernen, um sich im Unternehmen zurechtzufinden?

f) Erfassung von Regeln im Rahmen narrativer Interviews:
Schließlich besteht die Möglichkeit, implizites Regelwissen zu erfragen, indem man den Betreffenden im Rahmen eines narrativen Interviews die Geschichte seit seinem Beginn im Unternehmen erzählen läßt: „Erzählen Sie doch, wie es Ihnen ging, als Sie hier im Unternehmen angefangen haben!“ Implizit werden hier auch Regeln deutlich, die dann jedoch im Rahmen zusätzlicher inhaltsanalytischer Arbeit genauer zu analysieren sind.

(4) Erfassung von Regeln durch Kontrastierung und Typisierung
Im Rahmen der (im Anschluß an die Ethnomethodologie entwickelten) Konversationsanalyse (z.B. Bergmann 1981; Steuble 1986; Watson 1992), der Objektiven Hermeneutik im Anschluß an Oevermann (z.B. Oevermann 1979; vgl. Reichertz 1995) und der sog. Regelhermeneutik (Volmer 1990; Volmer/Zedler 1995) sind eine Reihe von Verfahren entwickelt worden, auf deren Basis sich implizit vorhandenes Regelwissen explizieren läßt. Grundgedanke dabei ist, daß ein sachkundiger Beobachter sehr wohl entscheiden kann, ob in einem sozialen System eine Handlung regelkon-

form ist oder nicht (möglicherweise, ohne die Regel von vornherein explizieren zu können).

In vereinfachter Form läßt sich ein solches Verfahren auch für die Analyse von Regeln in Organisationen anwenden. Ausgangsbasis dafür sind konkrete Verhaltensweisen wie z.B. das Verhalten einzelner Teilnehmer, bei Teambesprechungen regelmäßig zehn bis fünfzehn Minuten zu spät zu kommen und sich dann ohne Kommentar auf den Platz zu setzen.
Zur Explizierung der dahinterstehenden Regeln können folgende Fragen dienen:

- Was wären mögliche Alternativen zu diesem Verhalten?
  Auf das Beispiel bezogen:
  rechtzeitig kommen,
  sich für das Zuspätkommen entschuldigen,
  Kritik von Seiten des Besprechungsleiters oder der anderen Teammitglieder.
- Für welche Situationen wäre ein solches Verhalten typisch?
  Typisch könnte dieses Zuspätkommen für informelle Treffen sein: Mehrere Personen unterhalten sich, und es spielt keine Rolle, ob jemand später dazu kommt.
- Ist dieses Verhalten in dem sozialen System „normal“ und „akzeptiert“?
  In diesem Fall: Das Verhalten ist selbstverständlich, der sachkundige Beobachter schätzt es als „normal“ ein.

Damit deutet sich eine dahinterstehende Regel „Termine brauchen nicht genau eingehalten zu werden“ an. In weiteren Schritten wäre dann zu klären, ob diese Regel nur für Teambesprechungen oder auch für andere Termine gilt.

(5) Dokumentenanalyse
Dokumentenanalyse kann sich sowohl auf offizielle als auch auf inoffizielle Regeln beziehen:

- In Leitlinien, Arbeitsplatzbeschreibungen, Unterschriftenregelungen, schriftlichen Hinweisen über den Gebrauch von Telefonen für Privatgespräche usw. werden häufig Regeln explizit formuliert. D.h. hier gilt es, herauszufinden, welche Handlungsanweisungen, Verbote, Erlaubnisse gegeben werden.
- Daneben lassen sich aber auch die hinter den Texten stehenden inoffiziellen Regeln erfassen. Dabei kann auch hier das unter (4) genannte Verfahren wieder herangezogen werden: Man greift einzelne Passagen z.B. eines Protokolls heraus und fragt nach möglichen Alternativen in der Formulierung, nach typischen Situationen bzw. der Angemessenheit des Vorgehens aus Sicht des sozialen Systems.

  Inoffizielle Regeln lassen sich auch erfassen, indem man z.B. Mythen, Witze, Anekdoten, Klo-Sprüche usw. untersucht (vgl. z.B. Neuberger/Kompa 1987).
  Ein Beispiel für eine in Sprüchen deutlich werdende Regel wäre etwa der Satz:
  „In unserem Unternehmen kann man sich nur auf eins verlassen – daß man sich auf nichts verlassen kann!“

Dahinter steht die Regel, daß Veränderungen innerhalb der Personalstruktur jederzeit von der Geschäftsleitung beschlossen werden dürfen und z.B. nicht angekündigt zu werden brauchen.

(6) Erfassung von Regeln durch Analyse nichtsprachlicher Gegenstände
Das unter (4) dargestellte Verfahren läßt sich grundsätzlich auch auf die Analyse nichtsprachlicher Gegenstände anwenden. Grundlage dafür ist die These, daß z.B. die Einrichtung des Empfangsbereiches (steht der Besucher hinter einer großen Barriere oder findet er sich in einem Empfangsbereich vor einer Reihe von Schreibtischen usw.), die Einrichtung des Büros, der Kantine usw. etwas über dahinterstehende soziale Regeln aussagt.

Auch hier ist es sinnvoll, die Situation zu schildern und ggf. anhand von Fotos zu dokumentieren, nach Alternativen (was wäre eine Alternative für die Einrichtung des Empfangsbereiches?) und nach typischen Situationen (für welche Art Organisation wäre ein solcher Empfangsbereich typisch?) zu fragen und auf dieser Basis dahinterstehende Regeln zu erfassen.

(7) Analoge Verfahren
Schließlich kann man Regeln auch mithilfe analoger Verfahren erfassen: Wenn Regeln nur zum Teil bewußt sind, dann ist z.B. mit Hilfe eines Symbols vorhandenes analoges Wissen über Regeln leichter abrufbar. Möglichkeiten dafür sind etwa:

- Zusammenstellung von Regeln im Rollenspiel
  „Stellen Sie einen typischen Vormittag in Ihrer Abteilung dar!"
  „Stellen Sie ein typisches Gespräch mit Ihrem Vorgesetzten dar!"
- Darstellung von Regeln mit Hilfe von Symbolen
  „Mit welchem Symbol würden Sie Führung in Ihrer Abteilung kennzeichnen?"

Im Rahmen von Prozeßarbeit lassen sich dann die hinter den Symbolen stehenden Regeln klären: Welche Regeln stehen dahinter, wenn das Team durch einen Schwamm symbolisiert wird und Führung durch eine Gießkanne. Wichtig ist dabei wieder, die Interpretation nicht von außen vorzugeben, sondern den Betreffenden selbst nach der Bedeutung des Symbols zu fragen.

Bei einer Reihe von Verfahren zur Analyse von Regeln ist das Vorgehen methodisch keineswegs unproblematisch. Wie läßt sich z.B. absichern, welche Regeln hinter bestimmten Formen oder Größen des Schreibtisches stehen? Häufig wird hier gleichsam intuitiv von außen und ohne methodische Absicherung interpretiert. Notwendig ist jedoch demgegenüber, die einzelnen Schritte der Analyse methodisch abzusichern, um zu überprüfen, ob bestimmte Deutungen in dem System tatsächlich zutreffen.

7.4 Beurteilung von Regeln

Regeln haben die Funktion, Orientierung zu geben und damit in dem sozialen System Verhaltenssicherheit zu erzeugen. Regeln dienen aber zugleich konkreten praktischen Zwecken: Die Regel für Besucher, sich am Empfang zu melden, dient dazu, daß Fremde sich nicht unkontrolliert im Unternehmensbereich bewegen. Oder Regeln des Informationsflusses verfolgen den Zweck, den Betreffenden die wichtigen Informationen zukommen zu lassen oder möglicherweise Informationen auf bestimmte Personen zu beschränken bzw. Mißbrauch von Informationen zu verhindern.

Die Konsequenz daraus ist, daß Regeln funktional oder dysfunktional sein können: Sie können für das soziale System eine sinnvolle Funktion haben, oder sie können unnötig oder im Blick auf die Ziele des Systems sogar hinderlich (dysfunktional) sein.

Daraus ergibt sich ein weiteres wichtiges Thema Systemischer Organisationsberatung: Wenn in Organisationen Probleme auftreten, so stehen diese Probleme häufig im Zusammenhang mit dysfunktionalen Regeln. Aufgabe Systemischer Organisationsberatung ist es somit, vorhandene Regeln im Blick auf ihre Funktionalität bzw. Dysfunktionalität im sozialen System zu beurteilen.

Es gibt eine Reihe von Gründen, aus denen Regeln dysfunktional sein können:

(1) Regeln ohne sinnvolle Funktion

Regeln sind dysfunktional, wenn sie keine unmittelbaren praktischen Zwecke erfüllen, d.h. wenn für die Situation, die durch die Regel geregelt wird, überhaupt kein Regelungsbedarf besteht.

Beispiele dafür finden sich etwa bei Empfangsregeln in Unternehmen: Wenn das Ziel einer strengen Kontrolle von Besuchern die Sicherung von Betriebsgeheimnissen ist, werden die entsprechenden Regeln dann dysfunktional, wenn im Gebäude keine schützenswerten Betriebsgeheimnisse mehr vorhanden sind.

Es gibt häufig Situationen, in denen aufgrund von Veränderungen die ursprünglich intendierten Ziele entfallen, aber die Regeln unbefragt beibehalten und damit dysfunktional werden. Hier gilt es zunächst, Ziele zu überprüfen und dann im Blick darauf nach der Notwendigkeit von Regeln zu fragen.

(2) Regeln, die das intendierte Ziel nicht erfüllen

Regeln sind auch dysfunktional, wenn das intendierte Ziel sinnvoll ist, dieses Ziel aber nicht erreicht wird. Auf obiges Beispiel bezogen: Wenn es im Blick auf den Schutz von Betriebsgeheimnissen notwendig ist, daß Besucher sich nicht frei auf dem Werksgelände bewegen dürfen, dann ist zu überprüfen, ob die Empfangsregeln das tatsächlich erreichen. Eine Regel, daß Besucher am Empfang angemeldet werden sollen, ist im Blick auf das intendierte Ziel dysfunktional, wenn die betreffenden Besucher im Anschluß an den Besuch ohne Begleitung durch das Werksgelände zurückgehen können.

Eine besondere Art von Regeln, die die intendierte Funktion nicht erfüllen, sind zu pauschale Regeln: Regeln, die so allgemein gehalten sind, daß sie keine konkreten Handlungen beinhalten bzw. ausschließen. Manchmal finden sich Beispiele dafür in

Gesprächsregeln: Die Forderung „jeder Teilnehmer soll für den Gesprächsverlauf Verantwortung tragen!" ist, wenn sie nicht weiter erläutert wird, leer (was heißt: „für den Gesprächsverlauf Verantwortung tragen"?) und ist damit dysfunktional. Sie regelt nicht das, was sie eigentlich regeln soll, sondern eröffnet statt dessen Möglichkeiten für beliebiges Vorgehen. In einer solchen Situation gibt es sinnvollerweise zwei Möglichkeiten: entweder die Regel ungültig erklären oder sie so zu präzisieren und zu erläutern (ggf. anhand von Standardbeispielen), daß sie ihrer Funktion gerecht werden kann.

(3) Nicht realisierbare Regeln

Des öfteren finden sich Regeln, die nicht realisierbar sind. So wird z.B. in einem Internat die Forderung aufgestellt, daß die Mitarbeiter „jederzeit" für die Jugendlichen dazusein haben. Sicherlich ist die Forderung gerade für eine soziale Organisation sehr lobenswert. Aber sie ist letztlich in dieser uneingeschränkten Form nicht realisierbar: Niemand kann jederzeit für andere Menschen da sein. Und damit führt die Regel zugleich dazu, daß Mitarbeiter fortwährend überfordert sind und daß sie Schuldgefühle entwickeln, weil sie der von ihnen akzeptierten Regel nicht genügen können. Erst im Rahmen einer genauen Analyse wird man dann möglicherweise feststellen, daß diese dysfunktionale Regel „Mitarbeiter sollen immer für die Jugendlichen da sein" die Ursache für eine hohe Fluktuation unter den Mitarbeitern gewesen ist.

Ein anderes Beispiel für eine dysfunktionale Regel ist die Forderung an eine Führungskraft, den Mitarbeitern „alle" Informationen zukommen zu lassen. Diese Forderung ist schlechterdings nicht realisierbar, weil die vorhandenen Informationen die Möglichkeiten überschreiten, sie weiterzugeben. Eine solche Regel führt damit häufig zu Problemen, dann nämlich, wenn Mitarbeiter sich bei Kritik am Vorgesetzten eben auf diese Regel beziehen.

(4) Regeln mit negativen Nebenwirkungen

Regeln können dysfunktional sein, wenn sie zugleich Konsequenzen haben, die in Bezug auf das soziale System nicht sinnvoll sind. Auch das läßt sich am Beispiel der Empfangsräume verdeutlichen:

Im Blick auf die Zielsetzung, das Gelände von unerwünschten Besuchern freizuhalten, wäre eine strenge Kontrolle zweckmäßig. Zugleich ist aber damit zu rechnen, daß eine solche Kontrolle Kunden und Geschäftspartner verärgert. Und unter diesem Aspekt ist die Regel möglicherweise für das Gesamtsystem dysfunktional.

Andere typische Beispiele für Regeln mit dysfunktionalen Nebenwirkungen finden sich in bürokratischen Regelsystemen (vgl. z.B. Mayntz 1968; Türk 1981; Remer 1989, 91ff.): Bürokratien zeichnen sich durch ein sehr enges und umfangreiches Netz von Regeln aus.

Zunächst ist eine solche Entwicklung auch sachlich plausibel: Um Unklarheiten hinsichtlich der Regeln und damit Verhaltensunsicherheit (wann gilt die Regel noch?) zu verringern, führt man neue zusätzliche Regeln ein, die Ausnahmen, Zusatzbedingungen usw. genauer definieren. Damit entsteht ein umfangreiches Regelsystem mit einer Fülle von Vorschriften. Die unerwünschte Nebenwirkung davon ist, daß solche Regelsysteme letztlich nicht mehr überschaubar sind und flexibles Handeln verhindern: Ein bürokratisch geregelter Bestellvorgang wird dysfunktional, wenn dadurch schnell notwendige Bestellungen verhindert werden.

Die Verselbständigung zunehmend ausdifferenzierter Regelsysteme macht letztlich ein soziales System unfähig, auf Änderungen in der Systemumwelt zu reagieren. Die notwendige Konsequenz muß sein, das Regelsystem wieder zu vereinfachen, was zwar auf der einen Seite Unsicherheit vergrößert, zugleich aber den Freiraum für ein flexibles Reagieren wiederherstellt.

Dysfunktionalität von Regeln entsteht häufig daraus, daß die Veränderung von Regeln mit der Veränderung von Umwelt oder sonstigen Veränderungen des sozialen Systems nicht mithält. Regeln werden „in der Regel" aus plausiblen Intentionen heraus eingeführt. Aber wenn sich die Systemumwelt verändert, werden die Regeln zunächst unbefragt beibehalten, was dann dazu führen kann, daß das vorhandene Regelsystem der gegenwärtigen Situation des Systems nicht mehr angemessen ist: Es werden die ursprünglichen Empfangsregeln beibehalten, obwohl die Entwicklungsabteilung längst in einem völlig anderen Ort untergebracht ist. Es werden die alten gewohnten Unterschriftenregeln beibehalten, auch wenn sich herausstellt, daß Erfolg am Markt schnelleres Reagieren notwendig macht. Oder man stellt fest, daß beim Wachstum einer Organisation eine Reihe der früher funktionalen Regeln zur Steuerung der Kommunikation nicht mehr greifen: Während früher die Regel galt, daß der Geschäftsführer jederzeit ansprechbar ist, erweist sich diese Regel bei 400 Mitarbeitern nunmehr als dysfunktional.

Häufig werden Schwächen einer geltenden Regel innerhalb des betreffenden sozialen Systems erst wesentlich später bewußt als außerhalb:

Eine Verwaltung, für die ein ausgefeiltes Regelsystem Teil der Lebenswelt ist, tut sich schwer, Dysfunktionalität eigener Regeln zu entdecken. Beurteilung von Regeln ist leichter möglich von Betroffenen außerhalb des betreffenden Systems (d.h. von denjenigen, die an dysfunktionalen Regeln leiden).

7.5 Veränderung von Regeln

Regeln sind ein wichtiger Faktor der Stabilisierung des jeweiligen sozialen Systems. Und das bedeutet, daß bei dem Versuch, Regeln abzuändern, zwangsläufig Widerstand auftritt. Hier ergeben sich auf der Basis der im 7.2 Kapitel dargestellten Merkmale eine Reihe von Faktoren, die einer Veränderung von Regeln entgegenstehen (vgl. Schreyögg 1988, 162ff.):

- Einzelne Regeln stehen nicht isoliert für sich, sondern Regeln stehen miteinander im Zusammenhang und stützen sich gegenseitig. Im Blick auf die Veränderung von Regeln bedeutet das, daß es in vielen Fällen wenig Sinn macht, eine einzelne Regel isoliert zu verändern. Sondern man muß den Zusammenhang mit anderen Regeln erfassen und möglicherweise ein umfangreicheres Regelsystem ändern.
- Regeln besitzen teilweise implizite Geltung. Gerade die „geheimen Regeln" eines sozialen Systems sind weithin unbewußt und eben deshalb schwerer zu ändern als

offizielle Regeln. So läßt sich verhältnismäßig leicht ein neues Formblatt einführen, vielleicht auch eine neue Aufbauorganisation auf dem Papier entwickeln und zumindestens „auf der Oberfläche“ umsetzen. Bis die dahinterstehenden geheimen Regeln jedoch abgeändert werden, dauert meistens wesentlich länger.

- Vorhandene Regeln waren über längere Zeit erfolgreich (sonst hätten sie sich nicht durchgesetzt). Die Bereitschaft, eine Regel abzuändern, ist um so geringer, je erfolgreicher die Regel in der Vergangenheit war.
- Dysfunktionalität von Regeln wird häufig erst relativ spät entdeckt: Auch wenn Umwelt oder System sich fortwährend verändern, so greifen die bisherigen Regeln (ggf. gestützt durch einige zusätzliche Regeln) noch relativ lange Zeit. Und meist erst später erfährt das System im Auftreten massiver Probleme (z.B. bei Markteinbrüchen) oder massiver interner Konflikte, daß das etablierte Regelsystem möglicherweise der gegenwärtigen Situation nicht mehr angemessen ist.
- Veränderung von Regeln wird zunächst als Verlust der bisherigen Regeln und damit als Orientierungslosigkeit und Handlungsunsicherheit erlebt. Verlust an Orientierung führt zwangsläufig zu Angst und Widerstand, die solange anhalten, bis neue Regeln neue Orientierungsmuster und neue Handlungssicherheit gewährleisten.
- Schließlich ist zu berücksichtigen, daß Regeln immer auch Kompetenzen, Einfluß, materielle und immaterielle Ressourcen verteilen. Bei jeder Regelveränderung gibt es neben Gewinnern auch Verlierer: Bei Einführung von Teamarbeit verlieren ehemalige Führungskräfte zwangsläufig Macht und Einfluß. In vielen Fällen sind gerade sie es, die für die „Beibehaltung des status quo“ (Schreyögg 1988, 164) kämpfen.

Veränderung von Regeln ist damit ein keineswegs leichter Prozeß. Er gelingt um so leichter, je höher der „Leidensdruck des Systems“ ist, d.h. je deutlicher es wird, daß die bisherigen Regeln nicht mehr greifen, je mehr das System selbst die Regeln reflektiert und je sorgfältiger dieser Prozeß der Regelveränderung etwa im Rahmen eines Beratungsprozesses begleitet wird.

Es gibt eine Reihe von Ansätzen, Regelveränderungen im Rahmen von Organisationsberatung zu unterstützen:

(1) Regelveränderung durch Kontrakte

Das transparenteste Verfahren der Regelveränderung besteht darin, neue Regeln unter Zustimmung aller Betroffenen durch explizite Kontrakte festzulegen. Dieses Vorgehen ist umso leichter realisierbar, je überschaubarer das betreffende soziale System ist: Zwischen einem Vorgesetzten und einer Mitarbeiterin oder in einem Team lassen sich sehr wohl neue Regeln (z.B. über zukünftige Arbeitsabläufe oder über Abläufe bei Besprechungen) durch Kontrakte zwischen allen Beteiligten vereinbaren.
Hierfür gelten die üblichen Vorgehensweisen für die Herbeiführung von Kontrakten:

- Es sind zunächst die bisher geltenden Regeln zu beurteilen: Wie weit sind sie funktional bzw. dysfunktional? Wie weit erreichen sie ihr intendiertes Ziel, wie weit treten Nebenwirkungen auf?

- Es ist nach Alternativen für die bisher geltende Regel zu suchen: Welche alternative Regel könnten wir für Besprechungen einführen? Entsprechend den klassischen Regeln für das Brainstorming ist es auch hier hilfreich, zunächst einmal möglichst unterschiedliche Alternativen zusammenzustellen, ohne zu werten.
- Diese verschiedenen Alternativen sind dann (wiederum im Blick auf die vorausgesetzten praktischen Ziele, im Blick auf ihre Realisierbarkeit und mögliche Nebenwirkungen) zu beurteilen.

Entscheidend ist dann, den Kontrakt über die neue Regel mit allen Beteiligten explizit zu vereinbaren:

- Die jeweiligen Regeln sind so eindeutig zu formulieren, daß die Handlungskonsequenzen für alle Beteiligten klar sind. – Alle Beteiligten müssen dem Kontrakt tatsächlich zustimmen. Und diese Zustimmung ist explizit nachzufragen: Gibt es noch irgendwelche Einwände? Läßt sich jeder auf diese Regel ein?
- Wichtig ist: Einwände werden auch hier häufig zunächst nur körpersprachlich signalisiert. Dann gilt es nachzufragen: Wogegen bestehen Einwände? Vielleicht läßt sich ja die Regel modifizieren, oder es lassen sich zusätzliche Bedingungen einführen.
- Wichtig ist, bei Regeln auch die jeweiligen (positiven oder negativen) Sanktionen zu vereinbaren. Häufig werden neue Regeln zwar verbal akzeptiert, aber wenn sie nicht durch Sanktionen gestützt sind, fehlt gleichzeitig der Druck, die neuen Regeln einzuhalten. Da Regeln immer auch durch die zur Verfügung stehenden Sanktionen definiert werden, setzt die Vereinbarung neuer Regeln notwendig die Vereinbarung über positive oder negative Sanktionen zur Stützung dieser Regeln voraus.
- Und schließlich ist es hilfreich, bei der Vereinbarung neuer Regeln Check-Punkte mitzuvereinbaren, an denen die neue Regel überprüft wird:
  * Wie weit ist die neue Regel eingehalten worden?
  * Haben sich die jeweiligen Sanktionen bewährt?
  * Ist die neue Regel möglicherweise dysfunktional, indem z.B. negative Nebenwirkungen auftreten?

  Nicht selten stellt man später fest, daß vereinbarte Regeln nicht eingehalten werden. Eine solche Situation ist auf jeden Fall ein Grund, die Regeln neu zu überprüfen. Möglicherweise sind keine Sanktionen vereinbart, möglicherweise erweist sich eine Regel insgesamt als dysfunktional oder nicht realisierbar, möglicherweise sind anfangs nicht vorhersehbare Nebenwirkungen eingetreten.

(2) Veränderung von Regeln durch Sanktionen

Regeleinhaltung wird durch Sanktionen gesichert. Und das bedeutet, daß sich neue Regeln häufig wirkungsvoll einführen lassen, indem man Sanktionen einführt.

Der gleichsam klassische Weg, Regeln durch Setzung von Sanktionen zu verändern, verläuft „top-down“: Es werden z.B. durch die Geschäftsführung, durch die Abteilungsleiterin usw. bestimmte Regeln festgelegt und dafür entsprechende Sanktionen gesetzt: Mitarbeiter haben in Zukunft entsprechend zu handeln.

Naheliegend ist dieses Vorgehen deshalb, weil die Durchsetzung von Sanktionen ein Prozeß ist, der top-down verläuft. Die Setzung von Sanktionen hängt ab von der „sozialen Macht" des Betreffenden (z.B. French/Raven 1959; Crott 1979, 172ff.): Je mehr soziale Macht eine Person hat, um so leichter kann sie Sanktionen und damit auch Regeln durchsetzen. Soziale Macht in hierarchisch strukturierten Systemen steigt mit der Hierarchiehöhe. Trotzdem lassen sich keineswegs immer Regelveränderungen top-down über die Betreffenden hinweg durchführen. Eine solche Durchsetzung mag zwar bei Veränderungen von Organisationsstrukturen noch relativ einfach sein (weil hier die Übertretungen und Sanktionen sehr deutlich sind), aber sie wird zunehmend schwieriger, je weniger die Einhaltung der Regeln kontrolliert wird bzw. kontrolliert werden kann. Denn hier gilt, daß Mitarbeiter bzw. untergeordnete Ebenen sehr wohl die Möglichkeit haben, Regeln zu unterlaufen: Ein Mitarbeiter kann Regeln, die ihm nicht passen, übersehen oder er kann krank werden usw. Teamarbeit z.B. läßt sich sehr wohl „auf dem Papier" verordnen, aber ob Kooperation und Teamarbeit tatsächlich umgesetzt werden, hängt letztlich von der Zustimmung der Betroffenen in den jeweiligen Teams ab.

Sanktionen können aber auch „bottom-up" gesetzt werden: Auch jeder Mitarbeiter besitzt in gewissem Umfang soziale Macht und kann Sanktionen setzen. Mitarbeiter in einer Abteilung können z.B. das Verhalten des Vorgesetzten positiv sanktionieren durch Zustimmung, Engagement, oder negativ durch zweifelnde Blicke, Kritik, durch Verzögerung bei der Erledigung von Aufgaben usw.

Dabei ist die soziale Macht umso größer, je mehr Personen des sozialen Systems sie zugleich ausüben: Ein Vorgesetzter wird eine neue Regel „Besprechungen dürfen nicht länger als zwei Stunden dauern" eher befolgen, wenn er von mehreren Mitarbeiterinnen positiv bzw. negativ sanktioniert wird, indem sie z.B. ihren Unmut über lange Sitzungen oder ihre Befriedigung über (erste) kürzere Sitzungen äußern.

(3) Veränderung von Regeln durch regelmäßiges Übertreten

Regeln werden auch dadurch verändert, daß sie übertreten werden. Die Regel, keinen Kontakt zur (konkurrierenden) Parallelabteilung aufzunehmen, kann ein Mitarbeiter (in den meisten Fällen) übertreten, ohne daß er gravierende Sanktionen zu befürchten hat. Es mag zwar sein, daß er von anderen Kollegen angesprochen wird, es kann sein, daß er auch kritische Kommentare erntet. Aber wenn die Regelübertretung weitergeführt wird und nicht massive Sanktionen erfolgen (was gerade in solchen Grenzbereichen keineswegs der Fall sein muß), dann besteht die Chance, daß mit der Zeit auch andere Mitarbeiter diese Gewohnheit teilen und die ursprüngliche Regel außer Kraft gesetzt wird.

(4) Veränderung der Bedeutung von Regeln

Regeln können auch verändert werden, indem man den Interpretationsspielraum ausweitet bzw. allgemein die Bedeutung der Regel im Zusammenhang eines größeren Regelsystems verändert.

Regeln haben stets einen gewissen Interpretationsspielraum. Die Regel „über wichtige Vorgänge in der Arbeitsgruppe ist der Abteilungsleiter zu informieren!" ist für

Interpretationen in einem gewissen Rahmen offen: Wo genau ist die Grenze zwischen wichtigen und unwichtigen Vorfällen zu ziehen? Wie soll informiert werden? Wann soll informiert werden (jedes Mal unmittelbar danach oder in größeren Abständen mit einem umfassenderen Bericht)? All das sind Interpretationsspielräume, die ein Mitarbeiter (ebenso wie natürlich der Vorgesetzte) beeinflussen und damit die Regel „unter der Hand" verändern kann.

Zum anderen kann die Bedeutung einer Regel im Rahmen eines umfassenden Regelsystems verändert werden: Der Ausbilder kontrolliert die Auszubildenden sehr stark, was zu einer Reihe von Problemen geführt hat. Im Beratungsgespräch wird deutlich, daß hinter der persönlichen Regel „es ist meine Aufgabe, die Auszubildenden eng zu kontrollieren" eine grundsätzliche Regel „ich bin für die Auszubildenden verantwortlich" steht. Eine Verringerung der Kontrolle ist somit erst dann möglich, wenn es gelingt, diese Verbindung zwischen Kontrolle und Verantwortlichkeit aufzulösen, d.h. eine Referenztransformation (vgl. Kap. 3) durchzuführen, indem man z.B. dem Ausbilder verdeutlicht, daß Freiraum geben ein neuer und entscheidender Teil seiner Verantwortlichkeit ist.

Dahinter steht die bereits bei der Referenztransformation angesprochene Erfahrung, daß neue Regeln umso eher akzeptiert werden, je deutlicher die Verknüpfung dieser neuen Regeln mit bisherigen zentralen Regeln und Werten gelingt: Ein Vorgesetzter, für den effiziente Zeitnutzung eine entscheidende Regel darstellt, wird sich eher auf die Einführung von Teamarbeit einlassen, wenn es gelingt, Teamarbeit als Hilfsmittel zur effizienteren Nutzung von Zeit darzustellen.

(5) Regelveränderung mit Hilfe analoger Verfahren

Grundsätzlich lassen sich Regeln auch mit Hilfe der in Kap. 4 beschriebenen analogen Verfahren verändern: In einem Teamentwicklungs-Seminar suchen die Teilnehmerinnen und Teilnehmer ein Symbol für gute Teamarbeit. Es wird das Inhaltsverzeichnis eines Fachbuches gewählt. Und im Rahmen von Prozeßberatung wird dann deutlich, daß dahinter eine Regel steht, die Teambesprechung sozusagen als Inhaltsverzeichnis eines Buches zu verstehen, indem jeder Teilnehmer und jede Teilnehmerin diejenigen Themen nennt, die er bearbeitet, aber nur auf Nachfragen genauere Informationen über den Inhalt gibt.

Analoge Verfahren bieten den Vorteil, daß sie auf einer unbewußten Ebene ansetzen und damit den Prozeß der Entdeckung einer neuen passenden Regel unterstützen können. Eine Schwierigkeit kann aber in der Übersetzung des Symbols in einer wörtlichen Formulierung liegen: Welche Regeln stehen genau hinter dem Symbol eines Schreibblocks, den ein Vorgesetzter für guten Umgang mit seinem Mitarbeiter gewählt hat?

Eine andere Form der Regelveränderung auf der Basis analoger Prozesse stellt die Regeltransformation dar, die in der Tradition der Familientherapie von Virginia Satir (z.B. 1992, 161ff.; 1995, 323ff.) entwickelt wurde:

Die Regeltransformation befaßt sich mit „persönlichen Regeln", die der einzelne im Laufe seines Lebens (häufig aus seiner Herkunftsfamilie) gelernt hat und in die Gegenwart mitbringt. Die Regel „ich muß immer sachlich bleiben" wurde möglicherweise als Botschaft in der eigenen Herkunftsfamilie erworben (z.B. als durch Sanktionen gestützte Botschaft der Eltern). Sie wird dann von dem Betreffenden weiter übernommen, wobei er sich möglicherweise selbst negativ sanktioniert, wenn es ihm nicht gelingt, sachlich zu bleiben. In vielen Situationen ist eine solche Regel „immer sachlich bleiben!“ auch funktional. Aber es gibt auch Situationen, wo diese persönliche Regel zu Problemen führt – z.B. dann, wenn der Betreffende nunmehr allen Ärger in sich hineinfrißt und nicht äußern kann. Für diese Situation schlägt Satir folgende Schritte einer Regeltransformation vor:

- Mach dir die problematische Regel bewußt!
- Sprich sie laut aus, betone jedes Wort einzeln!
  Achte darauf, wie es dir bei dem Aussprechen geht!
- Überlege dann alternative Formulierungen! Sprich sie laut aus und achte darauf, wie es dir dabei geht!
- Wähle die Regelformulierung aus, bei der es dir am besten geht und die für dich paßt!

7.6 Organisationskultur

Im Zusammenhang mit dem Regelbegriff steht auch die Diskussion um Organisations- bzw. Unternehmenskultur und Corporate Identity. Ausgangspunkt für diese seit den 70er Jahren stattfindende Diskussion war der Wettbewerb zwischen amerikanischen und japanischen Firmen: Der Erfolg der japanischen Unternehmen gegenüber den amerikanischen, so das Ergebnis, läßt sich nicht (allein) aus technischen Rahmenbedingungen, sondern aus unterschiedlichen Organisationskulturen erklären (z.B. Pascale 1978; Heinen 1987).

Dabei ist die Diskussion um Organisationskulturen und Corporate Identity zunächst durch verschiedene theoretische Hintergründe belastet: Organisationskultur greift auf einen Kulturbegriff zurück (vgl. Heinen 1986, 49ff.; Pheysey 1993), Corporate Identity versucht, den Begriff der Identität einer einzelnen Person auf eine Organisation zu übertragen (vgl. z.B. Achterholt 1991, 31ff.; Stammbach 1993):

Unternehmenskultur wird verstanden als ein „Vorrat an Sinnstrukturen und Handlungsmustern, aus welchen heraus Situationen, Handlungen und Entscheidungen des Unternehmens einer bewertenden Interpretation hinsichtlich ihrer Bedeutung für die Unternehmen als Ganzes zugänglich werden“ (Heinen 1987, 25) bzw. das „Insgesamt von erwünschten und/oder gelebten Werten, Normen, Denkmustern und Einstellungen“ (Münch 1995, 33).

Gemeinsam ist den unterschiedlichen Konzepte von Organisationskultur und Corporate Identity, daß sie die Aufmerksamkeit auf Regeln lenken, die in einem sozialen System Geltung besitzen, und auf die Deutungen und Erklärungen, die auf der Basis dieser Regeln gegeben werden.

Damit läßt sich Organisationskultur definieren als gemeinsamer Bestand an

- zentralen Konstrukten und den auf dieser Basis gegebenen gemeinsamen Deutungen der Wirklichkeit
- den sozialen Regeln eines sozialen Systems.

Für die Erfassung der Unternehmenskultur eines sozialen Systems ergeben sich damit folgende Fragen (vgl. auch Alvesson/Berg 1992, 61ff.; Heinen 1987, 107ff.):

(1) Was sind die zentralen Konstrukte, auf deren Basis die Wirklichkeit des betreffenden sozialen Systems gesehen wird?
Das können „offizielle Begriffe" sein wie „Leanproduction", die von außen oder „von oben" festgelegt werden und das Handeln beeinflussen. Es können aber auch Begriffe sein, die gleichsam „von unten" auftauchen und für Mitarbeiter besondere Bedeutung etwa zur Erklärung von Problemen haben: So ist z.B. „Verwaltung" oft ein Begriff, der in größeren Unternehmen häufig zur Erklärung von Störungen herangezogen wird: Ursache für eine Reihe von Problemen ist „die Verwaltung".

(2) Was sind über die Sprache hinaus die Symbole, die die Wirklichkeit des sozialen Systems bestimmen?
Zu den Symbolen werden dabei üblicherweise bestimmte Riten und Rituale gezählt: Ehrungen von Mitarbeitern verlaufen nach bestimmten Bedeutungsregeln, die festlegen, was eine Ehrung ausmacht bzw. was die entsprechenden Handlungen bedeuten. Daneben sind Gegenstände Symbole (z.B. die Größe des Büros, der Dienstwagen, der eigene Parkplatz usw.), die dazu dienen, anderen z.B. über die Position des Betreffenden Orientierung zu geben (vgl. auch Neuberger/Kompa 1987).

(3) Welche Beschreibungen und Erklärungen werden auf der Basis der jeweiligen Konstrukte gegeben?
Woraus werden z.B. Erfolg und Mißerfolg erklärt: Aus externen Faktoren (der schlechten Geschäftslage) oder aus internen Faktoren (z.B. der schlechten Führung, der Verwaltung)?

(4) Welche sozialen Regeln bestimmen den Umgang innerhalb des sozialen Systems bzw. die Interaktion nach außen?
Dabei können diese Handlungsregeln expliziert vereinbart und z.B. schriftlich formuliert sein – oder sie sind naturwüchsig entstanden, ohne daß die „offiziellen" und „inoffiziellen" Regeln tatsächlich übereinstimmen müssen.

So findet sich in vielen Führungsgrundsätzen die Regel

„Wir suchen keine Schuldigen, sondern versuchen, das Problem zu lösen."

Tatsächlich kann jedoch eine ganz andere Regel „in Wirklichkeit" Geltung besitzen, etwa:

„Wir suchen erstmal einen Schuldigen, alles andere wird sich finden!"

Oder als pointierte Formulierung:

„Wir suchen keinen Schuldigen, wir kennen ihn – die Geschäftsführung!"

Jedesmal handelt es sich um Handlungsregeln (etwa die Forderung, sich zunächst um die Problemlösung zu kümmern, oder die Forderung, bei Problemen zunächst die Schuld von sich zu schieben). Jedesmal ist dadurch die Organisationskultur anders bestimmt, und daraus ergeben sich innerhalb des sozialen Systems unterschiedliche Verhaltensweisen und möglicherweise auch unterschiedliche Entwicklungen.

Das letzte Beispiel deutet übrigens eine wichtige Unterscheidung an: Die Unterscheidung zwischen Ist- und Soll-Kultur:

- Die Ist-Kultur ist durch den tatsächlich vorhandenen gemeinsamen Bestand an Bedeutungs- und Handlungsregeln eines sozialen Systems gekennzeichnet, also durch die Regeln, die tatsächlich Geltung besitzen und das Verhalten bestimmen. Diese Ist-Kultur ist teilweise offiziell fixiert (z.B. in Organigrammen), zu einem großen Teil aber naturwüchsig entstanden. Ein Beispiel der Ist-Kultur wäre auch die Regel, Schuld von sich zu schieben.
- Die Soll-Kultur ist das Regelsystem, das erreicht werden soll. Formulierungen dazu finden sich in Unternehmensphilosophien, in Leitlinien des Unternehmens oder in Führungsgrundsätzen. Damit ist aber noch nichts über die tatsächliche Umsetzung dieser Regeln gesagt. Faktisch können die Ist-Kultur (d.h. die tatsächlich geltenden Regeln) und die Soll-Kultur (die Regeln, die erreicht werden sollen und in Führungsgrundsätzen usw. fixiert sind) gravierend voneinander abweichen.

Gemeinsames Ergebnis der Untersuchungen über Regeln sozialen Verhaltens sowie der Diskussion über Unternehmenskultur und Corporate Identity ist, daß Regeln das Verhalten in einem sozialen System bestimmen. Das bedeutet, daß im Rahmen Systemischer Organisationsberatung diese Regeln zu erfassen, im Blick auf ihre Funktionen (wie weit sie sinnvoll und zweckmäßig sind) zu bewerten und ggf. abzuändern sind.

Kapitel 8: Interaktionsstrukturen in sozialen Systemen

8.1 Merkmale von Interaktionsstrukturen

Ein wesentliches Merkmal von Systemen überhaupt sind Rückkopplungsprozesse: Die verschiedenen Elemente beeinflussen sich gegenseitig. So wirkt bei dem technischen System Thermostat und Heizung der Thermostat auf die Heizung (indem er die Heizung ein- oder ausschaltet) und zugleich die Heizung auf den Thermostat.

Entsprechend gilt für soziale Systeme: verschiedene Personen beeinflussen sich gegenseitig. Daraus entsteht ein stabiles Verhaltenssystem, eine Interaktionsstruktur.

Das klassische Beispiel für solche Interaktionsstrukturen ist das bereits in Kap. 1 erwähnte „Nörgler-Rückzugs-Beispiel" von Watzlawick u.a. (1969, 58ff.):

Der Mann verhält sich sehr passiv-zurückgezogen, während die Frau nörgelt. In dieser Situation beeinflussen sich beide Personen wechselseitig: Je mehr der Mann

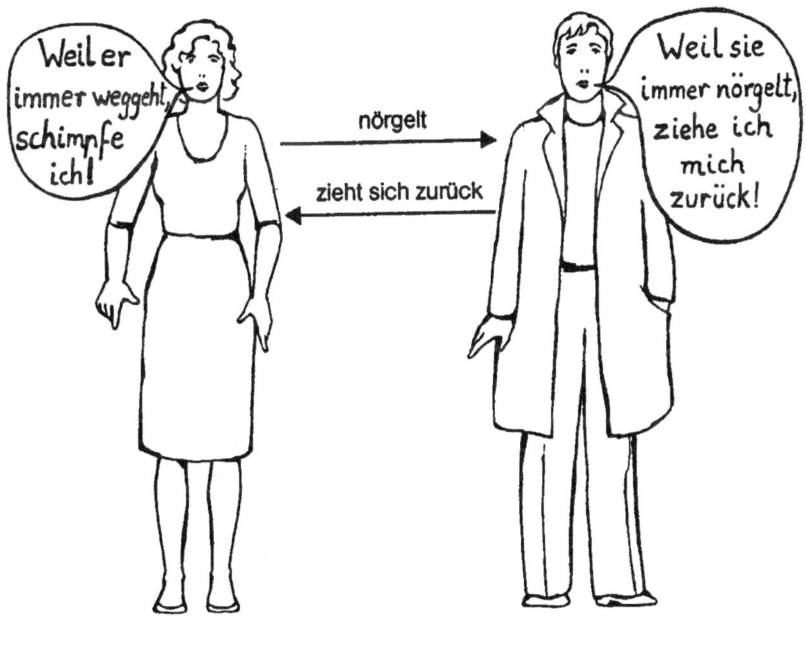

Frau und Mann interpunktieren ihre Interaktion verschieden.

(Schulz von Thun 1981, 86)

sich zurückzieht, desto mehr nörgelt die Frau. Und je mehr die Frau nörgelt, desto mehr wird sich der Mann zurückziehen.

Entsprechend läßt sich auch das aufgeführte Beispiel des nicht-motivierten Mitarbeiters deuten:

Wenn der Vorgesetzte einen Mitarbeiter, der (aus seiner Sicht) nicht motiviert ist, kritisiert, so wirkt dieses Verhalten auf den Mitarbeiter: Möglicherweise hat der noch weniger Interesse, sich zu engagieren, weil er fortwährend kritisiert wird. Das Verhalten des Mitarbeiters wirkt dann auf den Vorgesetzten zurück, der daraufhin noch mehr Kritik äußert. D.h. das Verhalten des Vorgesetzten (Kritik) und das des Mitarbeiters (geringe Motivation, Rückzug) beeinflussen sich gegenseitig, es entsteht eine Rückkopplung, bei der sich eine mehr oder minder stabile Interaktionsstruktur herausbildet: Die Interaktion zwischen Vorgesetztem und Mitarbeiter ist von Kritik und Rückzug geprägt.

Interaktionsstrukturen in sozialen Systemen sind durch folgende Merkmale gekennzeichnet:

(1) Interaktionsstrukturen sind immer wiederkehrende Verhaltensweisen der beteiligten Personen

Auf das Nörgler-Rückzug-Beispiel von Watzlawick bzw. das des unmotivierten Mitarbeiters bezogen ergeben sich folgende Verhaltensweisen:

- Die Ehefrau nörgelt, der Ehemann zieht sich zurück.
- Der Vorgesetzte kritisiert, der Mitarbeiter engagiert sich weniger.

Entsprechend gibt es zahlreiche andere Interaktionsstrukturen, bei denen durchaus auch mehrere Personen beteiligt sein können:

- Der Vorgesetzte weist dem Mitarbeiter die Schuld zu, der Mitarbeiter wehrt ab.
- Zwei Mitarbeiter aus unterschiedlichen Abteilungen weisen sich gegenseitig die Schuld zu.
- Die Führungskraft kritisiert einen Mitarbeiter, der Mitarbeiter blockt ab.
- Ein Experte versucht, einen Klienten zu überzeugen, der Klient zeigt zweifelnde Miene.
- Eine Expertin macht Vorschläge, der Kunde bringt Einwände („Ja-Aber-Struktur“).
- Der Vorgesetzte kritisiert einen Mitarbeiter, der Mitarbeiter fühlt sich ungerecht behandelt.
- Der Vorgesetzte fragt nach Kosten und Zeit für ein Projekt, der Mitarbeiter verteidigt nur die Notwendigkeit.
- Der Vorgesetzter redet einem Mitarbeiter gut zu, der Mitarbeiter blockt ab.
- Im Team ist eine Vereinbarung getroffen, nichts geschieht.
- Zwei Abteilungsleiterinnen vereinbaren Termine, sie kommen (aus unterschiedlichen Gründen) aber nicht zustande.
- Eine Kollegin kritisiert Abwesende und beklagt sich dann, wenn sie selber von anderen kritisiert wird.

- Ein Klient sucht Hilfe, der Berater bemüht sich, der Klient lehnt die Hilfe jedoch im nachhinein ab.
- Die Leiterin macht einen Vorschlag, die Mitarbeiterin lehnt den Vorschlag ab, die Leiterin beklagt sich anschließend, daß ihre Vorschläge nie angenommen werden.
- Im Team wird die Schuld für alle Fehler auf die Geschäftsführung geschoben, nichts geschieht.
- In der Diskussion wird endlos geredet, es kommt kein Ergebnis zustande.
- In der Diskussion gelangt man schnell zu einer Einigung – aber im nachhinein werden alle möglichen Einwände laut und das Ergebnis in Frage gestellt.

(2) Interaktionsstrukturen entstehen aus subjektiven Deutungen der betreffenden Personen

Dies läßt sich bereits am Beispiel von Watzlawick u.a. gut verdeutlichen:

- Die Frau reagiert kritisch auf das Verhalten des Mannes, weil sie es negativ deutet:
  „Er hat kein Interesse an mir."
  „Er ist der Auslöser, der Schuldige für diese Situation."
  Sie würde sich anders verhalten, wenn sie die Situation anders, z.B. als als Zeichen von Überarbeitung ihres Mannes, deuten würde: sie würde möglicherweise mit dem Mann ausgehen, ihn überraschen usw.
- Entsprechend sind die Verhaltensweisen des Mannes Ergebnis seiner subjektiven Deutung der Situation: Er deutet das Nörgeln der Frau als Ablehnung – er würde sich anders verhalten, wenn er es stattdessen als Interesse an Gemeinsamkeit oder als Zeichen von Zuneigung deuten würde.

Die subjektiven Deutungen im Zusammenhang mit Interaktionsstrukturen beziehen sich dabei sowohl auf den Interaktionspartner als auch auf die eigene Person:

- Das Verhalten des anderen wird negativ gedeutet: Der Mitarbeiter sieht bei seinem Vorgesetzten nur das Negative (daß der Vorgesetzte ihn fortwährend kritisiert und ablehnt) und nimmt mögliche positive Seiten nicht wahr. Entsprechend deutet der Vorgesetzte das Verhalten des Mitarbeiters negativ: Er hat kein Interesse, engagiert sich nicht.
- Das eigene Verhalten wird als Reaktion auf das Verhalten des Interaktionspartners gedeutet. Dies stellt bereits Watzlawick heraus: Nach der Ursache für das Verhalten befragt, deutet jeder sein Verhalten lediglich als Reaktion auf das des anderen: „Ich meide dich, weil du nörgelst" bzw. „ich nörgele, weil du mich meidest" (Watzlawick u.a. 1969, 58).
- Möglicherweise wird auch das eigene Verhalten negativ gedeutet: Der Mitarbeiter ist mit sich unzufrieden, weil er es nicht schafft, seine Aufgabe zu erfüllen und sich gegenüber dem Vorgesetzten durchzusetzen usw.

Solche Interaktionsstrukturen werden von den betreffenden Personen als belastend erlebt: Die Kommunikationsstruktur zwischen der nörgelnden Ehefrau und dem sich zurückziehenden Mann ist für keinen positiv – es gibt hier keinen Gewinner. Entsprechendes gilt z.B. für die Angriffs- Angriffs-Struktur (jeder macht dem anderen Vorwürfe, greift ihn an) oder die Angriffs-Verteidigungs-Struktur (einer greift den anderen an, der andere verteidigt sich).

Es gibt aber auch Interaktionsstrukturen, die positiv erlebt werden. Ein Beispiel davon wäre die Veränderung der Nörgler-Rückzugs-Struktur:

Der Mann bleibt zu Hause, die Frau äußert darüber ihre Freude und nörgelt weniger. Ebenso kann ein Team sich zusammensetzen und gemeinsam neue Lösungsmöglichkeiten erarbeiten. Wenn sich dieses Muster auch in anderen Problemsituationen wiederholt, entsteht daraus eine Interaktionsstruktur, die von allen positiv erlebt wird.

(3) Interaktionsstrukturen werden von Regeln beeinflußt

Regeln können Interaktionsstrukturen begünstigen oder behindern. Wenn z.B. in einem System die Regel gilt „bei uns gibt es keine Konflikte", dann ist es unwahrscheinlich, daß sich in diesem System eine Interaktionsstruktur von massiven wechselseitigen Angriffen etabliert. Eher wird sich ein Muster unterschwelliger Vorwürfe herauskristallisieren. Die Interaktionsstruktur, daß Absprachen in einem Team nicht eingehalten werden, steht möglicherweise im Zusammenhang mit der ungeschriebenen Regel „Vereinbarungen brauchen nicht eingehalten zu werden" und dem Fehlen von Sanktionen der Nichteinhaltung.

(4) Interaktionsstrukturen haben keine eigentliche Ursache

Wenn man Interaktionsstrukturen als Rückkopplungsprozeß innerhalb sozialer Systeme versteht, haben sie keine besondere Ursache in einem der beiden Elemente, sondern die jeweiligen Verhaltensweisen verstärken sich wechselseitig.

Im Alltag wird dieser Sachverhalt in der Regel nicht erkannt: Man tendiert dazu, nach einer Ursache für Interaktionsstrukturen zu fragen. Man sucht einen Schuldigen, wobei der Schuldige meist der andere ist. Dabei erkennt man nicht, daß es sich hierbei um Regelkreise handelt, die aus der Interaktion entstehen, aber nicht bewußt herbeigeführt wurden.

(5) Dysfunktionale Interaktionsstrukturen behindern die Entwicklung sozialer Systeme

Es gibt Interaktionsstrukturen, die für die Entwicklung eines sozialen Systems förderlich sind: Wenn es in einem Team üblich ist, daß sich bei Problemen alle zusammensetzen und neue Lösungen überlegen, ist das eine Interaktionsstruktur, die die Entwicklung des Systems unterstützt.

Dysfunktionale Interaktionsstrukturen dagegen sind solche, die eine Entwicklung und Veränderung des Systems behindern:

- Es werden immer wieder dieselben Vorwürfe vorgebracht.
- Es werden immer wieder Vereinbarungen getroffen und nicht eingehalten.
- Es werden immer wieder Schuldige für Fehler gesucht.

Solche Interaktionsstrukturen können manchmal über Jahre hinweg wirksam bleiben. Sie behindern die Weiterentwicklung: Solange die Schuld auf andere geschoben wird, muß sich niemand um eine Lösung des Problems kümmern.

In vielen Fällen tendieren Interaktionsstrukturen zur Eskalation:

„Nicht viele menschliche Probleme aber bleiben auf längere Zeit unverändert; sie neigen vielmehr dazu, sich zu verschlimmern und zu eskalieren, ... ganz besonders dann, wenn mehr einer falschen Lösung angewendet wird“ (Watzlawick 1974, 52).

Für Glasl ist diese Eskalation ein typisches Merkmal von Konflikten:

„Diese Wechselwirkungen bestimmen das Konfliktgeschehen. Aber die Parteien sehen sich selbst mehr und mehr als Reagierende: Sie meinen, daß sie bloß ‚als Reaktion auf die Gegenpartei‘ zu mehr Gewalt gegriffen haben. Diese habe nach ihrem Empfinden mehr Gewalt provoziert. Im Konflikt kann deshalb nicht von eindeutigen und einseitigen, d.h. linearen Ursachen und daraus erfließenden Folgen gesprochen werden, sondern von einer ‚mutal causality‘, d.h. von Wechselwirkungen verschiedener Faktoren“ (Glasl 1990, 89, vgl. auch 183 ff.; Rapoport 1972).

8.2 „Maschen“ und „Spiele“ in der Transaktionsanalyse

Neben der Kommunikationstheorie im Anschluß an Bateson bietet die Transaktionsanalyse in der Tradition von Berne einen anderen Ansatz zur Analyse von Interaktionsstrukturen. Transaktionsanalyse ist zunächst Analyse von Interaktions-Strukturen (häufig spricht man in diesem Zusammenhang auch explizit von der Strukturanalyse als einem Teil der Transaktionsanalyse). Grundlage für die Untersuchung solcher Interaktionsstrukturen ist dabei die auf Berne zurückgehende Unterscheidung zwischen den verschiedenen Ich-Zuständen „Eltern-Ich“, „Erwachsenen- Ich“ und „Kind-Ich“ (vgl. Berne 1970, 25 ff.; Schlegel 1995; Stewart/Joines 1990, 33 ff.;):

- Im Umgang mit anderen kann ich Verhaltensweisen, aber auch Denkweisen und Empfindungen an den Tag legen, die ich bei einem Elternteil erlebt habe: Eltern-Ich.
- Ich kann Verhaltensweisen und Denkweisen benutzen, die mir als Erwachsenem zur Verfügung stehen: Erwachsenen-Ich.
- Oder ich kann Gedanken, Empfindungen und Verhalten benutzen, wie ich es als Kind getan habe: Kind-Ich.

Aus den Transaktionen zwischen verschiedenen Ich-Zuständen können festgefahrene Verhaltensmuster, sog. „Maschen“ und „Spiele“ (vgl. Schlegel 1995, 120ff.; Schmid 1994; Stewart/Joines 1990, 345 ff.) entstehen:

(1) Maschen und Spiele als Interaktionstrukturen
Maschen und Spiele sind festgefahrene Verhaltensmuster, d.h. Interaktionsstrukturen. Dabei sind „Maschen“ Wiederholungen aufeinanderfolgender Interaktionen, die sich manchmal über Jahre festfahren können. „Spiele“ sind in der neueren Transaktions-Literatur zusätzlich durch einen „Wendepunkt“ gekennzeichnet, in dem die Spieler

„Rollen“ wechseln: Ein nicht motivierter Mitarbeiter beschwert sich plötzlich über das autoritäre Verhalten des Vorgesetzten und kündigt anschließend. Aber auch „Spiele“ können sich mehrmals wiederholen, z.B. wenn ein Mitarbeiter „mehrmals“ seinen Arbeitsplatz verliert.

(2) Überholte Kindheitsstrategien als Augangspunkt für dysfunktionale Interaktionsstrukturen

Für die Transaktionsanalyse liegt der Ausgangspunkt von Maschen und Spielen in „überholten Kindheitsstrategien“ (Stewart/Joines 1990, 37). D.h. Kinder entwickeln grundlegende Strategien, die dem „Überleben und Bedürfnisbefriedigung“ dienen (Stewart 1991, 42) – z.B. die Strategie, Aggression zu zeigen, um Aufmerksamkeit zu erreichen. Diese Strategien werden in das „Lebensskript“ übernommen und dann in Streßsituationen aktualisiert: „Ich fange an, so zu reagieren, als wäre ich noch ein kleines Kind, wieder in einer Streßsituation der Vergangenheit“ (Stewart/Joines 1990, 303).

(3) Skriptüberzeugungen

Skriptüberzeugungen sind die subjektiven Deutungen der Interaktionsstruktur: Ich bin überzeugt, daß der andere mich ablehnt und daß es in dieser Situation keine Lösung gibt.

(4) Skriptgefühle

Maschen und Spiele führen zu (aus der Kindheit vertrauten) negativen Empfindungen, den sog. Skriptgefühlen:

Am Ende des Spiels erleben beide Spieler negative Gefühle – wobei diese Gefühle zunächst durchaus zurückgehalten und gehortet werden können, bis sie dann später z.B. in einem intensiven Streit, einer Kündigung, einem Prozeß oder gar einem Selbstmord zum Ausbruch kommen.

8.3 Diagnose dysfunktionaler Interaktionsstrukturen

Starre Interaktionsstrukturen sind ein Merkmal von Problemsituationen in sozialen Systemen:

- Es erfolgt immer wieder dieselbe Argumentation, ohne daß man zu einer Einigung gelangt.
- Es werden immer wieder Vorsätze gefaßt, aber nicht eingehalten.

Das Ergebnis ist für den einzelnen unbefriedigend und für das gesamte System dysfunktional: Man hat das Gefühl, auf der Stelle zu treten, Probleme werden nicht gelöst, das System wird starr und entwickelt sich nicht weiter.

Manche dysfunktionalen Interaktionsstrukturen lassen sich relativ leicht erkennen: Wenn jede Bereichsbesprechung dadurch gekennzeichnet ist, daß der Bereichsleiter und ein Gegenüber sich fortwährend angreifen, dann ist jedem deutlich, daß es sich hier um eine Struktur handelt, die produktive Arbeit verhindert. Andere Strukturen sind subtiler: Gespräche laufen gut, man einigt sich – aber trotzdem werden die Ergebnisse nicht umgesetzt.

Grundsätzlich gibt es zwei mögliche Zugänge zur Analyse von dysfunktionalen Interaktionsstrukturen: auf der Ebene der subjektiven Deutungen und auf der Verhaltensebene.

(1) Ebene der subjektiven Deutungen
Wenn dysfunktionale Interaktionsstrukturen von den Beteiligten als belastend empfunden werden, können die Gefühle, die im Zusammenhang mit Interaktionsstrukturen auftreten, im Beratungsprozeß nachgefragt werden und dann Hinweise auf (möglicherweise verdeckte) Strukturen geben:

- Welche Situationen werden als belastend erlebt?
- Wo hat der Betreffende das Gefühl, auf der Stelle zu treten, nicht vorwärts zu kommen?
- Wo hat er das Gefühl, immer wieder kämpfen zu müssen?
- Wo erlebt er „Sand im Getriebe"?

(2) Verhaltensebene
Auf der Verhaltensebene lassen sich Interaktionsstrukturen erkennen, indem man nach immer wiederkehrenden Verhaltensweisen fragt:

- Gibt es Problemsituationen, die immer wieder auftreten?
- Gibt es Lösungsversuche, die immer wieder ohne Erfolg angewandt wurden?
- Gibt es Verhaltensweisen, die jemand immer wieder zeigt?
- Gibt es überraschende Wenden, Brüche, die immer wieder auftreten (was ein Anzeichen für „Spiele" im Sinne der Transaktionsanalyse wäre)?

Auf dieser Basis kann man versuchen, Interaktionsstrukturen zu beobachten (wenn z.B. Termine nicht eingehalten werden). Oder man kann im Rahmen von Prozeßberatung gezielt solche Strukturen nachfragen.

8.4 Visualisierung von Interaktionsstrukturen

In Beratungsprozessen ist es häufig hilfreich, Interaktionsstrukturen zu visualisieren. Man kann sie dann als Berater genauer erfassen bzw. hat auch die Möglichkeit, sie auf diese Weise dem Gesprächspartner zu verdeutlichen. Dafür stehen unterschiedliche Methoden zur Verfügung:

Watzlawick u.a. verwenden zur Visualisierung von Interaktionsstrukturen eine Darstellung in Form einer Zick-Zack-Linie. So ergibt sich für das Standardbeispiel zwischen der nörgelnden Ehefrau und dem sich zurückziehenden Mann (Watzlawick u.a. 1969, 59):

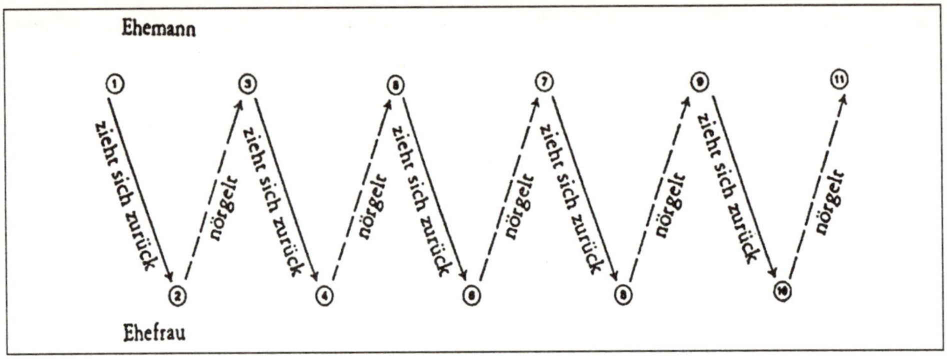

Schulz von Thun stellt Interaktionsstrukturen als Teufelskreis dar (1981, 194). Zusätzlich kann man dabei die jeweiligen subjektiven Deutungen aufführen:

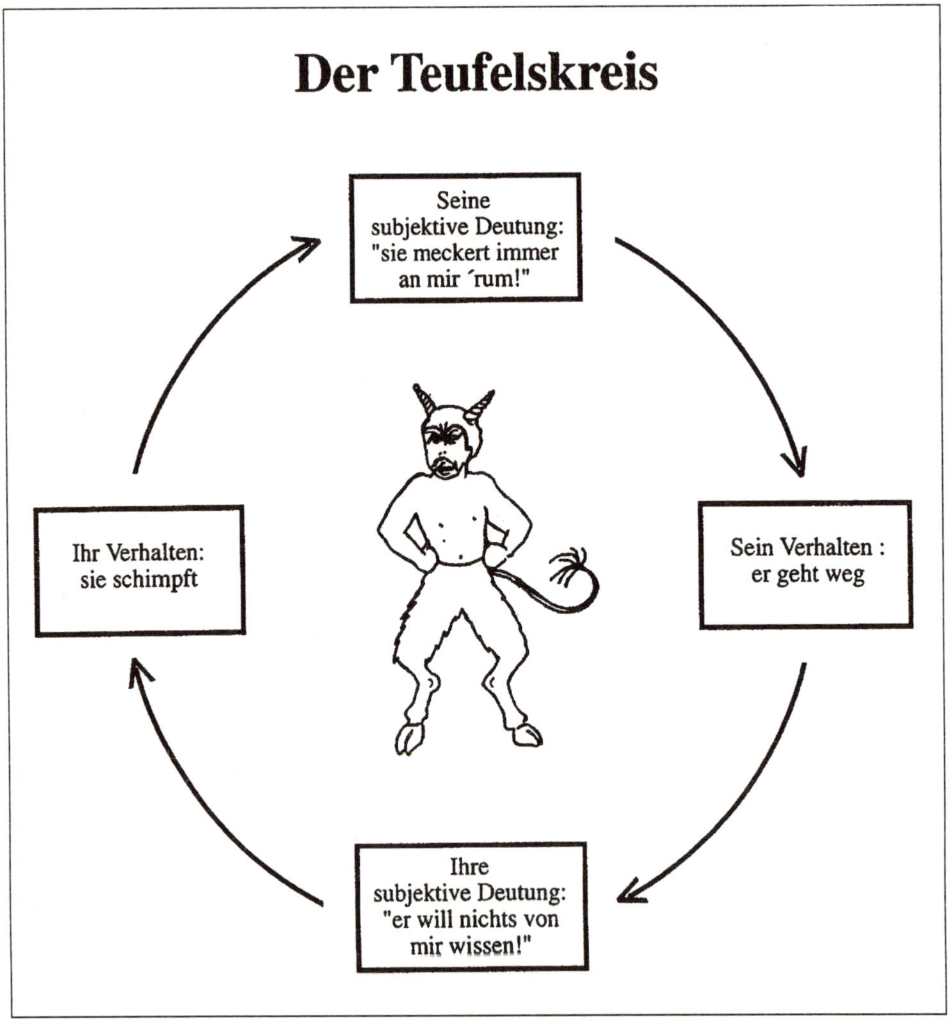

In der Tradition von Watzlawick hat schließlich De Shazer die Form des Rückkopplungskreises gewählt, bei dem auch die Empfindungen aufgeführt sein können und der darüber hinaus auch auf Systeme mit mehr als 2 Personen anwendbar ist.

Für eine komplexere Interaktionsstruktur zwischen Kindern und Eltern ergibt sich dabei folgende Darstellung (De Shazer 1992, 96):

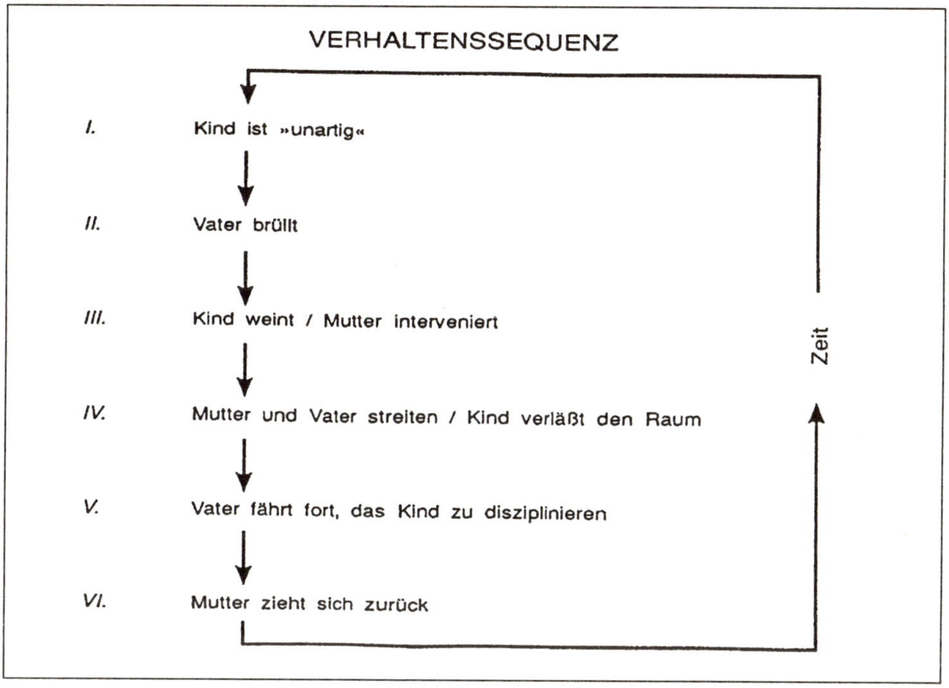

Schließlich läßt sich auch die in Kap. 4.5 dargestellte Visualisierung sozialer Systeme verwenden, wobei positive Interaktionsstrukturen mit Pluszeichen und Konfliktstrukturen mit einem Konfliktpfeil gekennzeichnet werden können.

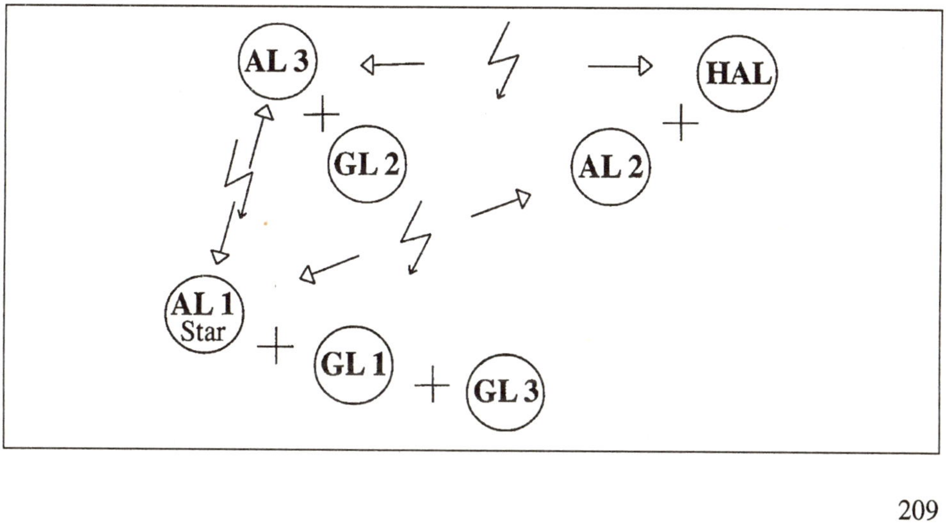

8.5 Abänderung dysfunktionaler Interaktionsstrukturen

Wenn dysfunktionale Interaktionsstrukturen durch negative subjektive Deutungen und immer wiederkehrende Verhaltensmuster gekennzeichnet sowie durch Regeln gestützt sind, dann ergeben sich daraus grundsätzlich drei Ansätze zu ihrer Veränderung:

- Veränderung der subjektiven Deutungen
- Unterbrechen der Verhaltensstrukturen
- Abänderung von Regeln.

Im folgenden sollen diese Möglichkeiten ausführlicher dargestellt werden.

8.5.1 Veränderung der Interaktionsstruktur auf der Ebene subjektiver Deutungen

Da dysfunktionale Interaktionsstrukturen aus negativen subjektiven Deutungen resultieren, lassen sie sich auflösen, wenn sich die subjektiven Deutungen verändern, d.h. wenn der Betreffende lernt, die Wirklichkeit anders zu sehen: Wenn der Mitarbeiter z.B. das Verhalten des Vorgesetzten nicht mehr als Ablehnung, sondern z.B. als „Herausforderung an seine eigenen Fähigkeiten“ ansieht, wird sich damit automatisch sein Verhalten ändern: Er wird selbstbewußter seinem Vorgesetzten gegenübertreten, weniger Fehler machen, die Interaktionsstruktur wird abgeändert.

Veränderung der Interaktionsstruktur auf der Ebene subjektiver Deutungen bedeutet damit nichts anderes als eine Referenztransformation derjenigen Konstrukte, die die Interaktionsstruktur stützen:

- Der Betreffende lernt, das Verhalten seines Gegenüber auf der Basis anderer Konstrukte positiver zu deuten.
- Er lernt, sein eigenes Verhalten anders zu sehen, z.B. als eine aus der Kindheit übernommene Strategie, die damals durchaus sinnvoll war, aber nun mehr für ihn als Erwachsener nicht mehr angemessen ist.
- Oder er lernt, sein eigenes Tun nicht mehr als Reaktion, sondern als Handlung zu deuten. Damit wird eine Referenztransformation von Widerfahrnissen in Handlungen durchgeführt: Die Frage an den Vorgesetzten „was haben Sie dazu getan, daß sich der Mitarbeiter zurückzieht?“ impliziert, daß der Vorgesetzte aktiv etwas zu dem Verhalten des Mitarbeiters beigetragen hat und damit auch die Möglichkeit besitzt, die Situation zu verändern.

Bei der Abänderung eines Referenzrahmens, der eine Interaktionsstruktur stützt, treten in besonderem Maße die Schwierigkeiten und Widerstände einer Referenztransformation auf, die bereits in Kap. 3 angesprochen wurden: Der Verlust des ursprünglich die Interaktionsstruktur stützenden Referenzrahmens führt zunächst zu Unsicherheit. Fast immer sind Beratungsgespräche, bei denen es um Veränderung des Referenzrahmens geht, dadurch gekennzeichnet, daß der Gesprächspartner ausweicht (um sich nicht damit auseinandersetzen zu müssen), daß er Argumente bringt, die den bisherigen Referenzrahmen stützen, daß er andere Möglichkeiten nicht sieht usw.

Möglichkeiten der Referenztransformation im Zusammenhang mit der Abänderung dysfunktionaler Interaktionsstrukturen sind (vgl. Kap. 3):

- inhaltliche Referenztransformation oder Ziel-Transformation in bezug auf das Verhalten anderer Personen:
  „Nennen Sie eine positive Eigenschaft bei Ihrem Vorgesetzten!"
  „Was könnten positive Ziele hinter dem Verhalten Ihres Vorgesetzten sein?"
- Referenztransformation mit Hilfe von Prozeßfragen:
  „Was würde passieren, wenn Sie an Ihrem Chef etwas Positives finden würden?"
- Referenztransformation mithilfe analoger Verfahren, z.B. Arbeit mit Symbolen oder Metaphern, Skulpturen, Rollentausch, wobei der Star die Rolle seines Gegners übernimmt.
- Unterstützung der Referenztransformation mit Hilfe von Konfusionstechniken.

Eine weitere Möglichkeit besteht schließlich noch darin, bei der Veränderung des Referenzrahmens auf Erfahrungen aus der Kindheit zurückzugreifen, in deren Zusammenhang die entsprechenden Interaktionsstrukturen entstanden sind. Dies ist ein Vorgehen, das in der Transaktionsanalyse angewendet wird.

Goulding/Goulding (1981, 230ff.) und Stewart (1991, 222ff.) schlagen dafür vier Schritte vor:

- Der Gesprächspartner wird aufgefordert, sich an eine kurz zurückliegende Situation zu erinnern, in der eine negative Interaktionsstruktur deutlich wurde.
- Der Gesprächspartner wird dann aufgefordert, eine Kindheitsszene wiederzuerleben, die dieser Problemsituation entspricht. Damit geht der Gesprächspartner zu einer (möglichen) Ursprungssituation zurück, in der die entsprechende Verhaltensstruktur als Strategie entstand.
- Vor dem Hintergrund dieser Kindheitssituation wird der Gesprächspartner aufgefordert, seine gesamten Fähigkeiten als Erwachsener zu nutzen, um für solche Situationen neue Strategien zu entwickeln.
- Abschließend werden die hier gefundenen neuen Strategien bewußt gemacht und auf die Gegenwart übertragen.

Eine ähnliche Möglichkeit besteht in der von Satir beschriebenen Familienrekonstruktion (z.B. Nerin 1989; Satir/Baldwin 1988). Analog zur Systemskulptur (vgl. Kap. 4.6) wird dabei die Skulptur der Ursprungsfamilie dargestellt. Dabei wird häufig deutlich, wie sich Interaktionsstrukturen damals als zweckmäßig und sinnvoll herangebildet haben. Gemäß der Schritte der Veränderungsskulptur können dann neue Möglichkeiten zur Bewältigung solcher Situationen entwickelt werden.

8.5.2 Veränderung von Interaktionsstrukturen auf der Verhaltensebene

Im Alltag versucht man häufig, dysfunktionale Interaktionsstrukturen im Rahmen sog. „Lösungen erster Ordnung“ nach der Form „mehr desselben“ zu beseitigen (Watzlawick 1974, 51ff.):

- Wenn die Frau merkt, daß ihre Kritik keinen Erfolg hat, wird sie ihren Mann vermutlich nachdrücklicher kritisieren, wird mehr nörgeln. Daraufhin wird sich der Mann in stärkerem Maße zurückziehen.
- In einer Interaktionsstruktur, die aus gegenseitigen Angriffen besteht, wird jeder versuchen, den anderen noch heftiger, noch massiver anzugreifen – in der irrigen Annahme, durch Verstärkung der Argumente und Angriffe den anderen zur Einsicht zu bringen.

Lösungsversuche erster Ordnung („mehr desselben“) führen jedoch selten zu einer positiven Lösung, sondern meist zur Verstärkung des Problems: Wechselseitig wird das Problemverhalten (z.B. Kritik – Rückzug, Angriff – Angriff) verstärkt. Die Interaktionsstruktur eskaliert.

Daraus ergibt sich, daß eine Auflösung dysfunktionaler Interaktionsstrukturen ist nicht mehr in der ursprünglichen Richtung möglich ist, sondern nur dadurch, daß zumindest einer der Interaktionspartner „etwas anderes“ tut.

Dieses Vorgehen ist in der Tradition von Bateson insbesondere bei Watzlawick (1974) und im Rahmen der sog. Kurzzeittherapie (z.B. Fisch u.a. 1987; De Shazer 1992) diskutiert worden. Es läßt sich in drei Schritte aufgliedern:

(1) Distanz schaffen
Um sich aus der bisherigen Interaktionsstruktur zu lösen, ist es in vielen Fällen hilfreich, zunächst Distanz zu schaffen:

- Wenn sich eine Diskussion aufgrund fortwährender wechselseitiger Angriffe festgefahren hat, ist es zweckmäßig, die Diskussion zu unterbrechen: Jeder gewinnt etwas Zeit, um sich „abzukühlen“, die Situation nochmals zu überdenken und ggf. neue Lösungsmöglichkeiten zu überlegen. Anschließend kann man die Diskussion von einem anderen Ausgangspunkt wieder aufnehmen.
- Wenn Vereinbarungen nicht eingehalten werden, kann es zweckmäßig sein, sich zunächst aus der Alltagssituation zu lösen und z.B. im Rahmen eines Workshops Zeit zu nehmen, über die Struktur nachzudenken.

(2) Vermeiden bisheriger Lösungsversuche
Häufig ist es zweckmäßig, bisherige Lösungsversuche bewußt zu vermeiden. Fisch u.a. (1987, 143) schreiben dazu:

„Aller Wahrscheinlichkeit nach besteht der wichtigste Schritt der Behandlung darin, sich völlig klar darüber zu werden, was man vermeiden muß; wir bezeichnen das als das „Minenfeld“. Ein Großteil der Planung zwischen oder vor den Sitzungen zentriert sich auf die Frage: ‚Was muß ich am dringendsten vermeiden?' Die Antwort wird sich in erster Linie aus der Grundrichtung der Bemühungen des Klienten (und anderer) um die Bewältigung des Problems ergeben. So muß man zum Beispiel unbedingt vermeiden, dem Vater, der gewohnheitsmäßig Gehorsam von seinem Sohn verlangt, vorzuschlagen: ‚Sie müssen sich mehr bemühen, Ihren Sohn zur Fügsamkeit zu bewegen', und ebenso wird man dem Schlaflosen nicht sagen: ‚Sie müssen sich noch mehr anstrengen, um einzuschlafen'... Effektive Strategien wirken für gewöhnlich um 180 Grad der Anstrengung des Patienten entgegengesetzt."

In vielen Fällen läßt sich eine Lösung des Problems bereits dadurch erzielen, daß man „weniger desselben" tut:

- Wenn die Interaktionsstruktur gerade durch Nichteinhaltung und Übertretung von Vereinbarungen gekennzeichnet ist, wird eine Problemlösung nur bei Verzicht auf weitere Forderungen überhaupt möglich sein.
- Wenn die Interaktionsstruktur z.B. dadurch bestimmt ist, daß sich jemand zu Kontrolle zwingt, damit aber keinen Erfolg hat, bedeutet Abänderung zunächst, auf die bisherige Anstrengung zu verzichten.
- Wenn ein Mitarbeiter trotz Hilfestellung mit bestimmten Aufgaben nicht zurechtkommt, dann ist es wenig sinnvoll, diese Hilfestellung fortzusetzen, weil die Hilfestellung offenbar gerade Teil einer dysfunktionalen Interaktionsstruktur ist und das Problem verstärkt.
- Wenn ein Vorgesetzter versucht, Probleme durch fortwährend schärfere Kontrolle zu lösen, ist diese Interaktionsstruktur am ehesten abzuändern, wenn die Kontrolle verringert wird.

(3) Lösungen zweiter Ordnung

Lösungen zweiter Ordnung folgen im Grunde dem sehr einfachen Prinzip: „etwas anderes tun".

Dabei sind den Alternativen zunächst keine Grenzen gesetzt: Je überraschender und unerwarteter ein neuer Lösungsversuch ist, desto eher verspricht er Erfolg. Es besteht also durchaus eine Möglichkeit, im Rahmen eines klassischen Problemlösungsprozesses in einer Brainstorming-Phase zunächst einmal unterschiedliche (und auch die zunächst unvernünftig erscheinenden) Möglichkeiten zusammenzustellen (vgl. auch Gordon 1979, 194ff.).

Einige solcher alternativen Vorgehensweisen zur Abänderung dysfunktionaler Interaktionsstrukturen werden im folgenden aufgeführt:

a) Aktives Zuhören, Ich-Botschaften

Gerade bei Angriffsstrukturen sind als Abänderung der Interaktionsstruktur die Verfahren hilfreich, die in unterschiedlichen Konzepten der Gesprächsführung genannt werden:

- Das „aktive Zuhören" (Gordon 1979, 64ff.): die These des anderen verstehen und sie widerspiegeln und nicht dagegen zu argumentieren.

- Nachfragen (z.B. Erfragen getilgter Informationen) anstelle von Einwänden oder Angriffen.
- Ich-Botschaften (Gordon 1979, 107ff.) anstelle von Angriffen.
- Wechsel auf die Ebene des Erwachsenen-Ich anstelle von Reaktionen auf der Ebene des Eltern- oder Kind-Ich (Transaktionsanalyse).

b) Metakommunikation

Im Anschluß an Watzlawick u.a. (1969, 41ff., 45ff.) wird z.B. von Schulz von Thun (1981, 91ff.) Metakommunikation als Lösung vorgeschlagen: „Gemeint ist eine Kommunikation über die Kommunikation, also eine Auseinandersetzung über die Art, wie wir die gesendeten Nachrichten gemeint und die empfangenen Nachrichten entschlüsselt und darauf reagiert haben" (Schulz von Thun 1981, 91).

Dabei ist notwendig, daß auf der Meta-Ebene (wenn also über die bisherige Kommunikation geredet wird) nicht unter der Hand die ursprünglichen Strukturen wieder auftreten. Ein Satz wie „Lassen Sie uns über die Art und Weise unseres Gesprächs reden. Wieso greifen Sie mich im Gespräch immer an?" ist Metakommunikation – und zugleich führt dieser Satz die ursprüngliche Angriffs-Struktur weiter. Der andere wird vermutlich mit Abwehr reagieren.

Metakommunikation kann jedoch hilfreich sein, wenn sie die Struktur des Gespräches herausstellt und zu einer Brainstormingphase führt, in der gemeinsam neue Möglichkeiten der Lösung des Problems gesucht werden. Dabei ist jedoch häufig ein Berater oder Moderator erforderlich, um diese Metakommunikation zu steuern und einen Rückfall in die ursprüngliche negative Interaktionsstruktur zu verhindern.

c) Symptomverschreibung

In manchen Fällen besteht eine wirksame Abänderung der Strukturen darin, das Problemverhalten, das man bislang zu vermeiden suchte, explizit zu verschreiben (sog. Symptomverschreibung: Watzlawick 1974, 145ff.). Klassisches Beispiel ist der Umgang mit Schlafstörungen: Wenn jemand bislang erfolglos versucht hat, sich zum Schlafen zu zwingen, wird sich diese Struktur eher abändern lassen, wenn er sich stattdessen bemüht, wach zu bleiben. Der Berater kann den Klienten gerade dazu auffordern: „Zwingen Sie sich, wach zu bleiben!" (Fisch u.a. 1987, 144, vgl. 160ff.). Entsprechend sind andere Symptomverschreibungen möglich:

- Wenn das Problem in fortwährender Kritik eines Mitarbeiters besteht, dann bedeutet Symptomverschreibung, ihn explizit zur Kritik aufzufordern: z.B. bei einer Besprechung all die Argumente zu sammeln, die gegen die Produkteinführung sprechen.
- Ein Mitarbeiter, der sich zunehmend mehr Mühe gegeben hat, keine Fehler zu machen, aber trotzdem immer wieder Fehler macht, ist damit in einer Struktur verfangen. Diese Struktur läßt sich oft nur dadurch auflösen, daß man „weniger desselben" tut, d.h. sich weniger Mühe gibt oder „bewußt" Fehler macht.
- Wenn das Problem darin besteht, daß ein Team gegenüber Veränderungen Einwände hat, dann bedeutet eine Symptomverschreibung, zunächst diese Bedenken zu verstärken und Argumente und Strategien für eine Beibehaltung des bisherigen Zustandes zu sammeln.

d) Veränderung von Interaktionsstrukturen durch Veränderung der „Tonart"
Interaktionsstrukturen lassen sich auch abändern, indem man durch „kleine Veränderungen" die „Tonart" (De Shazer 1992, 126ff.) einer Interaktion variiert.

De Shazer führt dafür folgendes Beispiel aus einer Familientherapie (De Shazer 1992, 132ff.) an:

Zwei Ehepartner geraten immer wieder in Konflikte, die dann häufig zu Gewalttätigkeiten führen. Tonartveränderung bedeutet dann, die Art der Konflikte geringfügig zu verändern:

- Dem Ehemann wird die Anweisung gegeben, bei der Rückkehr von der Arbeit, dann, wenn er auch nur im geringsten wütend ist, durch die Hintertür in das Haus oder rückwärts durch die Haustür zu kommen.
- Der Ehefrau wird die Anweisung gegeben, dann, wenn sie nur im geringsten wütend ist, entweder in der Küche oder im Bad auf den Mann zu warten, und nicht an der Eingangstür.

Obwohl sich hier im Grund überhaupt nichts ändert, sondern nur die Variation der „Tonart", führt diese Veränderung mit der Zeit zu einer Verschiebung der Bedeutung des Vorgehens: Das Wütendsein wird angekündigt und bekommt zugleich eine Qualität des Lächerlichen. Mit der Zeit führt das in der Tat zur Abänderung der bestehenden Struktur. De Shazer (1992, 127, 130) gibt dazu folgende Erläuterung:

„Doch kleine Veränderungen, die den Prozeß der Umdeutung (reframing) einleiten, führen häufig letztendlich zu umfassenderen Ergebnissen: zur Lösung des Rätsels, nachdem das Ziel erreicht ist. Sobald die kleine Veränderung eingetreten ist, ist die Familie in der Lage, das Beschwerdemuster auf andere Weise wahrzunehmen, wodurch sie einen Bonus empfängt...

Wenn man in der Therapie ‚die Tonart verändert', so fängt dadurch der Kontext an, sich zu verändern, da sich das Verhalten verändert, und dadurch wird der gesamte Sinnzusammenhang verändert."

Entscheidend für den Erfolg einer Veränderung von Interaktionsstrukturen auf der Verhaltensebene ist, daß das neue Verhalten tatsächlich konsequent durchgeführt wird. Es macht keinen Sinn, auf Angriffe zunächst mit Nachfragen zu antworten, wenn man zwei Minuten später wieder in das alte Angriff-Angriff-Schema verfällt. Ebenso bleibt Nachfragen ohne Ergebnis, wenn man sich unter der Hand wieder in dem alten Muster verfängt. Zur Sicherung der neuen Verhaltensweisen gibt es eine Reihe von Möglichkeiten:

- Man kann sich selbst einen genauen Handlungsplan machen, wie man in einem nächsten Schritt vorgeht.
- Man wählt sich ein Symbol für das neue Verhalten, das dann gleichsam als „Anker" (z.B. Cameron-Bandler 1992, 94ff.) an das entsprechende Verhalten erinnert.

8.5.3 Veränderung von dysfunktionalen Interaktionsstrukturen durch Abänderung von Regeln

Schließlich können auch die Regeln verändert werden, die dysfunktionale Interaktionsstrukturen stützen, bzw. es können Lösungen zweiter Ordnung durch neue Regeln gesichert werden:

Wenn ein Team durch fortwährende Angriff-Angriff-Strukturen zwischen zwei Teilnehmern belastet ist, dann steht dies im Zusammenhang mit dem Regelsystem innerhalb des Teams, das ein solches Verhalten zuläßt. Eine Lösung zweiter Ordnung bestände dann darin, neue Regeln einzuführen. Möglichkeiten dafür wären z.B.:

- Jeder darf nur einmal seinen Standpunkt vertreten, dann erfolgt Rundgespräch, bei dem andere Teilnehmer zu Wort kommen.
- Die Redezeit wird begrenzt.
- Konflikte werden aus der Teambesprechung ausgeklammert und in einer Problemlösegruppe (ggf. mit Unterstützung einer Beraterin) bearbeitet.

Zur Abänderung von Interaktionsstrukturen durch Einführung neuer Regeln gelten im wesentlichen die in Kapitel 7.5 genannten Schritte. D.h. im einzelnen:

(1) Es ist zu klären, welche (expliziten oder impliziten) Regeln dysfunktionale Interaktionsstruktur stützen.

Z.B. ist eine Interaktionsstruktur wechselseitiger Schuldzuweisung möglicherweise durch eine implizite Regel „suche bei Problemen zunächst einen Schuldigen!" gestützt. Die Interaktionsstruktur „es wird endlos geredet, ohne daß ein Ergebnis erzielt wird" kann dadurch gestützt sein, daß die Regel besteht „jeder darf soviel sagen, wie er möchte".

(2) Es sind mögliche alternative Regeln zu überlegen:

- Welche Regel könnte geeignet sein, die bisherige Interaktionsstruktur zu unterbrechen?
- Welches neue Verhalten könnte als Regel vereinbart werden?

Typische Beispiele für solche alternativen Regeln sind klassische Moderationsregeln (vgl. z.B. Seifert 1994; Klebert u.a. 1987). Die Regeln „Vorschläge sollen visualisiert werden!" oder „in der Brainstormingphase dürfen Vorschläge nicht kritisiert werden!" führen dazu, dysfunktionale Interaktionsstrukturen zu unterbrechen.

(3) Die alternative Regel ist explizit zu vereinbaren.

Dafür gelten die üblichen Hinweise für die Bildung von Kontrakten:

- Eindeutigkeit des Kontraktes
  Es muß klar sein, was die nunmehr vereinbarten Handlungsmöglichkeiten sind.
- Explizite Zustimmung der Betroffenen
  Die Zustimmung der Betroffenen muß explizit sein (also nicht „wir wollen mal sehen" oder „ich will es versuchen").

Entscheidend für den Erfolg bei der Abänderung dysfunktionaler Interaktionsstrukturen ist, daß die neue Regel tatsächlich durchgesetzt wird. Auch hierfür gibt es eine Reihe von Unterstützungsmöglichkeiten:

- Explizite Einführung und Diskussion der neuen Regel z.B. im Rahmen eines Teamentwicklungsseminars.
- Vereinbarung von Sanktionen bei Übertretung der neuen Regel.
- Festlegung eines Verantwortlichen, der die Umsetzung der neuen Regel überprüft. Das kann ein Teamsprecher, eine Vorgesetzte, ggf. auch eine Beraterin sein.
- Vereinbarung von Checkpunkten, bei denen überprüft wird, ob die ursprüngliche Interaktionsstruktur tatsächlich überwunden ist, ob sich möglicherweise neue dysfunktionale Strukturen herangebildet haben usw.

8.6 Dysfunktionale Interaktionsstrukturen innerhalb des Beratungssystems

Dysfunktionale Interaktionsstrukturen können auch im Beratungssystem d.h. zwischen verschiedenen Klienten oder zwischen Berater- und Klientensystem auftreten. Auch hier führen solche Interaktionsstrukturen zu Unzufriedenheit, das System wird starr und ist nicht mehr in der Lage, sich weiterzuentwickeln. Das bedeutet: Auch hier müssen dysfunktionale Interaktionsstrukturen zwischen Klienten untereinander oder zwischen Klienten und Berater aufgelöst werden. Je nachdem, ob die Interaktionsstrukturen zwischen Klienten oder zwischen Berater und Klienten bestehen, gibt es dafür unterschiedliche Möglichkeiten.

8.6.1 Interaktionsstrukturen innerhalb des Klientensystems in der Beratung

Wenn an einer Beratung mehrere Klienten teilnehmen (z.B. bei einer Teamberatung oder bei einer Beratung zwischen Vorgesetztem und Mitarbeiter), dann können innerhalb des Klientensystems dysfunktionale Interaktionsstrukturen entstehen: Zwei Angehörige des Teams greifen sich gegenseitig an und beschuldigen sich, ein Klient unterbricht fortwährend einen anderen, einer wird ständig kritisiert und zieht sich zurück.

Wenn während der Beratung im Klientensystem solche dysfunktionalen Interaktionsstrukturen auftreten, dann wird damit Entwicklung und Veränderung des sozialen Systems erschwert, wenn nicht verhindert: Es ist keine Veränderung möglich, solange die alltäglichen Muster weitergeführt werden.

Von daher gilt als Grundregel:

Negative Interaktionsstrukturen zwischen Klienten im Beratungssystem müssen unterbrochen werden.

Im wesentlichen ergeben sich dabei folgende Schritte:

(1) Beobachtung der Interaktionsstruktur zwischen Klienten
Häufig kann es sinnvoll sein, die Interaktionsstruktur zunächst ein Stück laufen zu lassen. Das gibt der Beraterin die Möglichkeit, die Interaktionsmuster zu beobachten:

- Handelt es sich um eine Angriff-Angriff-Struktur?
- Wird ein Gesprächspartner angegriffen?
- Verteidigt er sich immer wieder?
- Redet einer für den anderen?

Gleichzeitig gibt eine solche Phase eine Reihe zusätzlicher Hinweise z.B. über Repräsentationssysteme oder über zentrale Konstrukte oder über Themen, die im Hintergrund angedeutet werden.

(2) Unterbrechung der Interaktionsstruktur
In der Regel kann nur die Beraterin die Interaktionsstruktur von außen unterbrechen. Dies muß je nach der Situation mehr oder weniger nachdrücklich erfolgen: In vielen Situationen wird es genügen, wenn die Beraterin das Wort ergreift. In anderen Situationen dagegen (v.a. wenn Interaktionsstrukturen bereits eskaliert sind) ist hier deutliches Eingreifen notwendig. Hilfreich dafür können sein:

- Die Beraterin kann ihr Einschalten in das Gespräch nonverbal ankündigen. Hier gibt es bestimmte Verhaltensweisen, die (bereits in alltäglicher Kommunikation) für die anderen Gesprächspartner anzeigen „ich will jetzt etwas sagen“: sich vorbeugen, aufmerksam zuhören, sozusagen „in Sprungposition sitzen“.
- Das Einschalten in das Gespräch muß zum „passenden“ Zeitpunkt erfolgen: Auch in Interaktionsstrukturen müssen die Gesprächspartner irgendwo „Luft holen“. Das gibt der Beraterin die Möglichkeit, genau an dieser Stelle zu unterbrechen und selbst etwas zu sagen.
- Das Einschalten in das Gespräch muß nachdrücklich geschehen und kann durch Tonfall und Körpersprache unterstützt werden: lauter Tonfall, „stop“ sagen (evtl. Stopzeichen mit der Hand), sich vorbeugen und körpersprachlich „zwischen die beiden Gesprächspartner schieben“. Möglicherweise kann die Beraterin den Arm des Klienten als „körpersprachliches Stopzeichen“ berühren.
- Entscheidend ist dann, daß die Beraterin nicht wieder aus dem Gespräch gedrängt wird. Eine Beraterin, die mehrmals vergeblich versucht, die Interaktionsstruktur zu unterbrechen, würde selbst in eine Interaktionsstruktur verfallen.

Eine Alternative zu diesem recht direktiven Vorgehen schildert Gilligan aus einer Beratung mit einer Klientin, die stets ohne Unterbrechung über mögliche Ursachen ihres Problems redete. Nachdem hier direktes Unterbrechen dieses Musters nicht weiterführte, wendet Gilligan eine Konfusionstechnik an (Gilligan 1991, 299):

„Als ich die Klientin weiterhin bedeutungsvoll, aber schweigend ansah, wurde ihr Tempo aus Nervosität zunächst schneller, dann unrhythmischer (ein Zeichen dafür, daß ihre Nervosität noch wuchs). Als sie mich mehrere Male fragte, was ich denke oder was ich tue, sagte ich schlicht und geheimnisvoll: „Ich warte ... Sie haben viele Jahre gewartet ... auf ein paar Minuten mehr kommt es nicht an."

Was hier angewendet wird, ist ein „Weniger desselben": Wenn eine Struktur besteht, bei der jemand pausenlos redet und der Gesprächspartner vergeblich versucht, ins Gespräch zu kommen, ist „weniger desselben", d.h. weniger sprechen, den Redefluß laufenlassen und dabei die „Tonart" verändern, manchmal ein geeignetes Mittel, die Interaktionsstruktur im Klientensystem zu unterbrechen.

(3) Längere Intervention der Beraterin
Wenn die Beraterin die Interaktionsstruktur zwischen Klienten unterbrochen hat, ist es zweckmäßig, anschließend selbst etwas längere Zeit zu sprechen. Damit besteht für die Gesprächspartner die Möglichkeit, Emotionen abzubauen. Als Beraterin kann man hier z.B. Metakommunikation oder auch Konfusionstechniken anwenden, wobei man gleichzeitig rationale Barrieren außer Kraft setzt.

(4) Lösungen zweiter Ordnung zur Unterbrechung der Interaktionsstruktur
Nach einer solchen Intervention ist es zweckmäßig, „etwas anderes" zu tun, damit die ursprünglichen Interaktionsstrukturen nicht erneut aufbrechen. Möglichkeiten hierfür sind (v.a. auch Glasl 1990, 289ff.):

- Vereinbarungen von Regeln für den weiteren Ablauf, z.B.:
  „Jeder erzählt seine Sicht, der andere darf dabei nicht unterbrechen!"
  Dieses Vorgehen wird sich aber nur durchsetzen lassen, wenn es explizit mit Kontrakten abgesichert ist. Aufgabe der Beraterin ist es dabei, die explizite Zustimmung jedes einzelnen einzuholen.
- Referenztransformation
  Man kann das jeweilige Verhalten positiv deuten: Welche positiven Ziele stehen hinter den Angriffen?
  Oder man erfragt die hinter den Angriffen und Beschuldigungen stehenden Wünsche. Dabei ist wichtig, daß die Beraterin diesen Prozeß zunächst deutlich steuert und das Vorgehen über einen Kontrakt absichert.
- Klärung von Gemeinsamkeiten und Unterschieden im Konflikt:
  Gibt es Gemeinsamkeiten in der Darstellung der Situation (z.B. daß alle die Situation als belastend erleben)?
  Läßt sich über diese gemeinsame Sichtweise ein Kontrakt herstellen?
  Welche Möglichkeiten gibt es zur Erreichung gemeinsamer Ziele (Brainstorming)?
- Verwendung analoger Verfahren, z.B.:
  die eigene Situation, Gemeinsamkeiten und Unterschiede, Wünsche usw. aufmalen lassen,
  eine Skulptur erstellen,
  eine Vision erstellen: wie könnte das soziale System in Zukunft ausschauen?
  mit Hilfe analoger Verfahren zukünftige Möglichkeiten weiter klären.

8.6.2 Interaktionsstrukturen zwischen Berater- und Klientensystem

Auch Berater können in einer Beratung in dysfunktionale Interaktionsstrukturen fallen. Solche Interaktionsstrukturen können z.B. sein:

- Der Berater macht Vorschläge, der Klient lehnt sie mit „ja – aber“ ab.
- Der Berater wird angegriffen und verteidigt sich.
- Der Berater stellt Regeln auf, die nicht eingehalten werden.

Das Entstehen von Interaktionsstrukturen zwischen Berater- und Klientensystem ist ein deutliches Anzeichen dafür, daß der Berater „in das System gefallen ist“: Er ist selbst betroffen und auch emotional beteiligt (z.B. Ärger über uneinsichtige Klienten).

Beratung ist jedoch nur möglich, wenn es gelingt, diese Interaktionsstruktur aufzulösen. Dafür gelten folgende Schritte:

(1) Erkennen der Interaktionsstruktur
Entscheidende Voraussetzung für den Berater ist hier zunächst, daß er sich der Interaktionsstruktur, in der er verfangen ist, selbst bewußt wird. Indikatoren dafür sind meist die damit verbundenen Empfindungen:

- Ärger über einen uneinsichtigen Klienten
- das Gefühl, auf der Stelle zu treten und nicht weiter zu kommen
- die Erfahrung von „Widerstand“ beim Klienten.

(2) Unterbrechung der Struktur
Als zweiter Schritt gilt, zunächst einmal Distanz zu gewinnen: Als Betroffener benötigt der Berater Distanz, um sich aus der Struktur zu lösen. Er kann z.B. die Vorwürfe des Gesprächspartners zunächst weiter laufen lassen, ohne zu antworten. Er kann sich zurücklehnen (und gewinnt dadurch „körpersprachlich“ Distanz), ggf. aufstehen und das Fenster öffnen, die Beratungsitzung kurz unterbrechen usw. Damit erhält er die Möglichkeit, die Situation aus der Distanz heraus zu analysieren.

(3) Lösungen zweiter Ordnung
Anschließend gilt, „etwas anderes“ zu tun, wobei der Rahmen der Möglichkeiten wieder recht weit gesteckt ist. Einige Beispiele seien hier genannt:

- Nachfragen, welche Kriterien eine gute Lösung erfüllen sollte:
  Woran können die Klienten erkennen, daß die Lösung gut ist, daß sie auf dem richtigen Weg sind?
- Den Widerstand des Klienten positiv deuten oder verstärken: Deutlich machen, daß es nicht selbstverständlich ist, sich auf einen Berater einzulassen, oder daß natürlich die Gefahr besteht, daß Ergebnisse der Beratung z.B. an den Vorstand weitergegeben werden. Dabei läßt sich das Positive einer solchen Skepsis herausstellen. Oder diese Situation wird zur „Ist-Situation“ in einem Problemlösungsprozeß gemacht: Wie können wir mit dieser Situation umgehen?
- Ein anderes, sich im Hintergrund andeutendes Thema ansprechen:

Wenn der Klient Bedenken hat, daß der Berater mit dem Vorstand „klüngelt", kann z.B. das Thema „Gerüchte im Unternehmen", „Befürchtungen" angesprochen werden.

(4) Absicherung des weiteren Vorgehens durch Kontrakte

Gerade in solchen Situationen ist wichtig, das weitere Vorgehen explizit durch Kontrakte abzusichern, um etwaige neue Angriff- und Verteidigungsstrukturen zu vermeiden. Das heißt für den Berater, gemeinsam mit den Gesprächspartnern das weitere Vorgehen der Zusammenarbeit abzuklären und explizit die Zustimmung zu den weiteren Schritten einzuholen.

Kapitel 9: Evolution sozialer Systeme

9.1 Theoretische Grundlagen

Soziale Systeme verändern sich. Einzelne Personen können das System verlassen oder neu hinzukommen. Es können neue soziale Regeln und neue Interaktionsstrukturen entstehen.

Veränderbarkeit sozialer Systeme ist auf der Basis traditioneller mechanischer Vorstellung (des Maschinen-Modells) nicht adäquat erklärbar. zwei Hauptprobleme bleiben dabei ungelöst:

(1) Das Problem der Prognostizierbarkeit

Auf der Basis des Maschinenmodells wird Entwicklung in der Regel als gradlinige Entwicklung erfaßt („je mehr ein Raum beheizt wird, desto höher steigt die Temperatur"), während fast alle komplexen Systeme durch „Nichtlinearität" (Oeser 1989, 15ff.; Turnheim 1991, 37ff.) gekennzeichnet sind. Entwicklungen in sozialen Systemen verlaufen nicht gradlinig, sondern zeichnen sich durch Wendepunkte aus.

Ein einfaches Beispiel dafür ist das Verhältnis von Umsatz und Gewinn: Steigerung des Umsatzes führt eben keineswegs immer, wie man auf der Basis einer Annahme gradliniger Entwicklungen vermuten würde, zu einer Steigerung des Gewinns. Vielmehr kann die Steigerung des Umsatzes ab einem bestimmten Punkt zu einer Verringerung des Gewinns bis hin zum Zusammenbruch des Unternehmens führen. Andere Beispiele für nichtlineare Entwicklungen sozialer Systeme sind Wirtschaftswachstum oder Informationsflut: Vergrößerung der Information führt nicht (wie man in Organisationen häufig immer noch meint) zu einer Verbesserung von Entscheidungen, sondern ab einem bestimmten Punkt eher dazu, daß man in der Fülle von Informationen erstickt.

Andererseits sind Veränderungen in sozialen Systemen nicht völlig zufällig. Es lassen sich sehr wohl Regelmäßigkeiten und typische Entwicklungsverläufe feststellen. Klassisches Beispiel dafür ist Schumpeters Theorie des technischen Wandels (Schumpeter 1934; vgl. Gerybadze 1982, 89ff.) Schumpeter geht davon aus, daß technischer Wandel sowohl durch Phasen kontinuierlicher Veränderungen als auch durch Brüche (diskontinuierliche Veränderungen) gekennzeichnet ist: Eine bestimmte Technik entsteht und wird zunächst kontinuierlich weiterentwickelt, bis sie in einer diskontinuierlichen (bruchhaften) Veränderung von einer anderen Technik abgelöst wird.

Entsprechend führt ein erfolgreiches Produkt zunächst zu Wachstum (deutliche Umsatzsteigerung), dann aber ab einem bestimmten Punkt zu einer Sättigung und einer Degeneration (Abfall), was auch durch kontinuierliche Veränderungen des Produktes in der Regel nicht auszugleichen ist (Siegwart/Senti 1995; Turnheim 1991, 37ff.):

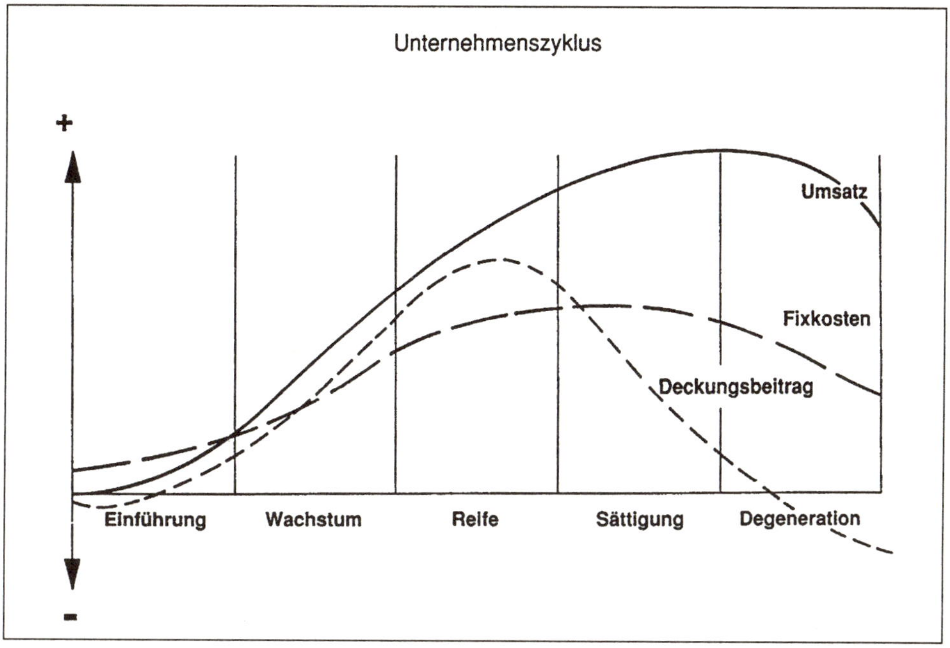

(Turnheim 1991, 40)

Aber auch hier ist der zukünftige Zustand eines sozialen Systems nicht aus äußeren Faktoren prognostizierbar, sondern ergibt sich aus der Deutung äußerer und innerer Veränderungen durch das System selbst.

(2) Das Problem der Steuerbarkeit sozialer Systeme

Die geringe Prognostizierbarkeit von Veränderungen bedingt, daß bei steigender Komplexität zugleich die Steuerbarkeit sozialer Systeme sinkt. Beispiele sind etwa Probleme des Wirtschaftswachstums, der Arbeitslosigkeit usw., aber auch die Schwierigkeiten, die immer wieder bei Organisationsveränderungen in Unternehmen auftreten.

Für Servatius liegt eine Hauptschwäche vieler amerikanischer Management-Konzepte darin, daß sie „auf der Grundhaltung einer mechanistischen Beherrschung sozialer Systeme beruhen" (Servatius 1991, 99): Man versucht, Probleme in Organisationen analytisch zerlegend zu erfassen, was dazu führt, „daß unsere traditionellen Organisationen immer mehr Zeit benötigen, um komplexer werdende Aufgaben zu bearbeiten" – während wachsende Komplexität und Dynamik demgegenüber immer kürzere Reaktionszeiten erforderlich machen würden (Servatius 1991, 60). Die „mechanistische Illusion der Beherrschbarkeit", so Servatius (1991, 100), „gerät zunehmend unter Beschuß".

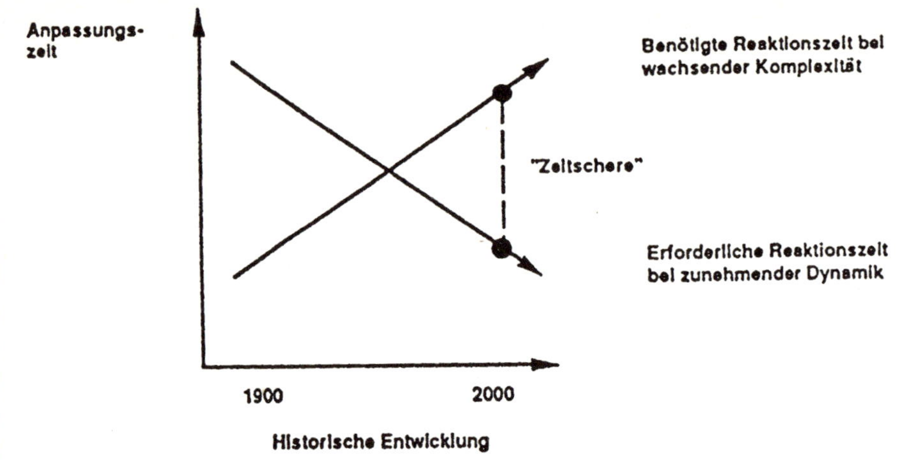

Zeitschere

(Servatius 1991, 60)

Bei dem Versuch, Veränderungsverläufe in sozialen Systemen theoretisch zu erklären und neue Ansätze zur Steuerung sozialer Systeme zu gewinnen, wird auf zwei unterschiedliche Begriffe zurückgegriffen: auf den Entwicklungsbegriff und den Lernbegriff. Der Entwicklungsbegriff wird allen Ansätzen zugrundegelegt, in denen die Veränderung sozialer Systeme als Evolution erklärt wird. Der Lernbegriff ist Grundlage von Konzepten des organisationalen Lernens, wie sie seit den 80er Jahren diskutiert werden.

9.1.1 Veränderung sozialer Systeme als Evolution

Wenn man Veränderungsprozesse in sozialen Systemen als Entwicklung deutet, wird damit ein Begriff aufgenommen, der ursprünglich aus der Biologie stammt: nämlich auf den Evolutionsbegriff im Anschluß an Darwin.

Bereits Bertalanffy greift als Biologe bei der Begründung der allgemeinen Systemtheorie auf Konzepte der Biologie zurück (z.B. Bertalanffy 1968, 98ff.). Standardbeispiele für Systeme sind für ihn zunächst biologische Systeme wie die Zelle (z.B. 1949, 42ff.). Lebende Organismen und soziokulturelle Systeme werden von ihm in einem Zusammenhang gesehen und von technischen Bereichen abgegrenzt (1970a, 26).

Der Rückgriff auf die Biologie lag dabei aus zwei Gründen relativ nahe:

Zum einen findet man in der Biologie ähnlich wie in Organisationen Entwicklungen, die durch Wendepunkte und Zyklen gekennzeichnet sind. Standartbeispiel dafür sind die Entwicklungszyklen, die ein System von Raubtieren und Beute bestimmen: Setzt man z.B. in einer Fortellenzucht Hechte aus, so vermehren sich zunächst die Hechte sehr stark, da sie auf einen nahezu unbegrenzten Beute-Vorrat stoßen. Die Reduzierung der Forellen führt dann aber mit der Zeit zu einer Überbevölkerung der Hechte und damit abrupt zu einem Wendepunkt: Nämlich zur Reduzierung der Hechte, denen nunmehr fast keine Nahrung mehr zur Verfügung steht. Das führt dann wieder zur Vermehrung der übrig gebliebenen Forellen, sodaß sich im Laufe der Zeit ein durch Überbevölkerung von Hechten oder Forellen gekennzeichneter Zyklus heranbildet (z.B. Turnheim 1991, 37ff.).

Zum anderen bietet ein biologisches System im Unterschied zu traditionellen Organisationen die Möglichkeit, schneller auf Umweltveränderungen zu reagieren. Fuchs (1992, 17) illustriert dies am Beispiel des Auges: Wenn das Auge analog zu einer traditionellen Organisation konstruiert wäre, würde die zur Lösung von Problemen benötigte Zeit viel zu umfangreich sein:

„Sie begegnen auf der Straße einem Betrunkenen. Ihr Auge sieht, wie der Mann mit der Faust ausholt. In einer heute üblichen Unternehmensorganisation würde sich dann in etwa folgendes abspielen. Das Auge schickt ein Telefax an seinen zuständigen Vorstand und entschuldigt sich zunächst für die Störung mit dem Hinweis auf die Gefährlichkeit und Einmaligkeit der Situation:

Auge an Vorstand:
1) Eine Faust kommt auf uns zu!
2) Erbitte, das Lid schließen zu dürfen.
3) Empfehle Ausweichschritt und gegebenenfalls Flucht.

Vorstand an Auge:
Ich möchte keinen Präzedenzfall schaffen. Legen Sie mir deshalb bitte einen Investitionsantrag für das Schließen des Lides mit Aufwand und Nutzen vor. Wie Sie wissen, bin ich für Punkt 3 nicht zuständig. Machen Sie mir bitte eine Vorstandsvorlage. Ich werde Ihr Anliegen dann im Gesamtvorstand vortragen.

Auge an Vorstand:
zu 1) Die Faust kommt immer näher!
zu 2) Der Aufwand für das Schließen des Lides beträgt circa 1,7 Kalorien.
Der Nutzen ist nicht quantifizierbar.
zu 3) Für die Vorstandsvorlage brauche ich mindestens zwei Tage.
Befürchte, dann ist es zu spät. Empfehle dringend, etwas zu unternehmen.

Vorstand an Auge:
Was heißt immer näher? Bitte exakte Angaben!
Angesichts der begrenzten Investitionen könnte ich zustimmen, wenn der Aufwand durch das Budget gedeckt ist. Der Gesamtvorstand tagt erst nächste Woche Dienstag. Bis dahin erwarte ich Ihre Vorlage.

Auge an Vorstand:
Ich ziehe meine Anträge zurück. Bestellen Sie bitte einen Krankenwagen."

In Unternehmenstheorie und Managementforschung wird seit Beginn der 70er Jahre in stärkerem Maße auf evolutionstheoretische Konzepte zurückgegriffen. Einige Ansätze seien hier kurz aufgelistet (Übersicht bei Kieser 1992; Servatius 1991, 62ff.):

- Von Hayek fordert Anfang der 70er Jahre, Institutionen nicht unter dem Gesichtspunkt der Konstruktion gemäß vorgegebenen Zwecken, sondern unter dem Gesichtspunkt der Evolution zu betrachten (Hayek 1971, 23ff.; ähnlich z.B. Weick 1985, 174ff.). Organisationen werden nicht als Maschinen, sondern als „lebende Systeme" betrachtet (Dopfer 1986), bzw. es wird gefordert, nicht mehr die Mechanik, sondern die Biologie „zum Mekka der Ökonomen" zu machen (Oeser 1989, 8).

- Im Anschluß an biologische Phasenmodelle wird versucht, Phasen in der Evolution von Organisationen zu bestimmen, wobei verschiedene
  Modelle nebeneinander stehen (Übersicht bei Pümpin/Prange 1991, 45ff.):
  Bleicher (1995, 346ff.) unterscheidet sechs Phasen: Pionierphase, Markterschließungsphase, Diversifikationsphase, Akquisitionsphase, Kooperationsphase und Restrukturierungsphase.
  Daneben finden sich des öfteren Modelle mit 4 Phasen: Mintzberg (1984) unterscheidet Entstehungsphase, Entwicklungsphase, Reifephase, Niedergangsphase; Glasl/Lievegoed (1993) Pionierphase, Differenzierungsphase, Integrationsphase, Assoziationsphase. Bei Pümpin/Prange (1991) schließlich werden Pionierphase, Wachstumsphase, Reifephase, Wendephase unterschieden.

- „Evolution" (das wurde bereits in Kapitel 1 deutlich) ist ein Grundbegriff des biologischen Systemmodells, wie es von Vester (1983; 1984; 1988) und insbesondere in verschiedenen Ansätzen evolutionären Managements entwickelt wurde.
  Vester wendet sich gegen Eingriffe in ökologische Systeme (z.B. durch übermäßige Abfallproduktion) und fordert, lebenden Systemen „ein wenig ihre Tricks abzuschauen, die sich im Laufe der Jahrmillionen als nützlich erwiesen haben" (1983, 117).
  Auf dieser Basis wird „evolutionäres Management" (Balck/Kreibich 1991; Königswieser/Lutz 1992; Laszlo u.a. 1992) bzw. „evolutionäre Führung" (Servatius 1991) proklamiert. Entsprechend vertritt Kirsch eine „evolutionäre Führungskonzeption", „die das zu führende System als elvolvierendes und gleichzeitig entwicklungsfähiges System konstituiert und die Möglichkeiten und Grenzen eines Fortschritts dieses Systems in den Mittelpunkt rückt" (Kirsch 1992, 354; vgl. auch Bühring-Uhle 1995).

- Auch der zunächst am technischen Systembegriff orientierte Systemansatz der St. Gallener Schule hat mittlerweile den Evolutionsbegriff aufgegriffen. Soziale Systeme, so Ulrich/Probst (1988, 90), „sind entwicklungsfähig". Daraus ergibt sich als Führungsaufgabe „das Weiterentwickeln der Unternehmung im Sinne des ständigen Verbesserns oder des qualitativen Lernens":
  „Kürzerfristig geht es darum, daß die Unternehmung lernt, bei gegebenen Zielen immer besser zu funktionieren, Mängel sukzessive auszumerzen und begangene Fehler nicht zu wiederholen. Auf längere Sicht geht es um die Förderung der viel

geforderten Innovationsfähigkeit der Unternehmung, des sich Anpassens an neue Anforderungen und des Suchens und Realisierens neuer Ziele und Verhaltensweisen" (Ulrich/Probst 1988, 263; ähnlich z.B. auch Probst 1987, 115f.; Malik 1989, 248ff.).

- Schließlich sind in den letzten Jahren Ansätze aus der Chaos-Forschung aufgegriffen worden, um die Entwicklung dynamischer Systeme weiter erklären zu können (vgl. z.B. Kriz 1992; Küppers 1991). Hintergrund dafür sind zunächst mathematische Erklärungsversuche für den Übergang von Ordnung in Chaos. Analog dazu versucht man, Situationen in Organisationen als chaotische Situationen zu erklären (z.B. Kopel 1994) bzw. unter Rückgriff auf Überlegungen der Chaosforschung Managementstrategien zu entwickeln (z.B. Gerken 1992; Lynch/Kordis 1991; Müri 1992; Turnheim 1991).

Im Evolutionsmodell in der Tradition von Darwin, das Grundlage der Betrachtung ist, wird Evolution durch drei zentrale Faktoren erklärt (vgl. Irrgang 1993; Kieser 1989; Wuketis 1988):

- Genetische Tradierung
  Voraussetzung für evolutionäre Prozesse ist die Fähigkeit der Reproduktion von Individuen. Dabei werden bestimmte Merkmale des Individuums genetisch weiter tradiert: etwa die Farbe und Musterung der Flügel bei Schmetterlingen.

- Variation
  Die genetisch bestimmten Merkmale werden nicht stets auf die gleiche Art weitergegeben, sondern es treten Variationen (z.B. unterschiedliche Formen und Farben der Flügel) auf. Variationen können durch unterschiedliche Kombinationen des Genpools entstehen: Bei der genetischen Weitergabe von Merkmalen werden meist die Genotypen mehrerer Individuen kombiniert, so daß das neue Individuum keine exakte Kopie eines anderen Individuums darstellt. Variationen entstehen außerdem durch Mutationen, wobei zufällig neue Eigenschaften auftauchen oder alte Eigenschaften verschwinden.

- Selektion
  Die unterschiedlichen Variationen bieten den Individuen unterschiedliche Chancen, sich in der Umwelt besser zu behaupten. So bietet z.B. eine bestimmte durch Mutation entstandene Musterung der Flügel eines Schmetterlings eine bessere Tarnung und erhöht damit die Chance für das Überleben. Das bedeutet, daß die für das Überleben am besten angepaßten Individuen („the fittest“) die größte Chance haben, ihre genetischen Merkmale weiter zu tradieren. Die Selektion führt zur Tradierung bestimmter Genkombinationen bzw. zum Verschwinden anderer.

Gemeinsame Annahme aller Übertragungen evolutionstheoretischer Ansätze auf soziale Systeme ist, daß es auch in Organisationen Evolution und damit auch Tradierung, Variation und Selektion gibt. Andererseits kann das aus der Biologie stammende Grundmodell der Evolution offenbar nicht bruchlos auf soziale Systeme übertragen werden. Evolution sozialer Systeme geschieht anders als die aus der Biologie geläufige Tradierung, Variation und Selektion auf der Basis genetisch kodierter Informationen (vgl. Segler 1985; Wehrmann 1995, 227ff.; Wurm 1991):

(1) Tradierung von „Comps"
Während bei biologischen Lebewesen Verhaltensweisen genetisch tradiert sind, werden im Rahmen sozialer Systeme Verhaltensweisen mit Hilfe von Regeln weitergegeben. Im Unterschied zu Genen als Informationsträgern ist hierfür der Begriff „Comps" (von „competence") vorgeschlagen worden (Segler 1985, 205ff.): Comps sind all die Wissensbestände (die in einem System vorhandenen subjektiven Deutungen) und alle Regeln, die das Verhalten eines sozialen Systems bestimmen. Dabei kann es sich um Verfahren zur Herstellung von Produkten handeln, um Regeln zur Steuerung von Abläufen innerhalb des sozialen Systems und zur Abgrenzung genüber der Systemumwelt, aber auch um bestimmte Werte eines sozialen Systems oder von der Unternehmensleitung vorgegebene Leitsätze usw.

Solche Comps werden innerhalb des sozialen Systems tradiert, wobei die Tradierung auf der Basis schriftlicher Formulierungen (Verfahrensrichtlinien, Patente, Organisationsstruktur usw.) oder durch mündliche Tradierung erfolgen kann.

(2) Variation in sozialen Systemen
Bei der Tradierung von Comps treten Variationen auf, d.h. es können neue Wissensbestände und neue Regeln (neue Herstellungsverfahren, neue Ablaufregeln usw.) entstehen. Dabei gibt es mehrere Möglichkeiten der Entstehung von Variationen (vgl. Kieser 1989, 183ff.):

- Variationen können das Ergebnis von „Kopierfehlern" sein. So kann z.B. beim Versuch, vorhandenes Wissen auf eine neue Situation zu übertragen, gleichzeitig eine Veränderung dieses Wissensbestandes erfolgen, die dann weiter tradiert wird: Eine Trainingsübung wird bei der Anwendung auf eine andere Zielgruppe modifiziert und dann in dieser modifizierten Form auch auf andere Situationen übertragen.
- Variationen können durch Austausch zwischen verschiedenen sozialen Systemen entstehen. Standardbeispiele dafür sind Situationen, in denen ein neuer Mitarbeiter neues Wissen bzw. neue Regeln in ein soziales System einbringt und damit zu einer Veränderung dieses Systems beiträgt: Ein neuer Trainer bringt bestimmte neue Übungen ein, eine neue Führungskraft führt neue Regeln ein usw. Ebenso treffen im Rahmen einer Fusion zwischen zwei Unternehmen unterschiedliche Unternehmenskulturen aufeinander und erhöhen damit die Variation.
- Schließlich können Variationen bewußt hergestellt werden. Die Entwicklung eines neuen Produktes bedeutet zunächst einmal die systematische Erzeugung von Alternativen. Jedes Brainstorming im Rahmen eines Moderationsprozesses erhöht die Variation der zur Verfügung stehenden Lösungen.

(3) Selektion in sozialen Systemen
Die weitere Tradierung bzw. Eliminierung von Variationen wird durch Selektion gesteuert. Dabei können im Extremfall ganze Sozialsysteme zusammenbrechen, wenn

sie nicht mehr lebensfähig sind: Ein Unternehmen geht zugrunde, weil es keine konkurrenzfähigen Produkte mehr anbietet, ein Wanderverein wird sich mit der Zeit auflösen, wenn es nicht gelingt, für jüngere Interessenten neue Angebote zu machen.

Ebenso können Teilsysteme eliminiert werden: ein Subsystem, das bestimmte Produkte herstellt, die sich nicht mehr verkaufen lassen, eine zentrale Bildungsabteilung, wenn sie keine Abnehmer in anderen Unternehmensbereichen findet. Schließlich können auch innerhalb eines bestehenden sozialen Systems einzelne Comps durch andere ersetzt werden: Ein neues Herstellungsverfahren löst ein altes ab, eine neue Organisationsstruktur (z.B. Lean-Production) wird eingeführt.

Selektion wird jedoch nur zu einem Teil direkt durch die Umwelt gesteuert, zu einem großen Teil erfolgt sie nach eigenen Regeln des sozialen Systems selbst.

Lau (1981, 104) verdeutlicht diesen Prozeß mit folgendem Beispiel: Nehmen wir an, das Weltbild einer primitiven Gesellschaft verbietet die Verwendung von Metall. D.h. es besteht eine (möglicherweise durch ein bestimmtes religiöses Wertsystem gestützte) Regel, daß Metallgegenstände nicht verwendet werden dürfen. Dann wird die Erfindung einer Metall-Jagdwaffe sich möglicherweise nicht durchsetzen, da sie aufgrund interner Selektionskriterien behindert wird. Vielleicht wird sich erst nach langer Verzögerung der höhere Selektionsvorteil von Metall-Jagdwaffen durchsetzen – möglicherweise dann, wenn ein anderes soziales System (ein anderer Stamm), das die Herstellung von Metallwaffen nicht tabuisiert, die Oberhand gewinnt.

Im Grunde ist diese Situation auch heute nicht unbekannt: die Entwicklung von Verfahrensregeln einer bürokratischen Organisation erfolgt in der Regel nicht nach externen, sondern vorwiegend nach internen Selektionskriterien, indem von internen Bereichen Standards z.B. für die Unterschriftenerstellung festgelegt werden. Umstrukturierungen einer Organisation erfolgen möglicherweise nicht aufgrund eines Selektionsvorteils (wenn auch ein solcher postuliert wird), sondern aus dem Interesse bestimmter Führungskräfte, ihren Einflußbereich zu vergrößern oder einen anderen Bereich zu schwächen.

9.1.2 Lernende Organisation

Ein zweiter Begriff, auf den man für die theoretische Klärung der Veränderung sozialer Systeme gerade in den letzten Jahren verstärkt zurückgreift, ist der Begriff des Lernens. Nun ist „Lernen" zunächst für einzelne Personen definiert: Eine Auszubildende lernt den Umgang mit EDV, ein Mitarbeiter lernt in einem Kommunikationstraining neue Verfahren der Konfliktbewältigung usw.

Dabei liegt die Schwierigkeit des Lernbegriffs darin, daß „Lernen" in verschiedenen Erklärungsmodellen unterschiedlich eingeführt wird (Übersichten bei Edelmann 1993; Steiner 1988; 1992):

In der Tradition des Maschinenmodells wird Lernen als relativ überdauernde Verhaltensänderung definiert. Lernen, so Zimbardo (1995, 263), wird als ein Prozeß verstanden, „der zu relativ stabilen Verhaltensänderungen im Verhalten oder im Verhaltenspotential führt". Lernen wird dann in der Tradition des Maschinenmodells auf der

Basis sog. Lerngesetze, d.h. z.B. aufgrund von Verstärkung, Bestrafung, Löschung usw., erklärt.

Andererseits kann Lernen aber auch auf der Basis des Handlungsmodells definiert werden (sog. kognitiver Lernbegriff): Im Anschluß an Bruner u.a. (1971) und Ausubel (1974) wird Lernen als Erweiterung und Veränderung kognitiver Strukturen verstanden – und das heißt: Erweiterung und Veränderung der jeweiligen subjektiven Theorien. So definiert Steiner (1992, 1265) Lernen als Erwerb von Problemlöse- und Lernstrategien und somit als „Auf- und Ausbau eines Wissens – bzw. Denksystems, das seinerseits das Verhalten leiten kann".

Organisationales Lernen (z.B. Argyris/Schön 1978; Geißler 1995; 1995a; Probst/Büchel 1994; Sattelberger 1991; Senge 1996; Wieselhuber 1997) ist die Übertragung des ursprünglich auf Individuen bezogenen Lernbegriffs auf soziale Systeme. Dabei wird in der gegenwärtigen Diskussion ausschließlich der kognitive Lernbegriff zugrundegelegt. Organisationales Lernen, so Probst/Büchel, ist ein „Prozeß der Erhöhung und Veränderung der organisationalen Wert- und Wissensbasis, die Verbesserung der Problemlösungs- und Handlungskompetenz sowie die Veränderung des gemeinsamen Bezugsrahmens von und für Mitglieder innerhalb der Organisation" (Probst/Büchel 1994, 17; zur Diskussion der unterschiedlichen Ansätze organisatorischen Lernens vgl. Drosten 1996, 15ff.; Geißler 1995; Reinhardt 1995).

Dabei werden im Anschluß an Argyris/Schön in der Regel zwei unterschiedliche Ebenen organisationalen Lernens unterschieden (Argyris/Schön 1978, 19ff.; vgl. Drosten 1996, 38ff.; Geißler 1995, 90ff.):

- Das „Single-loop-learning" stellt einen Lernprozeß innerhalb eines definierten Bezugsrahmens dar. Innerhalb dieses Bezugsrahmens lernt die Organisation neue Vorgehensweisen zur Erreichung gegebener Ziele zu entwickeln, ohne daß der Bezugsrahmen selbst in Frage gestellt wird.
- Das „Double-loop-learning" ist ein Lernprozeß, bei dem auch der bis dahin geltende Bezugsrahmen (bestimmte Grundannahmen, Werte und Normen) verändert wird.

Im Grunde entspricht diese Unterscheidung der in Kapitel 3 eingeführten Unterscheidung zwischen verschiedenen Referenzrahmen. Single-loop-learning ist ein Lernen innerhalb eines bestehenden Referenzrahmens: Es werden neue Lösungsmöglichkeiten auf der Basis dieses Referenzrahmens entwickelt und im System weiter tradiert. Double-loop-learning bedeutet demgegenüber eine Veränderung des Referenzrahmens: Das soziale System entwickelt einen neuen Referenzrahmen, auf dessen Basis dann neue Handlungsmöglichkeiten in den Blick kommen.

Doch was heißt es nun, daß eine Organisation im Unterschied zu einem Individuum „lernt"? Zur Verdeutlichung folgendes Beispiel:

Ein Team in einer Bildungsabteilung hat bislang ausschließlich Verhaltenstrainings (z.B. Kommunikationstrainings) durchgeführt. Eine Trainerin nimmt an einer Beratungsausbildung teil und bringt anschließend ihr Wissen in das Team ein. Neben klassischen Trainings führt sie in Zukunft verstärkt Coachingprozesse durch. Darüber hinaus werden Elemente aus der Beratungsausbildung auch von anderen Angehörigen des Teams angewandt.

Während der Beratungsausbildung hat zunächst die Trainerin als Individuum gelernt. Wenn sie aber ihr Wissen in das Team einbringt, hat auch das soziale System gelernt, d.h. neues Wissen (z.B. über das Vorgehen in Beratungsprozessen) erworben. Die subjektiven Deutungen der Trainerin sowie in gewissem Umfang auch der übrigen Teammitglieder haben sich verändert, das Regelsystem zur Durchführung von Bildungsmaßnahmen wurde modifiziert, und auf dieser Basis werden neue Handlungen (z.B. neue Vorgehensweisen im Umgang mit Kunden) durchgeführt.

Damit lassen sich drei zentrale Merkmale des Organisationslernens aufführen. Organisationslernen bedeutet,

- daß sich die subjektiven Theorien (z.B. über den Ablauf von Bildungsprozessen) von Personen innerhalb des sozialen Systems verändern,
- daß sich das Regelsystem des sozialen Systems verändert und
- daß sich auf dieser Basis die Handlungen innerhalb des Systems verändern.

9.1.3 Konsequenzen für die Veränderung sozialer Systeme

Bei dem Rückgriff auf Evolutionstheorie und Lerntheorie wird Veränderung sozialer Systeme einmal als Evolution bestimmt, das andere Mal als Organisations-Lernen. Dabei betont der Evolutionsbegriff stärker die Fähigkeit sozialer Systeme, sich selbst zu entwickeln, wobei Variation, Selektion und Tradierung Phasen dieses Entwicklungsprozesses bilden. Der Begriff des Organisationslernens lenkt demgegenüber die Aufmerksamkeit insbesondere auf Erwerb und Weitergabe neuen Wissens in einem sozialen System.

Beide Konzepte gehen von einer gemeinsamen Voraussetzung aus: Soziale Systeme müssen sich entsprechend den Veränderungen der Systemumwelt verändern, um überhaupt überleben zu können. Servatius (1991, 112f.) formuliert im Anschluß an Stiefel/Belz (1987) ein „ökologisches Gesetz des Lernens“, das besagt, „daß eine Spezies so lange überlebt, wie ihre Lerngeschwindigkeit gleich oder größer ist als die Änderungsgeschwindigkeit der relevanten Umwelt“ (Servatius 1991, 112f.).

In der Tat ist plausibel, daß ein soziales System auf die Dauer nicht lebensfähig ist, wenn Veränderungen der Umwelt nicht durch entsprechende Veränderungen innerhalb des sozialen Systems aufgefangen werden: Wenn ein Produkt aufgrund von Umweltveränderungen nicht mehr verkauft werden kann (sei es, daß dafür kein Markt mehr besteht, sei es, daß ein Konkurrent dasselbe Produkt billiger anbietet), wird das Unternehmen, das bisher dieses Produkt hergestellt hat, nur überleben, wenn sich das System selbst verändert – z.B. indem es ein neues Produkt auf dem Markt anbietet oder durch Umstrukturierung innerhalb des Systems die Herstellungskosten reduziert.

Andererseits aber dürfte das Überleben eines sozialen Systems auch dann gefährdet sein, wenn es sich wesentlich schneller verändert als die Umwelt: Ein Unternehmen, das in zu kurzer Folge neue Produkte anbietet, ist ebenso gefährdet wie eine Organisation, die fortwährend umstrukturiert wird.

Daraus folgt, daß sich soziale Systeme in „Koevolution“ mit der Systemumwelt befinden müssen:

Ein soziales System überlebt so lange, wie die Veränderungsgeschwindigkeit innerhalb des Systems ungefähr ebenso groß ist wie die Veränderungsgeschwindigkeit der relevanten Umwelt.

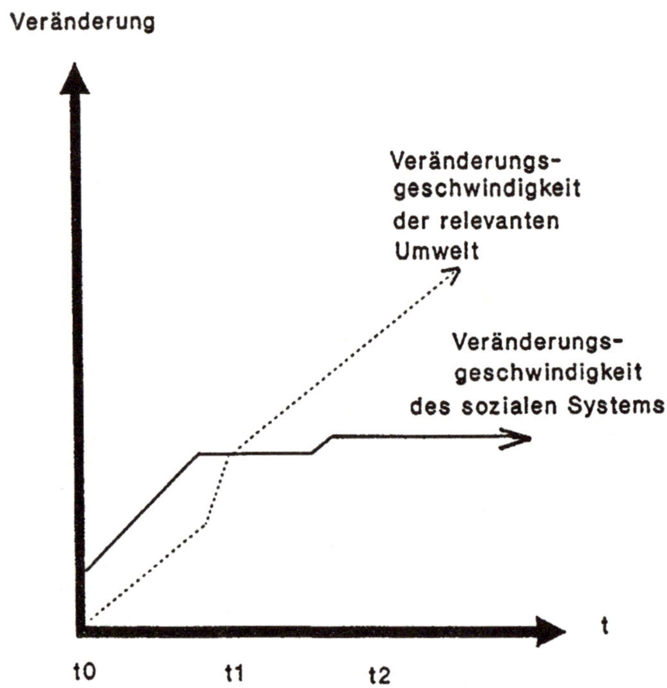

Ein soziales System muß darüber hinaus aber auch auf eintretende Veränderungen innerhalb des Systems reagieren: Generationenwechsel auf den Führungsebenen, aber auch plötzlich sinkende Motivation bei Mitarbeitern, ansteigende Zahl von Krankmeldungen oder zunehmende Störungen bei technischen Abläufen machen ein Reagieren des Systems erforderlich: Das System muß sich weiterentwickeln, muß zunächst Varianten in Bezug auf vorhandene Abläufe generieren und anschließend erfolgversprechende („bessere“) Abläufe selektieren und tradieren.

Jedes System verfügt dafür über ein bestimmtes Entwicklungspotential: Es hat positive Ansätze (positive Comps), die stärker genutzt werden können, oder hinderliche, die verändert werden müssen. Es besitzt ein bestimmtes Entwicklungs – oder Lernprofil: Je nach diesem Lernprofil verlaufen z.B. die Aufnahme neuen Wissens aus der Systemumwelt und die Weitergabe des Wissens innerhalb des sozialen Systems unterschiedlich. Aufgabe ist es, das Entwicklungs- oder Lernprofil einer Organisation entsprechend den Veränderungen der Umwelt zu verbessern.

Daraus ergeben sich eine Reihe von Konsequenzen für die evolutionäre Steuerung sozialer Systeme:

- Es sind sich anbahnende für das System relevante Veränderungen der Umwelt und des Systems selbst zu erfassen.
- Es sind in Bezug auf diese Veränderungen außerhalb und innerhalb des Systems neue Alternativen zu entwickeln (Steigerung der Variation) und schließlich geeignete Alternativen zu selektieren und zu tradieren.
- Es ist schließlich zu überlegen, wie die Abläufe des sozialen Systems insgesamt gestaltet werden können, um die Veränderungsgeschwindigkeit des Systems den relevanten äußeren Veränderungen möglichst anzugleichen.

9.2 Diagnose des Entwicklungsprofils sozialer Systeme

9.2.1 Leitfragen zur Diagnose des Entwicklungsprofils

Wenn man davon ausgeht, daß sich System und Umwelt in „Koevolution" befinden müssen und daß das System auch unmittelbar auf sich anbahnende interne Probleme reagieren muß, dann stellt sich ein Zeitproblem: Vorbereitung und Durchführung von Veränderungsmaßnahmen innerhalb des Systems erfordern Zeit. Dieser Zeitbedarf darf nicht so groß sein, daß bei der Durchführung die jeweiligen Maßnahmen schon „überholt" wären, weil sich die Umwelt (oder auch das System selbst) zwischenzeitlich erneut verändert hat:

„Was wir in diesem Zeitalter des radikalen Wandels benötigen, ist der Gebrauch von Vorhersagen als einen Weg, um Zeit zu kaufen. Um die Gefahren aufzuspüren, bevor sie unhandbar werden und um die Gelegenheiten zu erfassen, bevor sie verloren sind" (Krystek/Müller-Stewens 1993, 2).

Um Entwicklungschancen und mögliche Risiken rechtzeitig abschätzen zu können, ist es notwendig, ein „Entwicklungsprofil" des sozialen Systems zu erstellen. Als Entwicklungsprofil wird hier eine Übersicht über diejenigen Faktoren des sozialen Systems und der Systemumwelt verstanden, die eine positive Weiterentwicklung fördern oder behindern können.

Im einzelnen sind hier wieder die bereits in Kapitel 1 aufgeführten Ebenen sozialer Systeme zu berücksichtigen, die Schlüsselfaktoren des Entwicklungsprofils darstellen. Daraus ergeben sich für die Erhebung des Entwicklungsprofils folgende Fragen:

(1) Welches sind die für die Entwicklung relevanten Personen ?

- Welche Personen verfügen über relevantes zukunftsträchtiges Wissen? Wer sind die Personen, die neue Ideen entwickeln oder vorantreiben können?
- Wer sind die Personen, die Veränderungsprozesse insgesamt vorantreiben und unterstützen?
- Wer sind die Personen, die Veränderungen behindern?
- Steht z.B. Generationenwechsel innerhalb des Unternehmens an, wobei eine Reihe von Führungspositionen neu zu besetzen ist?

(2) Welches sind die für die Entwicklung relevanten subjektiven Deutungen?

- Wie wird Entwicklung innerhalb des Systems bzw. in verschiedenen Subsystemen eingeschätzt: Wird sie positiv eingeschätzt, wird sie als Bedrohung erlebt?
- Gibt es allgemeine Überzeugungen („Glaubenssätze"), die eine Entwicklung unterstützen oder behindern?
- Gibt es z.B. „Ideenkiller" gegenüber neu entwickelten Ideen wie
  „Das haben wir alles schon versucht" oder
  „Das bringt sowieso nichts" oder
  „Wir brauchen erst klare Vorgaben der Geschäftsführung, bevor wir etwas verändern können" oder
  „Das wird doch überall so gemacht"?
- Deuten sich z.B. sinkende Motivation oder innere Kündigung bei Mitarbeiterinnen und Mitarbeitern an?

(3) Welche Regeln begünstigen bzw. behindern die Entwicklung des sozialen Systems?

- Welche Regeln haben sich im Blick auf die Weiterentwicklung des sozialen Systems bewährt?
  Welche Regeln haben die Weiterentwicklung in erfolgreichen Teams unterstützt?
  Welche Regeln haben Veränderungen in nicht-erfolgreichen Teams behindert?
- Gibt es Regeln, die schnelles Reagieren in Krisensituationen unterstützen oder behindern?
- Nach welchen Regeln verläuft Selektion innerhalb des sozialen Systems? Ist Selektion v.a. intern oder extern gesteuert? Begünstigen oder behindern diese Regeln die Weiterentwicklung?
- Welche Regeln begünstigen die Entwicklung neuer Ideen? Gibt es Regeln, die die Entwicklung neuer Ideen behindern?
  So führt z.B. die Regel „Wer eine Idee einbringt, muß sie weiterentwickeln, z.B. erstmals ein schriftliches Konzept vorlegen!" häufig dazu, daß neue Ideen zurückgehalten werden.
- Welche Regeln bestimmen den Umgang mit begangenen Fehlern?
  Hier führen Argyris/Schön (1978; Argyris 1990) und Probst/Büchel (1994, 74ff.) eine Reihe von dysfunktionalen Regeln im Umgang mit Fehlern auf wie z.B.:
  „Vermeide öffentliche Diskussion über feinfühlige Punkte!"
  „Halte deine eigene Meinung und deine Kritik zurück!"
  „Umgehe oder überspiele Fehler und verhalte dich so, als sei nichts geschehen!"

„Stelle sicher, daß Fehler nicht diskutiert werden!"
„Versuche, begangene Fehler vor anderen durch schützende oder verschleiernde Beweisführung zu legitimieren!"

(4) Welche Interaktionsstrukturen begünstigen oder behindern die Entwicklung des Systems?

- Gibt es z.B. eine Interaktionsstruktur, daß neue Ideen zerredet werden? Oder gibt es die Interaktionsstruktur: Neue Ideen werden mit Energie aufgegriffen, verlaufen dann aber im Sand?
- Deuten sich Konflikte zwischen verschiedenen Subsystemen an? Besteht z.B. die Tendenz, das eigene Wissen vor anderen Bereichen abzuschotten?

(5) Welches sind die für die Entwicklung relevanten Veränderungen der Systemumwelt?

Im Rahmen einer solchen „Umweltanalyse" (vgl. z.B. Bleicher 1994, 159ff.; Carl/Kiesel 1996, 41ff.; Müller-Stewens 1990; Wilpert 1993) stellen sich u.a. folgende Fragen:

- Welche wirtschaftlichen Faktoren (z.B. Volkseinkommen, internationaler Handel, Wirtschaftswachstum, Kaufkraft) beeinflussen das soziale System?
- Welche politisch-rechtlichen Faktoren (z.B. internationale Konflikte, Wirtschaftspolitik, Sozialgesetzgebung, Arbeitsrecht usw.) beeinflussen das soziale System?
- Welche soziokulturellen Entwicklungstendenzen (z.B. Bevölkerungsentwicklung, Bildungsstand, ökologische Orientierung, Arbeitsmentalität, Freizeitverhalten) sind zu berücksichtigen?
- Welche allgemeinen technologischen Entwicklungen (z.B. im Bereich Telekommunikation, EDV, Umwelttechnologie) beeinflussen das soziale System?
- Deuten sich im Kundenverhalten Veränderungen (etwa hinsichtlich von Kundenbedürfnissen, Preisbewußtsein usw.) an?
- Sind bei Lieferanten relevante Veränderungen (z.B. Qualifikation der Lieferanten, Lieferprobleme, Preisentwicklung) zu erwarten?
- Wie ist die Entwicklung bei möglichen Konkurrenten (z.B. hinsichtlich der Entwicklung neuer Produkte, Eindringen neuer Mitbewerber in den Markt)?

Dabei gilt, daß die für die Entwicklung des sozialen Systems relevanten Umweltbereiche immer nur im Blick auf das jeweilige soziale System festzulegen sind. Für ein Automobilunternehmen sind andere Umweltbereiche relevant als z.B. für eine interne Bildungsabteilung, die im Rahmen einer Umweltanalyse ihre Aufmerksamkeit verstärkt auf andere Unternehmensbereiche zu lenken hat. Für die Bildungsabteilung wären z.B. folgende Umweltinformationen relevant:

- Informationen über zu erwartende Änderungen im Gesamtunternehmen: Sind größere Umstrukturierungen zu erwarten, steht die Entwicklung neuer Produkte, steht Personalabbau an? Ist damit zu rechnen, daß verstärkt Projektmanagement eingeführt wird oder daß Trainingsmaßnahmen außer Haus aus Kostengründen eingeschränkt werden?

- Informationen über sich anbahnende Veränderungen bei den „Kunden“:
  Verändern sich die Einstellungen und Erwartungen von Kunden? Welche Themen werden in Zukunft verstärkt nachgefragt werden? Steigt das Interesse an Trainingsmaßnahmen oder mehr an unmittelbarer Unterstützung am Arbeitsplatz?
- Informationen über allgemeine Trends im Organisations- und Bildungsbereich:
  Welche Qualifizierungskonzepte im Bereich Projektmanagement haben sich bewährt? Gibt es neue Entwicklungen z.B. im Bereich von Selbstlernzentren?
- Informationen über mögliche Mitbewerber:
  Wenn z.B. eine interne Bildungsabteilung mit externen Anbietern konkurrieren muß, dann ist es wichtig zu wissen, wie diese Konkurrenten vorgehen, wo sie ihre Schwerpunkte und Stärken, wo sie möglicherweise aber auch Schwachstellen haben.

(6) Wie ist die bisherige Entwicklung des sozialen Systems verlaufen?

- Welche Produkte sind geeignet, das Überleben des sozialen Systems in Zukunft zu sichern?
  Dabei ist der Begriff „Produkt“ weit zu fassen: Produkte können z.B. technische Maschinen einer Maschinenfabrik, aber auch Bildungsmaßnahmen einer Bildungsabteilung, EDV-Konzepte usw. sein.
- Gibt es Produkte, die in Zukunft weniger Chancen haben werden?
- Gibt es Produkte, die ihren Höhepunkt bereits überschritten haben und bei denen in Zukunft mit einem Rückfall zu rechnen ist, was eine Ablösung nahelegen würde?
- Hat das System in der Vergangenheit viele Veränderungen erfahren oder war es sehr konservativ dergestalt, daß ein bestimmter Zustand über lange Zeit beibehalten wurde?
- Gab es schon früher Ansätze für Veränderungsprozesse? Wie weit waren die erfolgreich? Woran sind sie gescheitert?

9.2.2 Festlegung des Erhebungsverfahren

Zur Diagnose des Entwicklungsprofils eines sozialen Systems stehen im wesentlichen die in Kap. 6 genannten Verfahren zur Verfügung:

(1) Erfassung sich anbahnender Veränderungen aufgrund von Beobachtungen
Dabei kann die Beobachtung mehr oder weniger systematisch betrieben werden:

- Man kann zunächst sich anbahnende Veränderungen durch unsystematische Beobachtung erfassen. Dies ist der rationale Kern der Forderung nach „Managment by walking around“: Durch Umherwandern in verschiedenen Bereichen erhält man eine Fülle von Informationen über sich anbahnende Störungen innerhalb des sozialen Systems bzw. allgemein über sich andeutende Veränderungen. Man kann z.B. dysfunktionale Strukturen häufig an der „Stimmung“ in einem Bereich wahrnehmen, ebenso wie man positive Entwicklungen und Entwicklungspotentiale zunächst unsystematisch ahnt, bevor man sie genauer identifizieren kann.

Ebenso kann man die teilnehmende Beobachtung im Rahmen eines Kundenbesuches durchführen, wobei man leicht Andeutungen über mögliche Veränderungen wahrnimmt.
- Auf der anderen Seite kann die Beobachtung auch systematisch durchgeführt werden. Hierzu sind zunächst Kennzahlen oder Indikatoren festzulegen (vgl. z.B. Gaintanides u.a. 1994, 57ff.; Krystek/Müller-Stewens 1993, 45ff.): Welche (meßbaren) Daten können Indikatoren für sich anbahnende Veränderungen sein?

Für eine Bildungsabteilung könnten folgende Indikatoren Bedeutung haben:

* Nachfrage nach bestimmten Bildungsangeboten
* Abmeldungen in Bezug auf bestimmte Angebote
* Teilnehmerzahl
* Teilnehmerschwund zwischen Veranstaltungen
* spontane Rückmeldungen nach einzelnen Veranstaltungen
* Erwartungen zu Beginn von Veranstaltungen usw.

Auch hier gilt, daß solche Indikatoren nur durch das betreffende sozialen System (d.h. die Bildungsabteilung selbst), aber nicht von außen festgelegt werden können.

(2) Befragungen

Je nach dem Systematisierungsgrad bieten sich unterschiedliche Vorgehensweisen an:

- Man kann unsystematische Befragungen durchführen, indem man z.B. bei einzelnen Kunden oder in anderen Bereichen gelegentlich vorbeischaut und nachfragt, „was es Neues gibt". Häufig erhält man dabei eine Reihe von Hinweisen auf mögliche bevorstehende Veränderungen.
- Es können systematische Befragungen durchgeführt werden, wobei in der Regel einzelne in die Tiefe gehende Interviews mehr Informationen liefern als eine aufwendige Fragebogenuntersuchung.
  Turnheim schlägt in diesem Zusammenhang vor, die „informellen Führer" des sozialen Systems (bzw. verschiedener Subsysteme) zu erfassen:
  „Die informellen Führer findet man relativ einfach, indem man einem Personenkreis von max. 15-20 Personen verschiedener Hierarchieebenen dieselbe Frage stellt: Wer ist im Unternehmen menschlich und fachlich unumstritten? Der befragte Personenkreis nennt meistens 2-3 wiederkehrende Namen, die sozusagen in der Gauß'schen Kurve einer Befragung sich als informelle Führer dieses Unternehmens qualifizieren. Diesen menschlich und fachlich von den meisten akzeptierten Personen fließen alle wesentlichen Informationen zu, sie sind eine Art „Informationssenke"..., wo der Erfahrungspool des Unternehmens zu finden ist und damit die Fragen nach der Gegenwart und Zukunft des Unternehmens situationsgerecht beantwortet werden" (Turnheim 1991, 211f.).
  Ebenso kann man Experten, Mitarbeiter der strategischen Planungsabteilung usw. in einem Leitfaden-Interview gezielt nach möglichen Veränderungen befragen.

- Der Informationsaustausch zwischen einem sozialen System und bestimmten Systemen der Außenwelt kann institutionalisiert werden. So können z.B. gemeinsame Workshops durchgeführt oder gemeinsame Teams etabliert werden, um miteinander Konzepte für neue Produkte und Dienstleistungen zu entwickeln (vgl. z.B. Reinser 1996). Denkbar sind auch regelmäßige Gespräche zwischen Anbietern und wichtigen Kunden, um neue Trends rechtzeitig zu identifizieren. Oder es gibt regelmäßige Gespräche zwischen Mitbewerbern (vgl. Turnheim 1991, 66ff.) oder regelmäßige Gespräche zwischen einer internen Bildungsabteilung und der strategischen Planungsabteilung oder bestimmten Vorstandsbereichen usw. Es können regelmäßige Kurzbefragungen in Projektteams, Arbeitsgruppen usw. durchgeführt werden.

(3) Dokumentenanalyse

Gegenstand der Dokumentenanalyse können interne oder externe Dokumente sein. Für eine interne Bildungsabteilung könnten u.a. folgende Dokumente relevant sein u.a.

- Besprechungsprotokolle
- interne Konzeptpapiere anderer Bereiche
- Stellungnahmen der Vorstandsebene
- Fachinformationen über Veränderung im Bildungswesen allgemein
- Berichte über Bildungsprojekte in anderen Organisationen usw.

Gerade im Blick auf längerfristige Veränderungen sind solche Dokumentenanalysen häufig ein geeignetes Mittel, frühzeitig Hinweise („schwache Signale") über sich anbahnende Veränderungen zu erhalten (vgl. Krystek/Müller-Stewens 1993, 178ff.).

(4) Analoge Verfahren

Sich anbahnende Veränderungen werden häufig zunächst unbewußt wahrgenommen, bevor sie rational formulierbar sind. Dafür bietet die Anwendung analoger Verfahren eine hilfreiche Möglichkeit (vgl. Kap. 4, ferner z.B. auch Turnheim 1991, 60ff.). Man kann z.B.

- Bilder oder Symbole für die Zukunft in fünf oder zehn Jahren wählen
- Szenarien-Spiele durchführen, in denen Kundenrollen gespielt werden: „Stellen Sie sich vor, Sie kommen als Kunde in zwei Jahren zu ihrer Bildungsabteilung..."

(5) Szenario-Technik

Methodisch recht weit entwickelte Vorgehensweisen sind Szenarien. Ein Szenario ist „die Beschreibung einer komplexen, zukünftigen Situation, deren Eintreten nicht mit Sicherheit vorhergesagt werden kann, sowie die Darstellung einer Entwicklung, die aus der Gegenwart zu dieser Situation führen könnte" (Gausemeier u.a. 1995, 90; vgl. auch Götze 1991, 36ff.).

Dabei erfolgt die Entwicklung von Szenarien üblicherweise in folgenden Schritten (vgl. Bullinger 1994; Gausemeier u.a. 1995; Götze 1991, 99ff.):

- Definition des Szenario-Feldes
- Analyse des Szenario-Feldes in Bezug auf Merkmale und Schlüsselfaktoren
- Formulierung von Zukunftsprojektionen für einzelne Schlüsselfaktoren
- Szenario-Bildung durch Bündelung der einzelnen Zukunftsprojektionen
- Szenario-Transfer, d.h. Entwicklung von Strategien, Leitbildern usw. im Blick auf das Szenario.

Im Grunde verfügt jedes soziale System immer schon über eine Fülle von Informationen über sich anbahnende externe und interne Veränderungen: Grundsätzlich jeder Angehörige eines sozialen Systems hat Kontakte mit der Außenwelt – und nimmt dabei eine Reihe von Informationen auf. Ein Mitarbeiter einer Bildungsabteilung erfährt nebenher etwas über Probleme, Schwierigkeiten oder anstehende Veränderungen in seinem Betreuungsbereich. Er erfährt im Gespräch mit einem externen Berater etwas über Probleme und Themen in anderen Unternehmen. Ein Mitglied des Projektteams hört etwas über sich andeutende Probleme usw.

Die Schwierigkeit besteht jedoch häufig darin, daß diese Informationen den Betreffenden und dem System insgesamt nicht bewußt sind und deshalb nicht genutzt werden: Es nützt der Bildungsabteilung (um bei diesem Beispiel zu bleiben) nichts, wenn eine einzelne Trainerin über relevante Informationen aus anderen Schlüsselbereichen

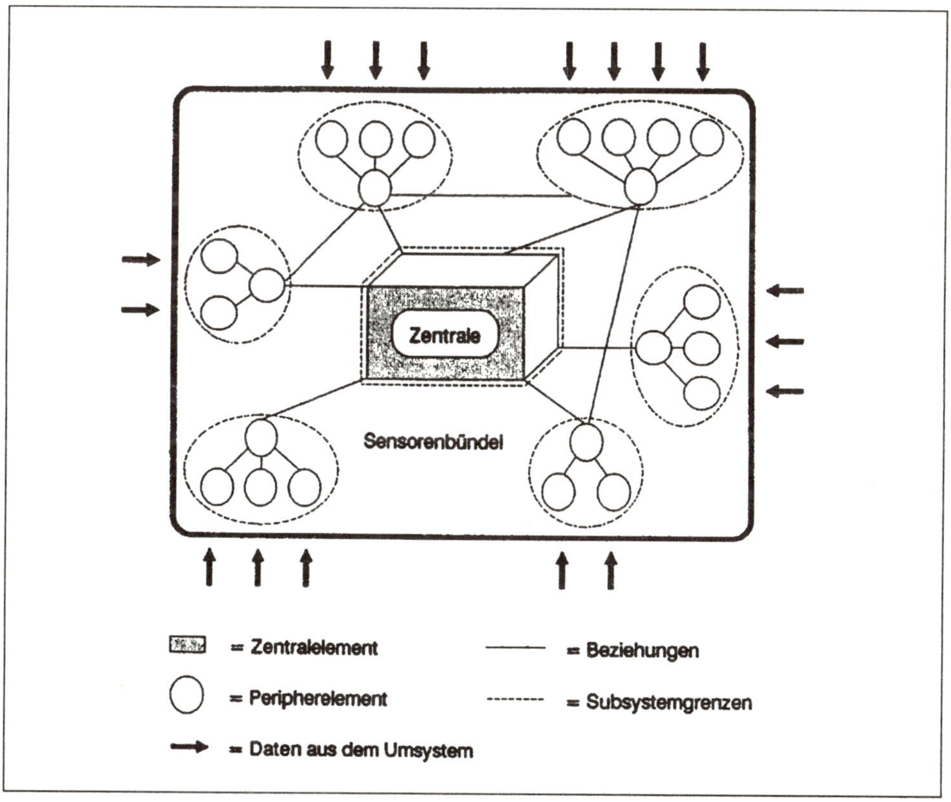

(Krystek/Müller-Stewens 1993, 40)

verfügt, diese Informationen aber nicht an das System insgesamt weitergegeben und dort bearbeitet werden.

Was damit ansteht, ist, ein „Frühaufklärungssystem“ (Krystek/Müller-Stewens 1993) zu etablieren, das

- in sog. „Peripherelementen“ des Systems Informationen aus verschiedenen Systembereichen und der Systemumwelt über mögliche sich anbahnende Veränderungen erfaßt,
- diese Informationen auswertet, bearbeitet und an die Zentrale oder andere Subsysteme weitergibt (s. Abb. S. 239).

9.3 Beeinflussung der Evolution sozialer Systeme

Soziale Systeme, das ist eine der zentralen Thesen systemischen Denkens, sind nicht technisch steuerbar. Wohl aber kann die Evolution beschleunigt oder verzögert werden. Und es können Anstöße gegeben werden, die Evolution in die eine oder die andere Richtung voranzutreiben (vgl. z.B. Bleicher 1995, 45 4ff.; Doppler/Lauterburg 1994; Dreesmann/Kraemer-Fieger 1994).

In Analogie zum biologischen Evolutionsmodell sind dabei grundsätzlich zwei unterschiedliche Richtungen denkbar (vgl. Ringelstetter 1988, 90ff.; Semmel 1984, 91ff.): entweder die Variation voranzutreiben, d.h. neue Alternativen innerhalb des sozialen Systems zu entwickeln, oder das Schwergewicht auf Selektion und Tradierung zu legen, d.h. bestimmte Alternativen auszuwählen und zu festigen.

9.3.1 Steigerung der Variation in sozialen Systemen

Steigerung der Variation innerhalb eines sozialen Systems bedeutet, daß sich die subjektiven Deutungen (z.B. das in einem System vorhandene Wissen, möglicherweise aber auch der zugrundegelegte Referenzrahmen) verändern, daß Alternativen zu bestehenden Regeln (z.B. Regeln der Aufbau- und Ablauforganisation oder der Herstellung von Produkten) entwickelt werden, daß überlegt wird, Personen in einzelnen Subsystemen zu wechseln oder neue Subsysteme zu bilden.

Grundsätzlich gibt es dafür unterschiedliche Möglichkeiten:

(1) Nutzung des im sozialen System vorhandenen Wissens

In der Regel verfügt jedes System bereits über umfangreiches Wissen über mögliche Verbesserungsmöglichkeiten, d.h. mögliche Alternativen zum gegenwärtigen Systemzustand. Diese Erfahrung wird gerade in neueren Organisationsentwicklungs-Projekten immer wieder gemacht: Ein Gabelstapelfahrer hat sehr wohl eine Fülle von Vorstellungen darüber, was in seinem Arbeitsbereich verbessert werden könnte, eine Sekretärin weiß, wo Schwachstellen liegen und welches die Möglichkeiten der Behebung wären. Aber dieses Wissen wird in vielen Fällen nicht oder zu wenig genutzt.

Damit bleibt ein möglicherweise entscheidendes Entwicklungspotential für soziale Systeme ungenutzt.

Möglichkeiten zur Nutzung des im System latent vorhandenen Wissens sind:

a) Erhebung von Lösungsmöglichkeiten im Rahmen von Interviews oder Gruppendiskussionen

Mögliche Leitfragen dafür sind:
„Was schlagen Sie an Veränderungen für Ihren Bereich vor?"
„Was sollte im Unternehmen insgesamt verändert werden?"
„Was gibt es für Möglichkeiten, den Erfolg in Ihrem Bereich zu steigern?"
„Stellen Sie sich vor, es ist zwei Jahre später, und Ihr Bereich hat sich optimal entwickelt. Was hat sich zwischenzeitlich verändert?"

b) Entwicklung von Alternativen im Rahmen von Prozeßberatung

Dies kann im Rahmen von Einzelberatung geschehen oder (was im Blick auf die Nutzung des Gruppenvorteils häufig effizienter ist) in Formen von Gruppenberatung oder Workshops, wobei das Vorgehen noch durch einzelne Kreativitätstechniken (z.B. morphologischer Kasten usw.) unterstützt werden kann (z.B. Bambeck/Wolters 1991; Francis/Young 1992, 125ff.; Higgins/Wiese 1995).

c) Entwicklung von Alternativen mit Hilfe analoger Verfahren

Analoge Verfahren sind auch hier eine Möglichkeit, implizit vorhandenes Wissen zu nutzen. Z.B. lassen sich neue Möglichkeiten zur Verbesserung der Teamarbeit gewinnen, indem man die Teilnehmerinnen des Teams auffordert, ein Symbol für effiziente Teamarbeit zu suchen. Es besteht eine gute Chance, daß sich aus der Diskussion der verschiedenen Symbole produktive Ansätze für die Verbesserung ergeben.

d) Entwicklung von Alternativen im Rahmen von Zukunftswerkstätten

Die im Anschluß an Robert Jungk entwickelte Zukunftswerkstatt (vgl. z.B. Jungk/Müllert 1989; Kuhnt/Müllert 1996; Müllert 1995) stellt ein Problemlösungsverfahren dar, das insbesondere auf die Entwicklung kreativer Handlungsmöglichkeiten abzielt. Auf der Basis einer Bestimmung der Ist-Situation im Rahmen der sog. Beschwerde- und Kritikphase werden in der Phantasie- und Utopiephase neue Ideen entwickelt: „Alle Hemmnisse der Realität werden außer acht gelassen, so daß sich die Gruppe ihre ideale Zukunft ‚ausspinnen' kann... Die Phantasiephase zeichnet sich durch ungebundenes Wünschen, Träumen, Phantasieren, ja ‚Verrückt-sein-Können' aus. Diese Chance, einmal fast bedingungslos aus dem Zeitgefängnis auszubrechen, fördert unter Umständen ‚Neues' zutage: zuvor nicht erkannte und für irreal gehaltene Wege, Erfindungen, Sichten" (Kuhnt/Müllert 1996, 13).

(2) Entwicklung von Alternativen im Rahmen von Expertenberatung

Selbstverständlich besteht auch die Möglichkeit, als Experte Möglichkeiten für die Veränderung des sozialen Systems vorzuschlagen. Dabei können diese Alternativen auf verschiedenen Ebenen liegen: Ein Experte kann z.B. neue Abläufe für die wöchentliche Teambesprechung vorschlagen. Ebenso können im Rahmen umfangreicher Organisationsentwicklungs- oder Reenginierungs-Prozesse (z.B. Hammer/ Champy 1994; Hammer/Stanton 1995) Vorschläge zu einer Abänderung von Organisationsstrukturen unterbreitet werden.

Die Problematik dieses Vorgehens liegt darin, daß außerhalb des Systems entwickelte Alternativen nicht unbedingt für das System „passen" und in Gefahr sind, übergestülpt zu werden. Von daher ist gerade in diesen Situationen Rückkopplung an das System (in Form von Prozeßberatung) besonders wichtig.

(3) Benchmarking
Übernahme von Alternativen aus erfolgreichen anderen Systemen ist die Grundidee des sog. Benchmarking (vgl. z.B. Camp 1994; Leibfried/McNair 1993): So kann man z.B. das Vorgehen erfolgreicher Teams übernehmen oder Abläufe eines erfolgreichen Konkurrenten.

Dabei wäre zu fragen:
- Was sind die Merkmale, die das erfolgreiche Team auszeichnen?
- Was sind Abläufe, die man von erfolgreichen Konkurrenten übernehmen könnte?

Auch hier liegt die Schwierigkeit darin, daß die in einem Sozialsystem erfolgreichen Abläufe sich in einem anderen System keineswegs als erfolgreich erweisen müssen, sondern dort auch unpassend und dysfunktional sein können. Konsequenz daraus ist, daß auch Anregungen aus anderen Systemen im Rahmen von Prozeßberatung überprüft und für das eigene System adaptiert werden müssen.

9.3.2 Selektion und Tradierung in sozialen Systemen

Fortwährende Entwicklung von Alternativen ist für ein soziales System ebenso problematisch wie einseitige Tradierung bislang bestehender Abläufe. Organisationen, die fortwährend umstrukturiert werden, sind nicht mehr lebensfähig, wenn sich dabei keine stabilen sozialen Systeme entwickeln. D.h. es sind aus der Zahl möglicher Alternativen einzelne auszuwählen und im System zu tradieren. Zwei Punkte sind hier wichtig:

- Selektion, d.h. Auswahl derjenigen Alternativen, die umgesetzt werden sollen, ist grundsätzlich nur aus Sicht des sozialen Systems selbst möglich. Nur hier können die systemspezifischen Wirkungen bestimmter Maßnahmen überhaupt sinnvoll abgeschätzt werden. Darin liegt die Problematik zahlreicher extern oder zentral durchgeführter Umstrukturierungsmaßnahmen: Wenn eine externe Unternehmensberatung oder eine zentrale Planungsabteilung die Umstrukturierung anderer Bereiche beschließt, besteht eine hohe Wahrscheinlichkeit, daß dabei negative Wirkungen solcher Umstrukturierungen für das betreffende System überhaupt nicht in den Blick kommen.

– Tradierung wird begünstigt durch Standardisierung. Ein Team wird eher bestimmte Abläufe für Teamgespräche weitertradieren, wenn es gelungen ist, diese Abläufe zu standardisieren, d.h. sie z.B. im Rahmen von Leitlinien, Ablaufplänen, Checklisten usw. festzulegen. Auch dabei gilt, daß die Standardisierung nicht aufgesetzt werden darf, sondern nur innerhalb des sozialen Systems sinnvoll zu leisten ist – was sicherlich nicht ausschließt, daß im Rahmen von Expertenberatung eingebrachte Vorschläge im Team aufgegriffen werden können.

Grundsätzlich ist die Steuerung sozialer Systeme ein Wechsel zwischen Variation, Selektion und Tradierung, wobei sich je nach dem Gegenstand (z.B. ob es sich um Evolution bestimmter Produkte oder Evolution der Ablauforganisation handelt), aber auch nach dem Entwicklungsstand des sozialen Systems und der Umwelt Unterschiede ergeben können.

9.4 Teamentwicklung als Entwicklung sozialer Systeme

In diesem Kapitel soll an einem konkreten Beispiel die Entwicklung sozialer Systeme dargestellt werden, und zwar anhand der Entwicklung in einem Team. Dabei kann es sich um ein Projektteam handeln, um eine Arbeitsgruppe oder um stabile Teams im Rahmen einer Teamorganisation usw.

In der Literatur werden in diesem Zusammenhang verschiedene Phasen der Gruppenentwicklung aufgeführt. So unterscheidet Tuckman (1965); vgl. Staehle 1990, 255ff.) zwischen Forming, Storming, Norming und Performing als verschiedenen Phasen der Gruppen- bzw. Teamentwicklung. Entsprechend unterscheiden Francis/Young (1992, 11) zwischen Testphase, Nahkampfphase, Organisationsphase und Verschmelzungsphase. Oder es wird zwischen einer Anfangs- und Fremdheitsphase, einer zweiten Phase der Beziehungsklärung und Positionssuche, der Phase der Integration und Vertrautheit, der Phase des Differenzierens und Öffnens und einer Abschlußphase unterschieden (Decker 1994, 163ff.; vgl. auch Langmaack/Braune-Krickau 1995, 63ff.).

Im Grunde stellen all diese Phasen unterschiedliche Abschnitte im Rahmen des Entwicklungsprozesses eines sozialen Systems dar. Dabei ist jedoch zu beachten, daß diese Phasen nicht notwendigerweise in reiner Form und genau in dieser Reihenfolge verlaufen müssen, sondern daß jedes soziale System eine Eigendynamik besitzt, die mögliche Phasen der Teamentwicklung beeinflussen kann. Demzufolge werden im folgenden nicht die klassischen Phasen der Teamentwicklung im einzelnen dargestellt stattdessen werden die jeweils im System anstehenden Aufgaben in der Orientierungsphase, den Arbeitsphasen und der Abschlußphase des Teams dargestellt.

9.4.1 Orientierungsphase des Teams

Die Orientierungsphase eines Teams ist nichts anderes als die Ausgangssituation bei der Entstehung eines sozialen Systems: Eine Reihe von Personen trifft zusammen, aus denen ein gemeinsames soziales System, ein Team, gebildet werden soll.

Dabei ist diese Ausgangssituation gekennzeichnet durch:

- einzelne Personen, die aus unterschiedlichen anderen sozialen Systemen zusammenkommen,
- relativ wenig subjektive Deutungen über das neue soziale System: Man weiß wenig von den anderen, kann sie noch nicht richtig einschätzen, weiß vielleicht auch noch nicht allzu viel über die Aufgabe des Teams, die zu erwartenden Abläufe usw.,
- unterschiedliche Regeln im Umgang miteinander und für die Bewältigung konkreter Aufgaben, die aus unterschiedlichen früheren Regelsystemen resultieren: So kann ein Teilnehmer z.B. Regeln anpassenden Verhaltens im Umgang mit einer autoritären Vorgesetzten in dieses soziale System mitbringen, während andere an die Regeln einer sehr liberal geführten Abteilung gewöhnt sind,
- möglicherweise eine zum Teil unterschiedliche Sprache. Z.B. ist durchaus damit zu rechnen, daß unter „Team" Unterschiedliches verstanden wird,
- unterschiedliche Verhaltensweisen auf der Basis der unterschiedlichen subjektiven Deutungen und der unterschiedlichen Regeln.

Die von den Teilnehmern in einer solchen Anfangsphase eines sozialen Systems zu leistende Aufgabe besteht somit darin, sich über die anderen, über die Abläufe und das soziale System insgesamt Orientierung zu verschaffen und ein verläßliches Regelsystem zu etablieren.

Dabei können von den Teammitgliedern in einer solchen Anfangsphase unterschiedliche Vorgehensweisen gewählt werden:

- Auf der Basis von teilnehmender Beobachtung wird zunächst versucht, die subjektiven Deutungen über die anderen Personen zu erweitern: Man versucht, Moderator, Führungskraft oder andere Teammitglieder einzuschätzen: Wie werden die anderen sich verhalten? Wer ist mir sympatisch? Wer könnte für mich bedrohlich sein?
- Man versucht, sich an allgemeinen Umgangsregeln zu orientieren, bei denen das Risiko von Konflikten relativ gering ist. Dies sind Regeln, die auf viel Distanz und vorsichtigen Umgang miteinander hinauslaufen. In der Tat bieten diese allgemein vorhandenen Regeln einen ersten Rahmen, miteinander umzugehen.
- Man orientiert sich an der Führungskraft, dem Projektleiter oder dem Moderator und versucht, aus deren Verhalten Regeln zu erschließen und zu übernehmen.
- Oder man versucht möglicherweise auch, das eigene Regelsystem in diesem System durchzusetzen.

Je nachdem, welche dieser Strategien von den einzelnen Teammitgliedern gewählt werden, wird der Verlauf dieser Orientierungsphase unterschiedlich sein:

- Man kann sich lange an sehr allgemeinen und unverbindlichen Höflichkeitsregeln festhalten (was der Phase des „Norming“ entspricht), ohne daß man freilich damit eine tragfähige Basis für die Arbeit geschaffen hätte.
- Es kann sich ein Leiter oder möglicherweise auch ein Teammitglied mit seinen Regeln durchsetzen, womit sich ein deutlich hierarisch gegliedertes System etablieren würde.
- Es können (in einer „Storming-Phase“) Konflikte auftreten, wenn unterschiedliche Teilnehmer versuchen, ihre Regeln durchzusetzen.

Teamentwicklung bedeutet, das Team darin zu unterstützen, ein im Blick auf die Aufgabenstellung funktionsfähiges Regelsystem zu entwickeln. D.h. innerhalb der Entwicklung des sozialen Systems sind

- neue Varianten z.B. für Regeln der Zusammenarbeit zu entwickeln, wobei sowohl die Beraterin als Expertin als auch die einzelnen Teammitglieder Vorschläge einbringen können,
- aus den Varianten die für das System geeigneten Regeln (z.B. über Abläufe in Teambesprechungen) zu selektieren,
- Vereinbarungen zu treffen, die die weitere Tradierung dieser Regeln sicherstellen: Regeln können schriftlich fixiert werden, es können Sanktionen für Regelübertretung festgesetzt werden usw.

Im einzelnen sind in diesem Zusammenhang folgende Punkte wichtig:

(1) Entscheidend für eine solche Orientierungsphase ist in vielen Fällen, daß sie von einem Berater begleitet und moderiert wird (vgl. z.B. Decker 1994; Seifert 1995). Er ist zunächst Expertenberater, der als solcher über ein Wissen möglicherweise effizienter Regeln der Teamarbeit verfügen. Aber er ist zugleich auch Prozeßberater, der das System dabei unterstützt, von sich aus subjektive Deutungen und Regeln zu verändern.

(2) Um nicht durch fortwährende Konflikte oder Orientierungslosigkeit aufgerieben zu werden, ist relativ früh ein Basiskonsens über zentrale Regeln erforderlich. In unseren Ausbildungsgruppen in Systemischer Organisationsberatung, aber auch für andere Teams oder Arbeitsgruppen haben sich zwei Regeln bewährt:

- Entscheidungen werden grundsätzlich im Konsens getroffen.
  Diese Regel räumt sozusagen jedem ein Veto-Recht ein und zwingt zur Einigung. Bei unterschiedlichen Auffassungen ist dann nach Möglichkeiten zu suchen, denen jeder zustimmen kann.
- Jeder trägt Verantwortung dafür, daß seine Interessen gewahrt werden, und hat damit die Pflicht, seine Interessen einzubringen. Diese Regel sichert ab, daß nicht fortwährend nachgefragt werden muß, und sichert zugleich das System (und auch die Beraterin) vor nachträglicher Kritik: „eigentlich hätte ich das ganz anders gewollt“.

Die Etablierung dieser beiden zentralen Regeln kann auf unterschiedliche Weise erfolgen:

- Diese Regeln können explizit vorgeschlagen werden. In den allermeisten Fällen werden diese Regel auch akzeptiert. Trotzdem kann es sein, daß jemand nicht bereit ist, sich dieser Regel anzuschließen (Konsens ist nicht erzwingbar). Dies läuft dann möglicherweise darauf hinaus, daß die betreffende Person aus dem System ausscheidet oder daß ein System insgesamt nicht zustande kommt.
- Diese Regeln können durch praktisches Tun verdeutlicht werden. Dies ist wieder Aufgabe der Beraterin, die z.B. gehalten ist, bestimmte Inhalte nicht einfach durchzusetzen, sondern Entscheidungen über Inhalte und Vorgehen an den Konsens der Beteiligten zu binden.
- Wenn solche Regeln in einem sozialen System akzeptiert worden sind, muß ihre Einhaltung abgesichert werden. Auch das ist insbesondere Aufgabe der Beraterin: Sie hat auf der Basis eines gemeinsamen Kontraktes auf die Einhaltung dieser Regeln zu achten.

(3) Es sind die subjektiven Deutungen der verschiedenen Teilnehmer untereinander zu erweitern.

Teamentwicklung benötigt Orientierung auf der Beziehungsebene:
- Wer sind die anderen Teammitglieder? – Wie weit sind sie mir sympatisch?
- Wie weit fühle ich mich von ihnen bedroht?

Zu überlegen ist, wie die entsprechenden subjektiven Deutungen erweitert werden können: durch eine Vorstellungsrunde, durch Aufgliederung in kleinere Subsysteme (um zunächst die subjektiven Deutungen über wenige Personen des Systems zu erweitern), durch die Verwendung analoger Verfahren, durch informelle Gesprächsphasen in Kaffeepausen oder am Abend usw.

(4) Es sind gemeinsame und individuelle Ziele zu klären.

Hier ist zunächst einmal das vorgegebene Ziel zu klären: Was ist Aufgabe des Projektteams, der Arbeitsgruppe?

Darüber hinaus ist es auch hilfreich, die jeweiligen individuellen Ziele transparent zu machen:
- Sind die Teilnehmer freiwillig in dieses Team gekommen?
- Was wollen sie für sich erreichen?
- Was könnte für sie ein positives Ergebnis sein?

(5) Es ist eine gemeinsame Sprache zu entwickeln.

Jedes soziale System zeichnet sich durch eine gemeinsame Sprache, d.h. bestimmte gemeinsame Begriffe und Redewendungen (und die entsprechenden konstitutiven Regeln) aus. Dies wird z.B. in Projektteams deutlich: Das Projektteam als soziales System hat sich erst gebildet, wenn die Mitglieder die entsprechende Sprache sprechen, wenn sie also wissen, was ein Projektstrukturplan, ein Meilensteingespräch, ein Review ist. Oder es werden gemeinsame Symbole (z.B. ein Logo für Informationsmaterial aus dem Projekt) entwickelt.

(6) Es sind gemeinsame Verhaltensregeln festzulegen.
Jedes Team benötigt gemeinsame Verhaltensregeln. Hierbei sind zu nennen:

- Regeln für den Ablauf von Teambesprechungen: Was wird diskutiert, was nicht?
- Regeln zur Verteilung von Aufgaben: Wer soll was tun?
- Regeln zur Festlegung von Arbeitsweisen: Wie wird geplant, wie verlaufen Entscheidungsprozesse, wie werden einzelne Maßnahmen abgearbeitet?
- Regeln für den Umgang miteinander: Darf Kritik geäußert werden? Wie soll sie vorgebracht werden? Gibt es eigene Feedback-Regeln? Wie werden Konflikte ausgetragen?
- Regeln für die Abgrenzung des Systems nach außen: Was darf nach außen getragen werden? Was nicht? Wer darf ins Team kommen?

In der Literatur zur Teamentwicklung gibt es zahlreiche Vorschläge für einzelne Teamregeln (z.B. Francis/Young 1992, 153ff.; Fisher u.a. 1995, 203ff.). Dabei werden u.a. folgende Regeln genannt:

- Nutzen Sie Zeitvorgaben und Zusammenfassungen in Besprechungen!
- Geben Sie den Zweck des Feedback bekannt!
- Hören Sie gut zu, damit Sie das Feedback klar verstehen können!
- Machen Sie keinen Hehl daraus, wenn ein Konflikt existiert!

Sicher können solche Regeln hilfreich sein. Aber problematisch ist es, sie von außen vorzuschreiben. Wenn man davon ausgeht, daß Gruppen soziale Systeme sind, die sich selbst steuern und weiterentwickeln (vgl. Greif/Kurtz 1995; Schattenhofer 1993) dann bedeutet das, daß auch Teamregeln immer nur aus der Sicht des sozialen Systems heraus festgelegt werden können. D.h. sinnvoll ist es, Regeln dann einzuführen, wenn ihre Verwendung für das System sinnvoll und plausibel ist: So kann es z.B. zweckmäßig sein, Regeln einer Projektsitzung bereits beim „Kick-off-Meeting" des Projektteams einzuführen, bestimmte zusätzliche Regeln für Konfliktlösung aber erst dann, wenn dafür Bedarf besteht.

Schließlich gibt es eine Reihe von Verfahren und Übungen, die dazu dienen, aus einzelnen Personen ein gemeinsames soziales System zu entwickeln. Hier sind zu nennen:

- Ablaufpläne für Team-Workshops (z.B. Decker 1994, 163ff.)
- Übungen zur Einführung von bestimmten Regeln (z.B. (Decker 1994, 128ff.; Fisher u.a. 1995; Francis/Young 1992, 100f.)
- Fragebogen zur Einschätzung der Teamarbeit (z.B. Francis/Young 1994, 50ff.; Kinlaw 1993, 198ff.; Schneider/Knebel 1995, 74ff.).
- Team-Übungen (z.B. Antons 1992; Decker 1994, 210ff.; Francis/Young 1992).
- Hinweise für Teamberater und Beraterinnen (vgl. Decker 1994, 244ff.; Kinlaw 1993, 76f.).

Welche der jeweiligen Möglichkeiten für ein bestimmtes Teamsinnvoll sind und wie man dabei im einzelnen vorgeht, (ob man z.B. mit einem Teamentwicklungs-Seminar oder einem „Kick-off-Meeting“ beginnt oder im Rahmen von Arbeitsphasen jeweils „on the job“ das Regelsystem erweitert), wird dann von Fall zu Fall unterschiedlich sein.

9.4.2 Arbeitsphase des Teams

Das Team ist dann arbeitsfähig, wenn es über ein Regelsystem verfügt, das zur Lösung der inhaltlichen Aufgaben ausreicht. Wenn ein solches Regelsystem besteht (dies entspricht der Phase „Performing“ in traditionellen Modellen der Gruppenentwicklung), sind Veränderungen des Regelsystems nur dann erforderlich, wenn sie durch relevante Umwelt- oder Systemveränderungen bedingt werden.

Es gibt eine Reihe von Veränderungen der Umwelt oder Veränderungen innerhalb des Systems, die eine Weiterentwicklung von Regeln innerhalb des Teams erforderlich machen (z.B. Buchner 1994, 245ff.; Schneider/Knebel 1995, 44ff.):

- Zielvorgaben werden zu eng gesteckt, ohne daß die Teams sich einbringen können.
- Linienfunktionen haben zu starke Macht im Vergleich zu den Teams.
- Es werden scheinbar lückenlose Kriteriensysteme und Bewertungsmatrizen entwickelt, die absolut gesetzt werden und ein Eigenleben gewinnen.
- Es entwickeln sich „Verschmelzungstendenzen“, d.h. es entsteht kollektiver Zwang innerhalb des Teams.
- Das Team zeigt Aufsplitterungs-Tendenzen in verschiedene Subsysteme.

Um solche Problemsituationen zu vermeiden oder sie rechtzeitig bearbeiten zu können, sind Diagnosen sich andeutender Veränderungen und mögliche Maßnahmen zur Veränderung des sozialen Systems notwendig. D.h. es sind die in Kapitel 9.2 und 9.3 beschriebenen Vorgehensweisen auf das Team anzuwenden, d.h.

- zu fragen, welche Umweltveränderungen und welche internen Veränderungen den Zustand des Teams beeinflussen,
- bei dysfunktionalen Regeln, dysfunktionalen subjektiven Theorien und dysfunktionalen Interaktionsstrukturen Alternativen zu entwickeln,
- schließlich neue Regeln, neue Abläufe usw. zu vereinbaren.

Die dafür zur Verfügung stehenden Methoden wurden bereits in den vorausgegangenen Kapiteln dargestellt: Es können mehr oder weniger strukturierte Befragungen, teilnehmende Beobachtungen, Rundgespräche, bestimmte Teamentwicklungsmaßnahmen usw. durchgeführt werden.

So könnte z.B. ein Review im Blick auf Klima und Effizienz innerhalb der Teamarbeit zu dem in der folgenden Abbildung dargestellten Ergebnis führen.

Auffällig ist hier, daß das Klima von allen Teammitgliedern relativ hoch eingeschätzt wird, sich aber in Bezug auf die Effizienz zwei unterschiedliche Sichtweisen herauskristallisieren: Während sechs Teilnehmer Effizienz hoch einschätzen, finden sich vier kritische Einschätzungen. Eine solche Situation ist Anlaß dafür, genauer zu

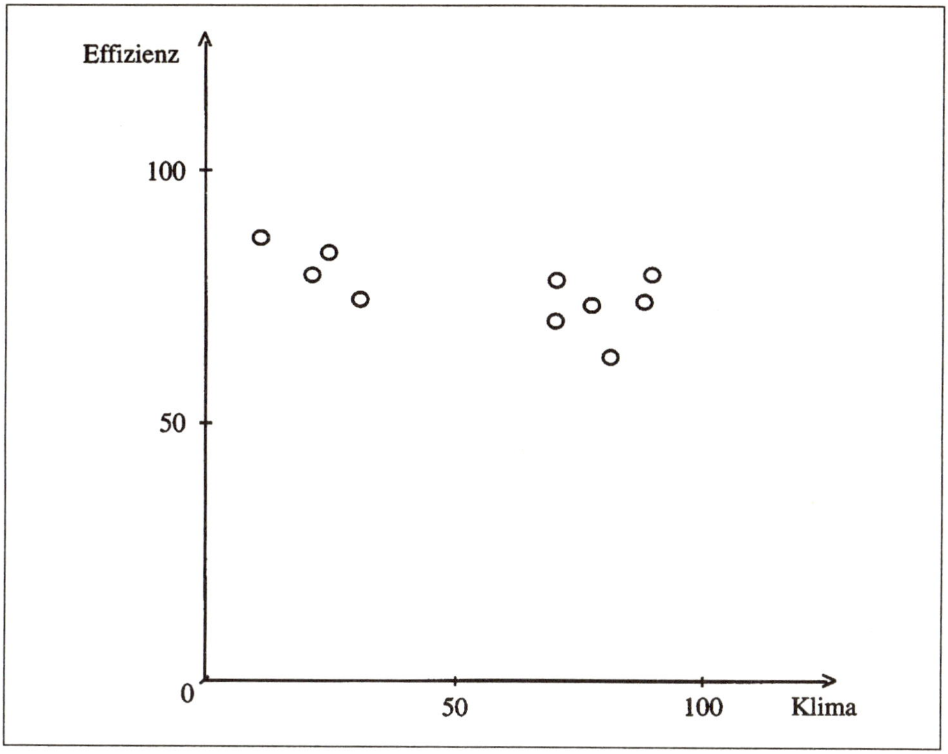

klären (Tilgungen auflösen), warum die Effizienz von vier Teilnehmern deutlich geringer eingeschätzt wird.

Möglicherweise sind in solchen Situationen Regeln abzuändern, möglicherweise sind unterschiedliche subjektive Ziele (etwa im Blick auf Effizienz) zunächst einmal transparent zu machen. Möglicherweise sind Konflikte zwischen einzelnen Personen zu bearbeiten. Es können Vereinbarungen zur Abänderung dysfunktionaler Organisationsstrukturen entwickelt werden, oder es werden Problemlösegruppen zur Bearbeitung von Schnittstellenproblemen zu anderen Bereichen gebildet. Vielleicht ist auch Einzelberatung (Coaching) mit dem Projektleiter oder einzelnen Teammitgliedern erforderlich.

9.4.3 Abschlußphase des Teams

Soziale Systeme tendieren häufig dazu, Widerstand gegen ihre Auflösung zu entwickeln: Ein Projekt ist inhaltlich abgeschlossen, aber immer noch trifft sich das Projektteam, um irgendwelche Nacharbeiten zu erledigen. Eine Arbeitsgruppe besteht weiter und beginnt unter der Hand, neue Themen zu diskutieren.

Eine solche Entwicklung ist durchaus verständlich:

Ein funktionierendes soziales System bietet dem einzelnen Orientierung und Sicherheit. Auflösung des Systems bedeutet dann Verlust an Orientierung („was kommt auf mich zu?") und zugleich Verlust an Sicherheit. Das führt häufig dazu, daß soziale Systeme, die ab einem bestimmten Zeitpunkt keine Aufgabe mehr haben, nicht „sterben“ können. Es gehört zu der Entwicklung sozialer Systeme, daß sie ein Ende haben. In der Regel ist es wenig sinnvoll, das Ende hinauszuzögern. Jedoch sollte die Auflösung des sozialen Systems sorgfältig begleitet werden. Im einzelnen stellen sich dabei folgende Fragen:

- Ist der Auftrag des sozialen Systems (z.B. der Projektauftrag) erfüllt? Sind noch Aufgaben offen?
- Sind innerhalb des sozialen Systems noch Themen abzuschließen?
- Wie hat das einzelne Teammitglied das soziale System erlebt? Was nimmt es an positiven Erfahrungen aus diesem Team für die Zukunft mit? Was hat es hier gelernt?
- Was brauchen einzelne Teammitglieder noch an Unterstützung, um sich in andere soziale Systeme (z.B. nach Abschluß des Projektes wieder in ihre Abteilung) zu integrieren?
- Können neue Systeme aufgebaut werden (z.B. informelle Netze zwischen einzelnen Teammitgliedern), die eine wechselseitige Unterstützung ermöglichen?

Schließlich ist der Zeitpunkt gekommen, an dem das System aufgelöst wird und die einzelnen von dem System Abschied nehmen. Ein solche Abschluß kann durch bestimmte „Rituale“ erleichtert werden. Solche Rituale sind Handlungen, die zum einen den Abschluß verdeutlichen und zugleich den einzelnen beim Abschiednehmen unterstützen (vgl. z.B. Hart 1982; Wendt 1994). Möglichkeiten sind:

- Präsentation der Ergebnisse vor der Öffentlichkeit
- Bewußtmachen des Abschieds mit Hilfe analoger Verfahren (z.B. Wahl eines Symbols, Verdeutlichung des bisherigen Weges im System mit Hilfe einer symbolischen Darstellung usw.)
- Rückblick auf das System von einer Position vor einem Jahr: Was habe ich in diesem System gelernt?
- eine gemeinsame Abschiedsfeier
- Etablierung von Kontrakten über mögliche Kontakte im Rahmen anderer Systeme.

Gerade dann, wenn ein soziales System erfolgreich war, wird das Ende dieses Systems als Trauer erlebt. Es ist nicht zuletzt Aufgabe systemischer Beratung, den einzelnen auch in dieser Phase zu unterstützen.

9.5 Organisationsstrukturen zur Förderung von Entwicklungsprozessen

Organisationsstrukturen können Veränderungsprozesse in einem System unterstützen oder behindern. Beispiele für behindernde Organisationsformen sind etwa bürokratische oder stark hierarchisch gegliederte Organisationen (vgl. z.B. Mayntz 1968; Schluchter 1985):

- In bürokratischen Organisationen sind die einzelnen Abläufe so stark durch Regeln festgelegt, daß Veränderungsprozesse allein dadurch behindert werden.
- Auch in stark hierarchischen Organisationen wird die Weitergabe von Veränderungen innerhalb des Systems behindert: Wenn z.B. auf einer unteren Hierarchie-Ebene neue Ideen entwickelt werden, dann besteht die Gefahr, daß Informationen darüber die Unternehmensspitze überhaupt nicht erreichen oder dort blockiert werden. Wenn andererseits auf einer höheren Hierarchie-Ebene Veränderungen beschlossen werden, dann besteht die Gefahr, daß bei der Umsetzung auf dem Weg über die zahlreichen Hierarchiestufen letztlich „alles beim alten bleibt".

Es gibt in der gegenwärtigen Diskussion eine Reihe von Vorschlägen zur Entwicklung von Organisationsformen, die Entwicklungsprozesse in stärkerem Maße fördern und begünstigen können (vgl. z.B. Geißler 1995a; Heeg/Münch 1993, 362ff.; Laszlo u.a. 1992; Probst 1993; Probst/Büchel 1994; Turnheim 1991; Weisflog 1996). Einige Ansätze seien hier exemplarisch dargestellt:

(1) Projektorganisation

Projektorganisation, wie sie für die Entwicklung neuer Produkte oder auch im Rahmen von Organisationsentwicklungs-Prozessen mittlerweile selbstverständlich ist, zeichnet sich dadurch aus, daß die betroffenen Bereiche unmittelbar beteiligt sind (vgl. z.B. Burghardt 1993; Litke 1993; Mees u.a. 1993; Schelle u.a. 1994; Wirtz/Mehrmann 1992): Die Umstellung der EDV wird dann nicht von einer EDV-Abteilung durchgeführt, sondern die betroffenen Bereiche (Produktion, Vertrieb, Verwaltung, EDV usw.) sind jeweils unmittelbar im Projekt vertreten. Dadurch wird es möglich, unterschiedliche Sichtweisen unmittelbar aufeinander zu beziehen: Sich andeutende Störungen können schnell erfaßt werden, Alternativen können aus verschiedenen Perspektiven entwickelt und beurteilt sowie verschiedene Lösungsmöglichkeiten unmittelbar miteinander abgestimmt werden. Damit ist Projektorganisation eine Organisationsform, die schnell auf Veränderungen reagieren kann.

Während Projektorganisation üblicherweise als Ergänzung neben einer bestehenden Organisationsform verwendet wird, gibt es auch Überlegungen, bestehende Strukturen insgesamt soweit als möglich aufzulösen und sie stattdessen als „offene Systeme" in einem sich ständig wandelnden Netz von Projekten zu organisieren: „Neue Projekte kommen hinzu, alte verlassen das System, neue Verbindungen werden geschlossen, nicht mehr benötigte Verbindungen werden gekappt" (Vetter/Wiesenbauer 1995, 76).

(2) Arbeitsplatzflexibilisierung

Größere Arbeitsteilung behindert die Veränderung sozialer Systeme: Wenn einzelne Spezialisten nur noch für einen engen Bereich zuständig sind, dann erfordern Veränderungen, die über diesen Bereich hinausgehen, beträchtlichen Koordinationsaufwand. Von daher wird die Veränderbarkeit sozialer Systeme durch Reduzierung von Arbeitsteilung begünstig (vgl. Liebel/Oechsler 1994, 113ff.; Wunderer/Kuhn 1995, 233ff.):

- Job enlargement bzw. Job enrichment
  Hierbei werden dem ursprünglichen Arbeitsbereich zusätzliche gleichwertige (Job enlargement) oder höherwertige (Job enrichment) Tätigkeiten zugefügt, womit der Gestaltungsspielraum und damit die Veränderbarkeit des sozialen Systems steigt.

- Job rotation
  Die Übernahme anderer Aufgaben im Rahmen von Arbeitswechsel (Job rotation) steigert die Variation in einem sozialen System: Wer für eine bestimmte Zeit eine andere Aufgabe übernimmt, lernt neue Abläufe. Zugleich hat er gegenüber demjenigen, der bisher die Aufgabe übernommen hatte, einen „Perspektivenvorteil“: Er sieht das System aus einer anderen Sicht und nimmt damit für Angehörige des Systems zunächst selbstverständliche Abläufe eher kritisch wahr und findet leichter neue Alternativen.
  Andererseits birgt Job-Rotation zwei Gefahren in sich: Zum einen, daß neue Ideen im System untergehen, zum anderen aber auch, daß neue Ideen z.B. einer Führungskraft dem System übergestülpt werden. Um für das System genutzt werden zu können, muß Job-Rotation somit von einer Ablauforganisation unterstützt werden, die sicherstellt, daß neue Ideen eingebracht und im System im Blick auf die Systemverträglichkeit diskutiert und überprüft werden.

(3) Schaffung von Freiräumen
Je stärker Abläufe in Organisationen durch Regeln festgelegt sind, desto mehr werden Veränderungen und Entwicklung des sozialen Systems behindert. Die Konsequenz davon ist, Organisationen so zu regeln, daß Freiräume geschaffen oder bewahrt bleiben. Solche Freiräume können auf unterschiedlichen Ebenen liegen:

- Auf individueller Ebene können Regeln so festgelegt werden, daß sie zugleich Handlungsspielräume offen lassen. Spielregeln, so Turnheim, müssen so beschaffen sein, daß sie „vieles offen lassen und damit auch ermöglichen, daß ‚gemogelt‘ werden kann... Würden unsere gegenwärtigen Organisationen entsprechend ihren Richtlinien arbeiten (also Arbeit nach Vorschrift), so würde in unserer modernen Welt nichts funktionieren. Man sollte daher den Freiraum für das Mogeln bewußt akzeptieren und sogar fördern“ (Turnheim 1991, 123).
- Auf vertikaler Ebene bedeutet Schaffung von Freiräumen Verlagerung von Verantwortlichkeit auf untere Ebenen, d.h. zu den Betroffenen selbst.
- Je zentraler ein System gesteuert ist, desto schwieriger sind unmittelbare Reaktionen auf Umweltveränderungen. Je mehr ein soziales System in Subsysteme aufgegliedert ist, desto mehr Freiräume bestehen. Solche Subsysteme können z.B. teilautonome Arbeitsgruppen (vgl. z.B. Antoni 1994; Stürzl 1992) oder auch allgemein Dezentralisierung, Spartenbildung oder Schaffung polyzentrischer Organisationsformen sein, bei denen Entscheidungen nicht von einer Zentrale getroffen werden, sondern von dem Subsystem, das über die meisten Informationen verfügt (vgl. z.B. Lawler 1992; Mintzberg 1992; Probst/Büchel 1994, 127ff.; Weber 1996).

Die Aufgliederung in (teilautonome) Subsysteme sichert dabei sowohl Veränderbarkeit als auch Retention des gesamten Systems. Umweltanpassungen sind in den jeweiligen Bereichen relativ schnell möglich und erfordern keine Umstrukturierung des Gesamtsystems.

(4) Organisation ständiger Veränderungsprozesse
Unter Bezeichnungen wie Kaizen („Veränderung zum Guten"), TQM (Total Quality Management) oder KVP (Kontinuierlicher Verbesserungsprozess) sind unterschiedliche Organisationsformen entwickelt worden, die eine kontinuierliche Veränderung sozialer Systeme sicherstellen sollen (vgl. z.B. Bösenberg/Metzen 1995; Frehr 1993; Heß 1995; Imai 1994; Japan Human Relations Association 1995; Kaminske 1994).

Gemeinsame Grundlage dieser Konzepte sind drei Prinzipien: Kundenorientierung, Wertschöpfung und Prinzip der kleinen Schritte. Das bedeutet im einzelnen:

- Veränderungen innerhalb des Systems werden grundsätzlich an der Systemumwelt, nämlich an den jeweiligen externen und internen Kunden ausgerichtet.
- Einzelne Abläufe werden daraufhin überprüft, wieweit sie für das System Qualität und Wertschöpfung sichern, d.h. wieweit sie die tatsächlichen Erwartungen der jeweiligen Kunden treffen.
- Das Prinzip der kleinen Schritte stellt sowohl Veränderung als auch Bewahrung in dem betreffenden sozialen System sicher: Es wird nicht das System insgesamt umstrukturiert (was dann leicht zu neuen Orientierungsproblemen führen kann). Stattdessen werden schrittweise einzelne Abläufe auf mögliche Veränderungen hin überprüft und diese Veränderungen umgesetzt.

(5) Fraktale Organisationen
Eine besondere Organisationsform, die die Veränderung sozialer Systeme gewährleisten soll, ist die insbesondere von Warnecke vorgeschlagene „fraktale Struktur" (Warnecke 1993; 1995). Vorbild dafür ist eine Struktur, wie sie sich in der Natur etwa beim Blumenkohl oder beim Farnkraut wiederfindet (vgl. Kriz 1992, 45ff.): Bestimmte Formen wiederholen sich immer wieder. Die Form eines gesamten Farnblattes findet sich z.B. auch in der Struktur einzelner Teile wieder.

Der Mathematiker Mandelbrot hat Anfang der 80er Jahre versucht, solche Strukturen auf der Basis rückgekoppelter Gleichungen darzustellen (Mandelbrot 1987; vgl. auch Kriz 1992, 45ff.), wobei sich dann folgendes Bild ergibt:

(Kriz 1992, 8)

Wenn man versucht, dieses Prinzip auf Organisationen anzuwenden, so ergibt sich eine Aufgliederung in Subsysteme, die sich ihrerseits durch zum Teil gleiche Aufgaben, gleiche Strukturierung, gleiche Geschäftsordnung usw. auszeichnet.

Warnecke definiert ein fraktales Unternehmen durch folgende Merkmale (1993, 153ff.):

- Ein Fraktal ist eine selbständig organisierte Unternehmenseinheit.
- Fraktale sind selbst ähnlich, d.h. die einzelnen Fraktale stimmen (soweit als möglich) in Abläufen und Gliederung überein.
- Fraktale betreiben Selbstorganisation und können sich entsprechend ihrer besonderen Aufgaben weiterentwickeln.
- Fraktale sind über ein leistungsfähiges Informations- und Kommunikationssystem vernetzt, das einen Austausch zwischen verschiedenen Fraktalen und damit auch die Angleichung untereinander gewährleisten soll.

Als Vorteil einer fraktalen Organisation gilt die deutliche Trennung der einzelnen Subsysteme und zugleich die Überschaubarkeit und Verzahnung der einzelnen Bereiche:

Jedes Subsystem ist ähnlich gegliedert (womit die Zahl von Variationen eingeschränkt wird), jedes Subsystem fungiert gleichzeitig als Element des jeweils höheren Systems und ist mit anderen Subsystemen vernetzt.

Insgesamt gibt es somit eine Reihe von Möglichkeiten, die Evolution eines sozialen Systems zu begleiten. Begleitung der Evolution ist aber nichts anderes als Organisationsberatung mit dem Ziel, das System dabei zu unterstützen, eine Diagnose der Umwelt, der internen Struktur und der jeweiligen Veränderungen vorzunehmen und auf dieser Basis selbst das Gleichgewicht zwischen Variation, Selektion und Tradierung zu bestimmen.

Kapitel 10: Das Menschenbild Systemischer Organisationsberatung

Nachdem in den vorausgegangenen Kapiteln die Methoden Systemischer Organisationsberatung dargestellt wurden, soll hier abschließend nochmals auf die Grundlagen einer solchen Beratung eingegangen werden:

Jedes Beratungs- und Therapiekonzept, aber auch jedes Trainings- und Weiterbildungskonzept basiert auf einem bestimmten „Menschenbild". Das Menschenbild seinerseits ist definiert durch

- ein System von Grundbegriffen, d.h. durch das jeweilige Erklärungsmodell, auf dessen Basis menschliches Tun gedeutet und erklärt wird,
- bestimmte zentrale ethische Werte, die Grundlage des Handelns innerhalb des jeweiligen Konzeptes sind und die die einzelnen Vorgehensweisen im Rahmen dieses Menschenbildes begründen (vgl. König/Ramsenthaler 1980; Petzold 1994, Bd.1, 9ff.).

So ist z.B. das Menschenbild der Psychoanalyse definiert durch die Begriffe „Es", „Ich" und „Über-Ich" sowie weitere daraus abgeleitete Begriffe wie „Verdrängung", „Projektion", „Sublimierung" usw. Zentraler Wert der Psychoanalyse ist es, das Ich gegenüber dem Es zu stärken, damit der einzelne dem Es (den Trieben) nicht bedingungslos ausgeliefert ist: „wo Es war, soll Ich werden" (Freud Werke Bd. 15, 86; vgl. auch Petzold 1994, Bd. 2, 117ff.; Reiter-Theil 1988, 129ff.).

Der Behaviorismus ist demgegenüber gekennzeichnet durch das Begriffssystem des Maschinenmodells („Verhalten", „Reiz", „Reaktion" usw.) und durch einen „Wert der Wertfreiheit", d.h. die These, daß Werte sich nicht wissenschaftlich begründen lassen. Das führt letztlich dazu, daß Verhaltenstheorie an die Stelle der Ethik tritt: „Der experimentellen Analyse zufolge", so Skinner, „verlagert sich die Determination des Verhaltens vom autonomen Menschen auf die Umwelt" (Skinner 1973, 72f.; vgl. auch Kitchener 1980; Reiter-Theil 1988, 151ff.).

Im Alltag ist häufig nicht bewußt, daß wir so etwas wie ein Menschenbild zugrundelegen. Aber wenn z.B. eine Vorgesetzte mit Hilfe eines Verstärkerprogramms eine Mitarbeiterin oder einen Auszubildenden von außen zu verändern sucht, legt sie dabei (häufig unbewußt) das Menschenbild des Behaviorismus zugrunde. Wenn andererseits die Vorgesetzte mit der Mitarbeiterin argumentiert, ihre Bedenken gegen ein bestimmtes Vorgehen zu erfassen sucht und unterschiedliche Vorschläge diskutiert werden, greift sie auf das Menschenbild des Handlungsmodells und dessen Wertvorstellungen zurück.

Auch Systemische Organisationsberatung ist von einem Menschenbild bestimmt:

- Systemische Organisationsberatung basiert auf einem Begriffssystem des Systemmodells im Anschluß an Bateson (es sei an das 1. Kapitel erinnert) mit Grundbegriffen wie „System“, „Handlung“, „Subjektive Deutung“, „Regel“, „Interaktionsstruktur“ usw.
- Systemische Organisationsberatung basiert zugleich auf einer zentralen Wertvorstellung von Autonomie, die auch schon in den vorausgegangenen Kapiteln angeklungen ist, aber in diesem Kapitel expliziert werden soll.

10.1 Autonomie

Im Grunde setzen alle Beratungskonzepte Autonomie als zentralen Wert voraus (vgl. z.B. Reiter-Theil 1988; Eich 1994):

- Beratung geht davon aus, daß andere Personen autonom sind, d.h. daß sie in der Lage sind, selbst Entscheidungen zu treffen.
- Beratung trifft nicht Entscheidungen für einen Klienten, sondern ist Unterstützung des Klienten bei seiner eigenständigen Problembewältigung, ohne seine Autonomie außer Kraft zu setzen.

Autonomie ist ein Wert, der im Grunde für die gesamte neuzeitliche Ethik zentral ist (vgl. z.B. Pieper 1994, 136ff.). Bereits Kant hat „Autonomie“ zum Grundbegriff der „Kritik der praktischen Vernunft“ gemacht: „Die Autonomie des Willens ist das alleinige Prinzip aller moralischen Gesetze und der ihnen gemäßen Pflichten“ (Kant, Kritik der praktischen Vernunft 58: Werke Bd.5, 33; vgl. z.B. Höffe 1992, 196ff.). Autonomie des Willens nach Kant wendet sich gegen Autoritäten und Traditionen und ist die Fähigkeit des Menschen, sich selbst entscheiden zu können und damit „das alleinige Prinzip der Sittlichkeit“ (ebd.).

Autonomie ist dann (unter verschiedenen Bezeichnungen) ein zentraler Grundbegriff der sog. Humanistischen Therapie, wie sie etwa von Maslow, Rogers, Perls oder Cohn vertreten wird (vgl. z.B. Karmann 1987; Quitmann 1985). Ein voll entwickeltes moralisches Wesen, so Maslow, ist u.a. durch „klare und lebenstüchtige Wahrnehmungen der Realität“ und durch ein „reales Selbst, eine feste Identität, Autonomie, Einzigartigkeit“ gekennzeichnet (Maslow 1959, 127).

Rogers verdeutlicht „Autonomie“ mit dem Begriff „Selbstaktualisierungstendenz“: Der Mensch hat die Fähigkeit, sich selbst weiterzuentwickeln und selbst seine Probleme zu lösen:

„Der Organismus und eine grundlegende Tendenz, den Erfahrungen machenden Organismus zu aktualisieren, zu erhalten und zu erhöhen... Er bewegt sich in Richtung auf größere Unabhängigkeit oder Selbstverantwortlichkeit. Seine Bewegung geht... in die Richtung einer wachsenden Selbstbeherrschung, Selbstregulierung und Autonomie und weg von abhängiger Kontrolle oder Kontrolle durch äußere Kräfte“ (Rogers 1983, 422; vgl. auch Korunka u.a. 1992, 71ff.; Petzold 1994, Bd. 1, 20f., 309ff.).

Die Selbstaktualisierungstendenz wird jedoch eingeschränkt, wenn es nicht gelingt, das eigene Selbstkonzept und das Erleben miteinander zu vereinbaren: Wenn z.B. ein Mitarbeiter davon überzeugt ist, daß er über hervorragende Fähigkeiten verfügt, aber zugleich immer wieder erlebt, daß seine Vorschläge abgelehnt werden, klaffen Selbstbild und Erfahrung auseinander, was dazu führen kann, daß die Weiterentwicklung behindert wird. Beratung heißt also hier (durchaus im Sinne von Rogers), den Betreffenden darin zu unterstützen, sein Selbstbild zu überprüfen, seine Erfahrungen aufzuarbeiten und damit wieder seine Autonomie herzustellen.

Virginia Satir beschreibt in der Tradition der humanistischen Therapie Autonomie als die „fünf Freiheiten“:

„Die Freiheit zu sehen und zu hören, was ist, statt zu sehen und zu hören, was sein sollte oder einmal sein wird.
Die Freiheit zu sagen, was du fühlst und denkst, statt zu sagen, was du darüber sagen solltest.
Die Freiheit zu fühlen, was du fühlst, statt zu fühlen, was du fühlen solltest.
Die Freiheit, um das zu bitten, was du möchtest, statt immer auf Erlaubnis dazu zu warten.
Die Freiheit, um der eigenen Interessen willen Risiken einzugehen, statt sich dafür zu entscheiden, ‚auf Nummer Sicher zu gehen‘ und ‚das Boot nicht zum Kentern zu bringen‘“ (Satir u.a. 1995, 80).

Während Autonomie bei Rogers nur auf den einzelnen bezogen ist, ist im Rahmen Systemischer Organisationsberatung Autonomie ausgeweitet: Sie gilt für den einzelnen und das gesamte soziale System. Daraus ergeben sich drei zentrale Konsequenzen:

(1) Autonomie des Klienten
Grundlage Systemischer Organisationsberatung ist, daß Klienten einerseits vom sozialen System beeinflußt werden, daß sie andererseits zugleich innerhalb des sozialen Systems „autonom“ sind, d.h. daß sie grundsätzlich in der Lage sind, Entscheidungen zu treffen (vgl. auch Patzig 1985). Z.B. ist eine Projektleiterin abhängig von den jeweiligen sozialen Systemen, von den relevanten Personen (Auftraggeber, den Mitgliedern des Projektteams, von Linienvorgesetzten usw.), von den subjektiven Deutungen der betreffenden Personen und den Regeln innerhalb des Systems. Trotzdem hat sie grundsätzlich immer die Möglichkeit, sich zu entscheiden: Sie kann sich entscheiden, ihre Position gegenüber dem Auftraggeber zu klären. Sie kann versuchen, Kontakte zu Linienvorgesetzten aufzubauen. Sie kann sich aber auch zurückziehen und das Projekt laufen lassen.

Selbst ein Mitarbeiter, dem gekündigt wird, hat in dieser Situation immer noch Entscheidungsmöglichkeiten: Z.B. die Möglichkeit, in Resignation zu verfallen oder z.B. seine Energien zu nutzen, neue Kontakte zu knüpfen und sich neue Felder zu erschließen. Er hat die Möglichkeit, im Konflikt das System zu verlassen oder kann auf einen einvernehmlichen Abschluß hinarbeiten. Er wird aber auf jeden Fall das System beeinflussen.

Beratung darf die Autonomie des Klienten nicht einschränken. Beratung kann als Prozeßberatung den Klienten dabei unterstützen, sich über die Situation, seine Ziele und seine Handlungsmöglichkeiten klarzuwerden. Oder Beratung kann als Expertenberatung dem Gesprächspartner neue Sichtweisen oder neue Handlungsmöglichkeiten aufzeigen. Aber Beratung hat genau dort ihre Grenzen, wo der Klient selbst entscheidet, welche Sichtweise er übernimmt bzw. welche Handlungsmöglichkeit er wählt. Dabei ist es manchmal für eine Beraterin nicht ganz einfach, wenn eine Klientin die Lösungsmöglichkeit verwirft, die die Beraterin für die wirkungsvollste und leistungsfähigste hält. Aber die Autonomie des Klienten zu akzeptieren, bedeutet, die Entscheidung des Klienten als dessen eigene zu akzeptieren. Das aber ist nicht eine Sache der Technik oder des Vorgehens, sondern eine Sache der Einstellung.

(2) Autonomie des sozialen Systems

Autonomie bezogen auf das soziale System bedeutet (vgl. auch Minder 1994; Kappler 1992, 272ff.; Varela 1987):

- Das System selbst konstruiert sich ein Bild der Wirklichkeit, d.h. gibt Ereignissen außerhalb und innerhalb des Systems eine bestimmte Bedeutung.
- Das System entwickelt bestimmte Regeln.
- Das System entwickelt auf der Basis subjektiver Deutungen und bestehender Regeln bestimmte Verhaltensmuster.
- Das System definiert damit auch die Wirkungen, die bestimmte Interventionen haben: Sicher kann ein soziales System zerstört, eine Abteilung oder ein Team aufgelöst werden. Aber davon abgesehen entscheidet das System selbst, was es mit der Intervention macht: Ob es z.B. ein Teamentwicklungsseminar als Anstoß zur Veränderung akzeptiert, ob es diese Intervention abwehrt, ob es sich in eine andere Richtung entwickelt, als in der Beratung erwartet und erhofft.

Daraus ergibt sich für Organisationsberatung die praktische Konsequenz, daß Beratung auch die Autonomie sozialer Systeme nicht einschränken darf. Organisationsberatung ist keine Organisationsveränderung von außen, wobei versucht wird, ein soziales System nach den Vorstellungen des Beraters umzuformen. Sondern Organisationsberatung bedeutet, die Ressourcen des Systems zu nutzen und es zu unterstützen, die für dieses System passenden Veränderungen zu planen und umzusetzen.

Auch diese Erfahrung ist für Berater keineswegs immer leicht: zu erleben, daß ein soziales System die Vorschläge von Expertenberatung ablehnt, daß es sich möglicherweise in eine andere Richtung entwickelt, als man selbst meint.

(3) Autonomie der Beraterin bzw. des Beraters

Autonomie gilt aber auch für die Beraterin bzw. den Berater: Sie sind autonom in Bezug darauf, ob sie Beratung durchführen oder nicht. Konkret heißt das, daß bei Kontrakten über die Definition der Situation als Beratung auch die Beraterin grundsätzlich mit einzubeziehen ist: Auch sie muß zustimmen, ob sie sich mit diesem Klienten zu diesem Thema auf Beratung einläßt. Es gibt eine Reihe von Gründen, bei denen eine Beraterin im Blick auf die eigene Autonomie Beratung nicht durchführen kann – etwa dann, wenn sie von dem Problem selbst betroffen ist oder wenn sie gegenüber dem Klienten (z.B. einem Kollegen) nicht mehr neutral sein kann.

Die Beraterin ist aber darüber hinaus auch innerhalb des Beratungsprozesses autonom. Sie entscheidet, welches Vorgehen sie dem Klienten vorschlägt. Es gibt keine Rezepte derart „immer wenn ein Problem A auftritt, dann ist eine Skulptur B angesagt". Vielmehr hängt es von dem Klienten, von der Situation und von der Persönlichkeit der Beraterin ab, worauf sie sich einläßt und was ihrem Stil entspricht. Von daher stellen die in den vorangegangenen Kapiteln dargestellten Verfahren immer nur unterschiedliche Möglichkeiten dar, zwischen denen Beraterinnen autonom auswählen können.

10.2 Konsens

Autonomie jedes einzelnen in einem sozialen System kann nur dann gewahrt bleiben, wenn es gelingt, Entscheidungen im Konsens zu treffen. Konsens bedeutet, daß Entscheidungen nicht aufgezwungen werden, sondern daß eine gemeinsame Entscheidung erreicht wird, der alle Betroffenen zustimmen.

Bereits bei Kant wird aus der „Autonomie des Willens" ein erstes Konsensprinzip abgeleitet, der berühmte Kategorische Imperativ: „Handele so, daß die Maxime deines Willens zugleich als Prinzip einer allgemeinen Gesetzgebung gelten könne" (Kritik der praktischen Vernunft 54: Werke Bd.5, 30). In den 70er Jahren ist dann das Konsensprinzip insbesondere im Rahmen der sog. Diskurstheorie von Habermas (z.B. 1971; 1992), Apel und der Erlanger Philosophie (z.B. Kamlah/Lorenzen 1973; Lorenzen/Schwemmer 1973) bekannt geworden.

Habermas versucht, Konsens auf der Basis einer „idealen Sprechsituation" zu bestimmen:

„Die ideale Sprechsituation schließt die systematische Verzerrung der Kommunikation aus. Nur dann herrscht ausschließlich der eigentümlich zwangslose Zwang des besseren Argumentes... Dann besteht nämlich... eine effektive Gleichheit der Chancen bei der Wahrnehmung der Dialogrollen, d.h.... eine Gleichverteilung der Chancen, Deutungen, Behauptungen, Erklärungen und Rechtfertigungen aufzustellen und deren Geltungsansprüche zu begründen oder zu widerlegen" (Habermas 1971, 137).

Habermas' Diskurstheorie ist letztlich daran gescheitert, daß die von ihm geforderte ideale Sprechsituation nicht realisierbar ist (vgl. z.B. Ilting 1994, 32ff.). Kommunikation in sozialen Systemen ist grundsätzlich von „Komplementarität" (Watzlawick u.a. 1969, 68, 103) bestimmt, d.h. davon, daß die Beteiligten in unterschiedlichem Maße ihre Vorstellungen einbringen und damit mehr oder weniger Gewicht haben.

Konsens kann somit nicht an eine ideale Sprechsituation gebunden sein, sondern ist nur zu definieren als „faktischer Konsens, bei dem die Legitimation von Entscheidung letztlich an die faktische Zustimmung der Betroffenen gebunden ist" (König 1989, 46).

Das aber macht Verfahren erforderlich, die (so bereits Zedler 1976, 187) „Verbindlichkeit gegenüber Entscheidungen zu erzeugen vermögen".

Gordon, ein Schüler von Rogers, hat versucht, einen solches praktikables Konsens-Verfahren zu entwickeln. In Abgrenzung von Gewinner-Verlierer-Methoden, wo ein Elternteil, ein Lehrer, ein Kind, eine Vorgesetzte oder eine Mitarbeiterin sich gegenüber anderen Interaktionspartnern durchsetzt, proklamiert er Konsensverfahren als die „Jeder-gewinnt-Methode":

„Du und ich, wir haben einen Bedürfniskonflikt. Ich achte deine Bedürfnisse, aber ich darf auch meine nicht vernachlässigen. Ich will von meiner Macht dir gegenüber keinen Gebrauch machen, so daß ich gewinne und du verlierst, aber ich kann auch nicht nachgeben und dich auf meine Kosten gewinnen lassen. So wollen wir im gegenseitigem Einverständnis gemeinsam nach einer Lösung suchen, die ebenso deine wie meine Bedürfnisse befriedigt, so daß wir beide gewinnen" (Gordon 1979, 182, vgl. 179ff.).

Die Schritte dieser „Jeder-gewinnt-Methode" entsprechen denen des Problemlöseprozesses (Gordon 1979, 182f.; vgl. 194ff.):

- das Problem wird erkannt und definiert
- alternative Lösungen werden entwickelt
- die alternativen Lösungen werden bewertet
- die Entscheidung wird getroffen
- die Entscheidung wird ausgeführt
- anschließend wird die Lösung bewertet.

Konsensverfahren sichern die Autonomie eines jeden einzelnen in weitestgehendem Maße. Konsensverfahren stellen darüber hinaus eine Möglichkeit dar, die Akzeptanz von Entscheidungen in einem sozialen System zu sichern (vgl. z.B. Schuler 1993, 432ff.): Wer einer Entscheidung nicht zustimmt, wird sie nicht tragen, sondern sich dagegen wehren oder sie unterlaufen. Ein Mitarbeiter, der neue Aufgaben erhält, ohne daß diese Entscheidung an seine Zustimmung gebunden wurde, wird sich wehren oder wird die Motivation verlieren, vielleicht krank werden usw. Eine Umstrukturierung einer Organisation wird letztlich nur dann erfolgreich sein, wenn es gelingt, die Betroffenen einzubeziehen und sie (wie man in der Tradition der Organisationsentwicklung formuliert) zu „Beteiligten zu machen" und mit ihnen Konsens herzustellen (vgl. Kieser 1987, 1348ff.).

Im Rahmen von Beratung ist Konsens auf zwei Ebenen zu leisten:

(1) Konsens zwischen Berater- und Klientensystem
Konsens ist herzustellen über die Definition der Situation als Beratung, aber auch über die Anwendung bestimmter Vorgehensweisen. Nur wenn es gelingt, hier Kon-

sens zu erzielen, und wenn es gelingt, einen Kontrakt zu schließen, dem alle Beteiligten tatsächlich zustimmen, kann die Akzeptanz des Vorgehens gesichert sein.

(2) Konsens zwischen verschiedenen Klienten
So ist z.B. bei Konflikten zwischen einer Vorgesetzten und ihrem Mitarbeiter in der Beratung abzuklären, wie weit sich in dieser Situation Konsens erzielen läßt:
- Wo genau liegen die Konfliktpunkte?
- Was gibt es für weitere Lösungsmöglichkeiten?
- Gibt es Lösungen, der beide Seiten zustimmen?

Eine Beraterin kann die Lösung nicht von außen vorgeben, aber sie kann das System unterstützen, Lösungen zu finden, die alle Betroffenen akzeptieren.

Aufgabe der Beraterin ist es dabei:

- Verfahren vorzuschlagen, die Chancen für einen Konsens erhöhen, wozu z.B. Brainstormingsphasen zur Sammlung neuer Lösungsmöglichkeiten zählen,
- Einwünde, die möglicherweise nur körpersprachlich oder durch ein zweifelndes „mal sehen“ angedeutet werden, transparent und damit bearbeitbar zu machen,
- den jeweiligen Konsens im Rahmen eines Kontraktes eindeutig und verbindlich zu machen,
- aber auch deutlich zu machen, wo möglicherweise zwischen der Vorgesetzten und ihrem Mitarbeiter kein Konsens möglich ist.

Eines ist in diesem Zusammenhang wichtig: Konsens ist kein Universalrezept, mit dem sich eine „heile Welt“ herstellen ließe. Nicht alle Situationen lassen sich im Konsens lösen. Es kann sein, daß sich im Konflikt zwischen der Vorgesetzten und ihrem Mitarbeiter kein Konsens erzielen läßt. Wenn entschieden wurde, dem Mitarbeiter zu kündigen, dann ist das eine Entscheidung der Vorgesetzten, die nicht „gezwungen“ werden kann, diese Entscheidung an den Konsens zu binden oder wenn sich der Mitarbeiter in innere Resignation zurückzieht, bindet er dieses Vorgehen ebenso wenig an einen Konsens. Er hat sich eben dazu entschieden.

Konsens kann also die Autonomie des einzelnen nicht einschränken: Niemand kann gezwungen werden, sich einem Konsens anzuschließen. Aber Beratung hat hier den Rahmen eines möglichen Konsenses transparent zu machen:

- Gibt es gemeinsam akzeptierte Lösungen?
- Welche Bedingungen wären dafür zu erfüllen?
- Ist ein Gesprächspartner überhaupt zu Konsens in dieser Situation bereit?

10.3 Beratung und Professionalisierung

In den Sozialwissenschaften gibt es seit den 70er Jahren eine umfangreiche Diskussion um die Frage nach der sog. „Professionalisierung“ bestimmter Tätigkeiten.

Professionalisierung ist im Anschluß an Goode (1972; zur Diskussion vgl. u.a. Dewe u.a. 1992; Ottersbach 1980; Clemenz u.a. 1992) im wesentlichen bestimmt durch folgende Faktoren:

- durch bestimmte Tätigkeiten, für die der Betreffende zuständig ist (wobei häufig der Zugang zu diesen Tätigkeiten eigens geregelt ist),
- durch ein bestimmtes Fachwissen, das sich z.B. in einer speziellen Fachsprache, in speziellen Methoden und in der Regel auch in einer spezialisierten Ausbildung ausdrückt,
- durch eine bestimmte „Ethik", die so etwas wie moralische Verpflichtungen und moralische Verantwortung der jeweiligen Profession festlegt.

Als Standardbeispiel für hohe Professionalisierung gilt üblicherweise die Tätigkeit des Mediziners (vgl. z.B. Brunkhorst 1992, 50ff.):

- ärztliches Handeln ist durch ganz bestimmte Tätigkeiten (grob umschrieben als „Wiederherstellung der Gesundheit") charakterisiert, für die nur Mediziner zuständig sind, die besorgt darauf wachen, daß (nach Möglichkeit) niemand anderes die Zuständigkeit für solche Tätigkeiten erlangt.
- ärztliches Handeln ist gekennzeichnet durch einen bestimmten Wissensbestand, der sich ausdrückt in einer medizinischen Fachsprache, wissenschaftlichen Theorien und bestimmten Diagnose- und Behandlungsmethoden. Dieser Wissensbestand wird in eigenen Ausbildungsgängen (dem Medizinstudium) tradiert, womit auch der Zugang zur Profession der Mediziner geregelt wird.
- Schließlich ist ärztliches Handeln gekennzeichnet durch die Orientierung an moralischen Standards, die sich z.B. in dem klassischen „Eid des Hypokrates" ausdrücken.

Vergleicht man herkömmliche Beratungspraxis mit der Tätigkeit von Medizinern, so wird deutlich, daß Beratung zumindest bis Ende der 80er Jahre relativ wenig professionalisiert war:

- Beratung war wenig von anderen Tätigkeiten abgegrenzt. Das zeigt sich vielleicht am deutlichsten in den unterschiedlichen Berater-Rollen, die in der Literatur immer wieder aufgeführt wurden: Wenn der Berater als Gesprächsförderer, Verhandler, Politiker, technischer Experte, Ratgeber, Lehrer, Zeremonienmeister, Nachrichtenübermittler usw. gesehen wird (Grinell 1990), dann wird hier eine Fülle von unterschiedlichen und zum Teil miteinander schwer verträglichen Tätigkeiten verknüpft. Aber es gibt keine besondere Tätigkeit der Beratung.
- Beratung war vorwiegend wenig professionalisiert in dem Sinn, daß sich Beratung bis in die 80er Jahre kaum auf gesichertes Beratungswissen stützen konnte. Berater griffen auf unterschiedliche Wissensbestände zurück, die zum Teil aus sehr unterschiedlichen Disziplinen (Ingenieurswissenschaften, Betriebswirtschaftslehre, Psychologie, Pädagogik, Sozialarbeit) stammten, zum großen Teil jedoch auf subjektiv erworbenes Wissen, das aus eigenen praktischen Erfahrungen, vielleicht aus eige-

nen Fortbildungen und den Erfahrungen in den jeweiligen Beratungsunternehmen stammte.
- Obwohl Beratung ursprünglich deutlich auf moralische Werte ausgerichtet war, bestand im Berufsalltag leicht die Gefahr, daß solche Sichtweisen verlorengingen – ein Sachverhalt, den Schein herausgestellt hat, wenn er beklagt, daß die ursprüngliche Philosophie der Organisationsberatung in Gefahr ist, verloren zu gehen (Schein 1990).

Demgegenüber ist gerade in den vergangenen Jahren zunehmend der Bedarf an stärkerer Professionalisierung von Beratung deutlich geworden (vgl. Dewe 1989; König 1990).

Systemische Organisationsberatung, wie sie hier dargestellt ist, setzt professionelle Beratungskompetenz voraus:

(1) Beratung ist definiert als eine von anderen Tätigkeiten deutlich abgegrenzte Aufgabe

Damit Beratung erfolgreich ist, muß die Beratungssituation als solche definiert werden.

Beratung ist kein Neben- und Ineinander verschiedener und widersprüchlicher Tätigkeiten, sondern ist abgrenzbar von anderen Handlungen in einer Organisation.

(2) Beratung bedarf, um erfolgreich zu sein, theoretischer Grundlagen und darauf basierender methodischer Vorgehensweisen

Probleme in Organisationen lassen sich nicht lösen, indem man „irgendwie" miteinander redet oder „irgendetwas" tut.

Probleme in einem Team lassen sich nicht lösen, wenn man eine methodisch nicht geleitete Teambesprechung ansetzt, in der diese Probleme dann doch nur zerredet werden.

Probleme lassen sich ebenso wenig lösen, wenn man als Beraterin oder Berater irgendwelche Übungen z.B. aus der Gestalttherapie anwendet, die man zuvor im Rahmen eines Drei-Tages-Seminars gerade eben kennengelernt hat. Sicher wird man damit irgendwelche Veränderungen anstoßen. Man wird möglicherweise emotionale Barrieren aufbrechen und Probleme aufdecken, die bislang (vielleicht aus gutem Grund) zugedeckt waren. Aber es ist wenig sinnvoll, Probleme aufzudecken, wenn ein Berater dann nicht über die Fähigkeit verfügt, diese Probleme produktiv zu bearbeiten: Wie soll z.B. ein Team am Montag wieder miteinander arbeiten, wenn es am Wochenende im Rahmen eines Selbsterfahrungsseminars „tiefe Erfahrungen" gemacht hat, bei denen z.B. der Abteilungsleiter in der Gruppe weinend zusammengebrochen ist?

(3) Beratung erfordert eine bestimmte Grundeinstellung auf der Basis letztlich moralischer Werte

Das aber bedeutet, daß Beratung überhaupt nur verantwortbar ist, wenn sie mit einer Ethik verbunden ist, d.h. als verantwortliches Handeln auf der Basis moralischer Standards geschieht.

10.4 Verantwortlichkeit in der Beratung

Systemische Organisationsberatung ist durch einen theoretischen Rahmen und ein umfangreiches Methodenrepertoire gekennzeichnet. Systemische Organisationsberatung ist aber mehr als bloße Anwendung von Verfahren. Sie ist verantwortliches Handeln auf der Basis ethischer Standards.

Verantwortlichkeit ist eine „moralische und rechtliche Frage" (vgl. Lenk/Maring 1993). Verantwortung, so Löwisch, ist „die ethische Grundhaltung, aus der heraus der einzelne Mensch als moralisches Subjekt und freies vernünftiges Wesen sein Handeln und Verhalten selbständig bestimmt und über es entscheidet, es überprüft und kritisiert, auf seinen Wert und Sinn hin bedenkt und festlegt" (Löwisch 1995, 19; vgl. auch Höffe 1993; Sprenger 1996, v.a. 35ff.).

Verantwortlichkeit in der Beratung bedeutet somit, das eigene Vorgehen als Beraterin oder Berater immer wieder zu reflektieren und an der Autonomie des Klienten, an der Autonomie des sozialen Systems und an der Autonomie der eigenen Person zu orientieren.

Verantwortlichkeit der Beraterin oder des Beraters erstreckt sich dabei auf den Beratungsprozeß, bedeutet aber keine Verantwortung für das Ergebnis:

- Verantwortlichkeit in der Beratung darf nicht festlegen, was der Klient mit dem Ergebnis der Beratung macht: Die Autonomie des Klienten bedeutet, daß er das Recht hat, Lösungsvorschläge anzunehmen oder zu verwerfen. Oder ein Klient kann das in einer Beratung deutlich gewordene Ergebnis, daß auch er etwas zu der Problemsituation beigetragen hat, zurückweisen und sich weiterhin damit beruhigen, daß der andere der „Schuldige" ist.
- Verantwortlichkeit im Beratungsprozeß darf ebenso wenig festschreiben, was das System mit dem Ergebnis des Beratungsprozesses macht. Autonomie des sozialen Systems bedeutet, daß es über Beratung entscheidet: Selbstverständlich hat ein Team das Recht, Beratung zu verwerfen und sich anders zu entwickeln.

Im Blick auf den Beratungsprozeß hat Crossmann bereits 1966 drei zentrale Merkmale von Verantwortlichkeit herausgestellt: Beratung muß dem oder den Klienten Erlaubnis (permission), Schutz (protection) und Stärke (potency) gewähren:

(1) Verantwortlichkeit in der Beratung bedeutet, dem Klienten Erlaubnis zu geben:

- die Erlaubnis, neue Gedanken denken zu dürfen, d.h. neue Konstruktionen der Wirklichkeit zu erschaffen und zu erproben,
- die Erlaubnis, Gedanken, die er hat, aber vielleicht bislang nicht geklärt oder nicht zu Ende gedacht hat, auszusprechen und weitere Klarheit zu gewinnen,
- die Erlaubnis, Gedanken anderen Personen gegenüber auszusprechen, auch wenn es negative oder risikoreiche Gedanken sind,
- die Erlaubnis, neue Handlungsmöglichkeiten zu überlegen und auszuprobieren.

(2) Verantwortlichkeit in der Beratung bedeutet, dem Klienten Schutz zu geben:

- Schutz gegenüber Angriffen und Vorwürfen von anderen Anwesenden in einer Teamberatung,
- Schutz gegenüber eigener zerstörender Kritik, gegenüber Kritik, die er vielleicht in der Vergangenheit von Eltern erfahren hat und die ihn bis heute an einer Weiterentwicklung hindert,
- Schutz angesichts der Befürchtung, abgelehnt zu werden, wenn er Gefühle äußert,
- Schutz möglicherweise auch gegenüber einem Experten, der ihm Vorschläge überstülpt.

(3) Verantwortlichkeit bedeutet, dem Klienten Sicherheit zu geben:

- Sicherheit, daß neue Gedanken, ein neuer Referenzrahmen ihn nicht orientierungslos machen, sondern daß sich daraus eine neue Orientierung ergibt,
- Sicherheit, daß Probleme nicht nur aufgedeckt werden und liegen bleiben, sondern daß sie kompetent bearbeitet werden,
- Sicherheit, daß der Berater ihm Schutz gegenüber anderen Gesprächspartner bietet und sich nicht gegen ihn verbündet,

Verantwortlichkeit einer Beraterin oder eines Beraters ist aber schließlich auch Verantwortlichkeit gegenüber sich selbst: in der Beratung das zu tun, wozu ich als Beraterin oder Berater persönlich stehen kann und wofür ich kompetent bin – und damit auch die Verantwortlichkeit, eigene Grenzen zu akzeptieren.

Literaturverzeichnis

ACHTERHOLT, G.: Corporate Identity. Wiesbaden (2. Aufl.) 1991.

ACKERKNECHT, L. K.: Individualpsychologische Kinder- und Jugendpsychotherapie. München 1982.

AGAR, M.: The professional stranger. New York 1980.

ALDRICH, H.: Organizations and Environments. Eaglewood Cliffs 1979.

ALVESSON, M./BERG, P. O.: Corporate Culture and Organizational Symbolism. Berlin/New York 1992.

ANDERSEN, T. (Hrsg.): Das reflektierende Team. Dortmund (2. Aufl.) 1991.

ANDOLFI, M.: Familientherapie. Freiburg 1982.

ANDOLFI, M. u.a.: Das Spiel in der Maske. Stuttgart 1986.

ANSBACHER, H./ROWENA, D. (Hrsg.): Alfred Adlers Individualpsychologie. München (3. Aufl.) 1982.

ANTONI, C.H. (Hrsg.): Gruppenarbeit in Unternehmen. Weinheim 1994.

ANTONS, K.: Praxis der Gruppendynamik. Göttingen (5. Aufl.) 1992.

ARGYRIS, C.: Overcoming Organizational Defenses – Facilitating Organizational Learning. Boston 1990.

ARGYRIS, C./SCHÖN, D.A.: Organizational Learning. Reading 1978.

ARNOLD, R./SIEBERT, H.: Konstruktivistische Erwachsenenbildung. Baltmannsweiler 1995.

ARNOLD, S. u.a.: Die Skulpturverfahren. In: CIERPKA, M. (Hrsg.): Handbuch der Familiendiagnostik. Berlin/Heidelberg 1996, S. 339-365.

ASHBY, R. W.: Einführung in die Kybernetik. Frankfurt 1974.

ATTESLANDER, P.: Methoden der empirischen Sozialforschung. Berlin (8. Aufl.) 1995.

ATTESLANDER, P./KOPP, M.: Befragung. In: ROTH, E. (Hrsg.): Sozialwissenschaftliche Methoden. Wien/München 1984, S. 144-172.

AUSUBEL, D.P.: Psychologie des Unterrichts. Weinheim 1974, 2 Bde.

BACHMAIR, S. u.a.: Beraten will gelernt sein. Weinheim (5. Aufl.) 1994.

BACHMANN, W.: Das neue Lernen. Paderborn 1991.

BAITSCH, C.: Was bewegt Organisationen? Frankfurt/New York 1993.

BALCK, H./KREIBICH, R. (Hrsg.): Evolutionäre Wege in die Zukunft. Weinheim/Basel 1991.

BAMBECK, J.J./WOLTERS, A.: Brain Power. München 1991.

BANDLER, R./GRINDER, J.: Patterns of the Hypnotic Techniques of Milton H. Erickson. Californien Cupertino 1975.

BANDLER, R./GRINDER, J.: Metasprache und Psychotherapie. Paderborn (2. Aufl.) 1984.

BANDLER, R./GRINDER, J.: Reframing. Paderborn (5. Aufl.) 1992.

BANG, R.: Hilfe zur Selbsthilfe für Klient und Sozialarbeiter. München 1958.

BANNISTER, D./FRANSELLA, F.: Der Mensch als Forscher. Münster 1981.

BATESON, G. u.a.: Schizophrenie und Familie. Frankfurt 1969.

BATESON, G.: Ökologie des Geistes. Frankfurt 1981.

BATESON, G.: Geist und Natur. Frankfurt (4. Aufl.) 1995.

BECKER, H./LANGOSCH, I.: Produktivität und Menschlichkeit. Stuttgart (4. Aufl.) 1995.

BELARDI, N.: Supervision. Paderborn 1994.

BERNE, E.: Spiele der Erwachsenen: Psychologie der menschlichen Beziehungen. Reinbek 1970.

BERTALANFFY, L. v.: Das biologische Weltbild. Bern 1949.
BERTALANFFY, L. v.: General System Theory. London/New York 1968.
BERTALANFFY, L. v.: Gesetz oder Zufall: Systemtheorie und Selektion. In: KOESTLER, A./SMYTHIES, J.R. (Hrsg.): Das neue Menschenbild. München 1970, S. 71-95.
BERTALANFFY, L. v.: ...Aber vom Menschen wissen wir nichts. Düsseldorf 1970a.
BERTALANFFY, L. v. u.a.: Systemtheorie. Berlin 1972.
BETZLER, M.: Ich-Bilder und Bilderwelt. München 1994.
BIERACH, A.J.: NLP – Die letzten Geheimnisse der Starverkäufer. Landsberg (3. Aufl.) 1991.
BIRKENBIHL, M.: Train the Trainer. Landsberg (6. Aufl.) 1985.
BIRKHAN, G.: Rekonstruktion persönlicher Theorien. In: SARGES, W. (Hrsg.): Managementdiagnostik. Göttingen (2. Aufl.) 1995, S. 497-514.
BLEICHER, K. (Hrsg.): Organisation als System. Wiesbaden 1972.
BLEICHER, K.: Normatives Management. Frankfurt/New York 1994.
BLEICHER, K.: Das Konzept Integriertes Management. Frankfurt/New York (3. Aufl.) 1995.
BOCK, M.: „Das halbstrukturiert – leitfadenorientierte Tiefeninterview". In: HOFFMEYER-ZLOTNIK, J.H.P. (Hrsg.): Analyse verbaler Daten. Opladen 1992, S. 90-109.
BOECKHAUS, F. (Hrsg.): Strategische Familientherapie. Dortmund 1988.
BÖSE, R./SCHIEPEK, G.: Systemische Theorie und Therapie. Heidelberg (2. Aufl.) 1994.
BÖSENBERG, D./METZEN, H.: Lean Management. Landsberg (5. Aufl.) 1995.
BOLBRÜGGE, G.: Autopoiesis in systemtheoretischen Konzepten. Erscheint 1997.
BORING, E.G.: A new ambiguous figure. In: Am. J. Psychol., 1930, S. 444ff.
BORWICK, I.: Systemische Beratung von Organisationen. In: FATZER, G./ECK, C.D. (Hrsg.): Supervision und Beratung. Köln 1990, S. 363-387.
BOSCH, M./ULLRICH, W. (Hrsg.): Die entwicklungsorientierte Familentherapie nach Virginia Satir. Paderborn 1989.
BOSCOLO, L. u.a.: Familientherapie – Systemtherapie. Dortmund 1988.
BOSCOLO, L./BERTRANDO, P.: Die Zeiten der Zeit. Heidelberg 1994.
BRADFORD, L.P. u.a.: Gruppentraining. Stuttgart 1972.
BRUNER, J.S. u.a. : Studien zur kognitiven Entwicklung. Stuttgart 1971.
BRUNKHORST, H.: Professionalität, Kollektivitätsorientierung und formale Wertrationalität. In: DEWE, B. u.a. (Hrsg.): Erziehen als Profession. Opladen 1992, S. 49-69.
BRUNNER, E.J.: Von der Familientherapie zur systemischen Beratung. In: BRUNNER, E.J./SCHÖNIG, W. (Hrsg.): Theorie und Praxis von Beratung. Freiburg 1990, S. 87-99.
BRUNNER, E.J./SCHÖNIG, W. (Hrsg.): Theorie und Praxis von Beratung. Freiburg 1990.
BÜHRING-UHLE, M.: Reflexive Unternehmensführung. Wiesbaden 1995.
BULLINGER, H.-J.: Einführung in das Technologiemanagement: Modelle, Methoden, Praxisbeispiele. Stuttgart 1994.
BURNHAM, J.B.: Systemische Familienberatung. Weinheim/Basel 1995.
BURNS, T./FLAM, H.: The Shaping of Social Organisation. Beverly Hills 1987.
CAMERON-BANDLER, L.: Wieder zusammenfinden: NLP – Neue Wege der Paartherapie. Paderborn (6. Aufl.) 1992.
CAMP, R.C.: Benchmarking. München 1994.
CAPRA, F.: Wendezeit. Bern/München 1988.
CARL; N./KIESEL, M.: Unternehmensführung. Landsberg 1996.
CATTELL, R.B.: Die empirische Erforschung der Persönlichkeit. Weinheim/Basel (2. Aufl.) 1978.
CHRISTENSEN, J.F.: Assessment of stress. In: MCREYNOLDS, P. (Hrsg.): Advances in Psychological Assessment. 1981, Vol. 5, S. 62-123.
CIERPKA, M. (Hrsg.): Handbuch der Familiendiagnostik. Berlin 1996.
CLEMENZ, M. u.a.: Psychoanalyse in der Weiterbildung. Opladen 1992.
CONEN, H.: Die Kunst, mit Menschen umzugehen. Köln 1991.
CROSSMANN, P.: Permission and Protection. In: Transactional Bulletin 5/1966, S. 152-154.
CROTT, H.: Soziale Interaktion und Gruppenprozesse. Stuttgart 1979.
DACHLER, H.P.: Führungslandschaft Schweiz. In: Unternehmung 4/1988, S. 297-307.

DANN, H.-D.: Variation von Lege-Strukturen zur Wissensrepräsentation. In: SCHEELE, B. (Hrsg.): Struktur-Lege-Verfahren als Dialog-Konsens-Methodik. Münster 1992, S. 2-41.
DECKER, F.: Teamworking. München (2. Aufl.) 1994.
DENZIN, N.K./LINCOLN, Y.S.: Handbook of Qualitative Research. Thousand Oaks 1994.
DE SHAZER, S.: Wege der erfolgreichen Kurzzeit-Therapie. Stuttgart 1989.
DE SHAZER, S.: Muster familientherapeutischer Kurzzeit-Therapie. Paderborn 1992.
DEWE, B.: Die Rezeption sozialwissenschaftlicher Wissens in Beratung und Erwachsenenbildung. In: KÖNIG, E./ZEDLER, P.: Rezeption und Verwendung erziehungswissenschaftlichen Wissens in pädagogischen Handlungs- und Entscheidungsfeldern. Weinheim 1989, S. 231-248.
DEWE, B. u.a. (Hrsg.): Erziehen als Profession. Opladen 1992.
DIEKMANN, A.: Empirische Sozialfoschung. Reinbek 1995.
DIERSTEIN, J.M.: Erklären oder Verstehen? Münster 1995.
DILTHEY, W.: Der Aufbau der geschichtlichen Welt in den Geisteswissenschaften. Gesammelte Schriften Bd. 7. Göttingen (6. Aufl.) 1973.
DILTS, R.B. u.a.: Strukturen subjektiver Erfahrung. Paderborn (2. Aufl.) 1987.
DOPFER, K.: Causality and Consciousness in Economics: Concepts of Change. In: Journal of Economic Issues 20/1986, S. 509-523.
DOPPLER, K./LAUTERBURG, C.: Change Management. Frankfurt (3. Aufl.) 1994 .
DREESMANN, H./KRAEMER-FIEGER, S. (Hrsg.): Moving. Frankfurt 1994.
DREIKURS, R./CASSEL, P.: Disziplin ohne Strafe. Ravensburg 1977.
DRERUP, H./TERHART, E. (Hrsg.): Erkenntnis und Gestaltung. Weinheim 1990.
DROSTEN, S.: Integrierte Organisations- und Personalentwicklung in der Lernenden Unternehmung. Bielefeld 1996.
DRYDEN, W.: Brief Rational Emotive Behaviour Therapy. Chichester 1995.
ECK, C.D.: Elemente einer Rahmentheorie der Beratung und Supervision. In: FATZER, G./ ECK, C.D. (Hrsg.): Supervision und Beratung. Köln 1990, S. 17-53.
EDELMANN, W.: Lernpsychologie. Weinheim (3. Aufl.) 1993.
EICH, H.: Beiträge zu einer Ethik der Psychotherapie. In: ARNOLD, E./SONNTAG, U. (Hrsg.): Ethische Aspekte der psychosozialen Arbeit. Tübingen 1994, S. 72-82.
ELFGEN, R./KLAILE, B.: Unternehmensberatung. Stuttgart 1987.
ELKE, G.: Familienkommunikation. Bochum 1986.
EMERY, F.E. (Hrsg.): Systems Thinking. New York 1981, 2 Bde.
EMERY, F.E./TRIST, E.L.: Socio-technical systems. In: EMERY, F.E. (Hrsg.): Systems Thinking. New York 1981, Bd. 1, S. 322-337.
FASSNACHT, G.: Systematische Verhaltensbeobachtung. München/Basel 1979.
FATZER, G.: Phasendynamik und Zielsetzung der Supervision und Organisationsberatung. In: FATZER, G./ECK, C.D. (Hrsg.): Supervision und Beratung. Köln 1990, S. 53-85.
FINKE, J.: Methodik und Praxis der Gesprächspsychotherapie. Stuttgart/New York 1994.
FISCH, R. u.a.: Strategien der Veränderung. Bern/Stuttgart 1987.
FISCHER, H.R. (Hrsg.): Autopoiesis: eine Theorie im Mittelpunkt der Kritik. Heidelberg 1991.
FISCHER, K. u.a.: Tips für Teams: Teameinsatz optimal realisieren. Landberg 1995.
FISSENI, H.J./FENNEKELS, G.P.: Das Assessment Center. Göttingen 1995.
FLICK, U.: Qualitative Forschung. Reinbek bei Hamburg 1995.
FLICK, U. u.a. (Hrsg.): Handbuch Qualitative Sozialforschung. München 1991.
FLIEGEL, S. u.a.: Verhaltenstherapeutische Standardmethoden. München (3. Aufl.) 1993.
FRANCIS, D./YOUNG, D.: Mehr Erfolg im Team. Essen (4. Aufl.) 1992.
FREHR, H.-U.: Total Quality Management. München/Wien 1993.
FREI, F.: Im Kopf des Managers... Zur Untersuchung Subjektiver Organisationstheorien von betrieblichen Führungskräften. Bremen 1985.
FRENCH, J.R.P./RAVEN, B.H.: The bases of social power. In: CARTWRIGHT, D. (Hrsg.): Studies in social power. Ann Arbor 1959, S. 607-623.
FREUD, S.: Gesammelte Werke. Frankfurt 1960, 18 Bde.

FREUDENREICH, D./MEYER, U.: Supervision und Beratung mit der Themenzentrierten Interaktion. In: PALLASCH, W. u.a. (Hrsg.): Beratung – Training – Supervision. Weinheim/ München 1992, S. 213-223.
FROMM, M.: Repertory Grid Methodik. Weinheim 1995.
FUCHS, J. (Hrsg.): Das biokybernetische Modell. Wiesbaden 1992.
FÜRSTENAU, P.: Warum braucht der Organisationsberater eine mit der systemischen kompatible ichpsychologisch-psychoanalytische Orientierung? In: WIMMER, R. (Hrsg.): Organisationsberatung. Wiesbaden 1992, S. 43-58.
FUNKE, J.: Wissen über dynamische Systeme: Erwerb, Präsentation und Anwendung. Heidelberg/Berlin 1992.
GAIRING, F.: Organisationsentwicklung als Lernprozeß von Menschen und Systemen. Weinheim 1996.
GAITANIDES, M. u.a.: Prozeßmanagement. München 1994.
GARFINKEL, H.: Studies in ethnomethodology. Englewood Cliffs 1967.
GEBERT, D.: Organisationsentwicklung. Stuttgart 1974.
GEBERT, D.: Organisation. In: FLICK, U. u.a. (Hrsg.): Handbuch Qualitative Sozialforschung. München 1991, S. 299-302.
GEBERT, D.: Interventionen in Organisationen. In: SCHULER, H. (Hrsg.): Lehrbuch Organisationspsychologie. Bern 1993, S. 481-494.
GEHM, T.: Kommunikation im Beruf. Weinheim/Basel 1994.
GEISSLER, H.: Grundlagen des Organisationslernens. Weinheim (2. Aufl.) 1995.
GEISSLER, H. (Hrsg.): Organsationslernen und Weiterbildung. Neuwied 1995a.
GENDLIN, E.: Focusing. Salzburg 1981.
GERHARDT, U.: Patientenkarrieren. Frankfurt 1986.
GERKEN, G.: Manager... Die Helden des Chaos. Düsseldorf/Wien 1992.
GERYBADZE, A.: Innovation, Wettbewerb und Evolution. Tübingen 1982.
GIESEN, B.: Makrosoziologie. Hamburg 1980.
GILL, J./JOHNSON, P.: Research Methods for Managers. London 1991.
GILLIGAN, S.G.: Therapeutische Trance. Heidelberg 1991.
GIRGENSOHN-MARCHAND, B.: Der Mythos Watzlawick und die Folgen. Weinheim (3. Aufl.) 1996.
GIRTLER, R.: Methoden der qualitativen Sozialforschung. Wien (2. Aufl.) 1988.
GLASERSFELD, E. v.: Wissen, Sprache und Wirklichkeit. Braunschweig/Wiesbaden 1987.
GLASERFELD, E. v.: Radikaler Konstruktivismus. Frankfurt 1996.
GLASL, F.: Konfliktmanagement. Bern/Stuttgart (2.Aufl.) 1990.
GLASL, F./LIEVEGOED, B.: Dynamische Unternehmensentwicklung. Stuttgart 1993.
GÖTZE, U.: Szenario-Technik in der strategischen Unternehmensplanung. Wiesbaden 1991.
GOFFMAN, E.: Rahmen-Analyse. Frankfurt 1977.
GOODE, W.J.: Professionen und die Gesellschaft. In: LUCKMANN, TH./SPRONDEL, W.M. (Hrsg.): Berufssoziologie. Köln 1972, S. 157-167.
GORDON, D.: Therapeutische Metaphern. Paderborn 1986.
GORDON, T.: Familienkonferenz. Hamburg 1972.
GORDON, T.: Managerkonferenz. Hamburg 1979.
GORDON, T.: Die neue Familienkonferenz. München 1993.
GOTTHARDT-LORENZ, A.: Organisationsberatung. Freiburg (2. Aufl.) 1992.
GOULDING, M.M./GOULDING, R.L.: Neuentscheidung. Stuttgart 1981.
GREVE, W./WENTURA, D.: Wissenschaftliche Beobachtung in der Psychologie. München 1991.
GRINDER, J./BANDLER, R.: Kommunikation und Veränderung. Paderborn (4. Aufl.) 1989.
GRINELL, SH.: Rollenverhalten in der Supervisions-/Beratungsbeziehung. In: FATZER, G./ ECK, C. (Hrsg.): Supervision und Beratung. Köln 1990, S. 109-113.
GROCHLA, E.: Einführung in die Organisationstheorie. Stuttgart 1978.
GROEBEN, N.: Handeln, Tun, Verhalten. Tübingen 1986.
GROEBEN, N. u.a.: Forschungsprogramm Subjektive Theorien. Tübingen 1988.

HABERLAND, G.: Checklist Unternehmensanalyse. Landsberg (2. Aufl.) 1993.
HABERMAS, J.: Vorbereitende Bemerkungen zu einer Theorie der kommunikativen Kompetenz. In: HABERMAS, J./LUHMANN, N.: Theorie der Gesellschaft oder Sozialtechnologie. Frankfurt 1971, S. 101-141.
HABERMAS, J.: Erläuterungen zur Diskursethik. Frankfurt (2. Aufl.) 1992.
HACKNEY, H./CORMIER, L.S.: Beratungsstrategien, Beratungsziele. München (3. Aufl.) 1993.
HÄFELE, W.: Systemische Organisationsentwicklung. Frankfurt (2. Aufl.) 1993.
HÄNDLE, F./JENSEN, S. (Hrsg.): Systemtheorie und Systemtechnik. München 1974.
HAFNER, K./REINEKE, R.D.: Beratung und Führung von Organisationen. In: WAGNER, H./REINEKE, R.D. (Hrsg.): Beratung von Organisationen. Wiesbaden 1992, S. 29-77.
HALEY, J.: Uncommon Therapy. New York 1973.
HALEY, J.: Direktive Familientherapie. München 1977.
HALEY, J.: Gemeinsamer Nenner Interaktion. München 1978.
HALL, A.D./FAGEN, R.E.: Definition of System. In: General Systems 1/1956, S. 18-28.
HAMMER, M./STANTON, S.A.: Die Reengeneering Revolution. Fankfurt 1995.
HARGENS, J./GRAU, U.: Konstruktivistisch orientierte Supervision. In: PALLASCH, W. u.a. (Hrsg.): Beratung – Training – Supervision. Weinheim/München 1992, S. 232-240.
HAUPERT, B.: Vom narrativen Interview zur biographischen Typenbildung. In: GARZ, D./KRAIMER, K. (Hrsg.): Qualitativ – empirische Sozialforschung. Opladen 1991, S. 213-254.
HAUTZINGER, M. u.a.: Kognitive Verhaltenstherapie bei Depressionen. Weinheim (3. Aufl.) 1994.
HAYEK, F.A. v.: Die Irrtümer des Konstruktivismus und die Grundlagen legitimer Kritik gesellschaftlicher Gebilde. München 1971.
HEEG, F.J./MÜNCH, J. (Hrsg.): Handbuch Personal- und Organisationsentwicklung. Stuttgart 1993.
HEIDEGGER, M.: Sein und Zeit. Tübingen 1976.
HEIMERL-WAGNER, P.: Strategische Organisationsentwicklung. Heidelberg 1992.
HEINEN, E.: Unternehmenskultur. München 1987.
HEJL, P.M.: Soziale Systeme: Körper ohne Gehirne oder Gehirne ohne Körper? In: RIEGAS, V./VETTER, C. (Hrsg.): Zur Biologie der Kognition. Frankfurt 1990, S. 205-236.
HERRMANN, T.: Persönlichkeitsmerkmale. Berlin 1973.
HERRMANN, T./LANTERMANN, E.-D. (Hrsg.): Persönlichkeitspsychologie. München 1985.
HERMANNS, H.: Narratives Interview. In: FLICK, U. u.a. (Hrsg.): Handbuch Qualitative Sozialforschung. München 1991, S. 182-185.
HERZOG, W.: Modell und Theorie in der Psychologie. Göttingen 1984.
HESS, M.: TQM/Kaizen-Praxisbuch. Köln 1995.
HÖFFE, O.: Immanuel Kant. München (3. Aufl.) 1992.
HOFFMANN, L.: Grundlagen der Familientherapie. Hamburg (2. Aufl.) 1984.
HOFFMANN, W.H.: Faktoren erfolgreicher Unternehmensberatung. Wiesbaden 1991.
HOFMANN, M. (Hrsg.): Theorie und Praxis der Unternehmensberatung. Heidelberg 1991.
HOLLIS, M.: Soziales Handeln. Berlin 1995.
HOPF, C.: Qualitative Interviews in der Sozialforschung. In: FLICK, U. u.a. (Hrsg.): Handbuch Qualitative Sozialforschung. München 1991, S. 177-182.
HUSE, E.F./CUMMINGS, TH.G.: Organization Development and Change. St. Paul 1985.
ILTING, K.-H.: Grundfragen der praktischen Philosophie. Frankfurt 1994.
IMAI, M.: Kaizen. München (12. Aufl.) 1994.
IRRGANG, B.: Lehrbuch der Evolutionären Erkenntnistheorie. München 1993.
JAPAN HUMAN RELATIONS ASSOCIATION: CIP – Kaizen – KVP. Landsberg (2. Aufl.) 1995.
JASCHKO-HRABAR, K.: Kommunikation, Kommunikationsstörungen, Interventionstechniken. Zürich 1993.
JENSEN, S.: Systemtheorie. Stuttgart 1983.
JONES, E.: Systemische Familientherapie. Dortmund 1995.

JÜRGENS, G./SALM, H.: Fünf Freiheiten. In: PETZOLD, H. (Hrsg.): Wege zum Menschen. Paderborn (6.Aufl.) 1994, Bd. 1, S. 387-450.
JÜTTEMANN, G. (Hrsg.): Komparative Kasuistik. Heidelberg 1990.
JÜTTEMANN, G. (Hrsg.): Individuelle und soziale Regeln des Handelns. Heidelberg 1991.
JUNGK, R./MÜLLERT, N.R.: Zukunftswerkstätten. München 1989.
KAMISKE, G.F. (Hrsg.): Die hohe Schule des Total Quality Management. Berlin/Heidelberg 1994.
KAMLAH, W.: Philosophische Anthropologie. Mannheim 1972.
KAMLAH, W./LORENZEN, P.: Logische Propädeutik. Mannheim 1972.
KAMLAH, W./LORENZEN, P.: Logische Propädeutik. Mannheim (2. Aufl.) 1973.
KANFER F.H. u.a.: Selbstmanagement-Therapie. Heidelberg 1991.
KANT, I.: Kants Werke. Akademie Textausgabe. Berlin 1968, 9 Bde.
KAPPLER, E.: Autonomie. In: FRESE, E. (Hrsg.): Handwörterbuch der Organisation. Stuttgart (3. Aufl.) 1992, S.272-280.
KARMANN, G.: Humanistische Psychologie und Pädagogik. Bad Heilbrunn 1987.
KASPER, H.: Die Handhabung des Neuen in organisierten Sozialsystemen. Berlin/Heidelberg 1990.
KATZENBACH, J.R./SMITH, D.K.: Teams: Der Schlüssel zur Hochleistungsorganisation. Wien 1993.
KEIDEL, W.D.: Rückkopplung in biologischen Systemen. In: KURZROCK, W. (Hrsg.): Systemtheorie. Berlin 1972.
KELLY, G.A.: The psychology of personal constructs. New York 1955, 2 Bde.
KELLY, G.A.: Die Psychologie der persönlichen Konstrukte. Paderborn 1986.
KEMPLER, W.: Grundzüge der Gestalt-Familientherapie. Stuttgart (2. Aufl.) 1980.
KIESER, A.: Loyalität und Commitment. In: KIESER, A. u.a. (Hrsg.): Handwörterbuch der Führung. Stuttgart 1987, S. 1345-1356.
KIESER, A.: Entstehung und Wandel von Organisationen. In: BAUER, L./MATIS, H. (Hrsg.): Evolution – Organisation – Management. 27/Berlin 1989, S. 161-190.
KIESER, A.: Organisationstheorie, evolutionsorientierte. In: FRESE, E. (Hrsg.): Handwörterbuch der Organisation. Stuttgart (3. Aufl.) 1992, S. 1758-1777.
KINLAW, D.C.: Spitzenteams. Wiesbaden 1993.
KIRSCH, W.: Kommunikatives Handeln, Autopoiese, Rationalität. München 1992.
KITCHENER, R.F.: Ethical relativism and behavior therapy. In: J. Con sult. Clin. Psychol. 48/ 1980, S. 1-7.
KLEBERT, K. u.a.: Moderationsmethode. Hamburg 1987.
KLEIN, J. u.a.: Schwerpunkt-Thema: Coaching. In: Management und Seminar 18/1991 (12), S. 31-50.
KLEITER, E.F.: Generalität und Binnenstruktur von Persönlichkeitseigenschaften. Weinheim 1987.
KNEER, G./NASSEHI, A.: Niklas Luhmanns Theorie sozialer Systeme. München 1993.
KNOLL, J.: Kurs- und Seminarmethoden. Weinheim (5. Aufl.) 1993.
KÖNIG, E.: Zur Legitimation von Entscheidungen des Schulleiters. In: ROSENBUSCH, H.S./WISSINGER, J. (Hrsg.): Schulleiter-Handbuch 50/1989, S. 44-51.
KÖNIG, E.: Beratungswissen – Beratungspraxis: Rezeption sozialwissenschaftlichen Wissens in der Beratung. In: DRERUP, H./TERHART, E. (Hrsg.): Erkenntniss und Gestaltung. Weinheim 1990, S. 99-116.
KÖNIG, E.: In der Systemskulptur werden Führungskräfte und Mitarbeiter Stars. In: Management und Seminar 19/1992 (12).
KÖNIG, E.: Qualitative Forschung subjektiver Theorien. In: KÖNIG, E./ZEDLER, P.: Bilanz qualitativer Forschung. Weinheim 1995, Bd. 2, S. 11-29.
KÖNIG, E./HILLBRINK, A.: Systemische Bildungsbedarfsanalyse. In: KÖNIG, E./ VOLMER, G. (Hrsg.): Praxis der Systemischen Organisationsberatung. Weinheim 1997, S. 115-130.
KÖNIG, E./KÖNIG, K.: Systemische Organisationsberatung im Handwerk. In: DORNACH, B.W. (Hrsg.): Handwerksmarketing. Bad Wörishofen 1995, S. 165-174.

KÖNIG, E./RAMSENTHALER, H.: Was kann die pädagogische Anthropologie leisten? In: KÖNIG, E./RAMSENTHALER, H. (Hrsg.): Diskussion Pädagogische Anthropologie. München 1980, S. 288-298.
KÖNIG, E./VOLMER, G.: Referenztransformation als Prinzip kognitiver Therapien. In: System Familie 2/1989, S. 12-20.
KÖNIG, E./VOLMER, G.: Beratung. In: HIERDEIS, H./HUG, T. (Hrsg.): Taschenbuch der Pädagogik. Baltmannsweiler (4. Aufl.) 1996, Bd. 1, S. 121-130.
KÖNIG, E./VOLMER, G. (Hrsg.): Praxis der Systemischen Organisationsberatung. Weinheim 1997.
KÖNIG, E./ZEDLER, P. (Hrsg.): Bilanz qualitativer Forschung. Weinheim 1995, 2 Bde.
KÖNIGSWIESER, R.: Grundlegende Gedanken zum systemischen Management. In: KRATKY, K.W. (Hrsg.): Systemische Perspektiven. Heidelberg 1991, S. 181-187.
KÖNIGSWIESER, R./LUTZ, C.: Das systemisch-evolutionäre Management. Wien (2. Aufl.) 1992.
KOPEL, M.: Komplexe Unternehmensdynamik. Wiesbaden 1994.
KORUNKA, C.: Der Mensch ist gut, er hat nur viel zu schaffen. In: FRENZEL, P. u.a. (Hrsg.): Handbuch der personzentrierten Psychotherapie. Köln 1992, S. 71-82.
KRIEGER, D.J.: Einführung in die allgemeine Systemtheorie. München 1996.
KRIZ, J.: Chaos und Struktur. München 1992, Bd 1.
KRÜGER, H.-H./WENSIERSKI, H.J.v.: Biographieforschung. In: KÖNIG, E./ZEDLER, P. (Hrsg.): Bilanz qualitativer Forschung. Weinheim 1995, Bd. 2, S. 183-223.
KRYSTEK, U./MÜLLER-STEWENS, G.: Frühaufklärung für Unternehmen. Stuttgart 1993.
KÜPPERS, B.O. (Hrsg.): Ordnung aus dem Chaos. München 1987.
KUHNT, B./MÜLLERT, N.R.: Zukunftswerkstätten. Münster 1996.
KVALE, S.: InterViews. Thousand Oaks 1996.
LAMNEK, S.: Qualitative Sozialforschung Bd. 2: Methoden und Techniken. München (2. Aufl.) 1993.
LANGMAACK, B./BRAUNE-KRICKAU, M.: Wie die Gruppe laufen lernt. München (5. Aufl.) 1995.
LANGTHALER, W./SCHIEPEK, G. (Hrsg.): Selbstorganisation und Dynamik in Gruppen. Münster 1995.
LANKTON, C./LANKTON, S.: Geschichten mit Zauberkraft. München 1991.
LASZLO, E. u.a.: Evolutionäres Management. Fulda 1992.
LAU, C.: Gesellschaftliche Evolution als kollektiver Lernprozeß. Berlin 1981.
LEIBFRIED, K.H.J./McNAIR, C.J.: Benchmarking. Freiburg 1993
LENK, H./MARING, M.: Wirtschaftsethik – ein Widerspruch in sich selbst? In: BECKER, J. u.a. (Hrsg.): Ethik in der Wirtschaft. Stuttgart 1996, S. 1-22.
LIPPITT, G.L./LIPPITT, R.: Der Beratungsprozeß in der Praxis. In: SIEVERS, B. (Hrsg.): Organisationsentwicklung als Problem. Stuttgart 1977.
LIPPITT, G.L./LIPPITT, R.: Beratung als Prozeß: Was Berater und ihre Kunden wissen sollten. Goch 1984.
LÖWISCH, D.-J.: Einführung in pädagogische Ethik. Darmstadt 1995.
LOHAUS, A.: Möglichkeiten individuumzentrierter Datenerhebung. Münster 1983.
LOOSS, W.: Coaching für Manager. Landsberg 1991.
LORENZEN, P./SCHWEMMER, O.: Konstruktive Logik, Ethik und Wissenschaftstheorie. Mannheim 1973.
LUDEWIG, K. u.a.: Entwicklung eines Verfahrens zur Darstellung von Familienbeziehungen. In: Familiendynamik 8/1983, S. 221-235.
LÜCKERT, H.-R./LÜCKERT, I.: Einführung in die kognitive Verhaltenstherapie. München/Basel 1994.
LÜDERS, C.: Von der teilnehmenden Beobachtung zur ethnographischen Beschreibung. In: KÖNIG, E./ZEDLER, P.(Hrsg.): Bilanz qualitativer Sozialforschung. Weinheim 1995, Bd. 2, S. 311-342.
LUHMANN, N.: Soziale Systeme. Frankfurt 1984.

LUHMANN, N./SCHORR, K.-E. (Hrsg.): Zwischen Technologie und Selbstreferenz. Frankfurt 1982.
LUHMANN, N./SCHORR, K.-E. (Hrsg.): Zwischen Intransparenz und Verstehen. Frankfurt 1986.
LUHMANN, N./SCHORR, K.-E. (Hrsg.): Zwischen Anfang und Ende. Frankfurt 1990.
LYNCH, D./KORDIS, P.: Delphin-Strategien. Fulda 1991.
MALIK, F.: Strategie des Managements komplexer Systeme. Stuttgart/Bern (3. Aufl.) 1989.
MALIK, F.: Elemente einer Theorie des Managements sozialer Systeme. In: BAUER, L./ MATIS, H. (Hrsg.): Evolution – Organisation – Management. 27/Berlin 1989a, S. 131-143.
MANAGEMENT CENTER VORALBERG: OE-Prozesse sytemisch initiieren und gestalten. Dornbirn (2. Aufl.) 1992.
MANDELBROT, B.B.: Die fraktale Geometrie der Natur. Basel 1987.
MARC, E./PICARD, D.: Bateson, Watzlawick und die Schule von Palo Alto. Frankfurt 1991.
MARUYAMA, M.: The second cybernetics: Deviation-amplifying mutual casual processes. In: American Scientist 51/1963, S. 164-179.
MARX, W. (Hrsg.): Die Struktur lebendiger Systeme. Frankfurt 1991.
MARX, W./HEJJ, A.: Subjektive Strukturen. Göttingen 1989.
MASLOW, A.H.: Psychological data and value theory. In: MASLOW, A.H. (Hrsg.): New knowledge in human values. New York 1959.
MATURANA, H.R.: Erkennen: Die Organisation und Verkörperung von Wirklichkeit. Braunschweig/Wiesbaden 1985.
MAYRING, P.: Qualitative Inhaltsanalyse. Weinheim (4. Aufl.) 1993.
MEES, J. u.a.: Projektmanagement in neuen Dimensionen. Wiesbaden 1993.
MEICHENBAUM, D. : Kognitive Verhaltensmodifikation. München 1979.
MEINBERG, E.: Das Menschenbild der modernen Erziehungswissenschaft. Darmstadt 1988.
MERTON, R.K.: Die Eigendynamik gesellschaftlicher Voraussagen. In: TOPITSCH, E. (Hrsg.): Logik der Sozialwissenschaften. Köln/Berlin 1968, S. 144-161.
METZNER, A.: Probleme sozio-ökologischer Systemtheorie. Opladen 1993.
MEYER, W./PLÖGER, F.: Scheinbar paradoxe Wirkungen von Lob und Tadel auf die wahrgenommene eigene Begabung. In: FILIPP, S.H. (Hrsg.): Selbstkonzeptforschung. Stuttgart 1979, S. 221-235.
MIEBACH, B.: Soziologische Handlungstheorie. Opladen 1991.
MINDER, K.I.: Die Autonomie der Unternehmung – ein neuer Denkansatz für das Management der Umweltkomplexität. In: SCHÜLLER, A./SCHLANGE, L.E. (Hrsg.): Komplexität und Managementpraxis. Stuttgart 1994, S. 33-70.
MINTZBERG, H.: Die Mintzberg-Struktur. Landberg 1992.
MINUCHIN, S.: Familie und Familientherapie. Freiburg 1977.
MINUCHIN, S./FISHMAN, H. C.: Praxis der strukturellen Familientherapie. Freiburg 1983.
MÜLLER-STEWENS, G.: Strategische Suchfeldanalyse. Wiesbaden (2. Aufl.) 1990.
MÜLLERT, N.R.: Das Modell „Zunkunftswerkstätten". Stuttgart 1995.
MÜNCH, J.: Personalentwicklung als Mittel und Aufgabe moderner Unternehmensführung. Bielefeld 1995.
NARDONE, G./WATZLAWICK, P.: Irrwege, Umwege und Auswege. Bern 1994.
NEUBERGER, O.: Miteinander reden und arbeiten. München (9. Aufl.) 1987.
NEUBERGER, O.: Personalentwicklung. Stuttgart (2. Aufl.) 1994.
NEUBERGER, O./KOMPA, A.: Wir – die Firma. Der Kult um die Unternehmenskultur. Weinheim 1987.
NEVIS, E. C.: Organisationsberatung. Köln 1988.
NICKEL, H. u.a.: Das klient-zentrierte Beratungsgespräch. In: HELLER, K. (Hrsg.): Handbuch der Bildungsberatung. Stuttgart 1976, Bd.3, S. 939-961.
NIEDEREICHHOLZ, C.: Unternehmensberatung. München 1994.
NISSEN, M.: Gruppendiskussion. München 1977.
NÜSE, R. u.a.: Über die Erfindung/en des Radikalen Konstruktivismus. Weinheim 1991.

OELKERS, J./TENORTH, H.-E.: Pädagogik, Erziehungswissenschaft und Systemtheorie. Weinheim/Basel 1987.
OESER, E.: Evolution und Management. In: BAUER, L./MATIS, H. (Hrsg.): Evolution – Organisation – Management. Berlin 1989, S. 7-23.
ORNSTEIN, R.: Multimind. Paderborn (2. Aufl.) 1990.
OSTERLOH, M.: Interpretative Organisations- und Mitbestimmungsforschung. Stuttgart 1993.
OSWALD, G./MÜLLENSIEFEN, D.: Psycho-soziale Familienberatung. Freiburg 1985.
OTTERSBACH, H. G.: Der Professionalisierungsprozeß in der Psychologie. Weinheim 1980.
PALLASCH, W.: Supervision. Weinheim 1991.
PALMOWSKI, W./THÖNE, E.: Zirkuläres Fragen – Was war da noch. In: Zeitschrift für systemische Therapie 13/1995, S. 111-120.
PASCALE, R.T.: Zen and the art of management. In: Harvard Business Review. März-April/ 1978, S. 153-162.
PATZELT, W.J.: Grundlagen der Ethnomethodologie. München 1987.
PATZIG, G.: Philosophische Bemerkungen zum Begriff der Autonomie. In: Prax. Psychother. Psychosom. 30/1985, S. 11-20.
PENN, P.: Zirkuläres Fragen. In: Familiendynamik 8/1983, S. 198-220.
PERLS, F.S.: Grundlagen der Gestalttherapie. München (2.Aufl.) 1979.
PERLS, F.S. u.a.: Gestalt-Therapie. Stuttgart 1979, 2 Bde.
PERROW, C.: Normale Katastrophen. Berlin/Frankfurt 1988. PERVIN, L.A.: Persönlichkeitstheorien. München 1993.
PETER, B. u.a. (Hrsg.): Hypnose und Verhaltenstherapie. Bern 1991.
PETERSEN, J./REINERT, G.-B. (Hrsg.): Pädagogische Konzeptionen. Donauwörth 1992.
PETZOLD, H. (Hrsg.): Wege zum Menschen. Methoden der modernen Psychotherapie. Paderborn (6. Aufl.) 1994, 2 Bde.
PHEYSEY, D.C.: Organizational Cultures. London/New York 1993.
PIEPER, A.: Einführung in die Ethik. Tübingen (3. Aufl.) 1994.
PIEPER, R.: Diskursive Organisationsentwicklung. Berlin/New York 1988.
PROBST, G.J.B.: Selbst-Organisation. Ordnungsprozesse in sozialen Systemen aus ganzheitlicher Sicht. Berlin 1987.
PROBST, G.J.B.: Organisation. Landsberg 1993.
PROBST, G.J.B.: Selbstorganisation. In: FRESE, E. (Hrsg.): Handwörterbuch der Organisation. Stuttgart (3. Aufl.) 1993a, S. 2255-2269.
PROBST, G.J.B./BÜCHEL, B.S.T.: Organisationales Lernen. Wiesbaden 1994.
PROBST, G.J.B./GOMEZ, P.: Vernetztes Denken. Wiesbaden (2. Aufl.) 1991.
PÜMPIN, C./PRANGE, J.: Management der Unternehmensentwicklung. Frankfurt/New York 1991.
QUEKELBERGHE, R. v.: Grundlegung und Entwicklung von kognitiven Therapien. In: QUEKELBERGHE, R. v. (Hrsg.): Modelle kognitiver Therapien. München 1979, S. 2-35.
QUITMANN, H.: Humanistische Psychologie. Göttingen 1985.
RAHM, D.: Gestaltberatung. Paderborn 1983.
RAMSENTHALER, H.: Pragmatische Kommunikationstheorie und Pädagogik. Weinheim 1982.
RAPOPORT, A.: Kataklysmische und strategische Konfliktmodelle. In: BÜHL, W. (Hrsg.): Konflikt und Konfliktstrategie. München 1972, S. 264-291.
RECHTIEN, W.: Beratung im Alltag. Paderbon 1988.
REICH, K.: Systemisch-konstruktivistische Pädagogik. Neuwied 1996.
REINHARDT, R.: Das Modell organisationaler Lernfähigkeit und die Gestaltung lernfähiger Organisationen. Frankfurt (2. Aufl.) 1995.
REISNER, A.J.: Bildung von Kernkompetenzteams als Beispiel für lernende Organisationen. Erscheint in: WOLLERT, A. (Hrsg.): Praxishandbuch Human Ressource Management. 1996.
REITER-THEIL, S.: Autonomie und Gerechtigkeit. Berlin 1988.
REVENSTORF, D.: Psychotherapeutische Verfahren. Gruppen-, Paar- und Familientherapie. Stuttgart (2. Aufl.) 1993, Bd. 4.
RICHTER, M.: Organisationsentwicklung. Bern 1994.

ROGERS, C.R.: Die nicht-direktive Beratung. München 1972.
ROGERS, C.R.: Encounter-Gruppen. München 1974.
ROGERS, C.R.: Therapeut und Klient. München 1977.
ROGERS, C.R.: Die klientenzentrierte Gesprächspsychotherapie. Frankfurt 1983.
ROGERS, C.R.: Eine Theorie der Psychotherapie, der Persönlichkeit und der zwischenmenschlichen Beziehungen. Köln (3. Aufl.) 1991.
ROPOHL, G.: Eine Systemtheorie der Technik: Zur Grundlegung der allgemeinen Technologie. München/Wien 1979.
ROSENBUSCH, C.: Nonverbale Kommunikation in schulischen Beratungssituationen. In: ROSENBUSCH, H.S./SCHOBER, O. (Hrsg.): Körpersprache in der schulischen Erziehung. Baltmannsweiler (2. Aufl.) 1995, S. 305-331.
ROSENTHAL, R./JACOBSON, L.: Pygmalion im Unterricht. Basel/Weinheim 1971.
ROTH, E. (Hrsg.): Sozialwissenschaftliche Methoden. München/Wien (3. Aufl.) 1993.
RUESCH, J./BATESON, G.: Kommunikation. Heidelberg 1995.
RÜCKLE, H.: Coaching. Düsseldorf 1992.
RÜTTINGER, R.: Transaktions-Analyse. Heidelberg (5. Aufl.) 1992.
RUSTEMEYER, R.: Praktisch-methodische Schritte der Inhaltsanalyse. Münster 1992.
RUSTEMEYER, R. u.a.: Subjektive Verarbeitung neuer Technologien. In: KÖNIG, E./ZEDLER, P. (Hrsg.): Bilanz qualitativer Forschung. Weinheim 1995, Bd 2, S. 587-618.
SADER, M.: Psychologie der Gruppe. München (4. Aufl.) 1994.
SALDERN, M. v.: Erziehungswissenschaft und neue Systemtheorie. Berlin 1991.
SATIR, V.: Familienbehandlung. Freiburg 1973.
SATIR, V.: Mit Familien reden. Gesprächsmuster und therapeutische Veränderung. München 1978.
SATIR, V.: Kommunikation – Selbstwert – Kongruenz. Paderborn 1992.
SATIR, V./ENGLANDER-GOLDEN, P.: Sei direkt. Der Weg zur freien Entscheidung. Paderborn 1994.
SATIR, V. u.a.: Das Satir-Modell. Paderborn 1995.
SATTELBERGER, T.: Die lernende Organisation. Wiesbaden 1991.
SCHALLER, K.: Pädagogik der Kommunikation. Sankt Augustin 1987.
SCHEELE, B. (Hrsg.): Struktur-Lege-Verfahren als Dialog-Konsens-Methodik. Münster 1992.
SCHEIN, E.H.: Process consultation. Addison 1969, Bd. 1.
SCHEIN, E.H.: Process consultation. Addison 1987, Bd. 2.
SCHEIN, E.H.: Organisationsberatung: Wissenschaft, Technologie oder Philosphie? In: FATZER, G./ECK, C.D. (Hrsg.): Supervision und Beratung. Köln 1990, S. 409-419.
SCHEIN, E.H.: Organisationsberatung für die neunziger Jahre. In: FATZER, G. (Hrsg.): Organisationsentwicklung für die Zukunft. Köln 1993, S. 405-420.
SCHELLER, R./HEIL, F.E.: Beratung. In: SARGES, W./FRICKE, R. (Hrsg.): Psychologie für die Erwachsenenbildung-Weiterbildung. Göttingen 1986, S. 94-98.
SCHIRCKS, A.D.: Management Development und Führung. Göttingen 1994.
SCHLEGEL, L.: Die Transaktionale Analyse. Tübingen/Basel (4. Aufl.) 1995.
SCHLEIP, W.: Die Zukunft der Unternehmensberatung in Deutschland. In: Rationalisierung 17/1966, S. 107-112.
SCHLEY, W.: Organisationspsychologische Beratung an Schulen – Das Konzept der Systemberatung und Organisationsentwicklung. In: PALLASCH, W. (Hrsg.): Beratung – Training – Supervision. Weinheim/München 1992, S. 161-172.
SCHLIPPE, A. v./SCHWEITZER, J.: Lehrbuch systemische Therapie und Beratung. Göttingen 1996.
SCHMID, B.: Wo ist der Wind, wenn er nicht weht? Paderborn 1994.
SCHMIDT, G.: Methode und Techniken der Organisation. Gießen 1991.
SCHMIDT, G.: Business coaching. Frankfurt 1995.
SCHMIDT, N.: Die Evolution von Geist und Gesellschaft. Olten 1991.
SCHNEIDER, H./KNEBEL, H.: Team und Teambeurteilung. Köln 1995.
SCHNELL, R. u.a.: Methoden der empirischen Sozialforschung. München (5. Aufl.) 1995.

SCHREYÖGG, A.: Supervision – ein integratives Modell. Paderborn 1991.
SCHREYÖGG, A.: Coaching. Frankfurt 1995.
SCHREYÖGG, G.: Kann und darf man Unternehmenskulturen ändern? In: DÜLFER, E. (Hrsg.): Organisationskultur. Stuttgart 1988, S. 155-168.
SCHÜTZE, F.: Zur Hervorlockung und Analyse thematisch relevanter Geschichten im Rahmen soziologischer Feldforschung. In: ARBEITSGRUPPE BIELEFELDER SOZIOLOGEN (Hrsg.): Kommunikative Sozialforschung. München 1976, S. 159-260.
SCHULER, H. (Hrsg.): Lehrbuch Organisationspsychologie. Bern 1993.
SCHULER, H.: Psychologische Personalauswahl. Göttingen 1996.
SCHULER, H./FUNKE, U.: Eignungsdiagnostik in Forschung und Praxis. Stuttgart 1991.
SCHULZ VON THUN, F.: Miteinander reden: Störungen und Klärungen. Reinbek 1981.
SCHUMPETER, J.A.: Theorie der wirtschaftlichen Entwicklung. Berlin (3. Aufl.) 1934.
SCHWARZER, C./POSSE, N.: Beratung. In: WEIDENMANN, B./KRAPP, A. (Hrsg.): Pädagogische Psychologie. München/Weinheim 1986.
SCHWEMMER, O. (Hrsg.): Vernunft, Handlung und Erfahrung. München 1981.
SEARLE, J.R.: Sprechakte. Frankfurt 1971.
SEGLER, K.: Die Evolution von Organisationen – Ein evolutionstheoretischer Ansatz zur Erklärung der Entstehung und des Wandels von Organisationen. Frankfurt 1985.
SEIFERT, J.W.: Besprechungsmoderation. Bremen 1994.
SEIFERT, J.W.: Gruppenprozesse steuern. Offenbach 1995.
SEIFERT, J.W./PATTEY, S.: Visualisieren, Präsentieren, Moderieren. Speyer 1989.
SELVINI PALAZZOLI, M. u.a.: Hinter den Kulissen der Organisation. Stuttgart 1984.
SELVINI PALAZZOLI, M. u.a.: Paradoxon und Gegenparadoxon. Stuttgart 1991.
SENGE, P.M.: Die fünfte Disziplin. Stuttgart 1996.
SERVATIUS, H.G.: Vom strategischen Management zur evolutionären Führung. Stuttgart 1991.
SIEVERS, B.: Organisationsentwicklung als Problem. Stuttgart 1977.
SIEVERS, B./WEIGAND, W.: Rolle und Beratung in Organisationen. In: Organisationsentwicklung 5/1986.
SIEGWART, H./SENTI, R.: Product Life Cycle Management. Stuttgart 1995.
SIMON, F.B.: Unterschiede, die Unterschiede machen. Fankfurt 1993.
SIMON, F.B.: Die andere Seite der Gesundheit. Heidelberg 1995.
SIMON, F.B./STIERLIN, H.: Die Sprache der Familientherapie. Stuttgart 1984.
SKINNER, B.F.: Jenseits von Freiheit und Würde. Reinbek 1973.
SPRENGER, R.K.: Das Prinzip der Selbstverantwortung. Frankfurt (4. Aufl.) 1996.
STAEHLE, W.H.: Management. München (5. Aufl.) 1990.
STAMMBACH, R.: Corporate Identity. Bern 1993.
STAVEMANN, H.H.: Emotionale Tubulenzen. Weinheim 1995.
STEINER, G.: Lernen. Bern 1988.
STEINER, G.: Lerntheorien. In: GAUGLER, E./WEBER, W.: Handwörterbuch des Personalwesens. Stuttgart (2. Aufl.) 1992, S. 1264-1274.
STEVENS, J.O.: Die Kunst der Wahrnehmung. München 1975.
STEWART, I.: Transaktionsanalyse in der Beratung. Paderborn 1991.
STEWART, I./JOINES, V.: Die Transaktionsanalyse. Freiburg 1990.
STEYRER, J.: „Unternehmensberatung" – Stand der deutschsprachigen Theorienbildung und empirischen Forschung. In: HOFMANN, M. (Hrsg.): Theorie und Praxis der Unternehmensberatung. Heidelberg 1991, S. 1-44.
STIEFEL, R.T./BELZ, O.: Lernen als strategischer Erfolgsfaktor. In: GfK-Jahrbuch der Absatz- und Verbrauchsforschung 1/1987, S. 47-66.
STRAUSS, A./CORBIN, J.: Grounded Theory: Grundlagen Qualitativer Sozialforschung. Weinheim 1996.
STÜRZL, W.: Lean Production in der Praxis. Paderbon 1992.
TITSCHER, S.: Intervention: Zur Theorie und Techniken der Einmischung. In: HOFMANN, M. (Hrsg.): Theorie und Praxis der Unternehmensberatung. Heidelberg 1991, S. 309-343.
TOMM, K.: Die Fragen des Beobachters. Heidelberg 1994.

TREBESCH, K.: Organisationsentwicklung in Europa. Bern 1980, Bd. 1A u. 1B.
TROLLDENIER, H.P.: Verhaltensbeobachtung in Erziehung und Unterricht mit der Interaktionsprozeßanalyse. Frankfurt 1985.
TSCHACHER, W.: Interaktion in selbstorganisierten Systemen. Heidelberg 1990.
TURNHEIM, G.: Chaos und Management. Wien 1991.
UHLE, R.: Verstehen und Pädagogik. Weinheim 1989.
ULICH, E./BAITSCH, C.: Arbeitsstrukturierung. In: KLEINBECK, U./RUTENFRANZ, J. (Hrsg.): Arbeitspsychologie. Göttingen 1987, Bd. 1., S. 493-531.
ULRICH, H.: Die Unternehmung als produktives soziales System. Stuttgart/Bern 1970.
ULRICH, H./PROBST, G.J.B.: Anleitung zum ganzheitlichen Denken und Handeln. Bern/Stuttgart 1988.
VARELA, F.J.: Autonomie und Autopoiese. In: SCHMIDT, S.J.: Der Diskurs des Radikalen Konstruktivismus. Frankfurt 1987, S. 119-132.
VESTER, F.: Unsere Welt – ein vernetztes System. München 1983.
VESTER, F.: Neuland des Denkens – vom technokratischen zum kybernetischen Zeitalter. München 1984.
VESTER, F.: Leitmotiv vernetztes Denken. München (2. Aufl.) 1988.
VETTER, R./WIESENBAUER, L.: Vernetze Organisationen. Wiesbaden 1995.
VOGEL, H.-CH. u.a.: Werkbuch für Organisationsberater. Aachen 1994.
VOLMER, G.: Autorität und Erziehung. Weinheim 1990.
WAGNER, H.-J.: Handlung und Erziehung. Weinheim 1989.
WAGNER, R.H. (Hrsg.): Praxis der Veränderung in Organisationen. Göttingen 1995.
WAGNER, R.H./REINEKE, R.-D. (Hrsg.): Beratung von Organisationen. Wiesbaden 1992.
WALGER, G. (Hrsg.): Formen der Unternehmensberatung. Köln 1995.
WALKENMEYER, H./BÄUMER, S.: Neue Aspekte der Familientherapie. Eschborn 1990.
WALTER, J.L./PELLER, J.E.: Lösungs-orientierte Kurztherapie. Dortmund (2. Aufl.) 1995.
WARNECKE, H.-J.: Aufbruch zum fraktaklen Unternehmen. Berlin/Heidelberg 1995.
WATSON, D.: Behaviorismus. Köln 1968.
WATZLAWICK, P.: Die Möglichkeit des Andersseins. Stuttgart (2. Aufl.) 1982.
WATZLAWICK, P. (Hrsg.): Die erfundene Wirklichkeit. München 1994.
WATZLAWICK, P./KRIEG, P. (Hrsg.): Das Auge des Betrachters. München/Zürich 1991.
WATZLAWICK, P. u.a.: Menschliche Kommunikation. Bern 1969.
WATZLAWICK, P. u.a.: Lösungen. Bern 1974.
WEBER, B.: Die Fluide Organisation. Bern 1996.
WEHRMANN, H.: System- und evolutionstheoretische Betrachtungen der Organisationsentwicklung. Frankfurt 1995.
WEICK, K.E.: Der Prozeß des Organisierens. Frankfurt 1985.
WEIDENMANN, B./KRAPP, A. (Hrsg.): Pädagogische Psychologie. Ein Lehrbuch. München 1986.
WEIDLE, R./WAGNER, A.C.: Die Methode des Lauten Denkens. In: HUBER, G.L./MANDL, H. (Hrsg.): Verbale Daten. Weinheim/Basel 1982, S. 81-83.
WEIGAND, W.: Rolle und Beratung in Organisationen. In: Supervision 7/1985, S. 41-61.
WEISFLOG, D.: Unternehmenssteuerung in unruhiger, chaotischer Zeit. Bern 1996.
WENDT, W.R.: Ritual und rechtes Leben. Stuttgart 1994.
WICKER, A.W.: Nature and assessment of behavior settings. In: MCREYNOLDS, P. (Hrsg.): Advances in Psychological assessment 5/1981, S. 22-61.
WIESELHUBER, N. u.a.: Handbuch Lernende Organisation. Wiesbaden 1997.
WILLKE, H.: Systemtheorie. Stuttgart (3. Aufl.) 1991.
WILLKE, H.: Beobachtung, Beratung und Steuerung von Organisationen in systemtheoretischer Sicht. In: WIMMER, R. (Hrsg.): Organisationsberatung. Wiesbaden 1992, S. 17-42.
WILPERT, B.: Organisation und Umwelt. In: SCHULER, H. (Hrsg.): Lehrbuch Organisationspsychologie. Bern 1993, S. 495-512.
WIMMER, R. (Hrsg.): Organisationsberatung. Wiesbaden 1992.

WIMMER, R./OSWALD, M.: Organisationsberatung im Schulversuch. In: BREMERICH-VOS, A./BOETTCHER, W. (Hrsg.): Kollegiale Beratung in Schule, Schulaufsicht und Referendarausbildung. Frankfurt 1987, S. 123-176.
WIRTZ, T./MEHRMANN, E.: Effizientes Projektmanagement. Düsseldorf/Wien 1992.
WITT, F.H.: Theorietraditionen der betriebswirtschaftlichen Forschung. Wiesbaden 1995.
WITTKOWSKI, J.: Das Interview in der Psychologie. Opladen 1994.
WOHLGEMUTH, A.C.: Das Beratungskonzept der Organisationsentwicklung. Stuttgart 1984.
WOLLNIK, M.: Organisationstheorie, interpretative. In: FRESE, E. (Hrsg.): Handwörterbuch der Organisation. Stuttgart (3. Aufl.) 1992, S. 1778-1797.
WUKETIS, F.M.: Evolutionstheorien. Darmstadt 1988.
WUNDERER, R./KUHN, T.: Innovatives Personalmanagement. Neuwied 1995.
WURM, W.: Evolutionäre Kulturwissenschaft. Stuttgart 1991.
ZEDLER, P.: Zur Logik von Legitimationsproblemen. München 1976.
ZIMBARDO, P.G.: Psychologie. Berlin (6. Aufl.) 1995.
ZINK, M.: Moving – Betrachtungen aus systemischer Sicht. In: DREESMANN, H./KRAEMER-FIEGER, S. (Hrsg.): Moving. Wiesbaden 1994, S. 23-54.
ZYGOWSKI, H.: Grundlagen psychosozialer Beratung. Opladen 1989.

Sachregister

Akzeptanz 62f., 73
Analoge Kommunikation 102f.
Analoge Verfahren in der Beratung 99f., 102-126, 131, 190, 197, 238, 241
Arbeitsplatzflexibilisierung 251f.
Auswertung von Interviews 161-165
Autonomie 257-260
Autopoiesis 134

Bateson-Tradition 31-35, 53, 128f.
Befragung 144-167, 187f., 237f.
- offene schriftliche 165-167
- Fragebogen 167-170
Behaviorismus 15, 170
Benchmarking 242
Beobachterperspektive 135f., 173
Beobachtung 186f., 236f.
Beobachtungsverfahren 170-176, 236f.
Beratung
- Expertenberatung 47f., 60f.
- mit mehreren Personen 127-137, 217-219
- Prozeßberatung 48-50, 60f., 96-100, 102-126
- Rollenberatung 52
- Organisationsberatung 50-54, 127-132
Beratungsbegriff 45f.
Beratungskonzepte 52-54
Beratungsprozeß, Phasen
- Abschlußphase 84f., 104, 107, 110, 112, 119, 131f.
- Klärungsphase 72-82, 103-105, 109, 111f., 114-117, 120-123, 129f.
- Orientierungsphase 56-82, 103, 105, 109, 111, 114, 120, 128f.
- Veränderungsphase 82-84, 104, 106, 109f., 112, 117-119, 123-125, 130f.
Beratungssystem 217-221
Beratungstheorie 51-54
Beziehungsebene
- im Interview 154-156
- in der Beratung 128f.
Bildungsbedarfsanalyse 127, 140

Brainstorming 83, 131

Coaching 54, 84f.
Comps 228, 232f.
Corporate Identity 198

Definition
- der Beratungssituation 56-61, 128
- der Interviewsituation 157
Diagnose
- sozialer Regeln 140f., 186, 190
- sozialer Systeme 113-126, 140-179
- subjektiver Theorien 141-167
- von Interaktionsstrukturen 206-209
- der Entwicklungsprofile sozialer Systeme 233-240
- von Umweltveränderungen 235f., 238
Dokumentenanalyse 189f.

Eigenschaftsmodell 12-14
Einfühlendes Verstehen 79f.
Einstellung
- des Beraters 62f.
- der Interviewers 154-156
Elemente sozialer Systeme 29-31, 35f.
Entscheidungsprobleme 110-113
Entscheidungsstuhl 112f.
Erklärungsmodelle menschlichen Handelns 12-24
Ethik 256-259, 263, 265f.
Ethnomethodologie 181-183
Evolution biologischer Systeme 224f.
Evolution sozialer Systeme 204f., 222-255
Evolutionäres Management 226
Evolutionsbegriff 227-229
Expertenberatung 47-50, 60f., 241f.

Familienrekonstruktion 211
Familientherapie, systemische 23f., 33f., 52, 197f.
Fokussieren 76f., 158
Fragebogen 167 170
Fraktale Organisation 253-255

Frühaufklärung in sozialen Systemen 240

Gestaltpsychologie 18f.
Gestalttherapie 52, 91f., 103-110
Gruppendiskussion 166f., 241

Handlungsmodell 17-22
Hintergrund-Konstrukte 91f., 98f.
Humanistische Therapie 257f.

Inhaltsanalyse 161-165
Inhaltsebene
- im Interview 156f.
- in der Beratung 67f.
Interaktionsstrukturen
- Diagnose 206f., 235
- im Beratungssystem 129, 217-221
- Merkmale 201-205
- Veränderung 210-221
- Visualisierung 207-209
Intervention 45f.
Interview, qualitatives
- Konstrukt-Interview 145-167, 241
- narratives 152f., 188
Interviewleitfaden 148-152
Interviewphasen
- Abschlußphase 160f.
- Auswertungsphase 161-165
- Durchführungsphase 154-161
- Erarbeitungsphase 157-160
- Orientierungsphase 154-157
- Vorbereitungsphase 145-154

Kaizen 253
Kategoriensystem 162-164
Klientensystem in der Beratung 70-72, 217-219, 257f.
Klientenzentrierte Beratung 67f., 74f.
Körpersprache in der Beratung 65-67, 99f., 110f., 218
Kommunikationstheorie, systemische 33
Komplexität 30
Konfusionstechniken 95f., 100, 218f.
Konsens 132, 260-262
Konstrukte 19f., 87-89, 141f., 157-159
Konstrukt-Interview 141-165
Konstruktivismus 19f., 88f.
Kontrakte
- im Interview 157
- in der Beratung 68-70, 85, 128f., 131f.
Kristallkugeltechnik nach De Shazer 113

Lautes Denken 153
Leitfragen 145, 148-153, 187f., 233-236
Lernende Organisation 229-231
Lösungen 1./2. Ordnung 89, 212-215, 219-221

Management
- evolutionäres 226
Maschinenmodell 14-17, 222f.
Menschenbild 256-266
Metakommunikation 214
Meta-Modell 77f., 158f.
Metaphern 107f.

Narratives Interview 152f., 188
Neurolinguistisches Programmieren (NLP) 64-66, 77f., 89-91

Organisationsentwicklung
- Begriff 54
- systemische 132-136
- Phasen 136-139
Organisationskultur 198-200
Orientierungsgespräch 58f.

Personalauswahl 13
Phasen
- im Beratungsprozeß 55-85, 103-125, 128-131
- im Interview 145-165
Projektorganisation 25
Psychologie der persönlichen Konstrukte 19f.
Problemlösung 43-45, 83f., 261
Professionalisierung 262-264
Prozeßberatung 48-50, 96-100, 102-126, 241
Prozeßfragen 97-99
Pygmalion-Effekt 21f.

Radikaler Konstruktivismus 19- 21
Rational-Emotive-Therapie 86f.
Referenzrahmen 87-90, 93-100, 230, 240
Referenztransformation 86-101, 103, 130, 210f.
Reflecting Team 101
Reframing 89-93, 100
Regel, soziale
- Bewertung 191-193
- Diagnose 186-190
- Veränderung 44, 193-198, 216f.
Regelbegriff 38f., 180-200
Regelhermeneutik 188
Regelkreis 25f.
Regeln sozialer Systeme
- Konstitutive/regulative 181

– Merkmale 183-186
Regeltransformation 197f.
Reiz-Reaktions-Schema 14f.
Repertory-Grid-Technik 152
Repräsentationssysteme 64f.
Rituale 250
Rollenberatung 52
Rückkopplungsprozesse in Systemen 28f., 201-221
Rückspiegelung von Daten 177-179

Sanktion 184, 188, 195f.
Selbstaufschreibung 176f.
Selbst-Instruktion 62f.
Selbstorganisation 134
Selektion 227-229, 232, 242f.
Six-Step-Reframing 100
Skulptur (System-Skulptur) 119-126
Spiegeln (Pacing) 66f.
Steuerbarkeit sozialer Systeme 223f., 233, 243
Struktur-Lege-Technik (SLT) 154
Subjektive Deutungen 36-38, 44, 129f., 203f., 210f., 234
Subjektive Theorien 19f., 141-144
Subsysteme 240, 254f.
Sündenbock-Phänomen 23f.
Supervision 54
Survey-feedback-Methode 177-179
Symbole in der Beratung 104-107, 109f., 190
Symbolischer Interaktionismus 181-183
Symptomverschreibung 214
System
– biologisches 28f., 134, 224f.
– ökologisches 28f., 226
– soziales 35-42, 86, 134, 137f., 226f.
– technisches 25-27
Systembegriff bei Bateson 31-35, 53, 257
Systembegriff bei Luhmann 29-31, 53
Systemgrenze
– zwischen Brater und Klientensystem 70-72
Systemmodell 23-35, 233-236
Systemtheorie 23-35
Systemumwelt 40f., 44, 231-233, 235f.
Szenario-Technik 238f.

Teamberatung 127-132, 217-219
Teamentwicklung 243-250
– Abschlußphase 249f.
– Arbeitsphase 248f.
– Orientierungsphase 244-248
Themenwechsel in der Beratung 97
Thomas-Theorem 21
Tilgung 75f., 78f., 158f.
Tradierung 227f., 232, 242f.
Transaktionsanalyse 52, 95, 205f., 211

Umweltanalyse 235f.
Unternehmensberatung 127-139

Variation 227f., 232f., 240-242
Veränderung sozialer Systeme 82-84, 138f., 224-229, 231-233, 240-243, 248f.
Verantwortlichkeit in der Beratung 265f.
Verhaltenstraining 15
Visualisierung
– sozialer Systeme 113-119
– von Interaktionsstrukturen 207-209

Werte in der Beratung 256-266
Widerfahrnis 92f.
Widerspiegeln 78-82, 159f.
Wirkungsverläufe 26f.

Zirkuläre Fragen 53, 130
Zukunftswerkstatt 241